FAUSTO SALVONI

DA PIETRO AL PAPATO

MONOLATERAL

ISBN: 978-1-946374-13-4 (brossura)

ISBN: 978-1-946374-15-8 (copertina rigida)

Seconda edizione: luglio 2020

La prima edizione fu pubblicata nel 1970 a Genova dall'Editrice Lanterna.

Copyright © 2020 Marco Salvoni

Proprietà Letteraria Riservata

Il presente testo può essere usato esclusivamente per finalità di carattere personale. I diritti di commercializzazione, di traduzione, di memorizzazione elettronica, di adattamento e di riproduzione totale o parziale con qualsiasi mezzo sono riservati per tutti i Paesi.

Monolateral
Richardson, Texas (USA)
editore@monolateral.com
https://monolateral.com

Indice generale

1. **Pietro uno dei dodici apostoli** 11
   1. Nomi di Pietro 11
   2. Dati bibliografici 12
   3. Vocazione di Pietro 14
   4. Funzione di Pietro nel gruppo dei dodici 17
   Bibliografia 19

Excursus 1. Gli apostoli e i Dodici 21
   1. L'apostolato è una invenzione tardiva? 21
   2. Gesù intendeva fondare una chiesa? 23
   3. Gli apostoli e i Dodici nel Nuovo Testamento 27
   4. Gli Apostoli non sono limitati ai Dodici 28
   5. Qualifiche necessarie per divenire apostoli 30
   6. Lo Spirito Santo agì potentemente negli apostoli 32
   7. Il fondamento della Chiesa 35
   8. I «Dodici» 37
   9. I Dodici nei racconti evangelici 38
   Bibliografia 40

2. **Il «Tu sei Pietro» nella sezione comune** 41
   1. I testi comuni 41
   2. Si tratta di uno stesso episodio? 42
   3. Il rimprovero di Pietro 46
   4. L'elogio proprio di Matteo 46
   5. Genuinità del passo 47
   6. Occasione in cui il «detto» di Cristo fu pronunciato ..51
   Bibliografia 53

3. **Il «Tu sei Pietro» nel brano mattaico** 55
   1. L'elogio di Pietro 55
   2. Pietro: il nuovo epiteto di Simone 56
   3. Simbolismo insito nel termine «Pietro» 58
   4. Le porte dell'Ades non prevarranno 61
   5. Il potere delle chiavi 63
   6. Legare e sciogliere 65
   7. «Legare» e «sciogliere» in Matteo 18 67
   8. Pietro fu stabilito capo della Chiesa? 69
   9. Osservazioni su altre interpretazioni 70
   10. Sintesi esegetica di Matteo 16,18–19 75

EXCURSUS 2. L'INTERPRETAZIONE PATRISTICA DEL «TU SEI PIETRO» . . .77
   1. Primo periodo : I–III secolo 77
   2. Secondo periodo : IV e V secolo 79

4. IL PRESUNTO CONFERIMENTO DEL PRIMATO 85
   1. Conferma i tuoi fratelli 85
   2. Pasci le mie pecore 90

5. L'APOSTOLO DELLA CHIESA NASCENTE .97
   1. Il «primato» d'onore 97
   2. Giacomo, il fratello del Signore 101

6. PIETRO SCRITTORE 105
   1. Libri apocrifi 105
   2. Le lettere del Nuovo Testamento 113

7. LA PERSONA DI PIETRO NEI PRIMI SECOLI DELLA CHIESA 119
   1. Il partito di Giacomo 119
   2. Il partito giovanneo 123
   3. Il gruppo petrino 125
   4. Letteratura clementina 130
   5. Opposizione dei petrini alle altre correnti 132
   6. Il gruppo dei paolini 135
   7. Nessun primato 136
   Bibliografia 136

8. L'IPOTESI DI PIETRO FONDATORE 137
   1. Le presunte ragioni del Nuovo Testamento 138
   2. La tradizione patristica 143
   3. Testimonianze liturgiche 150
   4. Reperti archeologici privi di valore storico 152
   5. Scavi di valore 156
   6. Durata della permanenza di Pietro a Roma e data della sua morte .162
   7. Appendice: la cattedra di Pietro 165
   Bibliografia sugli scavi del Vaticano 166

EXCURSUS 3. DAGLI APOSTOLI AI VESCOVI .169
   1. I nomi 169
   2. Scelta dei presbiteri 171
   3. Vescovi ed apostoli 172
   Bibliografia 177

9. DAL COLLEGIO PRESBITERIALE 179
   1. Periodo apostolico 179
   2. Verso l'episcopato monarchico 181

3. In Occidente 184
4. I cataloghi 188
5. L'episcopato occidentale nel III secolo 190
6. Secolo IV: una riflessione di Girolamo 191

10. **Verso il primato della Chiesa romana** 193
    1. Grandezza politica della città 197
    2. Le decisioni conciliari 200
    3. La grandezza di alcuni vescovi romani 203

11. **Reazioni episcopali alle pretese romane** 211
    1. Controversia pasquale e papa Vittore 211
    2. La controversia penitenziale sotto Callisto 214
    3. Cipriano e il primato romano 216
    4. La teoria 216
    5. Il comportamento di Cipriano 220

12. **La «questione» degli appelli** 227
    1. Basilide e Marziale 227
    2. Il Concilio di Sardica 228
    3. Dopo il Concilio di Sardica 229

13. **Il potere temporale dei papi** 235
    1. La Donazione di Costantino 236
    2. Stefano II e lo stato pontificio 238
    3. Superiorità papale sui governi civili 241
    4. Gregorio VII 243
    5. Alessandro III 247
    6. Innocenzo III 248
    7. Bonifacio VIII 249
    8. I canonisti 250
    9. Il Vicario di Cristo 251
    10. La coronazione 252
    11. Il governo civile alla rivincita 253
    12. Le tesi odierne 255
    13. Caduta del potere temporale 256

14. **Sviluppo del potere spirituale del papato** 263
    1. Gregorio Magno 263
    2. Progressiva diminuzione delle autonomie locali in Occidente 267
    3. Le decretali pseudo-isidoriane 270
    4. Superiorità sui Concili : convocazione e approvazione. ...271
    5. Presidenza e direzione 273
    6. Convalida dei concili 275
    7. Separazione dell'Oriente 276

8. Declino dell'autorità papale 278
9. Dottrina conciliare 279
10. Il Concilio di Costanza 281
11. Il Concilo di Basilea 282
12. Il distacco protestante : la Riforma 285
13. La curia papale 286
14. Gli uffici 289

15. IL PROBLEMA DELL'INFALLIBILITÀ PAPALE 291
   1. Infallibilità papale 291
   2. Primi dieci secoli 291
   3. Esaltazione del vescovo romano 294
   4. La chiesa romana non ha mai errato 295
   5. Le metamorfosi di papa Liberio 296
   6. Il caso di Onorio 298
   7. L'infallibilità dal XII secolo al Concilio Vaticano 301
   8. Il caso di un papa eretico 302
   9. Bonifacio VIII eretico? 305
   10. Tendenze antinfallibiliste 306
   11. L'infallibilità al Concilio Vaticano 307
   12. Chiesa e vescovi sono sottoposti alla Bibbia 310
   13. Reazioni moderne 312
   14. Il papato ai nostri giorni 313
   15. Spirito critico della nuova generazione cattolica 314
   16. Il problema del collegio episcopale 318
   17. Risposta di Paolo VI 319
   18. Una voce onesta 325

16. QUALCHE PAROLA DI CONCLUSIONE 329

ELENCO DEI PAPI SECONDO LA CHIESA CATTOLICA
   (I NOMI IN CORSIVO SONO GLI ANTIPAPI) 333

INDICE ANALITICO 337

INDICE DI AUTORI CONTEMPORANEI 344

NOTA BIOGRAFICA 351

DA PIETRO AL PAPATO

1

PIETRO UNO DEI DODICI APOSTOLI

1. NOMI DI PIETRO

Pietro viene chiamato nel Nuovo Testamento in quattro modi diversi: Simeone/Simone e Cefa/Pietro. I primi due gli vennero imposti alla nascita e rispecchiano l'uso galilaico di attribuire a un bimbo due nomi – generalmente affini per assonanza – semitico l'uno e greco l'altro. Simeone (nome portato pure da un figlio di Giacobbe) è strettamente ebraico e ricorre soltanto in bocca al giudaizzante Giacomo, fratello del Signore[1]. Il nome Simone – autenticamente greco in quanto è attestato anche presso Aristofane – si spiega con l'influsso ellenistico esistente nella nativa città di Betsaida; anche Andrea, fratello di Pietro, portava un nome tipicamente greco[2]. L'apostolo nel Nuovo Testamento viene usualmente chiamato Simone quando gli si parla – solo il semita Giacomo lo chiama con il nome semitico di Simeone –; nelle narrazioni è di solito denominato Pietro[3].

---

[1] At 15,14, tale nome sembra attestato anche in 2 Pt 1,1 (codici SAKLP) più del concorrente Simeone (B).

[2] Andrea è nome greco «con il senso di virile; cfr. S. Dalman, *Les itinéraires de Jésus*, Paris 1930, pp. 215 ss.

[3] Nei discorsi è chiamato Cefa (= Pietro) solo in Mt 16,18 dove gli si impone appunto tale nome. Nelle narrazioni ricorre Simone solo nei racconti che riguardano l'apostolo prima della sua vocazione. Interessante al proposito il cambio di nome che si rinviene in Mt 17,24–26. Giovanni ama il binomio Simone-Pietro (= «Simone, il roccioso»), che invece non appare mai in Marco e una volta sola in Matteo e Luca in circostanze che si riferiscono a tratti salienti della vita dell'apostolo: sua confessione (Mt 16,16) e sua vocazione (Lc 5,8). Nei discorsi solo eccezionalmente e quasi per abitudine, è chiamato Pietro come è nel caso dell'angelo (Mc 16,7) o per sottolineare il contrasto tra la fermezza del nome e il prossimo rinnegamento (Lc 22,34). Tale nome è pure usato dalla voce celeste che gli parlò, quasi per sottolineare che quella era una delle circostanze in cui Simone doveva esercitare la sua mis-

Cefa-Pietro, che costituiscono l'originale aramaico e la sua traduzione greca, sono invece l'appellativo che Gesù diede all'apostolo[4]. Nel Vangelo di Giovanni si preannunzia tale appellativo per un tempo futuro indeterminato (Gv 1,42); non ostante l'affermazione di Marco: «Simone, che egli chiamò Cefa,[5] tale appellativo gli fu imposto non alla sua vocazione, bensì nel momento in cui l'apostolo confessò la messianicità di Gesù (Mt 16,18). Con tale appellativo – sconosciuto come nome proprio prima dell'apostolo – Pietro era noto anche in regioni lontane da Gerusalemme, come in Galazia e a Corinto[6]. L'epiteto, impostogli dal Cristo, all'inizio non era sentito come nome proprio, tanto è vero che fu tradotto con il nome greco *Petros* – da cui il latino Petrus e l'italiano Pietro – (i nomi non si traducono mai, ma si riproducono tali e quali), ma poi nel corso degli anni, fu considerato come nome proprio e finì con l'eliminare quasi totalmente gli originari Simeone o Simone[7].

2. Dati bibliografici

Pietro era figlio di Giovanni,[8] nome che non si può ricollegare con il *barjona* di Matteo, usualmente tradotto con «figlio di Giona» (Mt 16,17); infatti i due nomi Giona («*colomba*») e Giovanni («il Signore è misericordioso») non sono tra loro intercambiabili; inoltre il nome personale di

---

sione insita nell'appellativo «Pietro» (At 10,13; 11,17). Pietro ricorre 154 volte nel Nuovo Testamento, Simone 75 volte, Kefas 9 volte di cui 8 volte in Paolo, che lo chiama Pietro solo 2 volte, ma mai Simone. Tra i vari studi più recenti riguardanti il nome Kefas-Petros cito George Howard, *The Meaning of Petros-Petra*, in «Restoration Quarterly» 10 (1967), 217-221.

[4] Non vi è motivo per supporre con K. G. Goets (*Petrus als Gründer und Oberhaupt der Kirche und Schauer von Gesichten nach den altchristlichen Berichten und Legende*, 1927, pp. 67) che siano stati gli apostoli e non Gesù a imporgli tale epiteto.

[5] Mc 3,16. Il passo di Marco vuole semplicemente identificare l'apostolo Simone con colui che era meglio noto come Cefas/Pietro. Anche Giacomo e Giovanni sono già soprannominati Boanerges (3,17), benché tale epiteto sia stato imposto loro in un'altra circostanza.

[6] Nelle lettere paoline ricorre sempre la forma Cefa, grecizzata Cefas (Gal 1,18; 2,9; 1 Cor 1,12; 3,22; 9,5 ecc.), ad eccezione di Gal 2,7.8 dove ricorre Petros (forse perché riproduce un documento anteriore), che A. Merx vorrebbe però correggere anche qui in Cefas.

[7] Secondo il Keim si sarebbe chiamato Pietro anche un liberto di Berenice, madre di Agrippa I (cfr. G. Flavio, *Antichità giudaiche*, 18,6,3: *Petrus* che sarebbe una abbreviazione di *Petronius*) ma tale nome, mal attestato, va corretto in *Pròtos* con i codici migliori. Solo in aramaico appare un *Petròs* da ricollegarsi forse a *pèter* («primogenito» cfr.); Strack-Billerbeck, *Kommentar zum Neuen Testament aus Talmud und Midrash*, vol. I, p. 330).

[8] Gv 1,42; 21,15.16.17. In Gv 1,42 vi sono tuttavia varie lezioni, oltre a *Ioannou* si legge *Iona* e *Ioanna* lezioni armonistiche derivate probabilmente da Mt 16,17.

Giona, dopo essere stato portato dal profeta vissuto al tempo dei Re, più non riappare nell'onomastica ebraica, per cui ben difficilmente potè essere usato dal padre di Simone[9]. Quindi o ricorrere all'errore di un copista che scambiò il nome Giovanni con quello di Giona o fare di Barjona un appellativo con il senso di «terrorista», epiteto proprio degli zeloti.

Nato a Betsaida (= città dei pescatori), da ricercarsi con ogni verosimiglianza sulla riva nord-orientale del lago di Tiberiade presso lo sbocco del Giordano, il futuro apostolo vi apprese una cultura impregnata di ellenismo. La città ricostruita da Erode Filippo con il nome di Giulia, in onore della figlia di Augusto, giaceva in una regione pagana, dove il greco era predominante; si spiegano in tal modo i nomi greci di Simone, di Andrea, fratello di Pietro, e di Filippo pur esso di Betsaida.

Pietro dovette ben presto stabilirsi a Cafarnao (Caphernahum), dove lo troviamo, con la famiglia, all'inizio della vita pubblica di Gesù e dove esercitava il lavoro di pescatore[10]. In questa città – posta sulla sponda orientale del lago di Tiberiade e ora chiamata Teli Hum, distante poco più di trenta chilometri da Nazaret – l'apostolo possedeva una casa nella quale ospitò non poche volte, Gesù Cristo[11].

Pietro aveva un fratello di nome Andrea, era già sposato quando conobbe Cristo, e teneva con sé la propria suocera (Mt 8,14). Lasciata la moglie per seguire Gesù più da vicino (Lc 18,28–29), la riprese più tardi e la condusse con sé nei viaggi missionari[12]. Le notizie tardive sui suoi figli e sul

---

[9] Lo *Iona* (o Ionna), con cui nel LXX B è trascritto Iochanan in 2 Re 25,23 e Ger 40,8 (LXX 47,8), è un errore di copisti per Ioannan («Giovanni»). Simile fenomeno si rinviene pure in 1 Cron 26,3 LXX dove il codice A ha Iónan, il codice B Iònas, mentre gli altri codici con più correttezza hanno Ioannan («Giovanni»). Il nome Giona di possibile origine accadica fu portato dal profeta ebraico di Gat-Nefer (2 Re 14,25). Curiosa l'armonizzazione insostenibile di due Mss parigini greci che rispettivamente fanno di Giona il padre e di Giovanna la madre di Pietro (Reg. 1789) oppure viceversa (Reg. 1026).

[10] Il nome Cafarnao significa il «villaggio di Nahum» che, secondo una tradizione poco attendibile, sarebbe il profeta omonimo. Il nome odierno Teli Hum o «colle di Hum» è una storpiatura dell'antico *Tahum*, nome del rabbino che vi ebbe una sepoltura venerata. La casa di Pietro – trasformata in tempio da parte dei proprietari, suoi parenti e forse vescovi della Chiesa locale – era ancora visibile al sec. IV, quando un pellegrino (forse Egeria) la visitò.

[11] Mt 8,14. La casa innominata, dove Gesù più volte prese dimora mentre era a Cafarnao, con tutta probabilità è l'abitazione di Pietro (Mc 2,1; 3.20; 7,17; 9,28; 9,33; Mt 9,27; 13,1.36; 17,25 e forse anche Mc 10,10) perché Gesù mancava di casa propria (Mt 8,20). Il fatto che Gesù vi si fermò più volte fa dire all'evangelista che Cafarnao era la sua città (Mt 9,1; Mc 2,1). Si legga l'interessante studio di P. Efrem Ravarotto, *La «casa» del Vangelo di Marco è la casa di Simone-Pietro?*, in «Antonianum» 42 (1967), pp. 399–419.

[12] 1 Cor 9,5. Il greco *adelfè gunè* indica infatti una «sorella sposa»; sarebbe senza senso dire una *«sorella donna»*, ché in tal caso il *«donna»* sarebbe superfluo (cfr. 1 Cor 7,12.14.15).

martirio della moglie, di cui parleremo più avanti, sono puramente leggendarie.

Come pescatore possedeva una barca con la quale lavorava assieme al fratello (Lc 5,3) in unione con i due figli di Zebedeo, detti suoi «soci» (Lc 5,10). La vita di pescatore sul lago di Tiberiade, assai spesso turbolento, dovette sviluppare in Pietro vigore e coraggio, rendendogli più facile il trarsi d'impaccio nelle varie situazioni della vita. Dal contesto in cui Giovanni pone la vocazione di Pietro, sembra si possa dedurre con relativa sicurezza che egli pure apparteneva al gruppo dei discepoli di Giovanni dei quali condivideva l'attesa messianica. Di qui l'entusiasmo del fratello che, dicendogli bruscamente: «Abbiamo trovato il Messia», lo invita ad andare con lui (Gv 1,41).

Sia nella città natale sia a Cafarnao divenuta poi la sua residenza, Pietro fu spesso in contatto con stranieri, per cui dovette acquistare una certa familiarità con la cultura ellenista e con la lingua greca. Il suo aramaico aveva un accento spiccatamente galilaico, che ne tradiva l'origine (Mt 26,73). Pietro conosceva bene l'Antico Testamento che veniva letto nelle sinagoghe, cosicché egli lo cita spesso a sostegno delle sue affermazioni secondo la versione greca dei Settanta (At 1,20; 2,15–21.25–28.34). I sinedristi tuttavia lo ritenevano, unitamente agli altri apostoli, un illetterato (*agràmmatos*) e un incolto (*idiotés*) perché non aveva seguito un vero corso di studi rabbinici[13].

3. Vocazione di Pietro

a) Il primo contatto di Pietro con il Maestro avvenne poco dopo il battesimo di Gesù e, pare, di buon mattino;[14] in quell'attimo il Maestro con i

---

Anche Clemente Alessandrino riconosce che qui «*donna*» non può significare altro che «moglie», soltanto vi aggiunge senza alcun motivo, che i due non convivevano maritalmente (*Stromata* 3,6,53).

[13] At 4,13. L'aggettivo *agràmmatos* indica una persona senza istruzione letteraria sia per i greci (cfr. Platone, *Timeo* 23,8) che per i Giudei (cfr. Gv 7,15). Il vocabolo *idiotés* (idiota) designava per i greci il semplice cittadino privato e per i Giudei la «gente del volgo» (*'am-hààrez*). Cfr. il proverbio «Mai uno zoticone teme il peccato né lo teme un uomo del volgo» (*am-hà-àrez*); *Pirqe Avoth*, ediz. Charles Taylor, p. 30. Per questo fatto i sacerdoti si irritavano dinanzi alle citazioni bibliche, che Pietro adduceva.

[14] Tra le varie lezioni *prótos*, *próton* e *proí* i moderni propendono ora per quest'ultima «di buon mattino», benché sia testimoniata solo da pochi codici dell'Itala (b e, Versione siriaca; cfr. *Bible de Jerusalem*; Boismard, *Du Baptême à Cana*, Paris 1959, p. 84; C. J. Cadoux, *The Johannine Account of the Early Ministry of Jesus* in «Journal of Theological Studies» 1919, pp. 311 ss.; Placido da Sortino, *La vocazione di Pietro secondo la tradizione sinottica e secondo S. Giovanni*, in «San Pietro, Atti della XIX Settimana Biblica», Brescia 1967,

suoi occhi penetranti scrutò ben bene (*emblépsas*) Simone, così come farà una seconda volta dopo il suo rinnegamento[15]. In quell'occasione gli preannuncio il suo futuro cambiamento di nome con la frase: «Tu sei Simone, figlio di Giovanni, ma sarai chiamato Cefa» (Gv 1,42).

Pietro, con Gesù e i suoi primi discepoli, il giorno dopo (Gv 1,43), partì per Cafarnao, passando da Cana, paese d'origine di Natanaele, che va forse identificato con l'apostolo Bartolomeo (Gv 21,2). Siccome il terzo giorno si attuarono le nozze di Cana (Gv 2,11) si può pensare che i discepoli vi siano arrivati con alcuni giorni di ritardo, il che permise loro ugualmente di partecipare alla festa nuziale che di solito si protraeva per sette giorni. È più comprensibile in tal caso la scarsezza del vino, consumato nei primi banchetti più abbondantemente del previsto. Quivi Pietro assistette di persona al miracolo della mutazione dell'acqua in vino (Gv 2,11). Dopo un breve soggiorno a Cafarnao con la madre, i fratelli di Gesù e i suoi discepoli, Pietro tornò con gli altri apostoli al proprio lavoro, pur non perdendo i contatti con il Maestro che stava iniziando la sua vita pubblica (Gv 2,12).

Più tardi Pietro fu definitivamente chiamato da Gesù ad abbandonare la sua pesca per seguire il Maestro nella sua missione. Di questo appello all'apostolato abbiamo due diverse relazioni, una più breve propria dei primi due sinottici e l'altra più lunga presentata da Luca.

Secondo Marco e Matteo, Gesù trovò Pietro e Andrea mentre stavano gettando in mare dalla spiaggia il giacchio (*amfiblestron*) e promise loro di farli pescatori d'uomini. Poi, passando oltre, chiamò Giacomo e Giovanni i quali stavano rappezzando le reti (*ta diktua*) che si calavano dalla barca. I quattro, lasciata ogni cosa, seguirono definitivamente il Maestro (Mc 1,16–20; Mt 4,18–21).

Luca vi aggiunge delle precisazioni che aveva accuratamente attinto dalla tradizione o da altri documenti: Gesù, dopo una notte trascorsa dagli apostoli inutilmente sul mare in cerca di pesci, si mise a predicare dalla barca di Simone alla folla adunatasi sulla spiaggia. Poi ordinò a Simone di prendere il largo e di gettare le reti, il che egli si affrettò a compiere non senza aver prima notato l'inutilità dei tentativi precedenti. La pesca fu così abbondante che le reti minacciavano di rompersi, e Simone fece cenno ai suoi soci di venire in aiuto. Giovanni e Giacomo accorsero e le due barche furono ricolme di pesci; allora Simone, stupito, si pose ginocchioni dinanzi a Gesù pregandolo: «Allontanati da me, che sono peccatore!» Gli

---

pp. 27-57.

[15] Gv 1,42 (*emblépsas*) con Lc 22,61 (*enéblepsen*); Giovanni vuol forse con questo ricollegare in tal modo le due scene?

altri lo imitarono. Ma Gesù disse a Simone: «Non temere, da questo momento pescherai uomini». Allora i quattro ricondotte le barche a terra, lasciarono tutto per seguire Gesù[16].

La differenza dei racconti si spiega con la diversa scelta psicologica dei particolari da parte dei singoli evangelisti. Luca più che sulla chiamata dei quattro, insiste sul prodigio che l'ha occasionata e pone l'enfasi sul colloquio di Gesù con Pietro, lasciando nell'ombra gli altri apostoli. Marco invece, seguito da Matteo, tralascia il miracolo determinante, per descrivere con più particolari la chiamata diretta ai quattro, con la loro successiva pronta ubbidienza: «Seguitemi!» (*déute opìso mou*). Psicologicamente è più armonico il racconto di Luca che fa preparare la pronta risposta degli apostoli con l'episodio della pesca miracolosa, rendendo così più logico il loro abbandono della vita di pescatori per seguire il Taumaturgo.

Subito dopo avvenne – a quel che pare – la guarigione della suocera di Pietro, anche se vi può essere discussione in merito[17].

b) Più tardi Pietro fu scelto con altri discepoli perché costituisse il gruppo dei Dodici. Ciò avvenne dopo una notte di preghiera (Lc 6,12 s), su di una montagna ritenuta un luogo più vicino a Dio (Mc 3,13; Mt 10,1 ss). Siccome i Dodici furono inviati a predicare a due a due il prossimo avvento del regno (Mc 6,7), essi furono chiamati «apostoli», nome che etimologicamente significa «inviati» (Lc 6,13; Mt 10,2; Mc 6,30). Pietro – con ogni probabilità – ebbe per compagno di missione Giovanni, come si può arguire dai seguenti motivi:

Anche più tardi Gesù inviò loro due perché preparassero ogni cosa per la cena pasquale (Lc 22,8).

---

[16] Lc 5,1–11. Si noti come l'evangelista lasci, come sempre, Andrea nell'ombra, per far risaltare il trinomio Simone, Giacomo, Giovanni. Si noti pure che in Matteo Pietro fu per primo chiamato all'apostolato, per cui si spiegherebbe meglio il *«pròtos»* («primo») di Mt 10,2.

[17] La cronologia è infatti incerta: Matteo non dà alcuna indicazione cronologica; Luca (4,16–38) pone il miracolo prima della chiamata dei discepoli (Lc 5,1–11); Marco dopo la loro vocazione (Mc 1,14–20.21.29). Benché i Vangeli non abbiano usualmente intenti cronologici, è preferibile la cronologia di Marco che ci presenta in questo caso indicazioni assai più precise: Gesù chiama i discepoli che lo seguono nella sinagoga (1,20 ss.) dove il Maestro guarisce un indemoniato; appena usciti, Gesù va in casa di Simone (v. 29) e vi rimane tutto il giorno (si noti l'imperfetto *dièkone*! «lo serviva», continuativo!). All'uscio si presentano vari ammalati (v. 32), la mattina dopo Gesù va nel deserto dove viene trovato dai discepoli (v. 35 ss).

Spesso Pietro e Giovanni appaiono associati nella storia evangelica per cui assieme seguono Gesù condotto dinanzi al Sinedrio (Gv 18,15 ss) e insieme corrono al sepolcro vuoto del Risorto (*ivi* 20,3 ss).

Stavano vicini e se la intendevano tra di loro .all'ultima Cena quando Pietro volle sapere chi fosse il traditore (Gv 13,24). Pietro si interessò particolarmente di Giovanni durante l'apparizione del Risorto: «Di lui che sarà?» (Gv 21,20–21). Anche nel libro degli Atti si trovano insieme sia nella guarigione dello zoppo (At 3,1) sia nella missione a Samaria (8,14).

Entrambi formavano, con Giacomo, il cerchio delle persone più intime di Gesù, come appare nella resurrezione della figlia di Giairo (Mc 5,37) e nella trasfigurazione di Gesù (Mc 9,2); sul monte degli Ulivi chiesero a Gesù quando si sarebbe avverata la distruzione di Gerusalemme (Mc 13,31); essi furono vicini al Maestro anche durante la preghiera nell'orto dei Getsemani (Mc 14,33).

Si ricordi che Andrea e Giacomo sono inclusi nella lista degli apostoli tra Pietro e Giovanni (Mc 6,14 e paralleli), per cui il ricollegare questi due ultimi ira di loro saltando i due anelli intermedi sembra voler dire che essi erano uniti nel lavoro (Lc 8,51; 9,28; At 1,13).

4. Funzione di Pietro nel gruppo dei dodici

Pietro, per il suo carattere ardente e impetuoso, era il naturale trascinatore degli altri discepoli. Nei Vangeli appare sempre come primo nella lista degli apostoli, pur variando la successione dei nomi seguenti. Matteo espressamente scrive: «Primo, Pietro» (Mt 10,2)[18].

I Vangeli lo presentano spesso quale «portavoce» degli apostoli, per cui Pietro spesso risponde a nome degli altri, come ad esempio nel «Tu sei il Cristo» (Mc 8,19 ss). Dopo il suo tentativo di rimuovere Gesù dalle sofferenze e dalla morte, Gesù guardò tutti i discepoli, ma rivolse solo a Pietro la severa parola: «Allontanati da me, Satana!» (Mc 8,33). Fu Pietro a proporre di alzare tre tende durante la trasfigurazione di Gesù (Mc 9,5). Spesso è lui che pone delle domande riguardanti tutti i discepoli: «Quante volte devo perdonare ai miei fratelli?» (Mt 18,21); «Questa parabola è detta per noi?» (Lc 12,41); «Noi tutto abbiamo abbandonato per seguirti» (Mc 10,28). In Mc 14,29 è Pietro che giura fedeltà al Signore; al v. 37 è Pietro che Gesù rimprovera per non aver saputo vegliare un'ora; è ancora Pietro che chiede a Gesù chi sia il traditore (Gv 13,24). A Cafarnao, dopo la moltiplicazione

---

[18] *Pròtos* (senza articolo), indica il primo di una serie e si può tradurre «dapprima» (*d'abord*, P. Bonnard, *S. Matthieu*); esso può indicare sia che Pietro era il più significativo dei Dodici, sia che per primo era stato chiamato all'apostolato (cfr. Mt 4,18).

dei pani, alla domanda di Gesù, se pur essi i Dodici, se ne volessero andare, Pietro rispose a nome di tutti: «A chi ce ne andremo? Tu solo hai parole di vita eterna, noi abbiamo creduto e conosciuto che tu sei il Santo di Dio» (Gv 6,68). La forma del perfetto allude alla precedente esperienza, che perdura tuttora nei suoi effetti : «Abbiamo creduto (*pepisteùkamen*) e saputo (*egnôkamen*), ma continuiamo pure a credere e a sapere». L'espressione «Santo di Dio» indica uno stadio primitivo della fede evangelica, anteriore alla penetrazione teologica propria del Vangelo di Giovanni, per cui esso presenta ogni garanzia di autenticità, anche per coloro che si accostano al Vangelo come a un puro documento del passato[19]. L'elevatezza spirituale del Messia, in contrasto con la miseria umana, funse sempre da calamita per Pietro (cfr. 1 Pt 2,22). Non è però detto che Pietro comprendesse tutte le implicazioni teologiche incluse nella sua confessione «Tu sei il Santo di Dio». Sarà lo Spirito Divino che successivamente conferirà agli apostoli la visione completa del Cristo, quale Messia spirituale.

Matteo aggiunge di proprio alcuni episodi riguardanti Pietro, come, ad esempio, L'invito di Gesù rivolto a questo uomo «di scarsa fede» (*oligòpiste*) di camminare sulle acque (Mt 14,28 ss); l'elogio a Pietro dopo la sua professione di fede (Mt 16,17–19); l'obolo pagato da Gesù per il solo Pietro (Mt 17,24–27). È inutile insistere su quest'ultimo episodio per sostenere l'importanza vicariale di Pietro dal momento che, essendo presente solo lui (v. 25), Gesù non poteva compiere un miracolo anche per altri apostoli assenti; tale prodigio era poi un segno di riconoscenza per Pietro che lo ospitava. L'episodio mostra solo l'interesse mattaico per Pietro, ma non la superiorità dell'apostolo sugli altri.

Anche Luca, a suo modo, mette in risalto Pietro: è Pietro, infatti, che dovrà «confermare» gli altri apostoli (Lc 22,31). Marco – che arbitrariamente si presenta come testimone dell'umiltà di Pietro – pone in rilievo l'apostolo, come quando riporta il comando di Gesù alle donne: «Andate a dire ai discepoli e a Pietro, che Gesù li precede in Galilea» sottolineandone .così, a modo suo, l'importanza (Mc 16,7).

---

[19] L'espressione «Santo di Dio» include i seguenti elementi: a) Gesù è il maestro più alto, per cui Pietro può dire «A chi ce ne andremo se non da Gesù! (Gv 3,2); b) Gesù è sorgente di illuminazione vitale, in quanto dona la vita (6,63); c) Gesù è l'incarnazione stessa della «santità», è «il santo di Dio». Questo epiteto posto in bocca ai demoni (cfr. Mc 1,24), doveva sonare un titolo messianico. Ai Giudei Pietro rimprovera di aver «rinnegato» il «Santo dei Giusti!» (At 3,14). Dio è il Santo per eccellenza (Is 1,4), in quanto per la sua superiorità e unicità si diversifica da tutte le creature. A tale santità partecipano i suoi ambasciatori: Aronne (Sal 106,16), il profeta (2 Re 4,9), la nazione d'Israele (Es 19,6; Nm 16,3) costituita da «santi» (Zc 14,5; Dn 7,18.22.25.27). Il Messia, il più perfetto inviato di Dio, è «il Santo di Dio» per eccellenza (Apoc 3,7; 1 Gv 2,20; per il «Giusto» cfr. 1 Gv 2,1).

Pietro uno dei dodici apostoli

Pure nel quarto Vangelo, dove predomina la figura di Giovanni, «il discepolo che Gesù amava»,[20] non mancano accenni al risalto goduto da Pietro. Dopo la resurrezione del Cristo Giovanni arriva per primo al sepolcro e crede, ma attende che Pietro vi entri per primo (Gv 20,4).

I cattolici danno un enorme risalto a questi interventi particolari di Pietro per dedurne che egli era capo del collegio apostolico. Se tale fenomeno avesse avuto inizio solo dopo il *Tu sei Pietro*, potremmo anche accettare tale conclusione, ma il fatto che esso sussista sempre anche prima dell'elogio di Gesù, ci vieta di intenderlo come prova della sua missione di «Vicario di Cristo»; tali fatti provano solo il carattere dinamico dell'apostolo, che possedeva eminenti doti di iniziativa personale e di entusiasmò propulsore. Anche nel suo lavoro di pescatore, tra i quattro suoi collaboratori, egli, forse per l'età o per il carattere, godeva di una superiorità indiscussa tra gli stessi Zebedei, che sono detti «soci di Simone» (Lc 5,10).

Tali episodi documentano solo l'innata attitudine al comando, ma non provano ancora la reale sussistenza di tale sua superiorità in mezzo al collegio apostolico. Anzi il resto del Nuovo Testamento, come vedremo meglio in seguito, esclude il suo ruolo di capo in mezzo ai discepoli di Cristo e alla Chiesa primitiva.

Bibliografia

F. H. Chase, *Peter* (Simon), *Hastings Dictionary of the Bible*, vol. III, pp. 756–779.
P. Schindler, *Petrus*, Vicenza, 1951.
O. Cullmann, *Saint Pierre, Disciple-Apôtre, Martyr*, Bibliothèque Théologique, Neuchâtel, 1952. Traduzione italiana in Cullmann e altri, *Il Primato di Pietro*, Bologna, Il Mulino, 1965, pp. 5–349.
A. Penna, *San Pietro*, Brescia, Morcelliana, 1954.
P. Gaechter, *Petrus und seine Zeit*, Innsbruck, Tyrolia Verlag, 1958.
A. Rimoldi, *L'apostolo San Pietro, fondamento della Chiesa, principe degli Apostoli, ostiario celeste, nella chiesa primitiva dalle origini al Concilio di Calcedonio* (Analecta Gregoriana 96), Roma, 1958.
S. Pietro, *Atti della XIX settimana Biblica*, a cura della Associazione Biblica Italiana, Brescia, Paideia, 1967.
Studi Petriani, Istituto di Studi Romani 1968 ad opera di S. Garofalo, M. Maccarrone, J. Ruysschaert, P. Testini.
A. Penna, Altri studi sono citati nel corso dei vari capitoli.
F. Agnew, *Vocatio primorum discipulorum in traditione synoptica*, in «Verbum Domini», 46 (1968) 129–147.

---

[20] Secondo Gv 13,23 il «discepolo amato» riposa sul seno di Gesù, come Gesù in quello del Padre (*kòlpos* cfr. Gv 1,18); dinanzi alla croce prende il posto di Gesù nel ricevere la sua madre su questa terra!

G. De Raucourt, *La vocation des apôtres*, in «Recherches de Science Religieuse» 29 (1939) 610–615.

J. Mánek, Fishers of men: *Footnotes on a Gospel Figure*, in «Harvard Theological Review» 52 (1959) 187–203.

M. F. Franzmann, *Studies in Discipleship I. The Calling of the Disciples (Mt 4,18–22; 1,1–4.6* in «Concordia Theological Monthly» 31 (1960) 607–625.

Excursus 1

Gli apostoli e i Dodici

Pietro è uno degli Apostoli, anzi il «primo» dei Dodici. Tuttavia siccome i testi che parlano di questi due gruppi sono alquanto imprecisi e spesso i Dodici si identificano con gli apostoli, mentre in altri gli apostoli sono distinti dai Dodici e di numero più esteso di loro, ne consegue che molti critici hanno posto in dubbio il valore storico della istituzione da parte di Cristo sia degli apostoli che dei dodici. Idea questa che si riallaccia alla tesi che il Gesù storico non si è mai presentato come il Cristo né ha mai preteso di fondare una Chiesa[1]. Presenterò qui le ipotesi di due monografie radicali di W. Schmithals e di G. Klein, che sono i risultati più recenti sul problema, esaminato alla luce della critica bultmanniana.

1. L'apostolato è una invenzione tardiva?

Secondo Walter Schmithals gli apostoli furono creati solo tardivamente nel II secolo perché di essi non se ne parla nelle lettere apostoliche genuine, nel Vangelo di Giovanni, in Ignazio di Antiochia, nel cristianesimo giudaico, a Roma e in Asia Minore[2]. Si deve quindi concludere che esso, di origine

---

[1] Nella scuola Bultmanniana è questo uno dei cardini fondamentali del sistema, che è tuttora ammesso anche da G. Bomkamm (*Jesus von Nazareth*, Stuttgart 1959). H. Toedt, ha sostenuto la sua idea nel libro *Der Menschensohn in der synoptischen Überlieferung*, Gütersloh 1959. Per una confutazione di questa idea si cfr. B. Rigaux *L'Historicité de Jésus devant l'exégèse récente*, in «Revue Biblique» 65 (1958 pp. 481–522; *La seconde venue de Jésus* in «La venue du Messie», Paris-Bruges 1964, pp. 201–202; Schnackenburg, *Gottes Herrschaft und Reich*, Freiburg 1954, pp. 113–115.

[2] W. Schmithals, *Dos Kirchliche Apostelamt, Eine Historische Untersuchung* (Forschungen zur Religion und Literatur des Alten und Neuen Testament, 79), Göttingen 1961. I primi accenni ai Dodici si rinvengono nell'Apocalisse, in Giustino, nello Pseudo-Barnaba,

posteriore, sia stato inventato al II secolo dopo Cristo. Ecco schematicamente come l'autore ne traccia la creazione.

Durante la vita di Gesù, Pietro godeva un posto preminente (sinottici) ma solo perché era stato il primo a godere la visione del Cristo risorto. In vista della imminente *parusia* si distinse un gruppo di Dodici, che speravano di poter regnare con il Cristo risorto sulle dodici tribù di Israele. Ma la loro vitalità fu effimera poiché già al tempo in cui Paolo visitò Gerusalemme, tale gruppo più non esisteva.

Frattanto nel II secolo, i discepoli di Paolo, nel desiderio di accrescere l'importanza del missionario dei Gentili, trasferirono al cristianesimo ortodosso l'idea dell'apostolato, che era assai apprezzata presso gli gnostici. Paolo, assieme con altri, fu fatto quindi un apostolo. Fra questo gruppo si inclusero poi anche i Dodici, che per motivi apologetici e polemici divennero i testimoni oculari e i garanti della rivelazione divina. In tale modo i Dodici, riabilitati, divennero i Dodici apostoli. L'idea che i vescovi fossero successori degli apostoli, non appare prima del giudeo-cristiano Egesippo[3].

Non risulta tuttavia che presso gli gnostici l'idea dell'apostolato fosse così importante da divenire il punto di partenza dell'apostolato biblico, sembra piuttosto che, al contrario, l'apostolato cristiano abbia fatto sentire il suo influsso sullo gnosticismo, nel quale sorse così, per imitazione, l'apostolato gnostico. Perciò G. Klein propose un'altra ipotesi: secondo lui l'apostolato sarebbe stato codificato da Luca, opera anonima sorta verso la metà del II secolo, unitamente con la seconda lettera di Pietro[4]. Luca, notando come gli gnostici abusassero degli scritti paolini, volle subordinare Paolo alla autorità dei Dodici; egli quindi sostenne, per primo, che costoro erano stati scelti direttamente da Cristo con il quale avevano conversato (Lc 6,13; At 1,21) mentre gli altri apostoli, Paolo compreso, inviati da una chiesa particolare (Antiochia: At 12,1 ss) o da un profeta (Anania: At 9,22) stavano praticamente sotto il controllo delle tre colonne della Chiesa, vale a dire Pietro, Giacomo e Giovanni (Gal 2,2.9).

Il Gerhardson rimprovera a questi due critici il loro scetticismo gratuito verso le fonti, la fiducia esagerata nelle proprie idee e il rifiuto altrettanto esasperante delle opinioni altrui, che siano in contrasto con le loro, la ri-

---

in 2 Pietro e in Giuda.

[3] Egesippo, verso il 180, scrisse le sue «memorie» (*Ypomnémata*), nelle quali si propone di esporre, come frutto dei suoi viaggi, la «sana dottrina quale fu tramandata dagli apostoli», di cui sarebbe garanzia la successione (*diadochén*) ininterrotta dei vescovi a partire dagli apostoli. Cfr. B. Altaner, *Patrologia*, Torino 1960[4], Marietti, n. 121 (pp. 92–93).

[4] G. Klein, *Die zwölf Apostel. Ursprung und Gehalt einer Idee* (Forschungen zur Religion und Literatur in das A. und N. Testaments, 59), Göttingen 1961.

costruzione irreale della comunità primitiva[5]. Una creazione del II secolo avrebbe fatto scomparire l'ambiguità e la polivalenza del termine apostolo che ora si applica ai Dodici e ora a discepoli più numerosi, e avrebbe ottenuto il numero «Dodici» tramite l'apostolo Paolo, anziché con l'ignoto Mattia (At 1,26).

Di più per sostenere una simile evoluzione dell'apostolato biblico si deve rimandare ad epoca troppo tardiva la formazione di molti scritti neotestamentari contro l'attestazione chiara dell'archeologia e in contrasto con i risultati della critica odierna[6]. L'ingegnosa ipotesi del Klein ha poi il difetto di misconoscere il valore dei passi neotestamentari d'origine non lucana che parlano dei «Dodici», e contrastano la supposizione che Luca sia stato il creatore di tale gruppo[7]. Può darsi che Luca abbia contribuito a diffondere il nome dell'«apostolo», ma ciò non impedisce che Gesù stesso abbia scelto direttamente i Dodici[8].

2. Gesù intendeva fondare una chiesa?

Secondo l'interpretazione escatologica del Nuovo Testamento, riallacciantesi allo Schweitzer, Gesù si è ingannato in quanto si immaginava che la consumazione dell'universo con la conseguente fondazione del Regno di Dio si sarebbe avverata entro la sua generazione, perciò dopo la sua morte,

---

[5] B. Gerhardson, *Die Boten Gottes, und die Apostel Christi*, in «Svensk Exegetik Arsbok», 27 (1963), pp. 89–131; *Memory and manuscript: Oral tradition and written transmission in Rabbinic Judaism and early Christianity* (Acta Seminarii Neotestamentici Upsaliensis 22), Uppsala 1961, pp. 182–187.

[6] Questi ragionamenti servono evidentemente per i critici non credenti, poiché per chi ammette l'ispirazione del Nuovo Testamento il problema non esiste affatto.

[7] Così, ad esempio, Mc 3,13–19 (= Mt 10,14); Apoc 21,14. In Gv 15,26–27, pur mancando il numero «dodici», si parla di loro (cfr. Gv 13,18–21; 6,70–71 dove si parla della loro scelta ad opera di Gesù come i Dodici; Mc 14,17). Il passo giovanneo perderebbe un po' della sua importanza su questo punto, se vi si riconoscesse, come fa il Boismard, un influsso lucano («Revue Biblique» 1962, p. 618), provato dall'espressione «dall'origine» (Gv 15,27 = Lc 1,2), dal fatto che lo Spirito Santo viene fatto inviare dal Cristo (Gv 15,26 = At 2,33) anziché da Dio (Gv 14,16.26), la cui testimonianza tramite gli apostoli richiama Lc 1,4849; At 1,8 e specialmente At 5,32; 15,28. Sul problema dei «rapporti» Giovanni-Luca cfr. E. Boismard, *Saint Luc et la rédaction du quatrième Évangile*, in «Revue Biblique» (1962), pp. 185–211.

[8] Cfr. J. Dupont, *Le nom d'Apôtre a-t-il été donné aux douze par Jésus?*, Louvain 1956; B. Rigaux, *Die Zwölf in Geschichte und Kerygma*, in «Der historische Jesus und der kerygmatische Christus. Beiträge zum Christusverständnis in Forschung und Verkündigung», Berlin 1960, pp. 468–486; N. von Bohemen, *L'institution des Douze. Contribution à l'étude des relations entre l'Évangile de Matthieu et celui de Marc*, in «La Formation des Évangiles», Paris 1957, pp. 116–151.

si è ovviato a tale ritardo con la creazione della Chiesa. Secondo la nota espressione del Loisy, Gesù predicò il Regno dei Cieli, ma purtroppo ne nacque la Chiesa[9].

L'indagine più recente ha messo in risalto, che la Chiesa, pur non essendo del tutto identica al Regno di Dio, ne è però l'anticipazione embrionale e imperfetta (Col 1,13). Da diverse parabole risulta che il «Regno dei Cieli» nello stadio presente non si identifica completamente con quello finale, perché in mezzo al frumento vive ancora zizzania (Mt 13,36–43) e vi si trovano pure dei pesci piccoli accanto a quelli grossi (Mt 13,47–50). Il medesimo concetto appare nella parabola dell'abito nuziale per cui chi ne è privo sarà sì rimosso, ma solo all'arrivo finale del re (Mt 22,11–14); in quella delle vergini stolte e prudenti la cui separazione si attuerà solo dopo l'avvento a lungo atteso dello sposo (Mt 25,1–13). Solo al tempo del giudizio le pecore saranno separate dai capri[10].

Questo periodo intermedio in cui il Regno di Dio non si è ancora dispiegato totalmente, corrisponde appunto alla Chiesa, che non sarebbe perciò fuori dalla visuale del Cristo. In passato si insisteva molto sul fatto che Gesù, chiamandosi il Figlio dell'Uomo, alludeva alla visione di Daniele, dove tale espressione è ambivalente in quanto insieme all'idea di un Messia personale, include anche quella di un nuovo «popolo di santi»[11]. Daniele sarebbe quindi «la fonte dell'idea della Chiesa» (Kattenbusch). Si è pure fatto leva sull'analisi del «Resto» asserito dai profeti per presentare Gesù come il restauratore del «vero Israele», di questa nuova alleanza messianica. Anche gli affiliati di Qumran si ritenevano il vero Israele, la «piantagione eterna», la «casa santa» della «Nuova Alleanza», riuniti per l'avvento del Messia[12]. A questa interpretazione A. Oepke obietta, a ragione, che il resto

---

[9] Così W. Kummel, *Verheissung und Erfüllung. Untersuchungen zur eschatologischen Verkündigung Jesu*, Zurich 1945; 1953; *Jesus und die Anfänge der Kirche*, in «Studia Theologica», 7 (1953), pp. 1–27; *Die Naherwartung in der Verkündigung Jesu*, in «Zeit und Geschichte, Dankesgabe an R. Bultmann», Tübingen 1964, pp. 31–46.

[10] Cfr. W. F. Smith, *The Mixed State of the Church in Matthews' Gospel*, in «Journal of Biblical Literature», 82 (1963), pp. 149–158. Egli richiama pure la frase: «Molti sono i chiamati, pochi gli eletti» (Mt 22,14 e in alcuni codici anche in 20,16); la disciplina contro i non fedeli (Mt 18,15–17); la parabola della pecora perduta (Mt 18,12–13) del servo perdonato che non perdona (Mt 18,23 ss). Tutti questi dati rispecchierebbero la situazione dell'85 d. C. nella Siria, dove sarebbe appunto sorto, secondo lui, il primo Vangelo, accentuando, per motivi polemici contro gli Esseni recatisi a Damasco, il pensiero di Gesù.

[11] Cfr. Dan 7,18.21–22.27 sul rapporto Messia-Popolo di Dio nell'espressione «Figlio dell'Uomo», cfr. J. Coppens–J. De Queker, *Les Fils de l'Homme et les Saints du Très Haut en Dan. VII, dans les Apocryphes et dans le N. Testament*, Lovanio, Publications Universitaires 1961; F. Kattenbusch, *Der Quellort der Kirchenidee*, in «Festgabe für A. V. Harnack», Tübingen 1921, pp. 142–172 (unisce la profezia di Daniele con il cap. 53 del *Deutero-Isaia*).

di Israele profetico si concepisce entro lo stesso Israele e non come qualcosa di opposto, per cui occorre aggiungervi il nuovo concetto del rifiuto di Israele affinché il regno possa passare a tutte le nazioni[13]. Di qui l'idea di una nuova costruzione appartenente a Gesù, inclusa nella frase «Io *edificherò* la mia Chiesa».

Più di recente si c esaminato meglio il Nuovo Testamento e vi si è visto che Gesù prevede la riunione attorno alla sua persona di un gruppo di discepoli che attendono il regno e sono in contrasto con coloro che costituiscono «le pecore disperse della casa di Israele» (Mt 10.6). Egli è quindi il «pastore» che non si può concepire senza un gregge da lui guidato (Mt 26.31; Lc 12,32).

Gesù sa che il suo appello sarà respinto, in quanto prevede la sua morte che predice ai discepoli. Questa morte sarà sofferta a vantaggio di «molti» (Mc 14,24) senza distinzione fra giudei e pagani[14]. Egli si rivolge ai peccatori, a tutti coloro che dovranno formare un nuovo popolo di Dio destinato a succedere a quanti hanno respinto (Mc 2,17; Mt 11,28–30; 21,31–32). Con la sua morte si attua quindi una nuova alleanza, nella quale i suoi discepoli riuniti in gruppo attueranno le promesse di Gesù[15]. Perciò la Chiesa, che nascerà solo con la Pentecoste, è già vista in embrione nella selezione, nella scelta, nella missione dei Dodici che saranno «i giudici delle dodici tribù di Israele»[16].

---

[12] K. L. Schmidt, *Die Kirche der Urchristentums*, in «Festgabe für A. Deissman», Tübingen 1927, pp. 251–359. Per le citazioni dei testi qumranici cfr. *Regola della Comunità*, 8.5–10.

[13] A. Oepke, *Der Herrensprruch über die Kirche* Mt 16,17–19, in «Studia Theologica», 1948-1949, pp. 110–165; *Dos neue Gotteswolk in Schriftum Schauspiel, bildende Kunst und Weltgestaltung*, Gutersloh 1950. cfr. pure sulla stessa linea R. Flew, *Jesus and His Church. A Study of the Idea of the Ecclesia in the New Testament*. London 1953; O. Cullmann; *Saint Pierre*, pp. 167–174; D. Miller, *The People of God. About the Basic New Testament Account of the Origin and Nature of the Church*, London 1959; J. Jeremias, *Der Gedanke der Heiligen Reste in Spätjudentum und in der Verkündigung Jesu*, in «Zeitschrift für die Neutestamentliche Wissenschaft» 42 (1949), p. 184.

[14] A. Friedrichsen, *Messias und Kirche Ein Buch von der Kirche*, Göttingen 1951, pp. 45–48 (Gesù supera le attese messianiche di Israele perché situa al centro di esse la sua persona e la sua morte); A. Voegtle, *Jesus und die Kirche*, in «Begegnung der Christen», Festschrift O. Karrer, Stuttgart-Frankfurt 1959, pp. 54–81 (Gesù facendo conoscere ai cerchio ristretto dei discepoli il senso della sua morte, indicava il sorgere di un nuovo popolo di Dio).

[15] R. Schnackenburg, *Gottes Herrschaft und Reich. Eine biblisch-theologische Studie*, Freiburg 1965; *Die Kirche im Neuen Testament* (Quaestiones disputatae, 14), Freiburg 1963 (trad. ital. *La Chiesa nel Nuovo Testamento*, Morcelliana, Brescia); cfr. pure B. Butler, *Spirit and Institution in the New Testament*, in «Studia Evangelica», III, Berlin 1964, pp. 138–165.

[16] J. Dupont, *Le loghion des douze trônes* (Mt. 19,28; Lc 22,28–30), in «Biblica», 43 (1964), pp. 355–392. Secondo l'Autore Matteo aggiunge un detto riguardante i Dodici alle

Il numero «dodici» aveva per gli Ebrei un profondo valore simbolico, la cui prima origine è tuttora incerta,[17] ma che, con il tempo, si era legato ai dodici figli di Giacobbe, i capostipiti delle dodici tribù israelitiche.[18] Esso quindi simboleggiava l'Israele carnale intimamente legato a Dio, al quale era stato promesso il futuro regno messianico. La scelta dei «Dodici» apostoli, intimamente legati a Gesù, mostrava che il vero Israele della promessa era ormai connesso con questi nuovi capostipiti del nuovo popolo di Dio[19]. Si comprende in tal caso come nella Bibbia sia amato il numero «dodici» o un suo multiplo: i centoquarantaquattromila (12 x 12 x 1000) raffigurano nell'Apocalisse i salvati di Israele, mentre la «folla innumerevole d'ogni nazione e lingua», che tosto segue, raffigura i credenti della gentilità (Ap 7,4–8). La celeste Gerusalemme che scende sulla terra, è circondata da mura che poggiano su dodici fondamenti, cioè sui Dodici apostoli, ed è dotata di dodici porte, tre per ogni punto cardinale[20]. Conseguentemente la scelta dei «Dodici» apostoli da parte di Gesù non fa più meraviglia e conferma un'altra volta la sua volontà di formare un nuovo popolo di Dio. Diviene quindi naturale che i Dodici siano particolarmente ricollegati nella loro missione con il popolo ebraico[21].

---

riflessioni sul rifiuto del ricco a seguirlo; Marco, più generico, lo ricollega a tutti i discepoli; Luca lo introduce nell'ultima Cena. L'articolo è ben fatto; solo le deduzioni teologiche circa la collegialità episcopale (pp. 391 ss) non hanno nulla a che vedere con il contesto; anzi il fatto che alla loro morte i «Dodici» non siano stati sostituiti, depone contro la loro successione ad opera dei vescovi. Non è ben chiarito il rapporto tra i Dodici e gli Apostoli.

[17] [16bis] L'origine simbolica del numero dodici è incerta; proviene forse dai dodici mesi dell'anno, oppure dal fatto che essendo il doppio di sei, la cifra dell'uomo, potrebbe anche significare il «popolo di Dio», dove l'uomo non si trova più solo, ma costituisce con altri una famiglia dotata di missione divina.

[18] [17] Gen 35,23; At 7,8.

[19] [18] Anche a Qumrân il consiglio della comunità era composto di dodici uomini più tre sacerdoti (*Regola della Comunità* 8,1), il che ci richiama i dodici apostoli e il cerchio più intimo di esso: Pietro, Giacomo e Giovanni. I capi sacerdoti e i capi leviti saranno dodici, uno per ogni tribù (*Regola della guerra* 2,1–3); le insegne belliche recheranno i dodici nomi delle dodici tribù (*ivi* 3,14).

[20] [19] Apoc 21,12–14. La posizione delle porte, tre per ogni punto cardinale, si può spiegare forse con *Avoth* dei Rabbi Nathan e Ma'yan gannin di Ibn Mas'ud (*Commento al libro di Giobbe*, ed. Bubert, 1889) dove si dice che Giobbe al pari di Abramo, si costruì una tenda con le quattro aperture rivolte ai quattro lati del mondo, affinché l'ospite non si affaticasse a cercarne l'entrata. Tale dato indicherebbe simbolicamente la facilità d'accesso alla nuova Gerusalemme.

[21] [20] Su questo punto vi è accordo quasi generale tra gli esegeti; cfr. H. Schuermann, *Die Jüngerkreis Jesu als Zeichen für Israel*, in «Geist und Leben», 16 (1963), pp. 21–35; J. Dupont, *Le loghion des douze trônes*, in «Biblica», 1964, pp. 387 s. Grande è la risonanza teologica della elezione dei Dodici, in quanto presuppone la coscienza messianica di Gesù, anche se la proclamazione di questa sua prerogativa fu graduale; all'inizio Gesù predicò il

3. Gli apostoli e i Dodici nel Nuovo Testamento

Il nome «apostolo» è d'origine greca e dal significato iniziale di «spedizione navale»,[22] passò ad indicare, sin dal tempo di Erodoto, un messaggero;[23] infatti, quei giudei che furono inviati a Roma al tempo di Varo per ottenere la libertà di vivere secondo le leggi native furono chiamati «apostoli»[24]. Ahia fu un «apostolo» duro verso la moglie di Geroboamo, perché le annunziò a nome di Dio la prossima morte del figlio; apostoli furono detti anche i messi che l'Etiopia inviò alle nazioni[25]. Tutti i profeti, al dire di Giustino, possono chiamarsi «apostoli», perché furono inviati da Dio a comunicare il suo messaggio[26]. Nella versione dei LXX il termine «apostolo» traduce lo *shalùach* ebraico: un participio passato con il senso di «inviato» divino[27].

Anche i messi che di tanto in tanto il Sinedrio inviava da Gerusalemme per qualche missione speciale o per raccogliere il denaro a favore del tempio, si chiamavano «apostoli» (aramaico: *sheluchîn*) e il loro invio avveniva, secondo la testimonianza di Giustino, dopo l'imposizione delle mani[28]. Secondo una attendibile notizia di Eusebio, Paolo sarebbe stato un apos-

---

«*regno di Dio*» o «dei Cieli» (dove la parola *cieli* sostituisce l'impronunciabile nome di Dio) di cui Dio stesso è re (Mt 5,35; 18,23; 22,2.7.11.13). Ma dinanzi a Pilato, prima di salire sulla «croce» (che in Giovanni è presentata come il trono da cui Gesù ascenderà al cielo), il Cristo si proclamò «re messianico», «il Figlio dell'Uomo» (cfr. Dan 7,9–10) che sarebbe asceso sulle nubi al cielo (Gv 18,33–38; Lc 23,69). Come Figlio dell'Uomo egli è perciò associato alla funzione regale, che sarà rimessa al Padre dopo la sua missione (1 Cor 15,24); quindi talora nel Vangelo si parla del «regno del Figliuol dell'Uomo» (Mt 13,41; 16,28) o del «regno di Gesù» (Mt 20,21); Mt 25,40, dopo aver introdotto il «Figlio dell'Uomo», continua a parlare di un «re».

[22] [21] Cfr. Platone, *Ep.* 7,346a *apòstolon plòión* indica una flotta da trasporto; Demostene, *Oratio*, 3,5; 18,107 designa una spedizione navale; *tòri apòstolon* (*plòion apostéllein*) significa spedire una flotta (cfr. pure 18,252.262). In Lisia (sec. V a. C.) è usato anche al plurale (*Oratio*, 19,21); in Diogene Laerzio (storico del III secolo d. C.) vale «dispaccio, ordine, permesso d'esportazione» (5,59). La parola «*apòstoloi*» nella legislazione tardiva acquistò il valore di «*litterae dimissoriae*», con la quale un caso veniva deferito all'alta corte.

[23] [22] In Erodoto, 1,21,38 designa il messo che fu spedito da Aliatte a Mileto e poi da Mileto a Sparta.

[24] [23] Giuseppe Flavio, *Antichità giudaiche*, 17,11,1.

[25] [24] 1 Re 14,6 LXX (Ahia); Is 18,1 s (Etiopia).

[26] [25] Giustino, *Adversus Triphonem* 75 PG 6,652B; cfr. pure Girolamo, *Commentarius in epistolam Pauli ad Galatas*, 1,1 PL 26,335D.

[27] [26] Num 16,28; Is 6.8.

[28] [27] Giustino, *Adversus Triphonem* c. 108 PG 6,755C. L'apologeta cristiano afferma che il Sinedrio, dopo aver loro imposto le mani (*keirotonésantes*), inviò dei messi in tutto il mondo per annunziare il sorgere della eresia cristiana in seno al giudaismo (cfr. pure Eusebio, *Commento a Isaia* 18 1 PG 24,213–214).

tolo giudaico prima di divenire un apostolo cristiano ed infatti la sua missione con lettere credenziali del Sinedrio, a Damasco, per incarcerarvi e trascinare a Gerusalemme i credenti in Gesù, presenta tutte le caratteristiche dell'apostolato giudaico[29].

In armonia con l'etimologia del vocabolo[30] e con il precedente uso giudaico, anche i cristiani ebbero i loro apostoli. Apostolo per eccellenza fu il *Cristo*, in quanto inviato dal Padre a recare salvezza all'umanità (Ebr 3,1). Coloro che ricevevano una missione speciale dalle Chiese erano chiamati «apostoli delle chiese» (2 Cor 8,23); tali furono Barnaba e Sila inviati dalla Chiesa di Gerusalemme per notificare alle comunità dei Gentili le decisioni degli Apostoli (At 15,27); Paolo e Barnaba che la Chiesa antiochena inviò ad evangelizzare i gentili;[31] Timoteo ed Erasto che furono inviati in Macedonia prima di Paolo (At 19,22). Ma apostoli per eccellenza furono dette le persone inviate da Cristo ad evangelizzare, per cui quando si nominano gli Apostoli è specialmente di loro che si parla. Come inviati da Gesù sono pari a lui, poiché l'apostolo va accolto come colui che lo invia[32].

4. GLI APOSTOLI NON SONO LIMITATI AI DODICI

Dall'insieme dei passi biblici appare evidente che gli Apostoli inviati da Cristo non si possono limitare ai Dodici. I Dodici furono tutti Apostoli, ma non tutti gli Apostoli appartennero ai Dodici. Paolo, ad esempio, che si presenta come il minimo degli apostoli per avere perseguitato la Chiesa di Dio, pur non rivendicando mai la prerogativa d'essere uno dei Dodici, insiste nel presentarsi come un apostolo. Senza timore d'essere contraddetto chiede «Non sono un apostolo?» (1 Cor 9,1). Assieme a lui anche

---

[29] [28] Epifanio, *Adversus omnes haereses* 30,4,2 ed. K. Holl CB p. 338,21 PG 41,409D. L'invio dei «messi», iniziatosi al tempo di Giosafat (cfr. 2 Cron 17,7–9), si sviluppò assai dopo che il Sinedrio si fu stabilito a Tiberiade in seguito alla distruzione di Gerusalemme; gli «apostoli» ricevevano dal «patriarca» (= capo della Sinagoga) l'incarico di curare tra l'altro la raccolta di denaro. Tale sistema di tassazione fu abolito da Onorio nel 398 come risulta dal cod. di Teodosio 16,8,14. Una iscrizione di Venosa parla di «duo apotuli et duo rebbites» (cfr. C. B. Frey, *Corpus Inscriptionum judaicarum* I, Roma 1936, p. 438, n. 611). Su questo problema cfr. S. Krauss, *Die Jüdischen Apostel*, in «Jewish Quarterly Review», 17 (1905), 370 ss.

[30] [29] Apostolo deriva da *apostéllo*: «inviare», con il senso di «inviato».

[31] [30] At 11,30; 13,3; 15,2.

[32] [31] Lc 10,16 anche se non c'è la parola «apostolo» il concetto vi è incluso, in quanto il verbo «inviare» in greco è della stessa radice (*apostéllo*) usata per il vocabolo greco di «apostolo». In Gv 15,15 si afferma che l'apostolo, ivi chiamato però con il nome di «servo», non può essere superiore al padrone a cui serve.

Barnaba compie lavoro di un apostolo, per cui entrambi si proclamano «apostoli» nella stessa misura degli «altri» (*loipoi*) prima nominati[33].

Andronico e Giunio, parenti di Paolo, sono presentati come «apostoli assai stimati»[34]. Tra gli apostoli va pure incluso Giacomo, il fratello del Signore, come risulta in modo chiaro dal fatto che Gesù apparve «a Giacomo e a tutti gli apostoli» (1 Cor 15,7); è infatti evidente che l'aggettivo «*tutti*» non avrebbe senso se costoro si dovessero identificare con il precedente «Cefa e i Dodici» (*ivi*, v. 5) che già ebbero una propria apparizione. Inoltre Giacomo non era affatto uno dei Dodici, perché durante la vita terrena di Gesù egli non credeva che il proprio fratello fosse il Cristo;[35] ma egli è chiaramente presentato come «apostolo» da Paolo, quando scrisse che, giunto a Gerusalemme, egli non vide alcun altro apostolo ad eccezione di Giacomo (Gal 1,19).

Siccome il numero degli Apostoli non era fissato si comprende meglio la pretesa con cui alcuni, pur non essendolo, osavano presentarsi come tali ai

---

[33] [32] 1 Cor 9,5 s. Alcuni vorrebbero includervi anche Apollo (1 Cor 4,9) supponendo che il plurale si riferisca anche all'Apollo prima nominato v. 6; è possibile ma poco probabile, poiché egli fu istruito da Aquila e Priscilla (At 18,24–28), visse lungi dalla Palestina (Alessandria At 18,24; Listra At 16,1–2). Egli non aveva quindi le caratteristiche di un apostolo; anche Clemente Romano lo distingue dagli apostoli chiamandolo «uomo stimato *dagli* (*parà*) apostoli» (*Epistolae Romanorum Pontificum Genuinae*, 47).

[34] [33] Rom 16,7. È illogico tradurre questo passo come segue «sono assai stimati *dagli* apostoli» in tal caso ci vorrebbe la preposizione *parà*, non l'*en* che ora vi esiste e che costringe a tradurre il testo come segue: «sono segnalati tra gli apostoli», tra coloro cioè che sono apostoli come loro. Origene (*Commentarium in Epistolam b. Pauli ad Romanos* 10,21 PG 14,1280AB) pensa che con tutta probabilità Giunio e Andronico fossero due dei settanta discepoli scelti da Gesù (cfr. Lc 10,1–16). Il plurale «apostoli» di 1 Tes 2,6 (come quello di 1 Cor 4,6) è un plurale maiestatico, da riferirsi solo a Paolo; la alcuni si vuol riferire anche a Silvano che con Paolo scrisse la lettera. Sarebbe tuttavia, in tal caso, da escludere Timoteo, che è pure lui un altro mittente della lettera (cfr. 1 Tes 1,1) in quanto egli altrove è chiamato solo *evangelista* (2 Tim 4,5) ed è chiaramente distinto da Paolo (2 Cor 1,1; Col 1,1 «Paolo apostolo e Timoteo suo fratello»).

[35] [34] Cfr. Gv 7,5. La sua conversione deve essersi avverata con l'apparizione del Risorto della quale parlano Paolo (1 Cor 15,6–7) e anche il Vangelo giudeo cristiano degli *Ebrei*, secondo un suo frammento riportato da Girolamo: «Il Signore, dopo aver dato la sindone al servo del sacerdote, andò da Giacomo e gli apparve (Giacomo aveva infatti giurato di non mangiare più pane da quel momento in cui egli aveva bevuto dal calice del Signore sino a quello in cui egli avrebbe visto il morto risorto). E tosto il Signore disse: Portate una mensa e del pane. Prese il pane, (lo) benedisse, lo spezzò e lo diede a Giacomo il giusto e gli disse: Fratello mio, mangia il tuo pane, perché il Figlio dell'uomo è risorto dai dormienti» (Girolamo, *De viris illustribus*, in E. Hennecke, *Neutestamentliche Apokryphen*, Tübingen 1959, voi. 1, p. 108).

fratelli, mentre in realtà non erano altro che «falsi apostoli, operai fraudolenti travestiti da apostoli di Cristo»[36].

Proprio per il loro numero illimitato gli Apostoli sono posti nella prima categoria delle persone arricchite da carismi, il che sarebbe incomprensibile se gli Apostoli fossero stati soltanto i Dodici[37]. Nè si obbietti che solo i Dodici sono fonte di rivelazione per i cristiani, poiché in tal caso dovrebbero essere escluse le lettere di Paolo, di Giacomo e di Giuda, composte, queste ultime, da due fratelli di Gesù che non erano membri del collegio dei Dodici.

5. Qualifiche necessarie per divenire apostoli

Per essere riconosciuto «apostolo» il cristiano doveva presentare delle credenziali indispensabili che sono qua e là indicate dal Nuovo Testamento e che cercherò qui di sintetizzare assai brevemente:

L'apostolo doveva aver visto il «Signore», vale a dire il Cristo risorto. – Paolo, a chi negava il suo apostolato, ricordò senza timore di smentita: «Non ho io forse veduto Gesù il Signore nostro?» (1 Cor 9,1; At 9). L'accenno al Signore, vale a dire al Cristo glorificato, ci fa capire che la visione del Risorto era un elemento indispensabile per aspirare all'apostolato (cfr. At 2,36). Apparendo ai discepoli raccolti nella «camera alta» dove erano presenti anche altre persone oltre i Dodici – vi si trovavano tra l'altro almeno i discepoli di Emmaus, secondo Luca – Gesù disse a tutti: «Voi mi sarete testimoni di queste cose» (Lc 24,48). Gli Apostoli dovevano quindi aver veduto il Risorto dopo la sua morte infamante, per poter così testimoniare la sua gloriosa resurrezione.

Infatti per tutte le persone presentate dal Nuovo Testamento come apostoli vi è, se non la certezza – dato il silenzio delle fonti – almeno una forte presunzione che abbiano visto il Cristo risorto. Lo vide certamente Giacomo, fratello del Signore;[38] lo videro con tutta probabilità Barnaba, ardente cristiano dei primi giorni e che forse era uno dei «settanta discepoli», come Andronico e Giunio, presentati appunto come tali[39].

---

[36] [35] 2 Cor 11,5.13; il «cotesti sommi apostoli» non va riferito ai Dodici ai quali Paolo non si dichiarerebbe inferiore, bensì, secondo il contesto, a quegli apostoli boriosi che, pur non essendo tali, osavano con baldanzosi biasimare lo stesso Paolo (cfr. 2 Cor 11,13; Apoc 2,2); la *Didaché* (c. 11) dà delle norme per distinguere i veri dai falsi apostoli.

[37] [36] 1 Cor 12,28; Ef 4,11.

[38] [37] 1 Cor 15,7. È probabile che lo abbiano visto anche gli altri «fratelli» in quanto sin dall'inizio li troviamo raccolti nella camera alta in attesa dello Spirito Santo, assieme a Maria, a Giacomo e ai Dodici.

[39] [38] Per Barnaba che era levita cfr. At 4,36; per Giunio e Andronico, cfr. Rom 16,7

Era quindi inevitabile che con il corso degli anni gli «apostoli» dovessero scomparire dall'orizzonte poiché con l'inesorabile progredire del tempo i testimoni oculari andarono sempre più assottigliandosi fino a scomparire del tutto. Alla fine del sec. I e all'inizio del II sussistevano ancora alcuni apostoli ai quali si erano aggiunti molti altri pseudo-apostoli; la *Didaché* diede delle norme pratiche per distinguere i veri dai falsi[40]. Ma verso il 150, e forse anche prima al tempo del *Pastore di Erma*, gli apostoli erano già scomparsi, in quanto lo scrittore ne considera già completo il numero che simbolicamente riduce a «quaranta»[41].

L'apostolo doveva essere inviato dal Cristo risorto almeno tramite lo Spirito Santo. – Molte persone – cinquecento in una sola volta – videro il Risorto, alcune delle quali erano tuttora in vita al momento in cui Paolo scrisse la sua lettera ai Corinzi (1 Cor 15,6), ma non per questo tutte divennero automaticamente degli apostoli. Per far parte di tale categoria occorreva la chiamata di Dio, tramite il Cristo o almeno mediante lo Spirito Santo.

Paolo, conformemente al decreto divino, anteriore alla sua nascita (Gal 1,15) così come già era avvenuto per Geremia (Ger 1,5), fu chiamato dallo stesso Cristo[42]. La sua dignità apostolica risale all'appello diretto ricevuto dal Signore sulla via di Damasco (At 9,15; 22,14 s). Fu lo Spirito Santo ad inviarlo in missione come apostolo, quando, durante un'assemblea di cristiani ad Antiochia, ispirò alcuni profeti a far mettere da parte Barnaba e Saulo perché iniziassero la predicazione tra i Gentili (At 13,2). Tale chiamata dello Spirito Santo – che del resto aveva agito pure sui Dodici il giorno della Pentecoste – abilitava chiunque avesse visto il Signore a divenire un apostolo, un testimone ispirato[43].

Da ciò si vede la differenza tra l'invio da parte della Chiesa di un credente, per un incarico specifico, come ad esempio quello di inviare delle lettere ad altre comunità (At 15,25), e la missione affidata dallo Spirito Santo. Ogni inviato poteva chiamarsi «apostolo», ma in realtà solo coloro che erano stati inviati dallo Spirito Santo a testimoniare il Risorto, da loro

---

e, sopra, la nota 12. Giunia è nome maschile e non femminile, come erroneamente pensava il Crisostomo; è contratto da *Junianus*.

[40] [39] *Didaché o Dottrina dei Dodici apostoli*.

[41] [40] Sim. IX, 15,4: «Questi sono gli apostoli e dottori che predicarono (al passato) il nome del Figlio di Dio» (*Sim.* IX, 16,5–6; *Vis.* 14,5; *Sim.* IX, 25; cfr. Ef 4,11). Il fatto che Paolo affermi che fu il Cristo glorioso asceso al cielo (Ef 4,7–11) a sceglierli, significa ancora una volta la necessità d'aver visto il Risorto, per essere inclusi tra gli Apostoli.

[42] [41] Gal 1,1; 1 e 2 Cor 1,1.

[43] [42] Paolo dovette da una parte opporsi alle pretese dei seguaci di Giacomo nella direzione della Chiesa e dall'altra a quelle dei fautori dei Dodici. Perciò egli mostra che la sua investitura non proviene da Giacomo o dai Dodici, bensì direttamente da Dio.

visto, entravano a far parte della categoria degli «apostoli» nel senso più stretto del termine. Proprio per tale motivo Paolo affermò che lo Spirito Santo «ha costituito» nella Chiesa primieramente gli apostoli[44]. Tuttavia siccome lo Spirito Santo non è altro che il continuatore dell'opera del Risorto – il quale anzi in un passo è persino identificato con lo «Spirito»[45] – ne deriva che l'attività dello Spirito può essere considerata l'attività dello stesso Cristo. Possiamo quindi comprendere le parole paoline «È lui (il Cristo glorioso) che diede (*edóken*) gli uni come apostoli»[46].

La missione dell'apostolo non si limita a regioni particolari, ma si estende a tutte le genti. – Infatti tutti gli uomini devono essere portati a salvezza mediante la conoscenza del Cristo e l'ubbidienza (= la fede) alla sua volontà. «Guai a me se non evangelizzo», affermò Paolo (1 Cor 9,16). Egli non fu inviato primariamente a battezzare, bensì ad evangelizzare (1 Cor 1,17) senza limitazione di sorta.

La divisione del campo di lavoro per cui Pietro si occupa particolarmente dei Giudei e Paolo dei Gentili non è da prendersi in senso assoluto (Gal 2,7). Fu infatti Pietro a predicare per primo ai Gentili convertendo Cornelio (At 10), così come Paolo era solito rivolgersi ai Gentili solo dopo che gli Ebrei di una città avevano respinto l'Evangelo. Se Paolo non intendeva «edificare sul terreno altrui», lo faceva solo per spontanea volontà e per motivi di prudenza, non per una particolare limitazione da parte del Cristo (Rom 15,20).

6. LO SPIRITO SANTO AGÌ POTENTEMENTE NEGLI APOSTOLI

Sugli apostoli presenti nella camera alta il giorno di Pentecoste scese potentemente lo Spirito Santo, perché fossero testimoni del Cristo risorto[47]. Per influsso dello Spirito gli apostoli poterono svolgere la loro missione con segni e svariate opere potenti.

---

[44] [43] 1 Cor 12,28; l'aoristo indica che lo Spirito aveva stabilito in passato le varie categorie ivi accennate.

[45] [44] 2 Cor 3,17.

[46] [45] Ef 4,11; gli apostoli sono qui considerati come una realtà del passato, o, come una categoria fissa? Sembra migliore la seconda ipotesi. Lo Spirito ha stabilito delle categorie che non possono venire modificate.

[47] [46] Non si può restringere la presenza delle persone solo ai Dodici», poiché vi erano indubbiamente presenti anche i «fratelli del Signore», anzi a quel che pare gli stessi centoventi prima ricordati (cfr. At 1,14.15 e 2,1).

a) *Rivelazione divina*. – È la rivelazione trasmessa dagli apostoli, come dimostra ben chiaramente O. Cullmann,[48] che costituisce la «Tradizione» cristiana. Per questo Paolo, non ostante che Gesù avesse stigmatizzato la «tradizione degli antichi» (Mc 7,3 ss; Mt 15,6), poteva ordinare: «Mantenete le tradizioni» (2 Tim 2,15). Infatti la tradizione di cui parla Paolo non è affatto una tradizione «umana»,[49] bensì l'insegnamento che per «rivelazione»[50] egli aveva ricevuto da Dio e che a sua volta aveva trasmesso ai credenti (1 Cor 2,11–13).

Questa «rivelazione» poteva essere «*diretta*»[51], come il piano salvifico divino il quale fu da Dio svelato in modo particolare a Paolo e che consiste nel fatto che tutti, Giudei e Gentili, sono destinati a far parte del nuovo popolo di Dio (Ef 3,3–7; Gal 1,15 s). Essa poteva pure avvenire in modo «*indiretto*» vale a dire tramite altri apostoli che erano stati in contatto diretto con Gesù, come, ad esempio, Pietro (Gal 1,18). Tuttavia anche queste comunicazioni apostoliche – trasmesse oralmente prima d'essere poste per iscritto – erano pur sempre una rivelazione, in quanto provenivano da Dio per ispirazione divina. L'insegnamento dell'apostolo è infatti un insegnamento divino, proprio perché egli era guidato dallo Spirito Santo in ogni verità (Gv 16,23).

Per questo si spiega meglio il fatto che Paolo, pur riferendo il racconto della Cena del Signore in una forma già stilizzata e proveniente dalla tradizione apostolica, possa dire: «L'ho ricevuto da parte del Signore» (1 Cor 11,23).

L'apostolo – Paolo compreso – quando scrive può utilizzare un detto di Gesù come ad esempio in 1 Cor 7,10, dove si legge: «Ai maritati io annuncio, non io stesso ma il Signore, di non separarvi» (1 Cor 7,10; cfr. Mc 10,11 s). In quel preciso momento, tramite l'apostolo, era il Signore che parlava. Ma anche quando mancava un preciso «detto» (*lòghion*) del Signore, l'apostolo impartiva sempre degli ordini che in ultima analisi, data la sua ispirazione, provenivano da Dio, per cui Paolo poteva scrivere: «Agli altri (non coniugati) ordino io, non il Signore (= Gesù Cristo)» (1 Cor

---

[48] [47] O. Cullmann, *La Tradition*, Cahiers Théologiques, 33, Delachaux et Niestlé, Neuchâtel, 1953, p. 15.
[49] [48] Col 2,8 *Paràdosis toû anthrópou*.
[50] [49] Gal 1,12 *dià apokalúpseos*.
[51] [50] I negatori dell'esistenza di Gesù (Couchoud, *Le Mystère de Jésus*, Paris 1924, p. 141; Alfaric, *Le Jésus de Paul*, in «Revue d'Histoire et de Philosophie Religieuses» 1927, pp. 276 s.) poggiano su questo punto per asserire che tutto quanto fu detto del Cristo proviene da una «supposta» rivelazione avuta da Paolo. L'apostolo avrebbe trasferito sul piano storico il contenuto di una sua visione soggettiva! Posizione evidentemente assurda! Come *tutti* l'avrebbero così facilmente accolta, se il Cristo non fosse nemmeno esistito?

7,12). Tuttavia anche in questo caso, in virtù del suo carisma apostolico, egli meritava fiducia incondizionata e il suo insegnamento doveva divenire pietra di paragone per valutare gli altri insegnamenti:

> Riguardo alle vergini, non ho un ordine del Signore. Ma io dò il mio avviso come un uomo a cui il Signore, nella sua misericordia ha dato il dono d'essere degno di fede[52] ... Se alcuno si stima esser profeta o spirituale, riconosca che le cose che io vi scrivo sono comandamenti del Signore. E se alcuno lo vuol sprezzare, sia sprezzato (da Dio)» (1 Cor 14,37 s; cfr. 1 Cor 11,16).

Tramite la tradizione apostolica è il Signore che si fa conoscere a quanti non poterono vedere il Risorto. Naturalmente ciò è possibile solo se chi «ascolta» ubbidisce a tale tradizione, come sta incluso nel verbo greco «ascoltare» (*akoúô*). Chi ascolta non è colui che semplicemente ode, ma è colui che con cura pratica ciò che è stato udito[53].

b) *Doni taumaturgici*. – Lo esprime chiaramente Paolo scrivendo ai Corinzi:

> Certo i segni dell'apostolo sono stati manifestati in atto tra voi, nella perseveranza a tutta prova, nei miracoli, nei prodigi e opere potenti (2 Cor 12,12).

Per questo Paolo, predicando ai Corinzi con «debolezza (personale), con timore e con tremore», non ha cercato di convincere usando discorsi meravigliosi e avvincenti, bensì con manifestazione «di Spirito e di potenza» affinché la loro fede poggiasse non «su sapienza umana, ma sulla potenza divina» (1 Cor 2,3 ss). A motivo dello Spirito potente che li spingeva ad agire, gli apostoli (e non altri) imponendo le mani potevano conferire lo Spirito Santo in un dispiegamento visibile di potenza meravigliosa[54]. La stessa ombra di Pietro guariva gli ammalati, così come gli asciugamani e i grembiuli di Paolo portavano guarigione[55]. Perciò l'autore della lettera agli

---

[52] [51] 1 Cor 7,25 «degno di fede»; traduzione più esatta che non quella di «fedele». Il greco *pistòs einai* ha il senso di «essere degno di fede» anche in 1 Tim 7,12 (degno di fiducia); At 13,34.

[53] [52] Ef 4,21. Perciò Paolo scrive loro «se pur l'avete ascoltato» in quanto non basta «udire», occorre anche praticare. Udire l'ammaestramento o la tradizione apostolica non è udire un uomo, bensì ascoltare lo stesso Cristo.

[54] [53] Per Pietro e Giovanni cfr. At 8,15 ss; per Paolo cfr. At 19,6.

[55] [54] Per Pietro cfr. At 5,15; per Paolo cfr. At 19,12.

Ebrei richiamando la salvezza «annunziata dal Signore» e poi «confermata da quelli che l'avevano udito» (= apostoli) osserva che Dio stesso aggiungeva la sua testimonianza alla loro con segni e dei prodigi, con opere potenti svariate, e con doni dello Spirito Santo distribuiti secondo la sua volontà[56].

Un dono miracoloso interiore, ma ancor più potente degli altri, era la conversione delle anime, che costituiva il primo suggello dell'apostolato. La trasformazione di un'anima è infatti un'opera ben più potente della guarigione corporale, per cui Paolo poteva scrivere:

> Se per altri non sono (ritenuto) un apostolo, lo sono almeno per voi, poiché il suggello del mio apostolato siete voi, nel Signore (1 Cor 9,2).

La loro conversione testimoniava infatti ch'egli lavorava davvero per il Signore e che la grazia di Dio era con lui. Paolo non aveva bisogno di raccomandazioni, poiché poteva presentare la commendatizia più bella del suo apostolato, vale a dire i cristiani viventi a Corinto da lui convertiti al Signore:

> Siete voi la nostra lettera scritta nei nostri cuori, conosciuta e letta da tutti gli uomini essendo manifesto che siete una lettera di Cristo, scritta mediante il nostro ministero, ma con lo Spirito dell'Iddio vivente, non su tavole di pietra, ma su tavole che sono cuori di carne» (2 Cor 3,2 ss).

7. Il fondamento della Chiesa

La classe degli «apostoli» costituiva perciò nella Chiesa primitiva il grado più alto dei doni carismatici (1 Cor 12,28-29;. Ef 4,11). Talora gli apostoli sono messi in connessione con i «profeti» dell'Antico Testamento (Lc 11,49; 2 Pt 3,2),[57] in quanto essi costituivano i veri autentici «profeti» del Nuovo Testamento il cui insegnamento non poteva venire discusso, mentre, al contrario, lo potevano essere i profeti della Chiesa primitiva. La loro

---

[56] [55] Ebr 2,4. Anche se qui non si dice che le potenti opere taumaturgiche erano privilegio degli apostoli (di fatto vi era nella Chiesa apostolica anche il carisma delle guarigioni, donato a varie persone) si può però concludere che tali doni erano principalmente riservati agli apostoli.

[57] [56] In Apoc 18,20 sembra che i profeti quivi nominati dopo gli apostoli siano quelli dell'A. T. «Rallegrati o cielo, e voi santi, e voi apostoli, e voi profeti».

dottrina apostolica costituiva il mezzo più sicuro «per discernere la vera dalla falsa profezia[58].

Gli apostoli costituiscono perciò il «fondamento» della Chiesa[59] in quanto è solo per mezzo loro che gli altri uomini possono conoscere il Cristo. Se il Cristo fosse venuto al mondo senza essere stato annunziato dagli apostoli, noi saremmo ancora nella situazione che precedette la sua venuta, in quanto non potremmo conoscerlo e avere fede in lui. La fede viene infatti tramite l'udire, e l'udire si ha per mezzo della testimonianza esplicita trasmessa a noi dagli apostoli ispirati (cfr. Ef 2,20; Rom 10,13.14.17)[60].

Perché il fondamento della Chiesa rimanesse stabile, gli apostoli non solo predicarono, ma scrissero pure dei libri sotto l'influsso dello Spirito Santo, che furono poi raccolti devotamente dai primi cristiani come libri ispirati e racchiusi nel canone della «Bibbia» o dei libri divini. Siccome gli apostoli oltrepassarono il numero di dodici, si comprende come le lettere di Paolo, di Giacomo e di Giuda siano state ritenute sacre; i loro autori, infatti, pur non essendo annoverati tra i Dodici, erano pur sempre degli apostoli. Si comprende anche meglio l'ispirazione del Vangelo di Marco, che probabilmente fu lui pure un apostolo testimone della resurrezione e della cattura di Cristo, qualora lo si identifichi, com'è probabile, con il giovane sfuggito seminudo ai soldati che lo volevano catturare (Mc 14,51–52) e con il Giovanni Marco la cui casa era luogo di riunione della Chiesa primitiva (At 12,12). Egli iniziò tosto a lavorare per il Signore (At 16,39

---

[58] [57] Cfr. Gal 1,1 ss. In merito agli «apostoli e profeti» di Ef 2,20, va notato che si tratta di un unico gruppo di persone, non di due gruppi distinti, in quanto non vi si ripete l'articolo dinanzi alla seconda parola «profeti» (come avviene in Apoc 18,20 e Ef 4,11), ma un articolo unico regge entrambi i nomi. Quindi gli «apostoli» sono gli «unici» autentici e legittimi «profeti» del Cristianesimo. Gli altri profeti possono essere discussi, ma gli «apostoli» no!

[59] [58] Il *themélion* è il fondamento che l'architetto getta a base della costruzione futura. Gli apostoli hanno posto il fondamento della Chiesa che è Gesù Cristo (1 Cor 3,10), ma anche loro costituiscono il «fondamento» della Chiesa in quanto sono stati utilizzati da Cristo per fondare la sua Chiesa (Ef 2,20) e sono gli unici mezzi che abbiamo a disposizione per conoscere il Cristo.

[60] [59] W. Schmithals, *Das kirchliche Apostolat. Eine Historische Untersuchung* (Forschungen zur Religion und Literatur des Alten und Neuen Testaments, 79), Göttingen 1961. L'autore, come già vedemmo, si riallaccia al suo studio sulla gnosi di Corinto (*Die Gnosis in Korinth. Eine Untersuchung zu den Korintherbriefen*, in «Forschungen zur Religion und Literatur des Alten und Neuen Testaments» 66, Göttingen 1956), per sostenere che l'apostolato non è altro che la retrodatazione della dignità apostolica esistente presso gli gnostici.

Gli apostoli e i Dodici 37

con 13,13) con Barnaba e Saulo apostoli e collaborò con Pietro che lo chiama «mio figlio»[61].

8. I «DODICI»

Tra il gruppo più vasto degli Apostoli (scelti pur essi in quello ancora più numeroso dei Discepoli) primeggiano i «Dodici», che come abbiamo già visto erano il simbolo del Nuovo Israele e più degli altri erano ricollegati con l'Antico Israele secondo la carne[62]. Per essere ammessi nel gruppo dei Dodici occorreva non solo aver visto il Risorto, come gli Apostoli, ma essere stati con Gesù anche durante la sua vita terrena sin *dall'inizio* del suo battesimo ad opera di Giovanni (At 1,22).

Siccome il numero «dodici» aveva un significato simbolico, ne consegue che esso doveva rimanere tale per sempre, per cui quando Giuda, il traditore, si rese indegno di essere annoverato tra di loro, se ne scelse un sostituto nella persona di Mattia, il quale venne tratto a sorte affinché la sua scelta fosse divina e non umana (At 1,26). Pietro invece, pur avendo rinnegato il Cristo, fu riabilitato dallo stesso Signore (Gv 21). Siccome il numero dei Dodici era fisso ne segue che esso non variò mai, per cui dopo la loro morte essi non poterono affatto venire sostituiti da altri; in tal modo si potè scrivere che la Nuova Gerusalemme, simbolo del Nuovo Israele, è

---

[61] [60] L'unico problema in tal caso sarebbe l'ispirazione del Vangelo di Luca che non fu apostolo, sia perché convertito più tardi, sia perché lui stesso si distingue dai testimoni (Lc 1,14). Tale questione si risolve con il fatto che Luca è citato, assieme a un passo del Signore, da parte di Paolo (1 Tim 5,18 che cita Deut 25,4 e Lc 10,7) divenendone così suo garante e con il fatto che l'evangelista ha voluto raccogliere solo «ciò che *sicuramente* proveniva dai testimoni autorizzati» (= apostoli) è perciò arricchiti di ispirazione (suo prologo). Di solito il problema del canone neotestamentario è molto trascurato dagli acattolici.

[62] [61] Mt 10,5–6. Fu Paolo, che non era dei Dodici a proclamarsi l'apostolo dei Gentili, come Pietro lo era per i «circoncisi», ossia i Giudei. Gli apostoli inizialmente si limitarono a predicare agli Israeliti e solo con difficoltà accettarono la predicazione ai Gentili; per muovere Pietro ci volle una apposita visione (cfr. At 10). Come si concilia questa opposizione con il comando di Gesù «ammaestrate tutte le genti»? (Mt 28,18–20; cfr. Lc 24,47; At 1,8). Il Gaechter (*Das Matthaus Evangelium. Ein Kommentar*, Tyrolis Verlag, Innsbruck 1963 a. l.) suppone che questa frase sia stata inventata da Matteo in accordo con la teologia posteriore della Chiesa primitiva. Gesù avrebbe detto «andate per tutto il mondo», il che poteva intendersi «ai soli Giudei della Diasporà» ; essa poi fu ritoccata in «tutte le genti» secondo la teologia successiva (cfr. At 10,11 e 15). Non penso che ciò sia necessario: il problema di At 10 e 15 non era quello della possibilità o no di predicare ai Gentili, ma se questi Gentili dovessero prima farsi circoncidere o no. La frase di Gesù fu intesa nel senso che la predicazione poteva rivolgersi anche ai Gentili, ma solo dopo che questi erano divenuti Ebrei con la circoncisione. Fu lo Spirito Santo che, con Pietro prima (At 10), e con Paolo poi, ne chiarì senso escludendo la circoncisione (At 15).

fondata su dodici fondamenti che sono appunto i «Dodici» (Apoc 21,12–14). Paolo, pur essendo stato uno dei massimi apostoli, non fu mai considerato uno dei Dodici né dai cristiani nè da se stesso; egli pur difendendo più e più volte il suo apostolato, non ha mai preteso di entrare a far parte del gruppo dei Dodici (cfr. 1 Cor 15,5. 8–9; 1 Cor 9,1 ss).

La missione specifica dei Dodici non era solo quella di testimoniare la Resurrezione del Cristo – ciò poteva essere attuato pure dagli altri apostoli – bensì quella di fungere da testimoni anche per la vita terrena di Gesù. Si vede da ciò come non sia possibile dare dei successori agli Apostoli e tanto meno ai Dodici; il testimone non può avere dei successori! Chi non ha veduto non può testimoniare ciò che non vide; egli potrà solo ripetere la testimonianza dei Testimoni! Si -vede quindi come vi debba essere una differenza essenziale tra la Chiesa apostolica e quella postapostolica. Nella prima gli apostoli potevano di continuo completare la loro testimonianza; nella seconda i credenti – vescovi compresi – non possono far altro che ripetere la testimonianza ormai completa dei testimoni oculari.

9. I Dodici nei racconti evangelici

La *scelta* dei Dodici avvenne su di un monte dopo una notte trascorsa in preghiera (Lc 6,12) e per puro beneplacito di Gesù (Mc 3,13). Il Maestro ne fece dei compagni inseparabili, associati alla sua missione e collaboratori nella predicazione della buona novella[63]. Perché potessero ricordare ciò che da Gesù avevano udito, il Cristo promise loro l'invio dello Spirito Santo[64].

Quattro sono le *liste* dei Dodici contenute nel Nuovo Testamento, una in ciascuno dei Sinottici e l'ultima nel libro degli Atti (Mt 10,2–4; Mc 3,16–19; Lc 6,14–16; At 1,13). Nonostante le variazioni nella successione dei nomi, si può notare quanto segue: tutte iniziano con Pietro e finiscono con Giuda Iscariota, il traditore. Vi si possono distinguere tre quaterne di nomi, di cui il primo è sempre identico, mentre gli altri sono presentati in ordine diverso. Forse coloro che presentarono tali elenchi lo fecero tenendo conto di raggruppamenti esistenti nella realtà.

Il primo gruppo è costituito da *Pietro*, Giacomo, Giovanni e Andrea.
Il secondo da *Filippo*, Bartolomeo (= Natanaele), Tommaso e Matteo.

---

[63] [62] Mc 6,7–1330. Cfr. L. Cerfaux, *La mission de Galilée dans la tradition synoptique* in «Ephemerides Theologicae Lovanienses» 27 (1951), pp. 369–389; 28 (1952), pp. 629–647.

[64] [63] Gv 14. 26.

Gli apostoli e i Dodici 39

Il terzo da *Giacomo* figlio di Alfeo, Simone lo zelota, Giuda Taddeo e Giuda Iscariota.

Tutti costoro s'erano uniti, almeno inizialmente, con la segreta speranza che Gesù desse origine al regno messianico con la sconfitta definitiva dei nemici d'Israele, in prima linea dei Romani. Anche Pietro, mosso da tale idea, si oppose a Gesù quando sentì che questi parlava della sua futura morte (Mt 16,21s). Gesù, quando la gente impressionata dalla miracolosa moltiplicazione dei pani, voleva proclamarlo re, s'affrettò ad allontanare i suoi discepoli, perché non fossero contagiati da tale entusiasmo popolare (Gv 6,5; Mt 14,22). Giacomo e Giovanni per mezzo della loro madre Salomè, zia a quel che pare di Gesù,[65] chiesero di essere posti uno alla destra e l'altro alla sinistra del Maestro nel suo regno (Mt 20,20). Ancora poco prima della sua assunzione al cielo i discepoli radunati attorno al Cristo, gli chiesero: «Signore, è in questo tempo che ridonerai il regno a Israele?» (At 1,6).

La terza quaterna sembra riunire le persone maggiormente interessate alla restaurazione nazionale dei Giudei e in certo senso ricollegate al gruppo degli zeloti fondati da Giuda il Galileo (At 5,37) e nemici giurati dei Romani (At 5,37). Ciò è insinuato da alcuni appellativi aggiunti ai loro nomi come Simone «lo zelota» detto pure «cananeo»[66]. Tra questi zeloti eccelleva il gruppo dei «sicari», così detti dallo stiletto (*sica*) che nascondevano nelle pieghe del loro mantello e con cui assassinavano, quando ne capitava l'occasione, qualsiasi romano che fosse isolato, occultandosi poi tra la folla accorsa e facendo così scomparire le proprie tracce. Oggi si pensa che l'epiteto Iscariota attribuito a Giuda, anziché riferirsi ad un ignoto villaggio detto Keriot, sia la trascrizione aramaica di «sicario». Quindi egli sarebbe stato un fautore della ribellione violenta contro i Romani, rendendo così più comprensibile l'esistenza di due spade in seno agli apostoli (Lc 22,30). Il suo tradimento di Gesù, secondo alcuni, sarebbe dovuto non solo ad amore verso il denaro – che certamente aveva, secondo Giovanni (12,6) – bensì al desiderio di costringere il Cristo a liberarsi dai suoi avversari e ad entrare finalmente in lotta con i Romani, utilizzando la sua potenza taumaturgica a favore di tale causa santa. In tal modo si spiegherebbe

---

[65] [64] Cfr. Gv 19,25 ss. e F. Salvoni, *La verginità di Maria*, Editrice Lanterna, Genova 1969, pp. 57–68.

[66] [65] Il termine «cananeo» (Mc 3,18; Mt 10,4) non ha nulla a che vedere con il territorio di Canaan, ma è la trascrizione dell'aramaico *Kanana*, traduzione del greco «zelota» (= fanatico) che è trascritto in caratteri greci, anziché essere tradotto (Lc 6,15; At 1,13). Altri anziché «zelota» vorrebbero tradurre il termine con «zelante» nella legge giudaica; ma anche in tal caso egli non avrebbe dovuto essere in buona armonia con l'oppressore romano, che aveva limitato la libertà d'azione del popolo giudaico.

meglio la frase mattaica: «Giuda, *vedendo che Gesù era stato condannato*, si pentì e riportò i trenta sicli d'argento» (Mt 27,3). Sembra quindi che egli, nel tradire Gesù, avesse la segreta speranza che il Maestro si sarebbe ribellato a tale condanna mediante il dispiegamento taumaturgico della sua potenza divina[67].

Bibliografia

O. Cullmann, *La Tradition*, Cahiers Théologiques, 33, Delachaux et Niestlé, Neuchâtel, 1953.

O. Lightfoot, *The name and office of an Apostle*, in «Epistle to the Galatians», London 1890, pp. 92–101.

K. H. Rengstorf, *Apòstolos*, in «Theologisches Wörterbuch zum Neuen Testament», vol. I, Stuttgart 1953, pp. 407–446. Traduzione italiana, Brescia 1965, I, pp. 1088–1196.

H. Vogelstein, *The Development of the Apostolate in Judaism and its Transformation in Christianity*, in «Hebrew Union College Annual» 2 (1925), pp. 99 ss.

P. Morant, *Zur Apostelzahl*, in «Theologisch Praktische Quartalschrift», 87 (1934), 98–107.

L. Cerfaux, *Témoins du Christ*, in «Angelicum», 20 (1943), pp. 166–183.

J. Hering, *La second épitre de St. Paul aux Corinthiens*, Delachaux et Niestlé, Neuchâtel 1958, pp. 107–111 (Appendice: Remarques sur les origines de l'apostolat d'après le N. Testament).

———, *Royaume des Dieu selon Jésus et l'apôtre Paul*, Paris 1928, pp. 111–127.

---

[67] [66] Cfr. F. Schultess, *Das Problem der Sprache Jesu*, 1919, pp. 54 s. Secondo alcuni anche Pietro sarebbe appartenuto a questo gruppo di rivoluzionari (si veda più avanti il significato discusso di Barjona).

2

Il «Tu sei Pietro» nella sezione comune

1. I testi comuni

Abbiamo già osservato come Matteo riferisca alcuni episodi petrini che non appaiono altrove; il passo più importante sul quale è sorta un'immensa produzione letteraria riguarda l'aggiunta da lui introdotta dopo la confessione di Pietro a Cesarea (Mt 16,17–19). Ecco l'episodio di Cesarea come viene presentato dai tre sinottici nella parte loro comune, che qui studierò per primo, rimandando in seguito l'esame della aggiunta mattaica.

Mc 8,27–29	*Mt 16,13–1*	*Lc 9,18–20*
27 E Gesù se ne andò con i suoi discepoli verso i villaggi di Cesarea di Filippo. E in cammino Egli interrogò i suoi discepoli, dicendo loro: «Che dicono gli uomini che io sia?».	13 Ora essendo venuto nella regione di Cesarea di Filippo. Gesù interrogava i suoi discepoli, dicendo: «Che dicono gli uomini che sia il Figliuol dell'uomo?».	18 E avvenne che mentre in un luogo solitario, era occupato a pregare, i suoi discepoli erano accanto a lui. Ed egli domandò loro: «Che dicono le turbe che io sia?».
28 Essi gli dissero «Giovanni il Battista, altri Elia, e altri uno dei profeti».	14 Essi dissero: «Gli uni dicono: Giovanni il Battista, altri Elia; altri ancora Geremia o qualcuno dei profeti».	19 Essi risposero: Giovanni il Battista; altri Elia; altri: Uno dei profeti antichi è tornato in vita.
29 Ed egli chiese loro: «Ma voi, che dite che io sia? Pietro rispondendo gli disse: «Tu sei il Cristo».	15 Egli disse loro: «Ma voi che dite che io sia?».16 Rispondendo Simone-Pietro disse: «Tu sei il Cristo, il Figlio di Dio vivente».	20 Ed egli disse loro: «Ma voi, che dite che io sia?» Pietro gli disse: «Il Cristo di Dio».

30 Ed egli ingiunse loro di non dire nulla ad alcuno.	20 Allora egli ordinò ai discepoli di non dire ad alcuno che egli era il Cristo.	
31 Poi incominciò a insegnare loro che era necessario che il Figliuol dell'uomo soffrisse molte cose, e fosse reietto dagli anziani e dai capi sacerdoti e dagli scribi, e fosse ucciso, e in capo a tre giorni risuscitare.	21 Da quell'ora Gesù cominciò a dichiarare ai suoi discepoli che doveva andare a Gerusalemme e soffrire molte cose dagli anziani, dai capi sacerdoti e dagli scribi ed essere ucciso e risuscitare il terzo giorno.	21 Ora egli ingiunse loro severamente di non dirlo ad alcuno (che egli era il Cristo) e aggiunse: «Bisogna che il Figliuol dell'uomo soffra molte cose, e sia reietto dagli anziani e dai capi sacerdoti e dagli scribi e sia ucciso e risusciti il terzo giorno».
32 E diceva queste cose apertamente. E Pietro, trattolo da parte prese a rimproverarlo. 33 Ma egli, rivoltosi e guardati i suoi discepoli, rimproverò Pietro dicendo: «Via da me, Satana! i tuoi sentimenti non sono quelli di Dio, bensì quelli degli uomini».	22 E Pietro, trattolo da parte, cominciò a rimproverarlo, dicendo: «Tolga ciò Iddio, Signore questo non ti avverrà mai». 23 Ma Gesù, rivoltosi, disse a Pietro: «Via da me, Satana; tu mi sei di scandalo; i tuoi sentimenti non sono quelli di Dio, bensì quelli degli uomini».	

2. Si tratta di uno stesso episodio?

Contro l'interpretazione più ovvia, che si vede un medesimo episodio, l'ex rabbino E. Zolli, convertitosi al cattolicesimo, poggiando su di un concetto troppo rigido di ispirazione, sostenne che dai particolari diversi dei tre sinottici si deve concludere a tre episodi diversi della vita di Gesù, con i quali il Maestro avrebbe ripetutamente cercato di meglio illuminare i suoi discepoli[1]. Tuttavia, come già ebbi occasione di mostrare altrove questa opinione è insostenibile[2]. Le principali ragioni per la distinzione degli episodi si riducono a tre: diversità di luogo, diversità di ragionamento, diversità di confessione. Ma gli agiografi non erano dei semplici copisti riproducenti alla lettera le parole altrui e gli episodi della vita di Cristo; essi conservavano una certa elasticità d'espressione, si adeguavano alla cultura

---

[1] E. Zolli, *La confessione e il dramma di Pietro*, Roma, Figlie della Chiesa «Cor Unum», Viale Vaticano 62, 1964.
[2] F. Salvoni, *La confessione di Pietro secondo E. Zolli*, in «Ricerche Bibliche e Religiose» 1 (1966), pp. 353-363.

dei lettori che intendevano catechizzare e presentavano i racconti secondo la visuale propria di ciascuno.

a) *Il luogo*. – Per Marco e Matteo si tratta di Cesarea di Filippo, una città ricostruita nel I secolo d. C. da Filippo (4–34 d. C.), tetrarca della Gaulanitide e della Traconitide, accanto alle sorgenti del Giordano; distante circa 66 km. da Damasco essa è ora abitata da circa duecento famiglie arabe[3]. Il suo nome attuale, *Banijas*, si ricollega al dio Pan che era venerato in una delle grotte vicine. Tale città giaceva di fatto in un luogo solitario, per cui non vi è motivo di ritenere che la relazione lucana narri un episodio diverso da quello riferito dai sinottici[4].

L'omissione del nome da parte di Luca si spiega con la teologia geografica del terzo Vangelo; infatti l'ultimo nome proprio ricordato da Luca è Betsaida (Lc 9,10), più avanti tutta l'attenzione dell'evangelista sembra concentrarsi su Gerusalemme, dove Gesù deve subire il suo martirio.

Per questo Luca fa svolgere tutto il restante Vangelo in un lungo viaggio di Gesù verso Gerusalemme, nel quale incorpora quasi tutti gli eventi della vita di Gesù (Lc 9,51–19,48). Poi dopo la morte e la resurrezione nella città santa, la buona novella si sparge gradatamente da Gerusalemme, poi ad Antiochia, passando per la Samaria, e infine verso i confini del mondo (Atti). Ciò che non collima con questo schema di geografia teologica viene omesso (ad esempio le apparizioni di Cristo in Galilea che farebbero evangelizzare questa regione prima della più vicina Samaria) o presentato senza indicazione di luogo. Il fatto stesso che Luca presenti il racconto della confessione dopo aver ricordato Betsaida – che si trovava a nord-est del lago di Tiberiade secondo i risultati più recenti – ed era stata pur essa ricostruita da Filippo, ci fa comprendere che anche per lui la confessione petrina avvenne nel territorio appartenente al tetrarca, dove appunto si trovava Cesarea, che era davvero un «luogo solitario»[5]. Il nome è *omesso* solo perché, se fosse nominato farebbe allontanare Gesù da Gerusalemme anziché farlo avvicinare, secondo lo schema geografico del suo Evangelo.

Non si può dire che la *preghiera* ricordata solo da Luca ci obblighi a riconoscervi un episodio diverso da quello degli altri sinottici: spesso Luca

---

[3] Cfr. Giuseppe Flavio, *Antichità giudaiche* 18,2,1. È detta «di Filippo» per distinguerla dalla Cesarea posta sul Mediterraneo, che era sede del procuratore romano.

[4] «Villaggi» (Marco) e «regione» (Matteo) indicano la stessa cosa, vale a dire il territorio contiguo alla città di Cesarea, ritenuta da Marco un complesso di villaggi.

[5] Sulla teologia della geografia lucana cfr. F. Salvoni, *Modern Studies in the Resurrection of Jesus*, in «Restoration Quarterly» 5 (1961), pp. 88–89 (specialmente p. 98).

aggiunge di suo nel Vangelo la preghiera di Gesù per sottolineare l'importanza dell'evento[6].

b) *Il colloquio.* – Le variazioni che vi si trovano sono puramente psicologiche o stilistiche, quali si riscontrano sempre presso persone che non riferiscono alla lettera le parole altrui. Il «che dicono gli uomini» è cambiato in «le turbe» da Luca, perché questo vocabolo indicava meglio la «gente» che era stata in contatto con Gesù, che non il termine generico di «uomini», il quale per sé indica il genere umano nella sua totalità in quanto distinto dagli animali. Anche il «risorto» aggiunto ad «uno dei profeti» è usato da Luca per chiarire ai Gentili, alieni dal concetto di resurrezione, come mai si potesse pensare che un antico profeta già defunto fosse tornato su questa terra.

Anche il cambiamento del «Figlio dell'uomo» (Mt) nel pronome «io» (Mc e Lc) si spiega con il semplice fatto che l'espressione «Figlio dell'uomo», pur essendo talora sinonimo di Messia,[6][7] non di rado si riduceva ad avere un semplice valore pronominale. Che tale sia il caso nel passo presente risulta dal fatto che Gesù non può aver chiesto che cosa pensassero le turbe del Messia,[7] poiché in tal caso la risposta sarebbe stata diversa, ma che cosa esse pensassero di lui (cfr. pure Mc 8,31 e Lc 9,21 con Mt 16,21).

Anche il richiamo alle voci circolanti su Gesù non è altro che una esplicitazione più o meno ricca del medesimo concetto. Per alcuni, ad esempio Erode, in cui si mescolavano vari sentimenti e rimorsi per la decapitazione del profeta e le credenze farisaiche o pagane riguardanti la resurrezione e la reincarnazione dei morti, Gesù era il redivivo Battista (cfr. Mt 14,1 s). Per altri egli era semplicemente uno dei profeti antichi, forse lo stesso Elia che tanta risonanza godeva nell'apocalittica giudaica; trasferito da Dio in cielo, secondo idee rabbiniche sarebbe dovuto riapparire negli ultimi giorni[8]. Anche l'Ecclesiastico presentava Elia come colui che era «riservato per le prove future, per placare la collera prima che divampasse, per ricondurre il cuore del padre verso il figlio, per ristabilire la tribù di Giacobbe» (Eccli 48,10). Gesù correggendo i falsi concetti messianici del suo tempo, identificò Elia con il Battista, non perché costui fosse la reincarnazione del primo, ma perché del precedente possedeva «lo Spirito e la potenza»[9].

---

[6] Cfr. raggiunta, da parte di Luca, della preghiera anche in occasione della chiamata dei Dodici (Lc 6,12; cfr. Mt 10,14; Mc 3,13–19).

[7] Cfr. O. Cullmann, *Christologie du Nouveau Testament*, Neuchâtel 1958, pp. 118–166; A. Feuillet, *Les Fils de L'Homme de Daniel et la tradition biblique*, in «Revue Biblique», 1953, pp. 170–202; R. Marlow, *The Son of Man in Recent Journal Literature*, in «Catholic Biblical Quarterly» 28 (1966), pp. 20–30.

[8] Mal 3,23 oppure 4,5 secondo altre numerazioni.

Matteo, all'enumerazione precedente, aggiunge anche la figura di Geremia, colui che, pur avendo occultato secondo la leggenda giudaica il fuoco sacro, l'altare e la tenda del Convegno in una grotta prima del saccheggio di Gerusalemme, non assunse mai una posizione di rilievo nell'apocalittica giudaica (2 Mac 2,1–8). Era però logico che il popolino pensasse che Geremia – già apparso in visione ad Onia per consegnargli una spada aurea (2 Mac 15,13–16) dovesse riapparire prima del Cristo onde svelare la grotta e ridonare agli Ebrei gli oggetti necessari al culto.

c) *La confessione di Pietro*[10]. – Pur nella diversità dei vocaboli il concetto è perfettamente identico provando l'unicità dell'episodio. La forma più semplice è quella di Marco, che attraverso la frase lucana, raggiunge la sua espressione più vasta in Matteo.

Tu sei il *Cristo* (Mc 8,29).
Tu sei il *Cristo* di *Dio* (Lc 9,20).
Tu sei il *Cristo*, il Figlio dell'*Iddio* vivente (Mt 16,16).

L'appellativo «vivente» non è altro che una specificazione assai usata nella Bibbia per indicare il vero Dio, ben diverso da tutti gli altri idoli muti e privi di vita[11]. Come Dio è vivente e dà vita, così anche suo Figlio diviene datore di vita per cui anche il credente, innestato al Cristo, si trasforma in un «sasso vivente» nell'edificio della Chiesa (cfr. 1 Pt 2,4–5).

L'appellativo «Figlio di Dio» è solo una esplicazione del vocabolo Cristo, aggiunta da Matteo in tempo posteriore, in armonia con lo sviluppo teologico del suo tempo, per rendere più enfatica la professione di fede attuata da Pietro. Tuttavia anche se si volesse supporre che davvero Pietro abbia aggiunto lui stesso le parole «Figlio di Dio», tralasciate dagli altri sinottici, non ne deriverebbe che egli ne abbia compreso tutte le implicanze. Nei sinottici «Cristo» e «Figlio di Dio» sono espressioni intercambiabili ed esprimono più la messianicità di Gesù che non la sua divinità. Infatti talora per indicare che Gesù è il Cristo si usa la frase «Figlio di Dio», confermando in tal modo la sinonimia dei termini[12]. In quanto espressioni intercambiabili,

---

[9] Mc 9,11–13 e Lc 1,17. Per la figura di Elia nell'escatologia ebraica cfr. J. Hering, *Le royaume de Dieu et sa venue*, 2ª ediz.; Neuchâtel 1959, pp. 68–72.

[10] Cfr. G. Dalman, *Worte Jesu*, Leipzig 1898, 219–226. Cfr. Th. de Kruijf, *Der Sohn des lebendigen Gottes. Ein Beitrag zur Christologie des Matthäusevangeliums*, Roma 1962; B. M. F. van Iersel, *«Der Sohn» in den synoptischen Jesusworten. Christusbezeichnung der Gemeinde oder Selbstbezeichnung Jesus*, Leida 1961, pp. 94–95.

[11] Cfr. Gv 6,57; Rm 9,26; Os 2,23; Ger 10,6–10.

[12] Cfr. Mt 8,29; 14,23; 27,40.43; Mc 3,11; Lc 21,70; Gv 1,34.39; 11,27; 19,7.

al mattaico: «Salvati se sei il Figlio di Dio» corrisponde il lucano «Salvati, se sei il Cristo»[13]. Anche dopo essere stato proclamato «Figlio di Dio» da Pietro, Gesù proibisce ai discepoli di annunziare che egli era il «Cristo» (Mt 16,16–20). Quando i demoni affermano che Gesù è «Figlio di Dio», Gesù proibisce loro di dire ch'egli è il Cristo (Lc 4,41). Anche presso gli apocrifi il Messia è talora chiamato «il mio Figlio, il Messia»[14]. Dobbiamo quindi stare cauti nell'inferire implicazioni teologiche conformi alla mentalità odierna, da termini allora intesi in modo ben più semplice[15].

3. Il rimprovero di Pietro

Dopo questa professione di fede, Gesù passò a chiarire che egli, pur essendo il Messia, doveva attuare una missione ben diversa da quella che usualmente gli Ebrei si attendevano. Egli sarebbe dovuto passare per la sofferenza e il dolore; subire il rifiuto a Gerusalemme, il centro della vita religiosa, da parte degli organi rappresentativi giudaici (anziani, capi sacerdoti, scribi); alla sua morte sarebbe tuttavia successo il trionfo della resurrezione. Mentre tutti e tre i sinottici s'accordano nel riferire questa predizione, Matteo e Marco vi aggiungono pure l'opposizione di Pietro a tale visione di dolore («Lungi da te questo») e il successivo rimprovero di Gesù che lo scaccia, come già aveva scacciato Satana, allorché voleva rimuoverlo dalla sua missione: «Via da me Satana. I tuoi sentimenti non son quelli di Dio, bensì quelli degli uomini»[16].

4. L'elogio proprio di Matteo

Nel racconto precedente, comune a tutti e tre i sinottici, Matteo aggiunge di proprio l'elogio e la promessa di Gesù a Pietro, che così suonano:

> Prendendo la parola Gesù gli disse: «Tu sei beato, Simone Bariona: poiché non è la carne né il sangue che te l'hanno rivelato, bensì il Padre mio, che sta nei cieli; e io ti dico:

---

[13] Mt 27,40; Lc 23,35.
[14] 4 Esdra 4,72.8. Cfr. *ivi* 13,32.37.52; Enoc 10,5.2.
[15] Mi sembra questo un errore in cui è incorso S. Cipriani, nel sue studio *La confessione di Pietro in Giov 6,69–71* (in «Pietro», Atti della XIX Settimana Biblica, Brescia 1967, pp. 93–111); non ostante le interessanti notizie e le deduzioni felici che vi si riscontrano egli tende ad identificare la confessione di Cesarea presso i sinottici con quella di *Giov* 6,69–71.
[16] Mt 16,23; Mc 8,33 (per Satana cfr. Mt 4,9–10). L'episodio è narrato in Lc 9,22; Mc 8,31–33; Mt 16,21–23.

Tu sei Pietro e su questa pietra edificherò la mia Chiesa, le porte dell'inferno non prevarranno contro di essa.
Io ti darò le chiavi del Regno dei Cieli.
Ciò che tu legherai sulla terra sarà legato nei cieli, e ciò che scioglierai sulla terra sarà slegato nei cieli (Mt 16,17–19).

Prima di analizzare il senso mi sia permesso richiamare alcuni problemi collaterali.

5. Genuinità del passo

a) *Il problema.* – Fu solo verso la fine del secolo scorso che si prese a negare l'autenticità di questo brano16 esclusivo di Matteo[17]. Il Cristo, credendo imminente la venuta del regno escatologico finale, non poteva preannunziare la comparsa della «Chiesa» che ne è una fase intermedia. Secondo la frase suggestiva di A. Loisy: «Gesù ha predicato il Regno di Dio, e ne è balzata fuori la Chiesa»[18]. Il *loghion*, messo in bocca a Gesù più tardi, sorse probabilmente a Roma nel II secolo (non è infatti citato prima del 190) e costituì il primo passo verso l'autorità della Chiesa romana[19].

Il Harnack, poggiando sulla presunta lezione del *Diatessaron* di Taziano, anziché respingere tutto il «*loghion*» («detto») di Cristo, si limitò ad eliminare le parole: «Su questa pietra edificherò la mia Chiesa» ed a modificarne il pronome «su di essa» (*autès*) in «su di te» (*sou*). In tal modo la frase si ridurrebbe alla promessa di immortalità dell'apostolo Pietro da parte di Gesù «Tu sei Pietro e le porte dell'Ades non prevarranno su di te»[20].

---

[17] Cfr. Ortensio da Spinetoli, *I problemi letterari di Mt 16,13–20*, in «Pietro», Atti della XIX Settimana Biblica, Brescia 1967, pp. 79–92.

[18] Loisy, *L'évangile et L'Eglise*, Paris 1902, p. 111.

[19] Così H. J. Holzmann, *Handkommentar*, t. 1. ad locum. L'origine romana è stata suggerita da E. Bonaiuti, *Storia del Cristianesimo*, voi. I (Roma). La creazione del detto nel II sec. è sostenuta anche nel recente volume di P. Martinetti (*Gesù Cristo e il Cristianesimo*, Milano, il Saggiatore, 1964, p. 83): «In esso (*Vangelo di Matteo*) ricorre il famoso detto di Gesù a Pietro: Tu sei Pietro, che è il linguaggio d'un presbitero del II secolo, non certamente quello di Gesù. Ecclesiastica è la sua dottrina di fede, la sua concezione del Cristo; in esso già traspare l'inizio della disciplina ecclesiastica: le tendenze socialiste di Luca sono ripudiate: il sogno apocalittico comincia a svanire in un avvenire indefinito».

[20] A. Harnack, *Der Spruch über Petrus als Felsen der Kirche*, in «Sitzungsberichte der Preußischen Akademie der Wissenschaft» 1918, pp. 637–654. L'ipotesi fu combattuta da L. Fonk, *Tu es Petrus* in «Biblica», 1 (1920), pp. 240–264; la supposta base tratta dal *Diatessaron* di Taziano fu confutata da S. Euringer, *Der Locus classicus des Primatus (Mt 16,16) und der Diatessaron Text des heiligen Ephraim*, in «Festgabe für A. Ehrhard» 1922, pp. 141 ss. Dal fatto che S. Efrem in un *Commento al Diatessaron* di Taziano (probabilmente del 170 d. C.) non parli della frase «Su questa pietra edificherò la mia Chiesa», non si può in-

Più tardi i critici tornarono ad ammettere la genuinità del detto, sia per il suo colorito semitico (J. Jeremias), sia per la inscindibile connessione esistente tra il Figliuol dell'Uomo e i Santi del Nuovo Israele (Kattenbusch), sia perché la parola «ecclesìa» non esprime ancora la Chiesa del II secolo, ma equivale al «resto d'Israele» già predetto dai profeti dell'Antico Testamento (Schmidt)[21].

Una seconda reazione ebbe inizio nel 1941 con gli scritti del Bultmann, il quale pur ammettendo l'antichità del *loghion*, comprovata dalla sua impronta semitica, ne negò l'origine dal Cristo, perché questi intendeva dare inizio a un regno escatologico futuro, non a una Chiesa immediatamente realizzabile[22]. W. G. Kummel, pur ammettendo che il futuro regno escatologico sia già in un certo qual senso anticipato con il Cristo, negò che tale anticipazione sarebbe dovuta continuare nella Chiesa. Fu solo più tardi, che i primi cristiani, vedendo il ritardo della parusia, pensarono che il regno escatologico fosse già anticipato non solo nel Cristo, ma anche nella Chiesa; a loro quindi, ma non a Gesù, risale il detto «Tu sei Pietro»[23].

Più recentemente il critico A. Oepke tornò a difenderne la genuinità insistendo sul fatto che la frase, corrispondendo alle idee messianiche contemporanee circa il «nuovo popolo di Dio», poteva essere espressa anche da Gesù[24]. Oggi i critici si dividono in due gruppi di pari forza di cui gli uni difendono la genuinità del brano mattaico, mentre gli altri la negano.

b) *Ragioni favorevoli alla autenticità.* – Non fa più difficoltà oggi la sua omissione in Marco e Luca, dal momento che i *loghia* di Gesù circolavano all'inizio in gran parte isolati, come appare dall'apocrifo Vangelo di Tommaso recentemente scoperto a Nag Hammadi in Egitto[25].

---

ferire che in tale antica versione siriaca la frase mancasse.

[21] F. Kattenbusch, *Der Quellhort der Kirchenidee*, in «Festgabe für A. Harnack», 1921, pp. 142 ss.; K. L. Schmidt, *Das Kirchenproblem im Urchristentum*, in «Theologische Blätter» 6 (1927), pp. 293 ss.; idem, *Die Kirche des Urchristentums*, in «Festgabe für Adolf Deissmann», 1927, pp. 259 ss.; A. Jeremias, *Golgotha*, 1926, pp. 68 ss. Si cfr. F. M. Braun, *Aspects nouveaux du problème de L'Eglise*, Freiburg 1942, pp. 99 ss.

[22] R. Bultmann, *Die Frage nach der Echtheit von Mat. 16,11–18*, in «Theologische Blätter», 20 (1941), pp. 265–275. Fu seguito da E. Hirsch, *Frügeschichte des Evangeliums*, Tübingen 1941, voi. II, p. 305; L. J. Cadoux, *The Historic Mission of Jesus*, London 1941, pp. 133–305.

[23] W. G. Kümmel, *Kirchenbegriff und Geschichtbewusstsein in der Urgemeinde und bei Jesus*, Uppsala 1943.

[24] A. Oepke, *Der Herrenspruch über die Kirche, Mat. 16,17–19 in der neuesten Forschung*, in «Studia Theologica» 2 (1948–1950), pp. 110–155. Secondo l'autore l'omissione è stata attuata dalla Chiesa ellenista influenzata da Paolo.

[25] Cfr. F. Salvoni, *Il Vangelo di Tommaso*, in «Il Seme del Regno» 9 (1962), pp. 169–

L'origine palestinese del *loghion* su Pietro appare dal suo colorito semitico: nome Barjona, espressione «carne e sangue», gioco di parole su «Pietro-pietra», possibile solo nell'aramaico *Kefa*[26] dall'affinità del brano con un passo degli Inni trovati nei pressi di Qumran,[27] dalla sua presenza solo in Matteo che è un Vangelo d'origine palestinese.

La sua antichità è provata dal fatto che in esso non v'è ancora alcun cenno polemico a Giacomo, il quale nella tradizione posteriore entrò in concorrenza con Pietro[28]. Il *loghion* dev'essere anzi anteriore al 53 d. C. come si può dedurre dall'esame di un brano delle *Omelie Pseudo-Clementine*, risalente al tempo della polemica antipaolina svelata pure dall'epistola dei Galati (ca 53 d.C.). In essa Pietro obbietta a Paolo di essersi opposto al fondamento della Chiesa. È contro *la solida rocca e il fondamento della chiesa che ti sei eretto da avversario*[29]. Queste parole utilizzano il detto «Tu sei Pietro» dimostrandone così la sua esistenza presso alcuni ambienti petrini che lo usavano nella loro diatriba antipaolina (ca 53 d.C.).

Penso che alla stessa conclusione si giunga leggendo l'epistola ai Galati, dove Paolo presenta la sua dignità apostolica in modo che non appaia per nulla inferiore a quella di Pietro[30]. Anche se, quando Paolo scrisse la sua lettera ai Galati (ca 63 d.C.), il Vangelo greco di Matteo non era ancora esistente, doveva però già circolare il detto di Gesù «Tu sei beato o Simone...», perché Paolo di fronte alla rivelazione di Pietro elogiata da Gesù (Mt 16,17 s), esalta la sua propria «rivelazione» (*apocàlupsis*, Gal 1,15–16), e afferma di non aver voluto consultare «carne e sangue» (Mt 16,17), vale a dire alcuna persona, fosse pure l'apostolo Pietro, per recarsi tosto in Arabia a meditare su quanto lui personalmente aveva ricevuto[31].

---

176. 219–266. 269–277 (specialmente pp. 274–277).

[26] Cfr. N. Clavier, *Pétros kai Pétra*, in «Neutestamentliche Studien fur A. Bultmann», Berlin 1954 pp. 101–103; J. Ringger, *Das Felsenwort, Zur Sinndeutung von Mat 16,18 von allem im lichte der Symbolgeschicht*, in Roesle-Cullmann, *Begegnung der Christen*, Frankfurt am Main 1960, pp. 273–278.

[27] I Qumran, *Hodayot* 6,26, che riporterò in seguito.

[28] Cfr. F. Salvoni, *Il Vangelo di S. Tommaso* (si veda la nota 25).

[29] *Om* 17,13–19. Il brano successivo insiste invece sulla rivelazione avuta da Pietro (*Mt* 16,17): «Così anche a me il Figlio è stato rivelato mediante il padre. Per questo io conosco per mia propria esperienza la potenza delle rivelazioni. Nel momento stesso in cui il Signore domandava: Che si dice ch'io sia? mentre io udivo gli altri due dare risposte differenti, questa potenza salì nel mio cuore, e do dissi, non so come: Tu sei Figlio di Dio vivente» (Om 18,1). Paolo non è espressamente nominato, va si legge tra riga e riga, sotto il nome di Simon Mago (almeno in questo brano).

[30] Cfr. Gal 1,15s. Si leggano pure la considerazioni del capitolo seguente.

[31] I legami intimi con Mt 16,17 (e per Denis anche con il v. 18) furono rilevati da Albert M. Denis, (*L'investiture de la fonction apostolique par l'apocalypse. Etude thématique de Gal 1,16*, in «Revue Biblique» 64, 1957, pp. 492–515) e da Refoulé (*Primauté de Pierre*

Una conferma dell'intento apologetico dei primi due capitoli della epistola ai Galati appare anche dal fatto che per parificare se stesso all'apostolo «fondamento», Paolo anziché chiamare, come al solito, l'apostolo del giudaismo con il nome Cefa (cfr. anche sotto al v. 11), qui, eccezionalmente, adopera il nome Pietro, che, etimologicamente, era meglio comprensibile ai suoi lettori greci («roccia, rupe o sasso»)[32]. Tutto ciò milita per la esistenza del *loghion* anteriormente al 53 d. C.

Vi sono poi indizi sufficienti per attribuire questo detto a Gesù Cristo[33]. L'espressione «Tu sei *beato*» (*makàrios*) ricorre spesso sul labbro di Gesù, sia in senso generico (Mt 5,3 ss) sia in senso individuale[34]. Il simbolismo delle chiavi è usato anche altrove da parte di Gesù (Lc 11,52); la ripartizione di un'idea in tre strofe (Mt 16,17.18.19), riappare in altri passi sul labbro di Gesù[35].

Il concetto poi di «assemblea» («ecclesìa») per indicare il «nuovo popolo messianico» non fa più meraviglia ora, in quanto era corrispondente all'attesa di quel tempo, specialmente presso la comunità di Qumran. Anche loro ammettevano che della loro comunità Dio aveva posto «la fondazione sopra la roccia»;[36] al pari del proto-martire Stefano essi credevano di costituire «la comunità», la «chiesa» messianica[37]. Molti elementi militano

---

dans les évangiles, in «Revue de Sciences Religieuses» 98, 1964, pp. 1–41, specialmente pp. 15–21), ma per sostenere al contrario la dipendenza del v. 17 di Mt 16 da Gal 1,16, almeno nella sua forma attuale. Non penso necessario ricorrere a questa soluzione, sia perché il termine «carne e sangue» per indicare la persona umana, anche se non appare altrove nel Vangelo di Matteo, ricorre in *Gv* 6,53 (cfr. pure Enoc 15,14 in Charles p. 198) e la «*apocàlupsis*» (o rivelazione) è un termine usato anche altrove da Gesù (cfr. Mt 11,25–27; Lc 10,21–22); cfr. H. Mertens, *L'hymne de jubilation chez les synoptiques*, Diss. Pontificia Universitas Gregoriana, Gembloux 1957. Le due espressioni possono quindi risalire benissimo a Cristo.

[32] Sul rapporto di Gal 1–2 con Mt 16,16 ss. cfr. J. Jeremias, *Golgotha und der heilige Fels*, in «Angelos» 2 (1926), p. 109; O. Cullmann, *Saint Pierre, Disciple-Apôtre, Martyr*, Bibliothèque Théologique, Neuchâtel, 1952, p. 168, n. 7; per il nome Pietro anziché Cefas, cfr. J. Chapman, *St. Paul and the Revelation to St. Peter, Matt. XVI,7*, in «Revue Bénédictine» 20 (1912), p. 133–147.

[33] È evidente che qui intendiamo parlare a chi non ammette l'ispirazione biblica, perché per il credente questo problema non si pone nemmeno.

[34] Cfr. Lc 6,20.21.22. Per altri «macarismi» cfr. Mt 11,6; 13,16; 24,46; Lc 11,27; 14,15; 23,20; Gv 13,17.2029 ecc.

[35] *Mt* 11,7–9; 11,25–30. Cfr. J. Jeremias, *Golgotha und der heilige Fels*, in «Angelos» 2 (1926), pp. 107 ss.; A. Oepke, l. c. pp. 150 s.

[36] I Qumran, *Hodayot* 6,26.

[37] La Comunità di Qumran era detta *jachad*, corrispondente alla *enotés* («unità») di Ef 4,3.13 e alla *koinoma* «comunione fraterna» di At 2,42. Stefano la chiama «synagoghé» in At 7,38; cfr. At 19,32. Negli altri scritti neotestamentari il vocabolo *ecclesìa* (da *ek-kaléo*, etimologicamente «chiamare assieme fuori da un gruppo») indica talora l'insieme delle chiese (Ef 1,22; 1 Cor 20,32), talaltra un gruppo particolare di credenti che si riuniscono

dunque a favore dell'autenticità del *loghion*, del quale non si può più tanto facilmente respingere l'autenticità.

6. Occasione in cui il «detto» di Cristo fu pronunciato

Recentemente alcuni studiosi, sia protestanti che cattolici, pur ammettendo la genuinità del *loghion*, negano che si riallacci alla confessione di Pietro, perché manca nei passi paralleli di Marco e Luca. Anche il verbo «ti hanno rivelato», mancante dell'oggetto «ciò», fa vedere, secondo il Cullmann, che tale detto non doveva appartenere a questo contesto. Lo spostamento dei detti di Gesù era facile nei primi tempi della Chiesa, quando essi «circolavano isolati in collezioni prive di nesso con gli episodi storici della vita di Gesù»[38]. L'evangelista Matteo, che ama raggruppare anche altri episodi e discorsi di Cristo,[39] può aver ricollegato il detto di Gesù alla professione di fede da parte di Pietro per affinità di argomento e di forma[40]. Secondo A. Legault, Matteo avrebbe avuto l'intento apologetico di smorzare con tale detto la sgradita impressione lasciata dal rimprovero di Gesù a Pietro[41].

L'ipotesi precedente può accordarsi con l'ispirazione biblica; non sarebbe il primo caso in cui l'evangelista per ragioni teologiche o apologetiche sposta dei detti o degli eventi di Cristo[42]. Ma in tal caso bisognerebbe trovare una situazione più adatta della attuale presentata da Matteo, ciò che tentarono appunto di fare alcuni autori recenti. Così E. Stauffer ricollega tale detto alla apparizione di Gesù risorto a Pietro;[43] il Weiss alla con-

---

in una città» 8,1; 9,31; 1 Cor 1,2 s) o in una casa (Rom 16,5); si può quindi parlare di chiese al plurale (Rom 16,16). Il nome ekklesia può corrispondere a *qahàl*, o meglio *édàh* usato presso Qumran (4 Q pesher Salm 37,11.16), che sarebbe da tradursi con *synagogé* («sinagoga»/riunione) e che è pure la parola usata dagli scrittori siro-aramaici per designare la Chiesa. Cfr. pure nell'A. T. Es. 12,3, 19,47; Num 16,9; 27,17; Es 34,31 ecc. Cfr. José M. Casciaro, *El concepto de Ekklesia en el A. T.* in «Estudios Biblicos» 25 (1966), pp. 317–348; 26 (1967), pp. 5–38 (il concetto di Chiesa viene dall'A. T. anche se è difficile decidere fra *qahàl* e *édàh*).

[38] Si pensi ai detti contenuti nel Vangelo di Tommaso scoperto a Nag Hammadi in Egitto nel 1947.

[39] Si pensi al carattere compilatorio dei discorsi di Gesù sul Battista (Mt 11), sulle parabole del regno (Mt 13), e sui Farisei (Mt 23).

[40] Cosi A. Voegtle, *Messiasbekenntniss und Petrusverheissung*, in «Biblische Zeitschrift» 1 (1957), pp. 252–272; 2 (1958), pp. 85–103 (egli nota l'identità delle parole iniziali; pp. 101 ss.).

[41] A. Legault, *L'authenticité de Mt 16,11–19 et le silence de Marc et Luc*, in «L'Eglise dans la Bible», Montréal 1962, p. 46

[42] Si pensi anche solo alla cacciata dei profanatori del tempio posta da Giovanni all'inizio della vita pubblica di Gesù e dai sinottici alla fine.

fessione di Pietro a Cafarnao dopo la moltiplicazione dei pani;[44] Il Cullmann all'ultima Cena quando Cristo profetizzò il futuro rinnegamento di Pietro[45]. Non mi sembra tuttavia che le circostanze suggerite da. questi autori siano migliori di quella che esiste nel Vangelo di Matteo.

L'omissione di Marco e Luca si potrebbe spiegare con il fatto che costoro non trovarono tale detto nella loro fonte storica, in quanto i detti di Gesù circolavano allora isolati dal contesto, come in una specie di antologia. Oppure si può anche pensare che, essendo il *loghion* ricollegato alla confessione di Pietro, di cui tesse un mirabile elogio, fu omesso da Marco perché non si confaceva alla progressiva manifestazione del segreto messianico da lui adottata. La confessione di Pietro – che è il punto centrale del Vangelo di Marco – è quivi narrata con il minor numero di parole: «Tu sei il Cristo», solo per avere l'occasione di insegnare che il messianismo di Gesù era ben diverso dall'aspettativa gloriosa dei suoi contemporanei, in quanto includeva l'obbedienza totale al Padre sino alla morte della Croce. Questo è il *climax* raggiunto dal secondo evangelista[46]. In tale contesto non vera posto per esaltare la confessione del Cristo pronunciata da Pietro.

Luca poi, che in questo caso segue come fonte Marco, omette l'elogio di Cristo solo perché non la trovava nella sua fonte. Di più, tale detto – ora

---

[43] Cfr. Gv 21; E. Stauffer, *Zur Vorund Frühgeschichte des Primatus Petri*, in «Zeitschrift für Kirchengeschichte» 1943–1944, pp. 1 ss. (il passo è la riammissione di Pietro in qualcosa ch'egli già prima possedeva, non è quindi un posto adatto per il «*Tu es Petrus*»).

[44] Gv 6,66; cfr. B. Weiss, in *Meyer Kommentar*, 10 ed. 1920 a. 1. Il contesto potrebbe andar bene, in quanto vi precede una confessione di Pietro circa il Cristo, ma non è migliore di quello mattaico; se contro Matteo v'è il silenzio di Marco e Luca, per Gv 6, v'è il silenzio di Giovanni. Bisognerebbe dire che l'evangelista ha taciuto di proposito tale detto per il fatto ch'egli intendeva esaltare nel suo Vangelo il «discepolo prediletto».

[45] O. Cullmann, *Saint Pierre, Disciple-Apôtre, Martyr*, Bibliothèque Théologique, Neuchâtel, 1952, pp. 164–165. Il Cullmann è tornato sull'argomento in *L'apôtre Pierre, instrument du diable et instrument de Dieu. La place de Mt 16,16–19 dans la tradition primitive*, in «New Testament Essays. Studies in Memory of T. W. Manson», Manchester 1959, pp. 94–105 (tuttavia il brano di Luca anche se presenta le parole «conferma i tuoi fratelli», più che esaltare Pietro, intende profetizzarne il rinnegamento).

[46] Mc 8,31–33. T. A. Burkill, *Mysterious Revelation*, Ithaca, Cornell University Press 1963. Raggiungiamo sia pure per conto nostro l'idea espressa da Ignace de la Potterie *(La confessione messianica di Pietro in Marco 8,27–33*, in «Pietro», Atti della XIX Settimana Biblica, Brescia 1967, pp. 59–77). L'episodio sta di mezzo tra la rivelazione progressiva di Gesù (1,14–8,26) suddivisa in tre sezioni: Gesù con la folla e i Giudei (1,14–3,6); Gesù con i discepoli (3,7–6,6); Gesù si rivela ai discepoli (6,7–8,26) e la parte seconda (8,27–16,8) nella quale il racconto è tutto vincolato verso la croce (cfr. Ignace de la Potterie, *De compositione Evangeli Marci*, in «Verbum Domini» 44, 1966, pp. 135–141). La confessione di Pietro dopo aver raggiunto il suo apice riconoscendo il Cristo come Messia, non è elogiata poiché l'Autore, intendendo passare alla seconda parte, voleva mostrare come anche i suoi discepoli, Pietro compreso, non avessero capito la vera essenza del messianismo di Gesù.

fondamentale nel cattolicesimo romano – non era cosi importante a quel tempo, per cui poteva benissimo essere omesso, dato che nulla diceva di più di ciò che già era incluso nella precedente confessione petrina[47].

Ad ogni modo a noi non interessa sapere quando Gesù abbia pronunciato tale detto; quel che più conta è il contesto nel quale è stato inserito da Matteo e dal quale esse riceve la sua luce interpretativa. In tal modo ci è possibile vedere quale significato la Chiesa primitiva abbia dato al detto di Gesù. Dal contesto vediamo che l'ispirato Matteo vi vede un collegamento con la fede in Cristo, prima proclamata da Pietro. E questo è sufficiente per conoscere l'insegnamento che con esso Matteo voleva donare ai suoi lettori[48].

Bibliografia

Franz Obrist, *Echtheitsfragen und Deutung der Primatstelle Mat 16,18 f. in der deutschen protestantischen Theologie der letzten dreißig Jahre*, «Neutestamentliche Abhandlungen», XXI Band 3/4 Heft, Aschendorfiche Buchhandlung, Münster im West. 1961.

A. Voegtle, *Messiasbekenntnis und Petrusverheissung: Zur Kompozition Mat 16,13–23 Par*, «Biblische Zeitschrift», 1 (1957) 252–272 e 2 (1958) 85–103.

La primauté de Pierre, in «Istina» (1955) n. 3 (luglio c settembre), tutto il fascicolo, pur essendo interessante, non presenta nulla di nuovo, ad eccezione dello studio di P. Dreyfuss; ecco gli studi ivi presentati:

---

[47] Molti cattolici si accontentano di sostenere la non corrispondenza del passo con la scena di Cesarea senza però indicarne meglio l'occasione in cui esso fu pronunciato da Gesù: così F. Refoulé, *Primauté de Pierre dans les évangiles*, in «Recherches de Science Religieuse» 28 (1964), pp. 141; M. Brändle, *Neue diskussion um das Felsenwort Mt 16,18–19*, in «Orient» 27 (1963) pp. 172–176; E. F. Sutcliffe, *St. Peter's Double Confession in Mt 16,17–19*, in «The Heyth Journal» 3 (1962), pp. 3142; K. L. Carrol, *Thou Art Peter*, in «Novum Testamentum» 6 (1963), pp. 268–276; Ortensio da Spinetoli, *I problemi letterari di Mt 16,13–20*, in «Pietro», Atti della XIX Settimana Biblica, Brescia 1967, pp. 79–92.

Sono invece favorevoli per la scena di Cesarea S. Cipriani, *Tu es Petrus. 1 Protestanti e il Primato*, in «Humanitas» 81 (1953), p. 1088; M. Overnay, *Le cadre historique des paroles de Jésus sur la primauté de Pierre*, in «Nova et Vetera» 28 (1953), pp. 220–229; H. H. Gundry, *The Narrative Framework of Mt 16,17–19*, in «Novum Testamentum», 7 (1964), pp. 1–9.

[48] Si vede quindi come sia da accogliere con riserva la seguente asserzione di Ortensio da Spinetoli: «La Formgeschichte che ha isolato il testo della «promessa» dalla confessione di Pietro, ha reso difficile riferire alla fede dell'apostolo la funzione di roccia della Chiesa» (*La portata ecclesiologica di Mt 16,18–19*, in «Antonianum» 42, 1967, p. 360). A noi non interessa conoscere quando Gesù abbia pronunciato tale detto; a noi importa invece sapere come Matteo abbia interpretato questo detto isolato di Gesù e come lo abbia voluto connettere lui stesso al contesto di fede, dandoci l'interpretazione tradizionale e ispirata di tale detto.

Cassien, (orthodoxe, évêque de Catanie), *St Pierre et L'Eglise dans le Nouveau Testament, ivi* pp. 261–304;

P. Benoit, *La primauté de saint Pierre selon le Nouveau Testament*, pp. 305–334;

P. Dreyfuss, *La primauté de Pierre à la lumière de l'Ancien Testament, ivi* 335–346;

R. Beaupère, *Dialogue œcuménique autour du «Saint Pierre» de M. Oscar Cullmann, ivi* 347–372.

Guignebert, *La primauté de Pierre*, Paris 1909.

Ortensio da Spinetoli, *La portata ecclesiologica di Mt 16,18–19* in «Antonianum», 42 (1947).

3

Il «Tu sei Pietro» nel brano mattaico

Procederò per gradi, cercando di trarre dal contesto ogni luce possibile, atta a chiarire il brano studiato.

1. L'elogio di Pietro

Dapprima Gesù lodò la professione di fede petrina attribuendola non a deduzioni di puro ragionamento umano, bensì a rivelazione divina (*apokàlupsis*): non fu infatti la «carne e il sangue»[1] vale a dire la persona umana di Pietro con le sue facoltà raziocinanti, a scoprire tale fatto bensì una diretta comunicazione di Dio. Tale professione costituisce quindi una svolta decisiva nella vita apostolica di Gesù.

Già prima di quel momento i discepoli avevano proclamato che Gesù era Figliuol di Dio, ma lo avevano fatto sotto l'impulso di fenomeni miracolosi, come la tempesta sedata e il cammino di Gesù sulle acque (Mt 14,33); lo avevano già asserito anche i dèmoni, ma Gesù non volle mai accogliere la loro testimonianza (Mt 8,29). Ora, invece, è l'apostolo Simone che a sangue freddo, senza l'eccitazione di alcun prodigio, afferma a nome degli apostoli che Gesù non è un semplice mortale come tutti gli altri, bensì l'atteso Messia, appartenente quindi, in modo del tutto speciale, alla sfera del divino. Tuttavia per impedire che gli animi degli Ebrei si eccitassero

---

[1] Questa espressione, che non si rinviene nell'A.T. e nemmeno nell'aramaico usuale (si trova tuttavia in un antico Targum su Ester 2,24), era abituale presso i rabbini e presso gli scritti di Paolo (cfr. 1 Cor 15,50; Ef 6,12; Gal 1,16; Ebr 2,14; Gv 1,12 s). Tale espressione è posta sul labbro di Gesù anche da Giovanni nel cosiddetto sermone su il «Pane di vita» tenuto a Cafarnao, dove il mangiare «la sua carne e bere il suo sangue» significa riconoscere per fede che la persona passibile di Gesù era stata inviata dal Padre celeste (cfr. F. Salvoni, *Eucarestia in discussione*, Lanterna, Genova 1969, pp. 10–55).

e gli attribuissero la missione puramente terrena di debellare i dominatori romani. Gesù ordinò agli apostoli di non rivelare ad alcuno tale sua prerogativa.

Simone viene chiamato *Barjona*, epiteto che, probabilmente, equivale a «rivoluzionario», nel senso di uno bramoso di eliminare i dominatori romani[2] simpatizzante perciò con gli Zeloti e quindi un galileo bramoso di libertà nazionale. Data questa sua tendenza nazionalista Pietro non poteva spontaneamente immaginarsi che Gesù, alieno da tali ideali, fosse davvero il Cristo atteso. Ciò doveva essere frutto di particolare rivelazione divina.

2. Pietro: il nuovo epiteto di Simone

Dopo l'elogio della sua professione di fede, Gesù impose all'apostolo l'epiteto di «Cefa» dicendo:

> Io pure (*kagò*) ti dico: Tu sei Pietro e su questa Pietra edificherò la mia Chiesa e le porte dell'Ades non la vinceranno (v. 18).

La particella congiuntiva «io pure» mette le parole di Gesù in un necessario rapporto logico con la precedente confessione petrina: «Siccome tu hai chiamato me: il Cristo, il Figlio di Dio, palesando così la mia vera natura, anch'io ti annuncio il tuo vero nome, che da ora in avanti sarà: Pietro e non più: Simone».

Secondo la concezione ebraica chi riceve il nome da un altro diviene sottoposto all'altro ed entra in una particolare relazione con lui. I tre discepoli più intimi di Gesù sono appunto coloro che ricevettero dal Cristo un nome nuovo: Simone, chiamato Pietro; Giacomo e Giovanni chiamati Figli del Tuono»[3]. Per gli Ebrei il nome non era qualcosa di accessorio all'in-

---

[2] Così Eliezer ben Jehuda, *Thesaurus totius hebraitatis*, II, p. 623 seguito pure da Robert Eisler, *Jesous Basileus ou basileusas*, Heidelberg 1929, pp. 67 s. Cfr. G. Dalman, *Aramaisch-neuhebräisches Wörterbuch*, 1922, ed. 2ª, p. 65. Il nome di probabile origine accadica corrisponde all'ebraico moderno «*birion*». Con questo non si vuol accedere all'ipotesi di Eisler che fa di Gesù un rivoluzionario fallito. Se l'ipotesi precedente fosse vera vorrebbe solo dire che anche Pietro avrebbe fatto parte, o almeno simpatizzato con gli zeloti, il che si accorderebbe anche con il suo carattere impetuoso. Cfr. pure la radice ebraica *jnh* con il senso di «oppressore» (Ger 46,16; 50,16; Zac 3,1; Sal 123,4; Es 22,20 ecc.). L'interpretazione tradizionale, che lo traduce con «figlio di Giona», non si accorda bene con il «figlio di Giovanni» asserito dal quarto evangelo. Cfr. sopra il I capitolo.

[3] Si tratta di Pietro, Giacomo e Giovanni, i figli di Zebedeo, che in Mc 3,17 si ebbero il nome mutato in *Boanerges* «figli del tuono». Abramo si vide mutato il nome in Abrahamo, vale a dire padre di una moltitudine (Gen 17,5); Giacobbe fu chiamato Israele perché vinse la lotta con Dio e divenne così il capostipite del popolo eletto (Gen 32,28). Gesù fu chiamato in tal modo dall'angelo perché doveva salvare il popolo ebraico (Mt 1,21). Simo-

dividuo, ma ne esprimeva l'intima essenza. I figli di Zebedeo, Giacomo e Giovanni, per la loro impetuosità pronta a scagliar anatemi a destra e a manca, sono detti «Boanerges» («Figli di Tuono»), in quanto i fulmini, secondo la poetica espressione ebraica, sono i «figli del Tuono».

A Simone Gesù impose l'epiteto aramaico «Cefa»[4] il cui senso pare sia quello di «roccia»[5]. Nell'originale aramaico – come risulta dal giovanneo Kefa – il gioco di parole era naturale, poiché in esso si ripeteva due volte detta parola significante «roccia»: «Tu sei *roccia* (*kefa*) e su questa *roccia* (*kefa*) io edificherò la mia Chiesa». Tale ricostruzione sembra richiesta dal pronome «*questa*», che ricollega la seconda «roccia» alla prima immediatamente precedente.

Siccome il termine Kefa fu tradotto in greco con «Pétros», appare che almeno all'inizio esso non era sentito come nome proprio, bensì come semplice appellativo; poiché i nomi propri non si traducono, ma si conservano come suonano. Nella traduzione dell'aramaico è logico che l'appellativo dovesse assumere una desinenza maschile, dato che si riferiva a un uomo e non a una donna; di qui l'espressione «Simone Pietro», vale a dire «Simone, la roccia» «Simone, il roccioso»[6].

Più tardi tale appellativo diviene il nome proprio dell'apostolo, che nel territorio di lingua semitica o presso gli scrittori semiti (come ad esempio Paolo) fu chiamato prevalentemente con il nome di «Kefa»,[7] mentre nelle

---

ne fu detto Cefa perché doveva essere una «rupe», una «roccia» della Chiesa primitiva (Mt 16,18).

[4] Cfr. Gv 1,42. Il nome *Kefah* è una parola aramaica e non ebraica, che A. Dell (Mt 16,17–19 in «Zeitschrift für die neutestamentliche Wissenschaft» 15, 1914, 149) riteneva fosse di genere femminile, ma che ora la critica, basandosi sui Targum palestinesi e sul Targum samaritano, riconosce di genere maschile e quindi applicabile a un uomo. (Cfr. J. Ringger, *Das Felsenwort. Zur Sinndeutung von Mt 16,18, vor allem im Lichte der Symbolgeschichte*, in «Begegnung der Christen», Stuttgart-Frankfurt 1959, pp. 271–347; specialmente p. 275). Che tutto il brano sia aramaico risulta oltre che dal nome Kefa (Gv 1,42), da espressioni tipicamente semitiche come «carne e sangue», chiavi, legare e sciogliere ecc.

[5] Alcuni sono esitanti tra il significato di «pietra», «sasso» e «roccia» (Lagrange, *Evangile selon Matthieu*, «Études Bibliques», Paris 1948, p. 324). Propendono per «pietra» E. Schweitzer, *Das Leben des Herrn*, Zürich 1946; A. Schlatter, *Mattäeuskommentar*, Stuttgart 1929, p. 507. Oggi tuttavia domina il senso di «roccia»; così il già citato J. Ringger (p. 275); J. Jeremias, *Golgotha und die heilige Felsen*, Leipzig 1926, p. 109 nota 6; H. Clavier, *Pètros kaì pètra*, Studien für R. Bultmann, Berlin 1945, pp. 94–109; J. Betz, *Christus, Petra, Petrus in Kirche und Überlieferung*, Festschrift J. R. Geiselmann, Freiburg im Breisgau. 1960, pp. 1–21.

[6] Un procedimento simile fu attuato nel greco classico quando per dare ad una donna il nome del fiore omonimo, se ne trasformò l'originaria forma neutra *Radon* (rosa) nel femminile «*Ròde*» o Rosa (cfr. At 12.13).

[7] 1 Cor 1,12; 9,5.

regioni di lingua greca fu detto «Pietro», termine che poteva equivalere tanto a «sasso» che a «roccia»[8].

Quando Matteo compose il suo evangelo, probabilmente in Siria verso l'80 d. C, nel tradurre il *loghion* (detto) di Gesù si trovò costretto ad usare nella sua prima parte il vocabolo «Pietro» perché con questo nome l'apostolo era già noto, pur conservando nella seconda parte il termine «pietra» che meglio si adeguava alla funzione di fondamento per la Chiesa nascente[9]. Il rapporto di identità tra i due termini fu però reso evidente al lettore dall'uso dell'aggettivo «questa», che obbliga a riferire la «pietra» proprio al Pietro prima riferito.

3. Simbolismo insito nel termine «Pietro»

Perché mai Simone meritò il soprannome di Pietro? Dal *contesto* vediamo che ciò fu dovuto alla professione di fede attuata poco prima dall'apostolo. Per questa professione di fede nella missione di Gesù, Simone partecipava già alla fortezza e grandezza di Cristo, meritando così di essere chiamato la prima pietra in ordine di tempo, su cui sarebbe poggiato il futuro edificio della Chiesa[10]. Perciò l'epiteto «Pietro» nell'intento di Gesù era solo un mezzo per esaltare l'importanza della sua professione di fede.

Gesù amava infatti concretizzare in persone o situazioni i suoi insegnamenti, per evitare da buon semita e da buon psicologo ogni idea astratta. Dall'episodio dei Galilei fatti massacrare da Pilato, e dai diciotto individui su cui era caduta la torre di Siloe a Gerusalemme, Gesù trasse lo spunto per insegnare la necessità del ravvedimento, pena, in caso contrario, la condanna a simile morte (Lc 13,1–5); per proclamare l'umile e fedele accettazione

---

[8] Sofocle nel suo Edipo a Colono v. 1595 parla di o thorìkion pétros equivalente a «rupe Torìchia». Un simile passaggio semantico si nota pure nel nostro Gran Sasso, che designa un monte dal nudo cocuzzolo e non un semplice sasso grosso, come direbbe la parola nel suo valore etimologico.

[9] Per la funzione di «pietra» come «rupe» su cui erigere il fondamento di un edificio cfr. Mt 7,24 «ha edificato la sua casa sopra la roccia (*petra*)» ma specialmente Lc 6,48 «ha posto il fondamento (*themélios*) sulla roccia (*petra*)». Originariamente *petra* significava «rupe», anche se talora potè indicare un semplice sasso (cfr. Omero, *Odissea*, 9,243; Esiodo, *Teogonia* 675; *Sapienza di Salomone* 17,17 LXX). Lo scambio dei nomi è affermato per il II secolo d. C. dall'anatomista Claudio Galeno (XII, 194).

[10] Va ricordato, che altrove, quando non è Cristo l'edificatore come qui, bensì gli apostoli, allora il fondamento posto da costoro è lo stesso Cristo e lui solo (1 Cor 3,10). Quando Dio è il costruttore il fondamento della Chiesa sono gli apostoli e il Cristo «la pietra angolare» più preziosa (Ef 2,20). In questo contesto in cui l'edificatore della Chiesa è il Cristo, l'apostolo Simone diviene il «fondamento» in quanto lui solo aveva professato in quel momento la fede indispensabile per entrare nella vivente Chiesa di Dio (Mt 15,18; 1 Pt 2,4).

degli insegnamenti divini, Gesù, preso un bimbo, ordinò ai discepoli di farsi simili a lui (Mt 18,1–4); per esaltare la veracità del suo insegnamento si proclamò Via, Verità e Vita (Gv 14,6). Gesù, se non ha dinanzi delle persone concrete, le crea con la sua fantasia mediante suggestive parabole; così per insegnare che occorre credere a lui come all'inviato dal Padre, dice che bisogna «mangiare la sua carne e bere il suo sangue» (Gv 6,53). Per mostrare al popolo ebraico che ha solo poco tempo per ravvedersi se non vuole perire del tutto, presenta la parabola del fico sterile al quale, prima del taglio definitivo, si concede un'ultima concimazione e scalzatura (Lc 13,6–9). Per dire che bisogna ascoltare e praticare la parola di Dio presenta la parabola del seminatore; per mettere in guardia i credenti dal ricadere nel male, paragona la Chiesa a un campo di frumento nel quale il nemico getta il seme della zizzania (Mt 13). Quando gli si chiede chi sia il «prossimo», Gesù non fa delle disquisizioni astratte, ma racconta la parabola del Samaritano, il quale si prende cura persino dell'odiato ebreo, che trova seminudo e semimorto sulla via di Gerico (Lc 10,30).

È quindi naturale che volendo inculcare la *necessità di far propria la fede proclamata da Pietro* per chiunque intenda entrare nella Chiesa, presenti il Simone confessante, come la «rupe» della Chiesa di Dio (Mt 16,16). Si possono perciò ripetere le parole del Barnes:

> Con la tua confessione, o Simone, sei la rupe già pronta per gettare il fondamento della Chiesa. Su di te io la voglio costruire. Tu sarai molto onorato, sarai infatti il primo a far conoscere l'Evangelo sia ai Giudei che ai Gentili[11].

Al primo confessore in ordine di tempo Gesù affida una parte di primo piano nella edificazione della Chiesa, in quanto lascia a lui l'annuncio delle decisioni fondamentali riguardanti l'ingresso nella Chiesa, rendendo così l'apostolo una specie di sostegno permanente, in quanto sempre tutti i credenti che vogliono entrare nella famiglia di Dio, dovranno fare propria la professione di fede compiuta da Pietro e ubbidire alle norme da lui sancite una volta per sempre: battesimo senza la circoncisione[12].

---

[11] Barnes, *Barnes' Notes on the New Testament*, Kregel, Grand Rapids, 1962, p. 76.

[12] [11bis] Ammettono una priorità solo cronologica di Pietro : Th. Zahn *Matthäus*, Leipzig 1922, p. 540; G. Wehrung, *Kirche nach evangelischen Verständnis*, Gütersloh 1947; J. Horst, *Der Kirchengedanke bei Matthäus*, in «Zeitschrift für systematische Theologie» 20 (1943), pp. 127–145. Che l'attività di Pietro riguardi l'edificazione della Chiesa e non la sua continuazione è sostenuto da J. Leenhardt, *Etudes sur l'Eglise dans le Nouveau Testament*, Genève 1940, pp. 28 s; oltreché dal già citato O. Cullmann. Penso che l'attività di Pietro-roccia riguardi in modo particolare la formazione della Chiesa (cfr. lo studio sulle «chiavi»

Va poi notato che il simbolismo qui usato da Gesù, non era una novità incomprensibile ai suoi uditori. Gli stessi rabbini per esaltare le doti morali di un individuo usavano il simbolismo di edificare un edificio su di lui. Per glorificare la fede mirabile di Abramo, pronto ad uccidere lo stesso proprio figlio unigenito per ubbidire a Dio (cfr. Ebr 11,8–10), lo presentano come la «rupe» (roccia) che sorregge l'universo. Nel commento rabbinico al passo «Lo vedo dalla cima della rupe» (Num 23,9) si narra l'episodio di un re che, volendo costruire un edificio, scavò a lungo in un luogo paludoso fino a trovare una roccia e poi si disse: «Su questo luogo io costruirò e getterò le fondamenta!».

Così l'Unico, ossia Dio, volendo creare il mondo, gettò uno sguardo sulle generazioni di Enoc e del diluvio e disse: Come posso io creare il mondo, mentre questi uomini empi cercano solo di provocarmi? Ma appena s'accorse che sarebbe sorto Abramo, egli disse: Ecco io ho trovato la *pietra* su cui edificare e gettare le fondamenta. Perciò egli chiamò Abramo la «Roccia» (*çur*) come è detto: Guardate alla roccia da cui siete stati recisi. Guardate ad Abramo vostro padre[13].

Da questo parallelo si deduce che l'aver chiamato Simone con l'epiteto di «Roccia, Rupe» non equivale affatto a renderlo capo della Chiesa da sostituirsi poi con dei successori al suo governo. Anche Abramo era chiamato «Roccia», ma solo per la sua fede eroica; il mondo si poteva dire creato su di lui, ma solo perché la sua vita d'eroismo ubbidiente suppliva a tutti i mali della umanità corrotta e perché a lui gli Ebrei dovevano guardare per

---

e «lo slegare e il legare»), benché anche ora egli continui ad additarci dalle pagine del Vangelo mattai«) l'unico mezzo per entrare nella Chiesa: fede in Gesù Cristo quale figlio di Dio. Per idee più o meno simili cfr. J. Jeremias, *Golgotha und der heilige Fels*, Leipzig 1926; H. Schmidt, *Der heilige Fels in Jerusalem*, Tübingen 1933; O. Betz, *Felsenmann und Felsengemeinde. Eine Parallele zu Mt 16,13–19 in den Qumrânpsalmen*, in «Zeitschrift für die Neutestamentliche Wissenschaft» 48 (1957), pp. 49–77. Questo non significa che gli apostoli siano esaltati esclusivamente per la loro funzione di scrittori, come ci accusa P. Benoit, bensì per la loro funzione di testimoni, la cui testimonianza dura sempre nella Chiesa attraverso gli scritti che la contengono.

[13] [12] *Yalkut* 1,766; cfr. Taylor, *Sayings of the Jewish Fathers*,[2] p. 160; K. G. Goetz, *Petrus als Gründer und Oberhaupt der Kirche*, Leipzig 1927 e in «Zeitschrift für die Neutestamentliche Wissenschaft» 1921 p. 165 ss. Dal simbolismo non si deduce che Abramo fosse il «capo» di Israele; egli, per la sua fede, fu solo l'antenato, il capostipite del popolo eletto. Anche Pietro è il capostipite, per la sua fede; l'antenato da cui proviene il nuovo popolo di Dio. Come il popolo ebraico per sussistere doveva guardare alla fede di Abramo, imitarlo e seguirne le norme (circoncisione, cfr. Rom 4,16–25), così anche il nuovo popolo di Dio deve guardare a Pietro per imitarne la fede e seguirne gli insegnamenti (battesimo).

riprodurne la fede eroica e così nascere spiritualmente da lui (Ebr. 11,8.10.17–19). Ma con ciò Abramo non era ritenuto il capo degli Ebrei; i dirigenti del popolo ebraico – giudici o re – non erano successori del patriarca. Questi rimaneva una persona unica, alla quale dovevano guardare come a fulgido esempio tutti i membri più fedeli del popolo di Dio.

Anche a Pietro «Roccia» della Chiesa devono guardare i credenti, non perché egli sia il loro capo da sostituirsi con il papa dopo la sua morte, ma solo come al fulgido esempio dei cristiani per la sua fede nel Cristo. A lui essi devono guardare per fare propria la sua professione di fede e per ubbidire ai comandi da lui dati a riguardo dell'ingresso nella Chiesa, così come i Giudei obbedivano ai comandi della circoncisione per far parte del popolo della promessa.

A conferma di quanto è stato detto precedentemente devo aggiungere che l'edificatore della Chiesa non è Pietro, bensì Gesù, e che la Chiesa non appartiene a Pietro, bensì a Cristo: «Su di questa pietra *edificherò* la mia Chiesa»[14]. Si noti pure che la funzione di Pietro è un'attività connessa con l'edificazione della Chiesa, fatto che si avverrà una volta sola nella storia del mondo.[15] Una volta fondata, la Chiesa, poggia su Pietro solo in quanto il Simone di Cesarea attraverso l'ispirata pagina di Matteo continua a proclamare che la sua professione di fede è indispensabile per entrare nella Chiesa. Morirà il Simone uomo, il Simone carnale; ma il Simone confessante è vivo per sempre in quanto lo Spirito Santo ha voluto che la sua professione di fede entrasse a far parte dell'eterno messaggio evangelico. Udire il nome di Pietro, equivale a riudire Simone che confessa la messianicità di Gesù e la filiazione divina di Gesù; il che deve essere imitato da chiunque intenda entrare nella grande famiglia di Dio, che è la Chiesa.

4. Le porte dell'Ades non prevarranno

Il verbo «prevalere» (*katiskuo*) indica l'attacco che le «porte» dell'Ades, ossia dell'Averno o del soggiorno dei morti sferreranno contro la Chiesa. Ma riesce assai difficile capire come mai le «porte», adatte per la difesa, possano combattere il popolo di Dio, per cui alcuni esegeti hanno pensato che l'assaltante fosse la Chiesa alla quale le porte dell'Ades, non potendo resistere,

---

[14] [13] Si noti come al posto di Dio che edifica, qui sia presentato il Cristo edificatore, come plenipotenziario di Dio. Anche la comunità di Qumran attribuiva a Dio la sua fondazione: «Sei tu, o Dio, che hai posto la fondazione sulla roccia» (1 Qumran, *Hodayot* 6,26). Ma in 4 Qumran, *Pesher Sal* 37,11.16 l'edificatore è il Maestro giusto (di giustizia) cfr. M. Delcor, *Les hymnes de Qumran*, Paris 1962, p. 33. In questo caso l'accordo con l'immagine usata da Gesù sarebbe più evidente.

[15] [13bis] Cfr. nota 12.

saranno costrette a cedere i loro morti[16]. I credenti non resteranno per sempre in balia della morte, ma saranno un giorno liberati per la potenza della Chiesa. «E il mare rese i morti che erano in esso, e la morte e l'Ades resero i loro morti, ed essi furono giudicati, ciascuno secondo le sue opere» (Apoc 20,13). Cristo e quindi anche la Chiesa che ne è il suo corpo ha le «chiavi» dell'Ades evidentemente per farne uscire i morti (Apoc 1,13). La morte (e l'Ades che ne costituisce il regno) è debellata dalla fede in Cristo: «Chi crede in me ha vita eterna; anche se muore vive» (Gv 11,25; cfr. 1 Cor 15,26). Tuttavia il verbo «*katiskúo*» indica piuttosto l'azione offensiva dell'assalto e non la resistenza puramente passiva all'attacco della Chiesa; ma in tal caso non si riesce a capire come mai delle «porte», che sono qualcosa di statico, possano essere presentate come avversari che si lancino all'attacco della Chiesa.

Per tale ragione si è pensato di mutare le «porte» in «portieri», poggiando sul fatto che l'aramaico originale mancando di vocali poteva facilmente causare tale confusione, riscontrabile anche altrove nella Bibbia[17]. I portieri dell'Ades sono infatti raffigurati sotto forma di feroci e paurosi dragoni dall'apocrifo slavo di Enoc. Tuttavia anche i «portieri» sono più adatti alla difesa che non all'attacco, per cui la correzione precedente non raggiunge lo scopo che si era prefisso.

Per conto mio penso che il contesto simbolico del passo renda logico attribuire anche alle «porte» un simbolismo corrispondente al verbo «prevalere». La porta (o le porte) delle città orientali avevano una piazza antistante nella quale si esercitava la giustizia, si ordivano i complotti e le macchinazioni[18]. Le stesse guerre si decidevano alla «porta» della città: è alla porta di Samaria che i falsi profeti aulici tranquillizzavano Acab, re di Israele e Giosafat re di Giuda, invitandoli a salire contro Ramot di Galaad per distruggerla (1 Re 22,10–12). In tal caso le «porte» sul labbro di Gesù indicherebbero tutte le macchinazioni che le potenze del male (Ades) avrebbero attuato contro la Chiesa, senza però riuscire a soffocarla e a distruggerla,[19] poiché essa sta saldamente ancorata alla fede nel Cristo, personificata in modo concreto dal Pietro confessore.

---

[16] [14] Cfr. J. Dutlin, *The Gates of the Ades*, in «The Expository Times», 1916, pp. 401 ss.

[17] [15] *Sh'r* può essere letto *sha'arê* «porte» (Giob 38,17 TM), oppure *sho'arê* «portieri» (Giob 38,17 LXX *pularoì*). Così R. Eppel, in un interessante articolo (*L'interprétation de Matthieu 16.18*. in «Mélanges offerts à M. Maurice Goguel», Neuchâtel-Paris 1950, pp. 71–73).

[18] [16] Cfr. «alle porte» Ger 1,15; 14,2; Sal 127,5, ecc.

[19] [17] Cfr. At 4,24–31.

Il plurale «porte» si può forse spiegare con il fatto che originariamente si pensava che molte porte, una dopo l'altra (come nelle odierne prigioni), chiudessero l'ingresso nell'Ades. Nel poemetto babilonese *La discesa di Istar nel soggiorno dei morti*, la dea deve passare attraverso sette porte e lasciare dinanzi ad ognuna di esse un pezzo del suo abbigliamento[20]. Oppure si può pensare a un plurale rafforzativo per indicare l'immane potenza del male, che si sarebbe scatenata tutta, ma senza frutto, contro la Chiesa di Cristo, perché questa poggia sulla potenza del Risorto.

5. Il potere delle chiavi

Dopo la presentazione di Pietro come elemento di primissimo piano nella costituzione della Chiesa, Gesù passò a descrivere con altri simbolismi la sua funzione specifica: «Io ti darò le chiavi del regno dei cieli». Le chiavi simboleggiano diversi fatti nella Bibbia, per cui occorre stabilire bene il senso che vi attribuisce Gesù.

a) *Potere di maggiordomo (visir) in un regno.* – Tanto nell'Antico quanto nel Nuovo Testamento, le chiavi, specialmente nell'espressione *«chiavi di Davide»* indicano la funzione del Visir, del sostituto regale. Tale simbolismo deriva dal fatto che il maggiordomo portava appesa alle spalle la «chiave», fatta di legno vistoso, della reggia alla quale era preposto[21]. Isaia per profetizzare la destituzione del maggiordomo Scebna, sostituito da Eliachim, dice a questi:

Ti porrò sulle spalle le chiavi della casa di Davide[22].

---

[20] [17bis] Ad ognuna delle porte la dea Ishtar dice: «Apri la porta. Apri la porta, sì che io possa entrare; io spezzerò la porta». Il soggiorno dei morti è chiamato: «Le sette porte della terra senza ritorno» (7 *babu irsiti la tari*, linea 14). Cfr. Anet 106–109; F. Vattioni. *Porte o portieri dell'inferno*, in «Rivista Biblica» 8 (1960), pp. 251–255. Il rabbino Aqivà parlava di 40.000 porte.

[21] [18] Si confronti ancor oggi il dono delle chiavi simboliche della città a un personaggio importante e che deriva dal fatto che nel Medio Evo chi conquistava una città ne riceveva le «chiavi» in segno di sottomissione. Cfr. F. Salvoni, *Le chiavi del Regno*, in «Il Seme del Regno» 7 (1960), pp. 15–21.65–70.

[22] [19] Is 22,22. I LXX (versione greca) parafrasano queste parole con «Gli darò la gloria di Davide» (B), il Sinaitico ha: «E darò pure a lui le chiavi della casa di Davide». Il Cod. A. assomma le due lezioni. Per i poteri del Gran Visir cfr. Is 36,3.22; 37,2; 1 Re 4,2–6; 18,3; 2 Re 15,5; 19,2; 2 Cron 28,7. Su questa interpretazione del passo cfr. P. Benoit, *St. Pierre d'après O. Cullmann* in *Exégèse et Théologie*, vol. II, Paris 1961. p. 302; A. M. Dubarle, *La primauté de Pierre dans Matthieu 16,17–19. Quelques références à L'Ancien Testament*, in «Istina» 2 (1954), pp. 335–338; cfr. H. von Campenhausen, *Kirchliches Amt und Geschi-*

Riferendosi al passo precedente, Giovanni afferma nella sua Apocalisse che Gesù Cristo ha «la chiave dì Davide» per cui può aprire e chiudere, senza che alcun altro lo possa fare indipendentemente da lui (Apoc. 3,7). Anche l'angelo, che il veggente vide scendere dal cielo aveva «le chiavi dell'abisso» vale a dire possedeva il dominio su Satana e l suoi angeli (Apoc 9,1; 20,1).

b) *Il simbolismo delle chiavi nel pensiero di Gesù*. – Occorre tuttavia vedere quale simbolismo Gesù Cristo ricolleghi al concetto di «chiavi». Che non vi attribuisca quello di autorità vicaria, risulta da molti altri passi biblici su cui torneremo in seguito[23]. Sul labbro di Gesù le «chiavi» indicano l'autorità di predicare l'Evangelo, la via della salvezza e di indicare il mezzo con cui entrare nel Regno dei Cieli. Ciò è chiaramente visibile nel Vangelo di Luca, dove sta scritto: «Guai a voi dottori della Legge, poiché avete tolto la *chiave* della scienza! Voi non siete entrati e avete impedito quelli che entravano» (Lc 11,52).

Qui la chiave simboleggia l'insegnamento degli Scribi (= dottori della Legge) che riserbandosi il monopolio dell'interpretazione della Legge, con la loro dottrina, non solo non sono entrati nel Regno, ma ne hanno impedito l'accesso anche agli altri che vi volevano penetrare.

Il medesimo concetto – con il richiamo indiretto alle chiavi implicito nel verbo «serrare» (le porte si serrano con le chiavi) – si ritrova pure nel passo parallelo di Matteo:

> Guai a voi, Scribi e Farisei ipocriti, perché *serrate* il regno dei Cieli dinanzi alla gente perché né vi entrate voi, né lasciate entrare quelli che cercano d'entrarvi (Mt 23,13).

Al posto dei «dottori della legge» (Scribi), che con la loro dottrina impedivano di accogliere Gesù come Figlio di Dio e di entrare così nel Regno dei Cieli, Gesù pone il confessore Pietro perché con la sua fede allora dimostrata, apra il Regno dei Cieli a chi vuole entrarvi.

Non gli Scribi, ma gli Apostoli (qui impersonati da Pietro), saranno i nuovi araldi della Parola di Dio, i nuovi profeti del cristianesimo[24]. Tale

---

chte Vollmacht in den erster drei Jahrunderten, Tübingen 1953, p. 138. Sui poteri del Maestro del Palazzo cfr. R. De Vaux, *Les institutions de l'Ancien Testament*, t. I, Paris 1958, pp. 199–200.

[23] [20] Cfr. Mr 23,7 e più avanti il paragrafo speciale: Pietro fu stabilito capo della Chiesa? Il concetto di «capo» della Chiesa esula dal contesto, che parla di «fondamento» non di autorità; che presenta Gesù personalmente come il «costruttore» e quindi il «capo» della «sua» Chiesa.

[24] [21] Altri passi estenderanno ciò agli altri apostoli e discepoli (cfr. Mt 18,18; Gv

missione si esplicherà tuttavia più tardi, al momento fissato dal Cristo, poiché per ora essi devono tacere e non rivelare ad alcuno che Gesù è l'atteso Messia.

6. Legare e sciogliere

I verbi «legare» e «sciogliere» sono due termini di uso rabbinico, che assumono significati opposti secondo che si riferiscono ad una «proibizione» o ad «un obbligo»[25].

Nel caso della proibizione si «lega» quando si proibisce una cosa ad una persona (j. Ber. 6 c), mentre si «scioglie» quando si toglie una proibizione, permettendo ciò che prima era proibito (j. San. 28 d).

Nel caso dell'obbligo si «lega» quando si stabilisce un obbligo e si «scioglie» al contrario quando si elimina tale obbligo. Un esempio di questo «legare» ricorre già nell'Antico Testamento, dove si legge che una ragazza dopo aver pronunciato un voto, è «legata» ad esso, vale a dire è «obbligata» a osservarlo, qualora il padre (se è nubile) o lo sposo (se è sposata) non vi si oppongano (Num 30,10–14). Uno che per malia è costretto a fare una cosa si dice «legato», noi diremmo oggi «stregato»[26].

Al contrario «sciogliere» indica l'eliminazione dell'obbligo: Simeone ben Lakish (ca. 260 a. C.) volendo imprecare contro dei ladri di frutta, che avevano svaligiato il suo orto, disse: «Quella gente sia maledetta!» Ma quelli risposero: «Quell'uomo sia maledetto!» Allora egli corse da loro e disse: «Scioglietemi»; ma quelli risposero: «Prima sciogli tu noi e noi scioglieremo te!»[27].

Anche l'eliminazione di un incantesimo si esprime con lo stesso verbo «sciogliere»[28]. Il verbo «sciogliere» può pure acquistare il senso di «perdonare», vale a dire «slegare» la colpa dall'individuo. Dio è Colui che «scioglie», vale a dire che «perdona», «toglie» i peccati[29].

20,22 ss.). Che le chiavi riguardino la predicazione di Pietro è ammesso, tra gli altri, da W. Wischer, *Der evangelische Gemeinde Ordnung Matthäus 16,19–20,18 ausgelegt*, Zürich 1951, p. 24.

[25] [22bis] Cfr. J. A. Emerton, *Binding and Loosing-Forgiving and Retaining*, in «Journal of Theological Studies» 13 (1962), 325–330.

[26] [22] *b. Sabb. 81 b* e le «legature» nella terminologia magica.

[27] [23] *j Moed Katan 81 d*. «Legare» riproduce il greco *dèō* (eb. *âsàr*) e «sciogliere» traduce il greco *lùō*, ebr. *hittîr*, amar. *sh'ra'*.

[28] [24] *sh'ra' b. Sabb. 81 b* e *j. Sanh. 25 d*.

[29] [25] Dio è *sh'rê l'chôvin*: «colui che scioglie i peccati»: Jer 1, Num 14,18. Sul valore dei versi «legare» e «sciogliere» cfr. G. Dalman, *Die Worte Jesu*, vol. I, Leipzig 1898, pp. 174–178.

È appunto questo il senso che assumono i due vocaboli sul labbro di Gesù: «Ciò che tu, Pietro, scioglierai... e ciò che legherai sarà «sciolto» e «legato» in cielo». Tali parole in un contesto che riguarda l'uso delle chiavi per entrare nel Regno dei Cieli, devono riferirsi all'ingresso nella Chiesa, a qualcosa cioè di necessario o non necessario per chi vuol entrare in essa. Nel libro degli Atti, che è come un commento alla profezia di Cristo, risulta che proprio Pietro ha reso obbligatorio una volta per sempre il Battesimo per entrare nella Chiesa («legato»), mentre ha dispensato dall'obbligatorietà della circoncisione («sciolto»).

Pietro ha «legato» il battesimo cristiano nel giorno di Pentecoste, quando, dopo aver proclamato che Gesù con la sua resurrezione era stato dimostrato Cristo e Signore, continuò: «Ravvedetevi e ciascuno di voi sia battezzato nel nome di Gesù Cristo, per la remissione dei vostri peccati, e riceverete il dono dello Spirito Santo» (At 2,38). Con tale comando Pietro «legò» ossia stabilì, una volta per sempre, l'obbligatorietà del battesimo, ricevuto da adulti, come mezzo per entrare nella Chiesa e ricevere la salvezza. Quelli dunque i quali accettarono la sua parola vennero battezzati e furono aggiunti al gruppo dei discepoli (At 2,41).

Pietro «slegò» la «circoncisione», che gran parte dei primi cristiani pretendeva mantenere[30]. Siccome il contatto con i Gentili era considerato qualcosa d'impuro, Pietro dovette ricevere una visione apposita per essere indotto a recarsi da Cornelio, centurione della coorte italica (At. 10,9–16.20). Pietro comprese allora che «Dio non ha riguardo alle persone; ma che in qualunque nazione chi lo teme e opera giustamente gli è accettevole» (At 10,34–35.44–48). La discesa dello Spirito Santo, durante il suo ammaestramento, lo indusse a far battezzare anche quei Gentili benché fossero incirconcisi (At 10,47–48). Pietro ne fu rimproverato dai giudeo-cristiani, da «quelli cioè della circoncisione», con le parole: "Tu sei entrato da uomini incirconcisi e hai mangiato con loro"; l'apostolo per placarli, dovette raccontare loro come Dio stesso l'avesse forzato a seguire tale via[31].

Ma l'opposizione giudeo-cristiana, sopita per quel momento, si fece di nuovo sentire e fu eliminata dal cosiddetto «concilio» di Gerusalemme; quivi Pietro all'inizio del suo discorso ricordò come egli fosse stato proprio il prescelto da Dio per accogliere i Gentili nella Chiesa: «Fratelli voi sapete che fin dai primi giorni Iddio scelse fra voi me, affinchè dalla bocca mia i

---

[30] [26] Per questo i primi cristiani godevano il favore del popolo (At 2,47). I primi tentativi di sganciamento operato dagli Ellenisti finirono col martirio di Stefano e la dispersione degli altri, mentre gli apostoli e i giudaizzanti rimasero indisturbati a Gerusalemme (At 7,1–60; 8,1–3.4).

[31] [27] At 11,3.4–18.

Gentili udissero la parola del Vangelo e credessero» (At 15,7). Questa scelta era proprio stata profetizzata da Gesù nel colloquio di Cesarea con le parole: «Ciò che legherai e ciò che scioglierai sulla terra sarà legato e sciolto nei cieli». Con il suo gesto Pietro, ancor prima di Paolo, sganciava il Cristianesimo dalla religione giudaica, «slegava» i Gentili dall'obbligo della circoncisione e stabiliva su solide basi internazionali la Chiesa[32]. Coloro che non accolsero il suo parere divennero la setta dei Nazarei, destinata a scomparire ben presto dall'orizzonte ecclesiastico.

7. «Legare» e «sciogliere» in Matteo 18

Di solito si connette questo brano con Matteo 16, ma il contesto è ben diverso: mentre a Pietro Gesù conferì la missione di aprire il Regno dei Cieli (= la Chiesa) alle persone indicando loro ciò che era necessario attuare per entrarvi, qui Matteo – riferendosi a un altro detto di Gesù – suggerisce come ci si debba comportare nel caso della disciplina ecclesiastica verso un peccatore[33]. La correzione deve seguire tre stadi: il fratello che ne è al corrente deve prima parlare a tu per tu con il colpevole nella speranza di convertirlo. Se tale tentativo fallisce egli deve riprovare una seconda volta alla presenza di due o tre testimoni; in caso di ulteriore fallimento tutta l'assemblea locale deve rivolgersi al peccatore per un ultimo tentativo di ravvedimento. Ma se questi persiste nel male, allora il renitente va ritenuto come un pagano, slegato dalla Chiesa.

> Io vi dico in verità che tutte le cose che avrete legate sulla terra saranno legate in cielo, e tutte le cose che avrete slegate sulla terra saranno slegate in cielo (v. 18).

A chi si rivolge il Cristo con il «voi»? Si è pensato agli apostoli come ai detentori della gerarchia ecclesiastica, oppure individualmente a ciascun cristiano. Il contesto suggerisce di vedervi l'insieme dei «discepoli» che costituiscono la comunità cristiana locale[34]. Le parole di Gesù sono quindi

---

[32] [28] Che questa sia una delle missioni di Simone, in quanto Pietro, ossia in quanto «roccia» della Chiesa primitiva, appare pure dal fatto che in At 10,13; 11,7, contrariamente all'uso solito, Simone è chiamato Pietro anche nelle parole che l'angelo gli rivolge. Negli altri dialoghi il nome è regolarmente taciuto o è detto Simone (cfr. At 15).

[33] [29] Il «contro di te», presentato da alcuni Mss e derivato da Lc 17,4, non è genuino in quanto mal s'addice al contesto che parla di peccato in genere e non di offese personali. Perciò la maggioranza dei Mss non ha tale lezione.

[34] [30] Si cfr. i vv. 2.10.12.14, dove riappare il medesimo «voi» comunitario, assai diffuso nelle lettere paoline.

adattate da Matteo ai discepoli costituenti le singole comunità, quali già esistevano all'epoca in cui Matteo scrisse il suo Vangelo (ca. 80 d. C.?).

Il «legare» e lo «slegare» (sciogliere) in questo contesto non può più indicare ciò che è obbligatorio o libero per un credente, e nemmeno determinare ciò che per lui è lecito o non lecito secondo la già ricordata casistica rabbinica. Trattandosi di peccati significa che la Chiesa può «slegare» o «legare» le colpe dell'individuo. Quando il peccatore accetta il consiglio della Chiesa, si ravvede e conseguentemente la Chiesa lo mantiene nella sua comunione, il peccato è da essa «slegato», ossia eliminato, in quanto Dio sancisce ciò che la Chiesa attua. Ma se il peccatore si ostina nella colpa senza ascoltare il suggerimento dei «fratelli» («Chiesa»), allora la «Chiesa» considerando il colpevole come un pagano non più unito ad essa, «lega» tale peccato su di lui. Si consideri l'esempio sopra riferito in cui il rabbino Simeone ben Lakish e i ladri legano e slegano su di loro la mutua maledizione. Seguendo tale norma d'amore e mediante la correzione fraterna (non mediante l'assoluzione!) la Chiesa (non i capi di essa) slega o lega le colpe dei rispettivi membri. J. Jeremias pensa che qui si tratti di una scomunica o espulsione definitiva dalla Chiesa in contrasto con la rottura provvisoria delle relazioni personali suggerita altrove[35]. Il Bonnard con più verosimiglianza la intende come una espulsione limitata e temporanea quale era frequente anche presso gli Esseni[36]. In Matteo 18 v'è quindi il concetto fondamentale di fissare («legare») i peccati su di uno o toglierli da lui ad opera della Chiesa («slegare»), così come in Matteo 16 vi è quello di legare «un obbligo» alla persona («legare») o toglierlo («slegare») da esso.

A questo potere di «legare» e di «sciogliere» possono ricollegarsi i due casi di Pietro e di Paolo che rispettivamente puniscono di morte Anania e Safira e danno in mano di Satana – perché sia tormentato forse dalla malattia – l'incestuoso di Corinto[37]. Questi due episodi – ora irripetibili – non rientrano nella normale disciplina ecclesiastica, bensì nei doni carismatici riservati agli apostoli (dono di miracoli). Non sono quindi qualcosa di permanente conferito ai cristiani, così come non era qualcosa di permanente la missione di Pietro, che si limitò ad indicare nel momento della costituzione della Chiesa e una volta per sempre, la regola necessaria e permanente per l'ingresso dei credenti nella Chiesa.

---

[35] [31] *Theologische Wörterbuch zum Neuen Testament* III, 751. Cita come passi paralleli 2 Tes 3,14; 1 Cor 5,4–11.

[36] [32] Pierre Bonnard, *L'Evangile selon St. Matthieu*, Neuchâtel 1963, PP. 275 ss. Secondo K. Stendhal (*Matthew*, Peake's Commentary of the Bible, London 1962, pp. 787–788) Matteo 16 si riferirebbe alla impostazione di certe leggi (potere legislativo), mentre Matteo 18 si riferirebbe alla disciplina della comunità.

[37] [33] At 5,1–11; 1 Cor 5,5.

8. Pietro fu stabilito capo della Chiesa?

Da parte cattolica – insistendo sul fatto che Pietro viene proclamato «rupe, roccia» della Chiesa – si vuole andare oltre all'interpretazione precedentemente asserita in base al contesto e ai paralleli biblici, per dedurre che Pietro fu allora profetizzato come il futuro capo supremo della Chiesa e vicario di Cristo[38].

Va anzitutto notato che il contesto si riferisce a un punto particolare della storia della Chiesa, vale a dire alla sua fondazione: «Io fonderò la mia Chiesa». È dunque in quel preciso momento che deve svolgersi – come già notammo – l'attività di Pietro, il che esclude sia la funzione di capo, sia la persistenza di tale funzione per tutta la storia della Chiesa.

Tutto l'insegnamento del Nuovo Testamento esclude che Pietro sia stato il capo della Chiesa e il vicario di Cristo. Pietro vi appare sempre aureolato di una certa grandezza nel collegio apostolico, ma mai come suo capo. In tutte le pagine bibliche il capo della Chiesa è Cristo, solo ed esclusivamente il Cristo (Ef 1,10.22 s; 4,11–15; 5,23). È lui che edifica la Chiesa, non attraverso un vicario umano, bensì mediante l'attività dello Spirito Santo (1 Cor 12,13.27–28; Ef 4,11). Nel simbolismo apocalittico non si sottolinea mai la superiore bellezza di una pietra simboleggiante il capo degli apostoli, ma si parla sempre di dodici pietre presentate tutte allo stesso modo come il fondamento della celeste Gerusalemme e quindi come sua difesa di fronte agli assalti dell'errore (Apoc 21,14). Questo è logico perché Gesù non è venuto a stabilire dei capi o dei principi, ma solo dei «ministri» dei «servitori» dediti al servizio di fratelli (Lc 22,24–27). Tale concetto, profondamente cristiano, era stato ben capito da Paolo il quale, conoscendo a Corinto l'esistenza di vari partiti, tra cui uno che si rifaceva a Cera (Pietro), li biasima dicendo che solo Gesù Cristo era stato crocifisso per i credenti e suggeriva che i cristiani non devono appartenere a un uomo – sia pure questi un Pietro – ma solo a Cristo[39]. In un modo ancor più chiaro Paolo affer-

---

[38] [34] Tale interpretazione fu suggerita dal Concilio Vaticano I dove si disse: «Se alcuno avrà detto che il Beato Pietro Apostolo non è stato costituito da Cristo Signore Principe di tutti gli Apostoli e Capo visibile di tutta la Chiesa militante, ovvero che il medesimo ha ricevuto soltanto un primato di onore e non un primato di vera e propria giurisdizione direttamente e immediatamente dallo stesso Nostro Signore Gesù Cristo, sia scomunicato» (*Concilio Vaticano* I, sess. IV, Can. 1). Denzinger-Bannwart, *Enchiridion Symbolorum* n. 1823; cfr. G. Casali, *Somma di teologia dogmatica*, Edizioni Regnum Christi, Lucca 1964, pp. 132–134.

[39] [35] 1 Cor 1,12–16. I cattolici dicono ora che si può essere di Pietro anche solo *implicitamente*, nel senso che volendo essere di Cristo, si è pure del papa, perché tale è la volontà di Cristo. Ma in modo *esplicito* (come lo fa un cattolico) o in modo *implicito* (come lo fa un acattolico) occorre essere di Pietro per essere di Cristo, dicono i cattolici. Posizione

ma: «Nessuno dunque si glori degli uomini, perché ogni cosa è vostra: e Paolo, e Apollo e Cefa... tutto è vostro e voi siete di Cristo, e Cristo è di Dio.» (1 Cor 3,21–23).

Contro l'interpretazione cattolica del passo «Tu sei Pietro», sta la discussione degli apostoli che, nulla avendo compreso del concetto cristiano di servizio verso il prossimo, si andavano chiedendo chi mai tra loro fosse il primo, il maggiore (Mc 9,33–35; Lc 22,24–27), lasciando capire che per loro non era stato stabilito come tale Pietro. Gli stessi cugini di Gesù, Giacomo e Giovanni, aspirando a tale privilegio d'indole terrestre, fanno perfino intervenire la loro madre Salomé, probabile zia di Gesù, per ottenere i primi posti nel regno[40], segno quindi che essi non riconoscevano già decisa la superiorità di Pietro su di loro. Contro l'autorità di Pietro quale vicario di Cristo milita inoltre tutto l'insegnamento paolino, specialmente nella lettera ai Galati, come avremo occasione di vedere più avanti studiando il prestigio di Pietro nella Chiesa nascente[41].

Lo stesso Pietro, parlando di se stesso, non esalta la propria superiorità sugli apostoli, anzi nemmeno sui presbiteri, ma si afferma pure lui «un compresbitero» pari a loro, la cui unica superiorità consiste nel poter testimoniare la realtà di quel Cristo con il quale era convissuto[42].

Non è lecito a uno studioso addurre il solo passo simbolico – e quindi non giuridico di Matteo (16,18) – per difendere una dottrina contraddetta chiaramente da tutti gli altri passi biblici privi di metafora.

9. Osservazioni su altre interpretazioni

a) Sino a non molti anni fa in campo protestante dominava l'ipotesi che l'espressione «Su questa pietra» si riferisse a Gesù e non a Pietro. Si sosteneva tale idea con due ragioni principali: la diversità di genere tra Pietro (maschile) e Pietra (femminile) suppone una diversità di persone; di più nel Nuovo Testamento Gesù è presentato come la «pietra» fondamentale della Chiesa, per cui anche qui tale termine deve riferirsi a Gesù. E si concludeva: Pietro è un piccolo sasso incapace di sorreggere la Chiesa, solo Cristo ne è il fondamento sicuro, la solida pietra rocciosa.

---

questa del tutto antitetica a quella paolina.

[40] [36] Mt 20,20–28. Per la relazione di parentela tra Giacomo, Giovanni e Salomé cfr. F Salvoni, *Verginità di Maria*, Lanterna, Genova 1969, pp. 57–68.

[41] [37] Cfr. sotto il cap. quinto.

[42] [38] 1 Pt 5,14. Cfr. E. Obrist, *Echtheitsfragen und Deutung der Primatstelle Mat 16,18 f. in der deutschen protestantischen Theologie der letzten dreißig Jahre*, «Neutestamentliche Abhandlungen», XXI Band 3/4 Heft, Aschendorfiche Buchhandlung, Münster im West. 1961; James Bales, *Was Peter Pope?*, senza data, pp. 12–13.

È evidente che il fondamento della Chiesa non può essere un uomo, ma solo il Cristo; anche nella interpretazione sopra presentata si è mostrato che la Chiesa sarebbe stata fondata su – vale a dire, tramite – Pietro *confessante* la messianicità e la figliolanza divina del Cristo accolto come Figlio di Dio. A Pietro dovranno guardare i cristiani non per divenire sudditi di tale capo (da sostituirsi in seguito con il papa), bensì per ammettere che la salvezza viene dal Cristo, accolto per fede quale «Figlio di Dio». Pietro, come lo saranno poi anche gli altri apostoli (Ef 2,20), è fondamento solo perché con il suo insegnamento ci presenta il Cristo che dobbiamo accogliere con la medesima fede del Simone di Cesarea. La missione fondamentale degli apostoli è quella di fungere da intermediari per insegnarci che Gesù è l'unico «fondamento» essenziale della Chiesa (1 Cor 3,11).

L'unica questione possibile è questa: qui Gesù è presentato come il fondamento della *Chiesa in modo diretto o solo indiretto tramite il fondamento di Pietro, così come lo è* pure tramite tutti gli apostoli per Paolo (Ef 2,20)?

Tra questa duplice possibilità mi sembra più logica e aderente al contesto solo la seconda soluzione.

Infatti la parola «pietra» non necessariamente ci fa pensare subito e in modo esclusivo al Cristo. In tutto il Nuovo Testamento la parola «pietra» è riferita al Cristo solo in tre passi, senza alcun riferimento all'erezione di un edificio. Pietro e Paolo la pongono due volte in parallelismo con «sasso» (*líthos*), il che prova la intercambiabilità dei due termini (1 Pt 2,8; Rom 9,33) Nel terzo passo indica la roccia mobile da cui sgorgò l'acqua zampillante che, secondo una tradizione rabbinica, accompagnava gli Ebrei nel deserto sinaitico ed era simbolo di Cristo che dà l'acqua della vita. Quivi ancora una volta manca ogni allusione al fondamento di un edificio[43].

Di solito nel Nuovo Testamento Gesù è presentato come un «sasso» (*líthos*) spregevole agli occhi degli Ebrei e quindi gettato via dagli

---

[43] [39] 1 Cor 10,4 e *Tosefta Sukka* 3,11 (Ediz. Zuckermandel, 1880, p. 196, 1,25 e p. 107 1,1: «Così era la sorgente che fu con Israele nel deserto, simile a una roccia... che saliva con loro sulla montagna e discendeva con loro nelle valli, nel luogo in cui si trovava Israele, essa si trovava parimenti di fronte a loro». Es 17,6 parla solo di una «rupe» fissa; ma Paolo prende lo spunto dalla tradizione rabbinica, per presentare un simbolo di Cristo e della Cena del Signore. La «pietra» che accompagnava (*pétra akolouthoûsa*) è in parallelo con la «nube» che li seguiva.

La parola «petra» assume valori diversi nei diversi contesti e può anche indicare svariati oggetti. Anche la parola *themélios*, «fondamento», indica Cristo in 1 Cor 3,11, gli apostoli in Ef , 20 e il fondamento del ravvedimento dei morti in Ebr 6,1. Attenti, quindi, ai falsi parallelismi. Un passo della Bibbia spiega un altro, ma solo quando i contesti sono i medesimi.

edificatori come buono a nulla, mentre Dio ne fa la «pietra angolare» (*akrogònaios*).[44] Dal termine «pietra» non si può quindi concludere che essa si riferisca direttamente a Gesù.

Di più il contesto di elogio che si incentra su Pietre confessore rende difficile, per non dire impossibile, il cambiamento di soggetto e la presentazione improvvisa di Gesù quale fondamento della Chiesa. Sembra duro, guardando al contesto e alle leggi grammaticali, pensare che Gesù abbia detto: «Tu sei beato Simone, poiché hai affermato una verità sacrosanta; però tu sei solo un sasso, ma è su di me, vera rupe della Chiesa, che io edificherò la mia Chiesa». Sarebbe poi strano questo ragionamento anche per il fatto che Gesù presenterebbe se stesso contemporaneamente come architetto edificatore e come fondamento, creando un simbolismo incongruente. Quando Gesù e presentato come «sasso» su cui si edifica la Chiesa, è Dio, non lui, che costruisce tale edificio spirituale. Anche dopo queste parole Gesù continua ad affidare una missione a Pietro – simboleggiata dalle chiavi, dal legare e dallo sciogliere – che chiariscono il modo con cui Pietro sarebbe stato usato da Cristo come «sostegno» della Chiesa nascente. Fuori metafora le parole di Gesù vogliono solo indicare che Gesù avrebbe edificato la sua Chiesa, utilizzando degli uomini, vale a dire gli apostoli, tra cui in prima linea il Simone, detto Pietro, scelto per questa missione specifica

---

[44] [40] Sull'identificazione del *Messia-sasso* già usata nel giudaismo cfr. Bertil Gaertner, *Talfa als Messiasbezeichnung*, in «Svenk Exegetik Arbok», 1953, pp. 98–108. È paragonato a un «sasso», «ciottolo» (*lithos*) in Mt 21,42; At 4,11; 1 Pt 2,4.7; è detto «pietra angolare» in Ef 2,20 ecc. J. Jeremias intende questo termine non come pietra posta all'angolo di un fondamento, ma come la pietra più bella e preziosa che si poneva alla sommità del portale. Se questo senso è possibile in alcuni passi biblici, mi sembra escluso da Ef 2,20 dove necessariamente significa la pietra angolare posta per prima nel fondamento e che determina la posizione dell'edificio. Il passo va tradotto: «Voi siete edificati sul fondamento degli apostoli-profeti di cui Cristo Gesù è la pietra angolare su cui ogni edificio costruito cresce… *su cui* anche voi siete edificati». K. Th. Schaefer (in *Neutestamentliche Aufsätze. Festschrift für Prof. Josef Schmidt zum 70. Geburtstag*. Hrsg. J. Blitzer-O. Kuss-F. Mussner, Regensburg, Pustet 1963, pp. 218–274) sostiene che questa interpretazione si adatta meglio alla metafora, collima con Is 28,6 (qui citato), alla sua interpretazione in Rom 9,33, ai due altri testi in cui occorre tale parola 1 Pt 2,6 e Barnaba 6,2, al posto che compete a Cristo nella Chiesa.

Secondo 1 Pt 2,4.7 Cristo «pietra vivente» (*lithon zònta*), sprezzata come materia senza valore sulla croce, diverrà una pietra preziosa ed eletta che Dio pose all'angolo (vv. 4,7). Perciò tale «pietra» è stata gettata via divenendo così *«petra skandálou»* («pietra d'intoppo») che fa cadere chi in essa inciampa.

In At 4,11 (tratto da Sal 118,21), Mc 17,10s. e Mt 21,42, non vi è alcun contrasto con l'ipotesi precedente; Mc 21,44 è generico; se si cade su una pietra vuol dire che è in terra, ma se essa cade su di un altro significa che è in alto. Non ci si può basare su questo passo per sostenere che la «pietra angolare» costituisca sempre il vertice del portale.

perché egli, per primo, sotto ispirazione divina e quindi come profeta di Dio, aveva professato la vera fede nel Cristo.

b) Secondo altri esegeti la pietra su cui poggia la Chiesa sarebbe direttamente *la confessione di fede in Cristo* considerato come Figlio di Dio. È l'interpretazione che fu sostenuta non molto tempo fa dal Billerbeck, che così scrive:

> L'intera frase va così interpretata: «Ma anch'io ti dico: Tu sei Pietro; tu ti sei manifestato quale roccia, quando per primo, da credente, hai confessato la mia dignità messianica e la mia divina figliolanza. Su questa roccia, ossia sul fatto da te confessato della mia dignità messianica e della mia figliolanza divina, io edificherò la mia Chiesa»[45].

L'interpretazione qui ricordata è in armonia con il contesto, in quanto poco prima precede proprio la confessione di Pietro che è appunto riferita da Gesù ad una rivelazione divina. Di più è evidente che solo la fede è il fondamento della Chiesa, proprio perché senza fede è impossibile piacere a Dio e perché solo la fede è sorgente di vita (Ebr 11,5; Gv 3,15–16). Non è vero battesimo – secondo l'insegnamento apostolico – quello che non include la fede, unica potenza capace di dare valore e risonanza eterna a quest'atto di ubbidienza a Cristo. Si può logicamente concludere che la fede è proprio il fondamento immancabile della Chiesa: togli la fede e la Chiesa crolla. Infatti – se ben si osserva – anche l'interpretazione da me sopra difesa del passo, vuole appunto far risaltare l'importanza della fede impersonata da Simone.

Tuttavia il riferimento diretto alla fede ha il difetto di esaltare una virtù astratta – la fede in Cristo, Figlio di Dio e Messia atteso – mentre di solito

---

[45] [41] Strack-Billerbeck, *Kommentar zum Neuen Testament aus den Talmud und Midrash*, 1 Berlin, 1922, p. 731. Egli tuttavia nella stessa pagina suppone che la traduzione greca dell'originale aramaico sia errata; questo sarebbe stato: *gan ani omer leka l'attah Petros* da tradursi in «Anch'io dico a te, sì a te, o Pietro: Su questa pietra (= sua confessione di fede) io edificherò la mia Chiesa» dove lo *'attah* sarebbe un rafforzativo del precedente «a te» (cfr. Ag 1,4). Il traduttore biblico al contrario avrebbe inteso lo *'attah* come soggetto della nuova frase, con il verbo sottinteso (come se fosse *'attah hû Petros*) con il senso «Tu sei Pietro». La correzione è superflua come è inutile usare «Petros» quando sappiamo da Gv 1,42 che il nome aramaico era Kefah. La stessa opinione, benché senza le correzioni precedenti al testo, è ammessa pure da I. Minestroni. *Tu sarai chiamato Pietro*, Edizioni Risveglio (via C. Mayr 148), Ferrara 1967. Contro la precedente opinione cfr. G. Salmon, *L'infallibilità della Chiesa*, Roma 1960, pp. 336–339 (testo inglese pp. 339–341), e specialmente W. G. Kümmel, *Kirchenbegriff und Geschichtsbewusstsein in der Urgemeinde bei Jesus*, Uppsala 1943. p. 22; J. L. Kljin, *Die Wörter «Stein» und «Felsen», in der syrischen Übersetzung des Neuen Testaments*, in «Zeitschrift für die Neutestamentliche Wissenschaft» 50 (1959), pp. 102 s.

Gesù ama presentare l'idea concretizzata in una persona visibile, nel nostro caso il Simone confessante; inoltre il pronome usato dall'evangelista «questa» (*tautê*) mal si applica alla precedente confessione di Pietro. In tal caso sarebbe stato più logico dire: «Tu sei Pietro, ma su quella (*ekeínê*) confessione che tu hai poco fa pronunciato, io edificherò la mia Chiesa». Di più tutto l'elogio di Pietro, la missione a lui conferita obbligano a riferire a Pietro anche le precedenti parole : «Su questa pietra» Tutto ciò si verifica assai bene nell'interpretazione da noi sopra enunciata; il pronome «questa» si riferisce alla persona di Pietro poco prima riferita; ma con le sue parole Gesù intende esaltare non tanto la sua persona umana, quanto piuttosto la professione di fede in lui concretizzata. Proprio in quel momento, per la sua fede, egli, benché la Chiesa ancora non esistesse, era già la pietra pronta per sostenerla al suo apparire. Proprio per questa sua professione, anteriore a quella di tutti gli altri apostoli, Pietro sarà scelto a predicare per primo la buona novella ai Giudei e ai Gentili e determinerà una volta per sempre il modo con cui si entra nella Chiesa (chiavi), con il battesimo da lui fissato (legato), senza l'obbligatorietà della circoncisione (slegata).

Mi sia permesso concludere con le parole del Cullmann:

> I riformatori, è vero, fecero degli sforzi per mostrare che la frase del Cristo era stata rivolta da Gesù a Pietro; ma la relazione che essi cercano di stabilire tra la parola *Pietro* e la *fede* anziché con la persona dell'apostolo, non può essere accolta da un esegeta imparziale. Essa tradisce l'influsso eccessivo che la tendenza polemica esercitò su di loro per poter così togliere al papa ogni possibile superiorità. Le parole furono rivolte alla persona dell'apostolo e solo a lui, in quanto che la fondazione della Chiesa è un fatto attuatosi una volta sola nel tempo. Infatti una casa e fondata una volta sola al suo inizio[46].

Sono espressioni che dovremmo meditare tutti. Solo uno studio imparziale e senza preconcetti può farci penetrare più a fondo nel messaggio del Vangelo. Ma è bene sottolineare che, pur riferendo la parola «pietra» a Pietro, Gesù vuol solo presentarlo come «portavoce di questa fede»[47].

---

[46] [42] O. Cullmann, *Christ et le Temps*, Neuchâtel 1947, p 123 (traduzione italiana). Per l'influsso della polemica va ricordato che una sessione speciale della Landeskirche di Württemberg nel 1953 ha addirittura condannato R. Baumann (*Das Petrus Bekenntnis und Schlüssel*, Stuttgart 1950) per aver ammesso che Pietro fondamento deve significare qualcosa di durevole nella Chiesa!

[47] [43] Cfr. A. Argyle, *The Gospel According to Matthew*, in «The Cambridge Bible Commentary», Cambridge 1963, p. 126.

10. Sintesi esegetica di Matteo 16,18-19

La discussione precedente si può sintetizzare in queste brevi parole: l'elogio di Gesù va ripartito in tre strofe:

a) *Prima strofa* (v. 18 *Tu sei Pietro*): esaltazione della fede proclamata da Simone profeta e simboleggiata nella persona concreta di Pietro. La fede biblica non è mai fede astratta, ma una fede esistente in un individuo, in un essere personale. La «persona credente di Pietro» sarà utilizzata da Cristo, il vero fondatore della Chiesa, come punto di appoggio su cui fondare la Chiesa, come il mezzo principale usato da Cristo per edificare questo edificio spirituale.

b) *Seconda strofa* (v. 19 *le chiavi*): Cristo utilizzerà Pietro conferendogli la predicazione della missione salvifica del Cristo, vero figlio di Dio, esaltato come Signore al di sopra di tutto il creato. La sua predicazione è espressa con il simbolismo delle «chiavi» che sul labbro di Gesù indicano la predicazione del Vangelo, ossia della buona novella con cui si apre il Regno di Dio a chi crede; ma lo si chiude a chi non crede. Per ora Pietro (e gli altri apostoli) deve tacere; solo dopo la Pentecoste Pietro sarà il primo a parlare e ad evangelizzare gli Ebrei (At 2).

c) *Terza strofa* (v. 19 *legare... sciogliere*): Nella sua predicazione Pietro legherà una volta per sempre il battesimo, stabilendone la sua necessità per l'ingresso nella Chiesa, slegherà una volta per sempre la circoncisione, togliendone l'obbligatorietà.

I vescovi non possono essere suoi successori perché non possono cambiare nulla di ciò che Pietro ha fissato; essi devono solo sorvegliare le chiese perché non si scostino dal fondamento simboleggiato da Pietro, vale a dire dalla fede in Cristo, figlio di Dio e attuino il battesimo così come egli lo ha imposto.

a) *Pietro* = Simone confessante: Tu sei il Cristo il Figlio di Dio vivente.
b) *Le chiavi* = la predicazione della precedente grande verità salvifica.
c) *Legare* = imporre l'obbligo del battesimo attuato con fede; *slegare* = togliere l'obbligo della circoncisione.

Excursus 2

L'INTERPRETAZIONE PATRISTICA DEL «TU SEI PIETRO»

L'analisi del «Tu sei Pietro» compiuta dai padri della Chiesa ci dimostra come non vi sia mai stata una interpretazione tradizionale e come l'esegesi cattolica attuale, che vi vede la promessa di un vero primato gerarchico di Pietro e del suo successore il papa, appaia a Roma solo nel V secolo[1].

1. Primo periodo : I–III secolo

Nei primi due secoli vi sono scarse tracce di una utilizzazione del passo, per cui alcuni studiosi pensano che il loghion di Gesù non fosse ancora stato creato[2]. Ecco i passi patristici più interessanti:

a) *In Oriente* primeggia la figura di Origene (m. 253/254), oriundo di Alessandria, scrittore di grande talento esegetico che fondò una vera scuola. Pur affermando che la Chiesa è fondata su Pietro»[3] nel suo com-

---

[1] Il libro ancor più esauriente e completo è quello scritto dal cattolico J. Ludwig, *Die Primatworte Mt 16,18–19 in der altkirchlichen Exegese*, Münster Westphalien 1952, che seguirò nelle pagine seguenti. Si vedano pure le opere citate nei capitoli riguardanti lo sviluppo del papato nei primi secoli della Chiesa.

[2] Ireneo (*Adversus Haereses* 3,18,4, *Antenicene Fathers* I p. 448) dal v. 17 salta al 21, tralasciando ciò che riguarda le chiavi e il legare o lo sciogliere riferito a Pietro, per cui W. L. Dulière ne deduce che il testo di Ireneo mancasse dei vv. 18–19 che vi furono aggiunti in Antiochia verso il 190 (*La péricope sur le pouvoir des clefs. Son absence dans le texte de Matthieu aux mains d'Irénée*, in «La Nouvelle Clio», 1954, pp. 73 ss). Tuttavia se si esamina bene il passo, i vv. mancanti sono taciuti non perché ignoti, ma perché non interessavano, in quanto l'intento di Ireneo era quello di esaltare la dignità di Cristo e non l'importanza di Pietro nella fondazione della Chiesa. Di più il v. 17 fa già parte della péricope mancante nei passi paralleli di Marco e Luca, per cui la sua presenza non si può scindere dal resto.

[3] [2bis] Presso Eusebio, *Historia Ecclesiastica* VI, 25,8 PG 20,584A.

mento a Matteo afferma che chiunque faccia propria la confessione di Pietro, ottiene le stesse prerogative di Pietro:

> «Se tu immagini che solo su Pietro sia stata fondata la Chiesa, che cosa potresti tu dire di Giovanni, il figlio del tuono, o di qualsiasi altro apostolo? Chiunque fa sua la confessione di Pietro può essere chiamato un Pietro». «Come ogni membro di Cristo si dice cristiano» così, per il fatto che Cristo è la «Roccia» ogni cristiano che beve da «quella roccia spirituale che ci segue» deve essere chiamato Pietro. «Rupe (= pietra) è infatti ogni imitatore di Cristo» (*Pétra gàr pas ô Christoû mimêtes*)[4].

Quindi egli non vede in queste parole l'affermazione del primato di Pietro sugli altri apostoli; Pietro è pari agli altri apostoli, anzi agli stessi cristiani; è solo la sua unione con Cristo per fede che lo rende un «Pietro».

b) *In Occidente* il primo scrittore che ricordi il passo mattaico e Giustino (m. 165 ca.), che così scrive:

> «Uno dei discepoli, che prima si chiamava Simone, conobbe per rivelazione del Padre, che Gesù Cristo è Figlio di Dio. Per questo egli ricevette il nome di Pietro»[5].

Giustino non ne deduce affatto la superiorità di Pietro sugli altri apostoli, ma afferma solo che con tale nome Gesù voleva premiare la confessione di fede prima detta dall'apostolo.

Tertulliano (m. dopo il 220), prima ardente apologeta e poi seguace del montanismo, si rifà al passo biblico in occasione di una diatriba con il vescovo di Roma[6]. Costui (probabilmente Callisto) pare che si appellasse al «Tu sei Pietro» per difendere la propria autorità, derivatagli dal fatto ch'egli era vicino alla tomba di Pietro, ma Tertulliano chiaramente gli ribatte:

---

[4] [3] In Mat. 12,10–11 PG 13,997C. 1000–1001. «Tutti gli imitatori di Cristo traggono il nome di Pietra» (*ivi* c. 1004).

[5] [4] *Dialogo* 100,4 PG 6,709C. In *Dial.* 106,3 (PG 6,724A) si rifà a Mc 3,16 per dire che Gesù ha dato a un apostolo il nome di Pietro.

[6] [5] Penso che questo «pontifex maximus» da lui biasimato in tono ironico, sia il vescovo di Roma e non un ignoto Agrippino. Di ciò parleremo più avanti nel capitolo undicesimo.

L'interpretazione patristica del «Tu sei Pietro» 79

«Chi sei tu elle (in tal modo) sovverti e deformi l'intenzione manifesta del Signore che conferiva tale potere personalmente a Pietro?»[7]

Tertulliano, in accordo con quanto abbiamo asserito sopra, attribuisce il potere delle chiavi esclusivamente alla persona di Pietro, che ebbe nel sorgere della Chiesa una missione ben specifica, come presto vedremo. L'apologeta nega quindi il passaggio di tale privilegio ad un qualsiasi successore di Pietro.

Cipriano, vescovo di Cartagine, morto martire nel 258 e quindi ritenuto un santo per la chiesa cattolica, di fronte a Stefano che voleva probabilmente rifarsi alle parole del «Tu sei Pietro» per esaltare la propria posizione, aspramente combatte tale deduzione, pur essendo disposto a riconoscere una certa «principalità» alla Chiesa romana. Gesù parlò a Pietro – egli dice – non perché gli attribuisse una autorità speciale, ma solo perché rivelandosi ad uno solo fosse visibile il fatto che la chiesa dev'essere tutta unita nella fede di Cristo. Egli nega che sia possibile provare una qualsiasi superiorità gerarchica di Pietro sugli altri apostoli e tanto meno della chiesa romana e sulle altre chiese. Pietro è solo il «simbolo», il «tipo» di tutti gli apostoli e di tutti i vescovi:

«Ad ogni modo gli altri apostoli erano pur essi ciò che fu Pietro e beneficiavano pur essi d'una speciale partecipazione all'onore e al potere, ma l'inizio ha il suo punto di partenza nell'unità, perché così si sottolineasse l'unità della Chiesa»,[8] la quale oggi viene simboleggiata dalla chiesa di Roma.

In questo primo periodo non v'è alcuna idea della preminenza di Pietro sugli apostoli e della chiesa di Roma sulle altre chiese.

2. Secondo periodo : IV e V secolo

Il passo mattaico, maggiormente studiato, riceve una gamma di differenti interpretazioni.

a) *In Oriente* la «Pietra» è identificata ora con il Cristo, ora con la persona di Pietro oppure con la sua professione di fede.

---

[7] [6] *De pudicitia* 21, PL 2,1078 ss. Il passo completo è studiato più sotto nella storia del Papato.

[8] [7] *De catholica ecclesiae unitale*, c. 4–5. Vedi più avanti i problemi posti da questo libro (Excursus 3).

La roccia è il Cristo: così Eusebio (m. 339), il quale vissuto alla Corte di Costantino e impressionato dalla fastosa potenza dell'imperatore che, governando tutto il mondo, proteggeva la Chiesa da cui era anzi chiamato vescovo pur non essendo nemmeno battezzato (lo fu solo in fin di vita), vede nella pietra il simbolo del Cristo. L'unica Chiesa di Dio è diretta e centrata in Cristo, che è la «roccia» il fondamento della Chiesa, così come l'imperatore lo è per lo stato.

Il «primo fondamento» della Chiesa «è la roccia irremovibile, sulla quale essa è stata costruita: *questa pietra è il Cristo* (*ê pétra dè ên o Christòs*)»[9].

La «roccia» è Pietro, ma a titolo solo personale. Secondo gli antiariani Pietro in persona è la «rupe» su cui poggia la Chiesa, ma lui *personalmente* senza alcun successore, in quanto egli professò la vera fede ortodossa nel riconoscere Gesù quale «Figlio di Dio». Con la sua fede egli, confutando una volta per sempre gli Ariani che negano tale figliolanza divina, fu il vero fondamento della chiesa antiariana.

Così si esprimeva Epifanio vescovo di Salamina (morto a Cipro nel 403):

«Pietro è divenuto per noi proprio una pietra solida che sorregge la fede del Signore, sul quale è edificata la Chiesa. In lui (Pietro) la fede sta salda in ogni sua parte. Egli ricevette pure il potere di sciogliere sulla terra e di legare in cielo»,[10] per cui nelle questioni di fede l'autorità di Pietro (si noti: di Pietro! non del vescovo romano) è la somma autorità della Chiesa. Pietro è quindi il campione della vera fede ortodossa contro gli Ariani[11].

Anche per Didimo il cieco (m. 398) la «rupe» (*petra*) è Pietro; le porte dell'Ades sono le false dottrine eretiche, il potere delle chiavi consiste nell'indicare la vera fede trinitaria[12]. La stessa interpretazione è data dai Cappadoci, vale a dire da Basilio (m. 379), da Gregorio Nazianzeno (ca. il 300) e da Gregorio di Nissa (morto nel 394), i quali chiamano Simone la solida roccia su cui poggia la Chiesa poiché egli è «il campione della fede»[13].

---

[9] [8] Eusebio, *Salmo 47*,2 PG 23,420 D
[10] [9] Epifanio, *Ancoratus*, 9.6 ss. (Ed. K. Holl I, 16).
[11] [10] Epifanio, *Panarion, Haer* 59,7; 8,1–2 (Ed. K. Holl II, 372 s.).
[12] [11] Didimo, *De trinitate*, 1,30 PG 39,416 s.
[13] [12] Basilio, *Adversus Eunomium* 2 PG 29,577 s. (*dia pìsteos uterochèn*); Gregorio Nazianzeno, *Oratio* 28 PG 36,52A: «Pietro penetrò più profondamente che non gli altri apostoli nella conoscenza di Cristo. Perciò egli fu lodato e ricevette la più alta onorificenza». Da un altro passo sappiamo che questa consistette nelle chiavi (cfr. *Carmina de virtute 1, Sectio II*, 489 PG 37,559 A); secondo Gregorio di Nissa tali chiavi passarono per mezzo di

Anche per Asteria, vescovo di Amasea nel Ponto (m. 410), «l'Unigenito... chiamò Pietro il fondamento della Chiesa quando disse: Tu sei Pietro e su questa pietra edificherò la mia Chiesa... Lui (il Cristo) fu infatti inviato nel seno della terra... perché sorreggesse tutti i cristiani e li elevasse verso la patria della nostra speranza. Non è infatti possibile porre un altro fondamento oltre a quello che è già stato posto, vale a dire lo stesso Cristo (1 Cor 3,11). Tuttavia il nostro Salvatore volle chiamare il primo dei suoi discepoli la pietra della fede. Per mezzo di Pietro il fondamento della Chiesa diviene incrollabile in quanto egli è una sicura guida della confessione cristiana»[14].

Pietro è la fede confessata di Pietro. – Gli Antiocheni spingendosi ancor più avanti in questa direzione hanno finito per dimenticare la persona di Pietro e attribuire il valore di «rupe» (*petra*) alla sola fede che l'apostolo aveva professata nei pressi di Cesarea. Questa fede, e non la persona di Pietro, è la roccia su cui poggia la Chiesa; basti qui ricordare il campione di questa esegesi, cioè il vescovo di Costantinopoli Giovanni Crisostomo, il cui epiteto datogli per la sua eloquenza significa Boccadoro (m. 407). Partendo dalla necessità della fede (Rom 10,11) egli dice che essa è il fondamento della Chiesa. Anche Gesù ha detto «Tu sei Pietro e su questa pietra edificherò la mia Chiesa, vale a dire sulla fede che tu hai confessato»[15]. Ebbe perciò Pietro un primato? Sì! poiché fu il primo a confessare il Cristo, divenne anche il primo apostolo all'inizio della Chiesa[16]. È chiamato «pietra», ma solo per il fatto che la sua fede non sarebbe mai venuta meno[17].

b) *In Occidente* cominciò a farsi strada l'interpretazione del passo biblico favorevole al vescovo di Roma.

Tuttavia Ambrogio (vescovo di Milano morto nel 397) mise ancora in rilievo che la «pietra» della Chiesa e la «fede» non la persona di Pietro. Il primato di Pietro consiste in un primato di confessione, non di onore, di fede non di gerarchia[18]. Per lui è la fede che è «il fondamento della

---

Pietro a *tutti* i vescovi (*De Castigatione PG* 46,312 C).

[14] [13] Asterio, *Omelia* VIII, PG 40,270.

[15] [14] Crisostomo, *Commentum In Matthaeum*, Omelie 54, PG 58,534 s. (*tout' esti tê pìstei tès omologìas*). Cfr. J. Lécuyer, *St. Pierre dans l'enseignement de St Jean Chrysostome à Constantinople*, in «Gregorianum» 49 (1963), pp. 113–133.

[16] [15] *Orationes 8,3 Adversus Judaeos, PG* 48,931.

[17] [16] *In Johannem Homilia* 88, PG 59,480 A.

[18] [17] Petrus... primatum egit, primatum confessionis utique non honoris, primatum fidei non ordinis (Ambrogio, *De incarnationis dominicae sacramento* IV,32 PL 16,826C).

Chiesa... è la confessione che vince l'inferno»[19]. Nel suo commento al *Vangelo di Luca* afferma anzi che ogni credente è una «pietra» della Chiesa:

«La pietra è la tua fede, il fondamento della Chiesa è la fede. Sei tu una pietra? Sei nella Chiesa, perché la Chiesa poggia su pietre. Se tu appartieni alla Chiesa, le porte dell'inferno non ti potranno sopraffare. Poiché le porte dell'inferno indicano le porte della morte... Quali sono le porte della morte? I singoli peccati[20].»

Quando in un inno liturgico ambrosiano, detto il «Canto del gallo», egli chiama Pietro «pietra della Chiesa» (*petra Ecclesiae*), lo fa solo per indicare che ogni credente è una pietra della Chiesa e che perciò a Pietro, come primo credente, è stato rivolto l'appellativo di «rupe» (= *petra*).

Secondo Agostino, vescovo di Ippona (m. 430), l'interpretazione di Matteo 16 è libera, come appare dalle sue *Ritrattazioni*. In un primo tempo egli identificò la «pietra» con l'apostolo Pietro, poi, in seguito, cambiando opinione, la riferì alla «fede» che Pietro aveva confessato. Eccone il passo:

«Scrissi pure in un certo luogo al riguardo dell'apostolo Pietro, che su di lui, come su di una pietra, è stata fondata la Chiesa. Ciò è pure cantato per bocca di molti con i versi del beatissimo Ambrogio, che nel canto del gallo così afferma:
Lui stesso, pietra della Chiesa
eliminò la colpa al canto (del gallo).
Ma so che più tardi, ho assai spesso esposto le parole del Signore: Tu sei Pietro e sopra questa pietra edificherò la mia Chiesa, nel senso seguente: Sopra ciò che è stato confessato da Pietro mentre diceva: Tu sei il Cristo, il Figlio dell'Iddio vivente. Perciò da questa Pietra egli fu chiamato Pietro – personificando così la Chiesa che si edifica su questa pietra – e ricevette le chiavi del cielo. Infatti non è stato detto a lui: Tu sei pietra, ma Tu sei Pietro. La pietra era invece il Cristo, che fu confessato da Simone, perciò detto Pietro, e che è parimenti confessato

---

[19] [18] Fides ergo est ecclesiae fundamentum. *Non enim de carne Petri, sed de fide dictum est,* quia portae mortis ei non praevalebunt. Sed confessio vicit internum (*ivi*, V,34 PL 16,827).

[20] [19] *Expositio Evangelii secundum Lucam* VI, 98s. CSEL 32,4 p. 275 (Ed. C. Schenkl). Per la successione della Chiesa di Roma nel primato cfr. sotto la parte storica.

da tutta la Chiesa. Il lettore scelga, fra le due sentenze, quella che gli pare migliore»[21].

È a Roma che dapprima timidamente e poi con più chiarezza si asserì che le parole di Gesù a Pietro conferiscono un primato a Roma. Fu dapprima Callisto (217–222) che, applicandosi tale testo, affermava d'aver il potere di legare e sciogliere e quindi di accogliere nella Chiesa anche gli adulteri, in quanto la sua Chiesa era vicina al sepolcro di Pietro[22].

Anche Stefano (254–257) a motivo del luogo dove egli era vescovo, affermò di essere il successore di Pietro e di avere quindi l'autorità di accogliere nella Chiesa anche i battezzati dagli eretici[23].

Verso il sec. IV e V a Roma tale idea andò sempre più imponendosi, per cui è difesa dalla lettera apocrifa di Clemente a Giacomo[24] e sostenuta da Girolamo, esegeta e monaco morto nel 420.

Per lui non solo il Cristo è Pietra della Chiesa, ma anche Pietro che ha ricevuto il dono di essere chiamato Pietra[25].

---

[21] [20] In quo dixi quodam loco de apostolo Petro, quod in ilio tamquam in petra fundata sit ecclesia, qui sensus eliam cantatur ore multorum in versibus baetissimi Ambrosii ubi de cantu gallinacio ait:
 hoc ipse, petra ecclesiae
 canente culpas diluit.
Sed scio me postea, saepissime sic exposuisse, quod a Domino dictum est: tu es Petrus, et super hanc petram aedificabo ecclesiam meam, et super hunc intelligeretur, quem confessus est Petrus dicens: Tu es Christus, filius Dei vivi, ac sic Petrus ab hac petra appellatus personam ecclesiae figuraret, quae super hanc petram edificatur et accepit claves regni caelorum: Non enim dictum illi est: Tu es petra, sed: Tu es Petrus; petra autem erat Christus, quem confessus Simon, sicut et tota ecclesia confitetur, dictus est Petrus. Harum duarum autem sententiarum quae sit probabilior, eligat lector». *Retractationum S. Augustini Liber* I, 20,2 (Corpus Scriptorum Ecclesiasticorum Latinorum 36; ex recensione P. Knöll, Vienna 1902, pp. 97–99). Cfr. A. M. La Bonnardière, *Tu es Petrus*. 34 (1961), pp. 451499 (porta 116 citazioni; il passo è inteso secondo tre temi: a) elogio della fede di Pietro; b) la pietra su cui poggia la Chiesa e Cristo; e) il potere di rimettere i peccati è dato alla Chiesa che da Pietro è raffigurata. Cfr. pure F. Hofmann, *Der Kirchenbegriff des hl. Augustinus*, München 1933, pp. 316 s.

[22] [21] Così secondo Tertulliano, che combatte però tale pretesa (*De Pudicitia* 21 PL 2,1078 ss).

[23] [22] Così Firmiliano in una lettera a Cipriano che confuta tale pretesa di Stefano (PL 3,1217).

[24] [23] *Lettera di Clemente a Giacomo 1*, contenuta nella introduzione alle Omelie pseudo-clementine: «Egli (Pietro) fu messo a parte per essere la fondazione della Chiesa e per questo ricevette dalla bocca veritiera dello stesso Gesù, il nome dì Pietro».

[25] [24] *In Jeremia propheta* III, 65 CSEL 54 p. 312 (et Petro apostolo donavit ut vocaretur petra); cfr. *Commentarius in Matthaeum* 1,7,26 PL 26,51B (ab hac petra apostolus Petrus sortitus est nomen).

Benché tutti i vescovi siano il fondamento e i monti della Chiesa, tuttavia il Cristo ha voluto fondare la Chiesa su uno di quei monti, cioè su colui al quale egli ha detto: «Tu sei Pietro»[26]. Sembra che per Girolamo la pietra sia Pietro, e che la cattedra di Pietro sia poi passata a Roma[27].

L'interpretazione romana godette il suo pieno fulgore con il papa Leone I il Grande (m. 461), il quale sostenne che a Pietro Gesù concesse il primato della dignità apostolica, che passò poi al vescovo di Roma al quale compete la cura di tutte le Chiese[28].

Come si vede abbiamo qui la prima chiara manifestazione del primato di Pietro e di quello romano, ma Leone non ha in ciò seguito una tradizione in quanto prima di lui tale esegesi non era mai stata accolta dalle Chiese. Si noti poi che siamo già verso la metà del V secolo «in un ambiente non del tutto disinteressato in quanto il vescovo di Roma cercava in tal modo di sostenere quei privilegi che a mano a mano si era andato acquistando»[29].

Contro la tesi cattolica il protestantesimo, riesumando una antica tradizione della Chiesa, sostiene che Pietro fu detto «roccia» da Gesù non come individuo, ma solo come credente: la vera roccia è solo il Cristo; è per la sua fede in Gesù che anche Pietro merita di essere chiamato pure lui «roccioso»*[30]*.

---

[26] [25] *In Isaia* 1,2,2 PL 24,23 s.
[27] [26] Cfr. *Epistolae Romanorum Pontificum Genuinae* 15,2 CSEL 54 p. 63 (ed. H. Hilberg).
[28] [27] Cfr. lo studio su Leone I nel capitolo decimo.
[29] [28] Si veda il capitolo sulla opposizione delle altre Chiese al progressivo aumento delle pretese romane.
[30] [29] «Tu sei roccioso, perché hai riconosciuto colui che è la vera Roccia e l'hai chiamato secondo la Scrittura il Cristo». Lutero, *Wider das Papsttum vom Teufel gestiftet, Weimarer Ausgabe* 54, citato da E. Mülhaupt, *Luthers Evangelien Auslegung* 2, p. 548). «Non sulla roccia della chiesa romana è edificata la Chiesa ... bensì sulla fede confessata da Pietro a nome di tutta la Chiesa» (*Resolutio Luterana super propositionem XIII de potestate papae* 1519; *Weimarer Ausgabe* 2 citato da Mülhaupt *op. cit.* 2, p. 525); anche Calvino, (*Commentaire à Mt 16*) esalta la fede di Pietro: ogni credente diviene roccioso come Pietro; per Zwingli (*De vera et falsa religione*, in Hauptschriften IX, pp. 158 ss.) Pietro è tipo di ogni credente.

4

Il presunto conferimento del primato
Dalla passione di Cristo alla Pentecoste

Anche in questo periodo Pietro, pur non essendo mai presentato come capo, continua a fungere da persona di primo piano: fu lui a segnalare a Cristo che il fico si era inaridito in conseguenza della maledizione scagliata il giorno prima da Gesù (Mc 11,21); assieme a Giacomo, Giovanni e Andrea fu lui a chiedere quando si sarebbe attuata la distruzione del tempio[1]. Assieme a Giovanni, Pietro fu inviato a preparare l'occorrente per la cena pasquale (Lc 22,8).

Ma due scene principali meritano l'attenzione: la predizione del rinnegamento di Pietro (Lc 22,32) e l'incarico dato allo stesso apostolo di «pascere gli agnelli» (Gv 21).

1. Conferma i tuoi fratelli

Luca nel ventiduesimo capitolo del suo Vangelo, dopo aver riferito lo svolgersi dell'ultima cena (vv 7–23), narra la contesa sulla priorità (vv. 24–30) e infine la profezia di Cristo sul prossimo rinnegamento di Pietro (vv. 31–34). Quest'ultimo brano così suona:

> Simone, Simone, ecco Satana ha chiesto di vagliarvi come si vaglia il grano, ma io ho pregato per te affinché la tua fede non venga meno; e tu alfine di nuovo conferma i tuoi fratelli. E Pietro gli disse: Signore, io sono pronto ad andare con te in prigione e alla morte. Ma Gesù rispose: Io ti dico, Pietro, non canterà oggi il gallo che, per tre volte, tu abbia negato di conoscermi (Lc 22,31–34).

---

[1] Mc 13,3; il singolare «chiese» (*eperòta*) sembra suggerire che Pietro ne fosse il principale richiedente assieme agli altri tre.

Da questo passo biblico il Concilio Vaticano I trasse un argomento a sostegno dell'infallibilità papale:[2] Pietro non verrà mai meno nella sua fede per cui potrà sempre sostenere i suoi fratelli di apostolato con la propria autorità di capo. Tuttavia queste conclusioni sono ben lungi dall'essere dimostrate, come appare da un'analisi più profonda del brano lucano, che suscita problemi notevoli sia per la traduzione, il senso e la durata della funzione sostentatrice di Pietro.

1) Circa la traduzione al posto di: «alfine di nuovo conferma» altri traducono «una volta che (ti) sarai convertito, conferma...». Pur essendo assai più comune quest'ultima traduzione, preferisco la prima per il contesto e per l'uso del verbo greco «conferma» (*sterizein*)[3].

Non ritengo tuttavia dimostrata l'affermazione di coloro (Bultmann, Prete) che pretendono scindere dalla profezia riguardante il rinnegamento di Pietro, il futuro rafforzamento degli apostoli da parte sua[4]. Anche se il detto di Gesù fosse circolato all'origine isolato, di fatto Luca lo ha inserito in un contesto dal quale riceve il suo senso come lo intendeva l'evangelista, vale a dire il ritorno di Pietro alla funzione di sostegno del collegio apostolico, dopo il suo rinnegamento durante la crisi imminente[5].

2) Le parole di Gesù sono di grande importanza per Pietro, come appare dalla ripetizione del nome «Simone, Simone» destinato a richiamare la sua particolare attenzione (cfr. Mt 23,37); dal fatto che l'evangelista Luca

---

[2] *Costituzione della Chiesa* c. 4, Denzinger-Bannwart, 1836.

[3] Su questo problema cfr. B. Prete, *Il senso di epistorékas in Luca 22,32*, in *Pietro* «Atti XIX Settimana Biblica», Brescia 1967, pp. 113–133. Egli mostra che il senso di «conversione» a Dio è predominante nei 18 esempi in cui appare in Luca, ma è sempre accompagnato da una preposizione (*epi, eis, prós*) solo due volte si trova senza preposizione (Lc 8,55; At 15,36) dove, specialmente nel secondo, v'è un parallelismo perfetto con la profezia di Gesù («visiteremo di nuovo» le città già evangelizzate). Si tratta di un semitismo riproducente il verbo *shub*, che è spesso un completivo del verbo principale, a cui conferisce il senso «di nuovo».

[4] Le ragioni sono: diversità di nome (Simone v. 31 e Pietro v. 34), ma forse qui il nome di Pietro è usato da Luca proprio per mostrare il contrasto tra la «roccia-Pietro» e il suo rinnegamento; l'avverbio «ecco» corrispondente all'ebr. *hinneh* che nell'A. T. introduce dei vaticini solenni; ma in realtà ciò non prova molto. Del resto anche se originariamente il detto fosse stato pronunciato in un contesto diverso, va notato che Luca, introducendolo nella scena attuale gli conferiva una sfumatura particolare. A noi interessa conoscere ciò che l'ispirato Luca ci voleva insegnare.

[5] Generalmente oggi si riconosce che il detto provenga realmente da Gesù; non vi è infatti alcun motivo per supporre una sua creazione da parte della Chiesa primitiva. Cfr. W. Foerster, *Lukas 22,31*, in «Zeitschrift für die Neutestamentliche Wissenschaft» 46 (1955), pp. 120–133.

mette sul labbro di Gesù il nome di Pietro (v. 34) quasi volesse sottolineare per via di contrasto la differenza tra il Pietro confessore e il Simone rinnegante, dall'uso della contrapposizione (*ego de*) che indica, anche altrove, la coscienza e l'autorità messianica di Gesù,[6] dalla parola (*sterizein*) che evoca l'immagine della roccia e si riferisce al compimento della sua missione[7].

3) Vorrei tuttavia notare che il detto di Gesù non ha alcun riferimento alla infallibilità, dal momento che non riguarda l'insegnamento da dare alla Chiesa condizione indispensabile perché si abbia l'infallibilità papale, bensì la fede personale di Pietro. Pur rinnegando il Cristo, la sua fede vacillante non si spegnerà del tutto (come avvenne invece per Giuda), sicché egli rimarrà pur sempre riunito da un tenue filo con il Salvatore[8]. Il detto di Gesù, sia per la particella «alfine» (*potè*) sia per il participio tradotto con «di nuovo», fa vedere che Pietro prima di riconfermare i suoi fratelli avrebbe dovuto attraversare un periodo in cui, per la sua fede vacillante, avrebbe cessato di essere un loro sostegno. La sua fede tuttavia non cadrà del tutto solo perché lui, il Cristo, ha pregato per l'apostolo. Questa affermazione di Gesù non riuscì gradita a Pietro che si affrettò a rassicurare il Maestro che egli era persino pronto a morire con lui, attirandosi così la profezia del suo rinnegamento. Con le sue parole il Salvatore preannunciò la futura crisi degli apostoli al momento della sua morte, il grande pericolo in cui Simone si sarebbe trovato più ancora degli altri, il suo ravvedimento e la sua funzione, non di capo, bensì di sostegno degli altri apostoli nel periodo cruciale intercorso tra la morte di Cristo e la sua resurrezione. Si vede come in uno scorcio il succedersi degli eventi avveratisi durante l'atroce martirio di Gesù.

Questa interpretazione fu sostenuta anche da alcuni padri della Chiesa, come ad esempio il Crisostomo:

«Gesù disse ciò duramente rimproverandolo, mostrandogli che per la sua caduta più grave di quella degli altri, egli necessitava di maggior assistenza. Perché egli era stato colpevole di due errori: primo, di aver contraddetto nostro Signore quando aveva dichiarato che tutti si sarebbero scandalizzati, affermando: Quand'anche tutti fossero scanda-

---

[6] Cfr. W. Manson, *The ego eimì of Messianic Presence*, in «Journal of Theological Studies», 48 (1947), pp. 137 ss.

[7] In *Homelies Pseudo Clementine* 17,19,4 Pietro è detto *tèn sterèan pétran*.

[8] *Eklípē* da *ekléipo* (dal quale il nostro «eclissi») ; significa venir meno, spegnersi del tutto, morire (cfr. Lc 16,9 «morirete»); Ebr. 1,12 (i tuoi anni non verranno mai meno, vale a dire «non morrai»).

lizzati, io però non lo sarò, e, secondo, nel farsi superiore agli altri. Vi è poi un terzo errore, ancor più grave, quello di volersi attribuire ogni virtù.»

«Per curare queste malattie dello spirito, nostro Signore gli permise di cadere e perciò, trascurando gli altri, si rivolse a lui: Simone, Simone, Satana desidera vagliarvi come si fa col grano, vale a dire vorrebbe affliggervi, tormentarvi, tentarvi, ma io ho pregato per te, affinché la tua fede non venga meno. Se Satana desiderava vagliare tutti gli apostoli perché mai nostro Signore non dice: Ho pregato per tutti? Non è forse ben chiaro che è per la ragione sopraddetta? Per rimproverarlo e per mettere in rilievo che la sua caduta era ben più grave di quella degli altri, Gesù rivolge a lui le sue parole[9].»

Identica idea fu presentata dal Venerabile Beda (m. 735) nel suo commento al passo lucano:

«Come io, pregando, ho preservato la tua fede perché non venisse meno quando fu sottoposta alla tentazione di Satana, così anche tu ricordati di sollevare e confortare i tuoi fratelli più deboli *con l'esempio della tua penitenza*, se per caso essi dovessero disperare del perdono»[10].

4) Va infine rilevato che il verbo «sorreggi» (*sterizo*) non indica necessariamente la superiorità gerarchica di chi rafforza gli altri. È dal contesto che deve apparire il suo senso: nel caso di At 18,23, passo assai vicino al presente, è Paolo che sostiene i «discepoli», vale a dire coloro ch'egli aveva ammaestrati nella fede e che erano quindi, come suoi figli spirituali, a lui inferiori. Ma nel presente passo del Vangelo coloro che devono essere rafforzati sono chiamati «fratelli» e quindi considerati alla pari di Pietro e per nulla affatto a lui inferiori ed a lui sottoposti come ad un capo[11].

---

[9] *Homelies* 82 in *Mat* 26 PG 58,741. Anche nel suo *Commento agli Atti* il Crisostomo vede, come abbiam fatto pure noi poco sopra, nell'elezione di Mattia un'azione in cui Pietro «conferma i fratelli». Non è il caso di insistere sulla non autenticità di queste omelie inferiori per stile alle altre. «Nihil unquam legi indoctius. Ebrius ac stertens scriberem mehora» (Erasmo). Possono essere state pronunciate dal Crisostomo, ma raccolte dai suoi uditori (G. Salmon, *L'infallibilità della Chiesa*, Roma 1960, pp. 342–343).

[10] Ven. Beda, *Commento super Lucam* 22 PL 92,600C.

[11] Cfr. Mt 23,8–10. Nei tredici passi in cui il verbo (*sterizo*) ricorre può avere il senso di irrigidimento fisico (Lc 9,51) o di rafforzamento mentale («i cuori» 1 Tes 3,13; Giac 5,8). Può essere Dio che rafforza (Rom 16,25; colui che vi può fortificare); 2 Tes 2,17 (consoli i vostri cuori e vi raffermi); 1 Pt 5,10 (Iddio vi renderà salvi, vi fortificherà); 2 Tes 2,17 (Gesù Cristo e Iddio… vi confermi…). Può essere anche il *Cristo che rende saldi* (2 Tes 3,3); oppure lo sono *gli Apostoli e gli evangelisti* At 18,23 (*Paolo* conferma i fratelli andando di luogo

Il presunto conferimento del primato 89

5) È poi del tutto fuori contesto l'introdurre qui una missione duratura di Pietro e quindi attribuirgli dei successori in questo compito. Tale funzione è ben delimitata al periodo di crisi nella quale si sarebbero ben presto trovati gli apostoli tutti. Il momento del «vaglio» evoca nel linguaggio profetico l'attimo decisivo in cui sarebbe stato costituito il resto, il nuovo popolo di Dio[12]. È il momento in cui Pietro stesso, non ostante il suo entusiasmo, stava per cadere, ma nel quale sarà salvato dalla preghiera di Gesù. Tale contesto strettamente personale esclude che qui Gesù, parlando a Pietro intenda evocare momenti diversi, anzi intenda riferirsi a tutto il periodo della Chiesa, in cui Pietro sarebbe stato sostituito dal papa. È dal contesto che dobbiamo chiarire il genuino pensiero dell'insegnamento ispirato di Luca.

Di più lo stesso verbo impedisce tale estensione perché vi è usato l'imperativo aoristo e non l'imperativo presente. L'imperativo presente indica la continuazione dell'azione, mentre l'imperativo aoristo puntualizza un'azione limitandola a un dato tempo[13]. Sembra quindi logico restringere l'attività sostenitrice di Pietro al periodo immediatamente successivo alla morte di Cristo, prima della resurrezione del Salvatore o almeno prima della discesa dello Spirito Santo, quando cioè gli apostoli scoraggiati e pavidi si strinsero attorno a Pietro ravveduto[14]. Ciò è pure confermato da Giovanni secondo il quale gli antichi amici e collaboratori di un tempo si radunarono attorno a Pietro che disse loro: «Io vado a pescare». Essi risposero: «Anche noi veniamo con te» (Gv 21,2-3). Dopo l'assunzione di Cristo al cielo è Pietro che facendo eleggere Mattia al posto di Giuda ricostituisce il numero «dodici» che si era perso con l'apostasia del traditore e tiene desta la fiaccola della fede nel ricostituendo regno d'Israele, di cui essi dovevano essere il fondamento (At 1,15-26). Dopo la Pentecoste sarà invece lo Spirito Santo e non Pietro a sorreggere i credenti nei difficili momenti del dolore e dello scoraggiamento[15].

---

in luogo); Rom 1,11 (conferendo un dono spirituale); 1 Tes 3,2 ss (Paolo rafforza con il suo amore); 2 Pt 1,12 (*Pietro* rafforza con l'insegnamento raccolto nella sua lettera); 1 Tes 3,2 (mandammo Timoteo... per confermarvi e confortarvi...). Può anche essere l'angelo della Chiesa di Sardi che rafforza il resto della Chiesa vicino alla morte spirituale (Apoc 3,2), ma può esserlo ogni *cristiano* che deve rafforzare il proprio cuore (Giac 5,8).

[12] Amos 9,8-10; Lc 2,34-35 (profezia di Simone).

[13] Cfr. il *mê àptou* di Gv 20,16 che dovrebbe essere tradotto «non continuare a toccarmi» anziché «non mi toccare», come esigerebbe invece la forma aoristo.

[14] Senza alcun motivo alcuni autori (Refoulé) vedono qui il risultato dell'azione (come in Lc 11,27 '*apóstete*' «allontanatevi da me» aoristo che descrive esattamente il momento dell'allontanamento, mentre Mt 7.23 ha '*apochozèite*' presente «allontanatevi e restate lontani» da me). Ma non vedo come questo caso si possa applicare al presente passo di Luca. Cfr. P. Guendet, *L'impératif dans le texte des évangiles*, Paris, 1924. p. 53.

2. Pasci le mie pecore

Il problema della genuinità o meno del cap. 21 di Giovanni non ha importanza per la nostra questione; anche se non fosse genuino rispecchierebbe pur sempre un dato della tradizione antica. Dalle parole «Noi sappiamo che la sua testimonianza è verace» (v. 24) comprendiamo che lo scrivente, pur distinguendosi dal discepolo, assicura che il materiale trasmesso a lui dallo stesso Giovanni era di grande valore. Se il v 23 provenga da una correzione fatta da Giovanni vecchio alla diceria formulata a suo riguardo o da una apologia da parte dei collettori delle sue memorie dopo la sua morte, non ha la minima importanza per il nostro soggetto[16].

Dopo una notte infruttuosa di pesca sul lago di Tiberiade uno sconosciuto dice agli apostoli di gettare ancora una volta le reti che, miracolosamente, sono ricolme di pesci. Giunti a riva gli apostoli trovano già del pesce arrostito ad opera di Gesù, che tale era appunto lo sconosciuto (Gv 21,14). Dopo aver mangiato assieme, Gesù aprì un colloquio con Pietro usando parole che meritano la nostra più attenta considerazione.

«Simone di Giovanni, mi ami tu più di costoro?[17] Egli rispose : Sì, Signore, tu sai che ti voglio bene. Gesù disse: Pasci i miei agnellini. Gesù disse di nuovo una seconda volta: Simone di Giovanni mi ami tu? Egli rispose: Sì, Signore, tu sai che ti voglio bene. Gesù gli disse: Pastura le mie pecorine.

Ma la terza volta gli chiese: Simone di Giovanni mi vuoi proprio bene? Pietro fu rattristato perché questa terza volta Gesù gli aveva det-

---

[15] Cfr. i passi già citati sopra, riguardanti le varie applicazioni di *stèrizo* (= conferma).
[16] Sul problema dell'autenticità cfr. Moraldi-Lyonnet, *Introduzione alla Bibbia*, vol. IV (Torino 1960), p. 205. Il racconto sembra riallacciarsi alla pesca miracolosa narrata da Luca in 5,1–11, confermando in tal senso l'esistenza di intimi legami, non ancora ben chiariti, fra Luca e Giovanni (cfr. M. E. Boismard, *Le chapitre XXI de St. Jean. Essai de critique littéraire*, in «Revue Biblique» 54, 1947 pp. 473–501). Sui rapporti del cap. 21 con il resto del quarto Vangelo cfr. A. Schlatter, *Der Evangelist Johannes*, Stuttgart 1930 (è dello stesso autore); R. Bultmann, *Das Evangelium Johannes*, Göttingen 15, 1957 (si tratta di un autore diverso). Si cfr. una accurata bibliografia degli autori favorevoli e contrari alla genuinità giovannea in S. Ghiberti, *Missione e primato di Pietro in Giovanni 21*, in *Pietro* «Atti XIX Settimana Biblica», Brescia 1967, p. 175.
[17] Il «Mi ami tu più di costoro» non può essere inteso come una richiesta a Pietro per vedere se egli preferisse Gesù ai pesci o agli altri suoi compagni di pesca. Tutta la vita di Pietro stava a dimostrare che egli era pronto a sacrificare ogni cosa per Gesù; per lui aveva lasciato parenti, barca e moglie (Mc 10,28), per lui aveva vigorosamente nuotato incontro al Maestro abbandonando la stessa barca (Gv 21,7). La domanda si spiega invece se mette a confronto il suo amore con quello che per lo stesso Gesù avevano gli altri apostoli.

Il presunto conferimento del primato

to: Mi vuoi bene? e gli rispose: Signore, tu sai ogni cosa, tu conosci che ti voglio bene. Gesù gli disse: Pasci le mie pecorine...» (Gv 21,15-18).

In seguito Gesù gli profetizzò il futuro martirio, concludendo il suo dire con il comando: «Seguimi!» (v. 19). Pietro, curioso, vedendo Giovanni, chiese che sarebbe avvenuto di lui, ma Gesù gli ribatté di guardare a se stesso: «Se voglio che rimanga finch'io venga, che t'importa? Tu seguimi!» (v. 21).

Questo passo dai moderni teologi cattolici è ritenuto il conferimento del primato all'apostolo Pietro su tutta la Chiesa cristiana[18]. Le parole: «Pasci le pecore, pasci gli agnelli» sono scolpite in greco sull'abside della basilica di S. Pietro in Vaticano. Anche gli esegeti contemporanei, pur essendo meno dogmatici dei precedenti, continuano a vedervi il conferimento, almeno implicito, del primato giurisdizionale di Pietro sulla Chiesa totale[19].

Anche Paolo VI in una allocuzione tenuta il mercoledì in Albis del 1967 così commentò questo episodio:

«L'intenzione del Signore, palese in questo interrogatorio sull'amore di Pietro a Gesù, termina in un'altra e definitiva lezione, insegnamen-

---

[18] Si cfr. Concilio Vaticano I, «Al solo Simone, Gesù, dopo la sua resurrezione, conferì la giurisdizione di sommo pastore e di rettore di tutto il suo ovile, dicendo: "Pasci i miei agnelli, pasci le mie pecore"» (Denzinger-Bannwart, 3053). Simile la dichiarazione della Costituzione Dogmatica *Lumen Gentium* al Concilio Vaticano II, n. 9.19.22.

[19] Si confrontino al riguardo i due commenti che ne fanno il P. Braun e G. Ghiberti, il primo assai più sicuro e il secondo ben più cauto: «Non abbiamo motivo di pensare che gli agnelli raffigurino il popolo fedele e il gregge gli altri apostoli. Il cambiamento di parola indica che Gesù intende qui parlare di tutto il gregge che è affidato a Pietro. Si tratta di una vera delega di autorità su tutta la Chiesa. Tutta la tradizione ha inteso il passo in tal modo e così è pure inteso dal Concilio Vaticano contro i Protestanti. Gesù conferisce al solo Pietro la giurisdizione quale capo supremo di tutto il gregge dicendo: Pasci i miei agnelli, pasci il mio gregge. Molti protestanti non vincolati ad una Chiesa confessionale, riconoscono oggi l'accuratezza di tale interpretazione (Harnak, Heitmüller, Bauer, Bernard)». Così F. M. Braun, *St. Jean*, in «La S. Bible» par L. Pirot, vol. X, Paris 1935, pp. 482-483. Ed ecco la conclusione di G. Ghiberti al suo lungo studio su Giovanni 21: «Di tutte le pecore deve interessarsi Pietro; di tutte ha responsabilità per una guida che dipende dalla sua direzione e dal suo controllo. Di tale atteggiamento di Gesù nessun altro suo discepolo è fatto oggetto mentre l'importanza di Pietro è confermata da contesti apparentati, quelli pasquali, in tutta la narrazione evangelica giovannea e infine in alcuni luoghi privilegiati (Mt 16 e Lc 22). Per questo onestamente ci sembra legittimo e doveroso concludere un discorso moderno muoventesi sui concetti di «primato giurisdizionale», purché sia mantenuto nelle prospettive giovannee descritte, non è affatto sconfessato dalla rivelazione di Gv 21, anzi vi è contenuto in forma equivalente» (G. Ghiberti, *Missione e primato di Pietro secondo Giovanni 21*, in *Pietro* «Atti XIX Settimana Biblica», Brescia 1967, p. 212).

to, comando, investitura insieme: termina al trasferimento dell'amore, che l'apostolo, con umile sicurezza non più smentita, professava per il suo Maestro e Signore, da Gesù al gregge di Gesù. Pasci i miei agnelli, pasci le mie pecore, tre volte disse il Signore all'Apostolo, ormai chiamato suo continuatore, suo vicario nell'ufficio pastorale... Il primato di Pietro, nella guida e nel servizio del popolo cristiano, sarebbe stato un primato pastorale, un primato d'amore. Nell'amore, ormai inestinguibile di Pietro a Cristo sarebbe fondata la natura e la forza della funzione pastorale del primato apostolico. Dall'amore di Cristo e per l'amore ai seguaci di Cristo la potestà di reggere, di ammaestrare, di santificare la Chiesa di Cristo... Una potestà, di cui Pietro lascerà eredi i suoi successori su questa sua cattedra romana, ed a cui egli darà nel sangue la suprema testimonianza»[20].

Dobbiamo quindi saggiare l'esattezza delle affermazioni precedenti con un esame accurato del passo biblico nei suoi punti più importanti[21]. Va anzitutto ricordato che il *pasci*, espresso in greco per amore di varietà con due verbi dal senso identico,[22] non è esclusivo per descrivere l'attività di Pietro, ma è usato anche per altri apostoli e per i vescovi;[23] lo stesso Pietro ammonisce i «presbiteri», a «pascere il gregge di Dio» in cui si trovavano, dei quali anzi si autodefinisce un «compresbitero», avente quindi i medesimi doveri e incarichi, a loro superiore solo per il fatto di poter testimoniare le realtà eristiche da lui vedute. Essi devono quindi pascere il gregge mostrando loro «un esempio» di «vita cristiana» senza voler imporsi con autorità, la quale viene espressamente esclusa dal contesto (1 Pt 5,1–3). Anche Paolo esorta gli «episcopi» di Efeso, convenuti a Mileto, a «pascere la Chiesa di Dio» vigilando contro le infiltrazioni di false dottrine (At 20,28). Come si vede è ben arduo dal verbo «pascere» dedurre una superiorità dell'apostolo su tutta la Chiesa di Dio.

Si può forse insistere di più sul fatto che i due termini «pecorine» e «agnellini» indicano che a lui ed a lui solo è stato affidato tutto il gregge della Chiesa. Penso che le due parole ci costringano a vedere un limite nella missione affidata da Gesù a Pietro. Usualmente oggetto del verbo «pascere»

---

[20] «L'Osservatore Romano», 30 marzo 1967, p. 1.
[21] [20bis] Utile lo studio di G. Ghiberti, *Missione e primato di Pietro secondo Giovanni 21*, in «Pietro», Atti della XIX Settimana Biblica, Brescia 1967, pp. 167–214. Importante per la ricca documentazione bibliografica, utile per alcune idee presentate, scarso per la sintesi personale, insufficiente per le deduzioni teologiche che vuole vedere implicite nel passo giovanneo.
[22] [21] *Bosco* (verbo non comune) e *poimaino*.
[23] [22] *Poimaino* per vescovi, presidenti: At 20,28; 1 Pt 5,2.

sono le «pecore» (*próbata*), il gregge (*poímnion*), la chiesa (*ekklesía*). Ma qui, stranamente, Giovanni adopera due diminutivi, quasi mai usati altrove, che sembrano sottolineare la debolezza delle persone pasciute: «agnellini» (*arníon*) e «pecorine» (*probátia*)[24].

Il gregge evidentemente non è costituito solo da «agnellini» e da «pecorine»; il suo elemento principale è dato dalle pecore. Non voleva forse Gesù suggerire qui a Pietro che, lui, dopo aver esperimentato con il suo rinnegamento la debolezza umana, era il più atto a sorreggere quei cristiani, che per essere le pecorine e gli agnellini del gregge più abbisognano di guida e di aiuto? Non hanno invece bisogno dell'aiuto di Pietro le pecore, già mature e quindi capaci di autoguidarsi. Da tali parole è ben difficile dedurre la superiorità di Pietro su tutta la Chiesa[25].

Ma perché tali parole furono rivolte solo a Pietro e non agli altri apostoli? Non è questo un segno della superiorità sua sugli altri apostoli, del suo rapporto particolarmente intimo con Gesù? Non fu egli costituito con tali parole Pastore al posto di Gesù che stava per essere assunto al cielo? Sono per l'affermativa i cattolici, mentre personalmente, dopo aver ripensato a lungo ritengo che qui Gesù voglia donare il suo perdono a Pietro, che lo aveva rinnegato, e riaffidargli la missione apostolica.

A riparazione del suo triplice rinnegamento Gesù ora richiede una triplice professione di amore. La stessa domanda iniziale con la quale Gesù chiede a Pietro se lo amasse (*agapáo*) in modo superiore a quello degli altri apostoli, è un richiamo psicologicamente discreto alla sua affermazione or-

---

[24] [23] Nel Nuovo Testamento usualmente si trova (*ámnos*) «agnello»; il diminutivo (arnión) si legge solo in Apoc 5,6 dove indica la debolezza dell'agnello sgozzato ma che non ostante, anzi proprio per tale sua debolezza, dopo la conseguente vittoria sulla morte è degno di rompere i sigilli del libro celeste. Il diminutivo «pecorine» (*probátia*) si trova solo qui in Gv 21, mentre usualmente altrove si legge «pecore» (*próbata*) qualche codice anche qui, data la stranezza della lezione, vi ha sostituito (*próbata*). Forse qui vi è una tinta polemica di Giovanni contro quei cristiani che pretendevano difendere il primato di Pietro su tutti gli altri apostoli (corrente petrina). Cfr. capitolo quinto.

[25] [24] Né vale insistere sul numero 153 dei pesci catturati per vedervi designata la missione universale di Pietro a tutti uomini; anche se tale ipotesi fosse provata riguarderebbe tutti gli apostoli che hanno pescato tali pesci e non solo Pietro. Fu Girolamo a dare il valore di «umanità» intera ai 153 pesci, poggiando sul fatto che, secondo gli antichi 153 sarebbero state le varietà dei pesci. (In Ez 47,12; PL 25,474); tuttavia il testo attuale di *Alieutiká* di Oppiano non ha tale numero, che del resto non doveva essere troppo noto ai lettori di Giovanni. Su questo numero cfr. J. A. Emerton, *The Hundred and Fifty-Three Fishes in John XXI,11*, in «Journal of Theological Studies» 9 (1958), pp. 86–89; P . R. Ackroyd, *The 153 Fishes in John XXI,11. A Further Note*, in «Journal of Theological Studies» 10 (1959), p. 94; H. Kruse, *Magni pisces centum quinquaginta très (Jo 21,11)*, in «Verbum Domini» 38 (1960), pp. 129–141. Dobbiamo riconoscere che il simbolismo di tale numero, se vi esiste, sfugge tuttora alla nostra indagine.

gogliosa di volerlo seguire anche fino alla morte se necessario; tutti gli altri apostoli potranno pure scandalizzarsi di Gesù ma Pietro mai (Mc 14,29; Lc 27,33). A una domanda così discreta, ma così pertinente per la sua connessione con la tragica colpa, in cui solo Pietro era caduto a differenza degli altri apostoli, egli non ha più il coraggio di ripetere la sua precedente boriosa affermazione di sicurezza tronfia; non ha anzi nemmeno il coraggio di dire «t'amo» (*agapáo*), ma lo sostituisce con *filéo*, un verbo meno impegnativo, che si potrebbe tradurre con il nostro «ti voglio bene»[26].

Gesù allora ripete la sua domanda lasciando cadere il confronto con gli altri apostoli, e Pietro risponde al medesimo modo di prima. Ma Gesù riprendendo il verbo stesso di Pietro gli chiede: «Ma davvero mi vuoi proprio bene?» Allora Pietro — questa terza volta[27] — al sentirsi mettere in dubbio il suo stesso affetto per Gesù, si rattristò e umilmente gli rispose: «Tu ben sai che davvero ti voglio bene, che ho dell'affetto per te»[28].

So che di recente alcuni hanno cercato di negare che la triplice domanda e la triplice missione affidata a Pietro, sia un richiamo al rinnegamento petrino. P. Gaechter ha voluto riferire questa ripetizione a motivi d'indole giuridica per sottolineare un caso particolarmente importante e solenne[29]. Tale suggerimento fu accolto e confermato con testi rabbinici da parte di E. Zolli[30].

Se la triplicità di un'affermazione può talora sottolineare la solennità di un compito affidato ad alcuni, qui mi pare del tutto fuori posto, se analizziamo la domanda di Gesù: «Mi ami? Mi vuoi proprio bene?» e la tristezza che Pietro ne provò. Egli comprese che qui non si trattava di esaltazione, bensì di saggiare la realtà del suo sentimento affettuoso verso il Maestro.

---

[26] [25] Non più *agapáo* ma *filéo*. Benché la maggioranza degli esegeti rifiuti di vedere una diversa sfumatura nell'uso di questi verbi che si scambierebbero tra loro, altri autori più saggiamente vedono nel contesto delle sfumature particolari. (Così C. Spicq, F. Refoulé, O. Glombitza, *Petrus - der Freund Jesu. Überlegung zu Joh. 21,15*, in «Novum Testamentum» 6 (1963), p. 279; B. Cassian, *St. Pierre et l'Eglise dans te Nouveau Testament*, in «Istina» 1955, p. 328). *Agapáo* sembra designare un amore più profondo, cristiano sorretto da motivi supernaturali (se ne confronti l'elogio in 1 Cor 13), mentre il *filéo* indica un amore più umano, più sentimentale, più sensibile.

[27] [26] Si noti il *tó tríton* con l'articolo; mentre precedentemente vi era *déuteron* senza articolo «una seconda volta»; si tratta quindi di una terza domanda diversa dalle precedenti, che rattrista Pietro.

[28] [27] Già Origene aveva notato che la causa della tristezza di Pietro derivava proprio dall'uso di questo verbo (*filéo*) («mi sei affezionato»). Cfr. *Commento ai Proverbi* 8,17 PG 17,184CD.

[29] [28] Gaechter, *Das dreifache «Weide meine Lämmer»*, in «Zeitschrift für katholische Theologie» 69 (1947), pp. 328–344 (pp. 337–340).

[30] [29] E. Zolli, *La Confessione e il dramma di Pietro*, Roma 1964, p. 49. Egli adduce a comprova Gen 31,47.51.52; Mt 18,15; At 10,16; Lc 23,14.20; e i trattati mihnici *Rash ah-shanah* 2,7; *Jebamot* 12,6.

Idee preconcette e dogmatiche fanno talora fuorviare dal retto e semplice senso del passo biblico.

Che poi Gesù intendesse ridonare la missione apostolica a Pietro si può capire meglio se si pensa al detto di Cristo: «Chiunque mi rinnegherà dinanzi agli uomini, anch'io lo rinnegherò dinanzi al Padre mio che è nei cieli» (Mt 10,33). Ma ora, dopo la sua protesta d'affetto, Pietro è ancora ritenuto degno di annunciare l'amore divino a tutti coloro che come lui potranno cadere e aver bisogno di fiducia e di conforto. Che questo sia vero si può dedurre da due motivi: primo il fatto che Giovanni segue nella descrizione lo schema della chiamata all'apostolato e dal verbo conclusivo che vi aggiunge.

È utile per questo confrontare la chiamata di Pietro all'apostolato secondo Luca (5,1–11) con la presente narrazione (Gv 21,1–19):

Lc 5,1–11	*Gv 21,1–19*
lago di Gennezareth (v. 1)	lago di Tiberiade (v. 1)
pesca infruttuosa di notte	pesca infruttuosa di notte
gettate le reti (v. 4)	gettate le reti (v. 6)
pesca miracolosa	pesca miracolosa
Pietro confessa il kurios (Signore)	È il *kurios* (Signore)
Si riconosce peccatore (v. 11)	si riconosce nudo[31]
	pasto (v. 9–13), «pasci»
lo seguirono	«Seguimi»

Come si vede le due narrazioni corrono parallele e tale fatto si spiega oltre che ad un influsso di Luca nella redazione definitiva del Vangelo di Giovanni, anche al fatto che qui si trattava di una nuova chiamata di Pietro all'apostolato, nel quale Simone doveva essere reintegrato dato il suo precedente rinnegamento[32].

Tale impressione è confermata pure dal duplice comando di Gesù rivolto a Pietro e che costituisce come il vertice a cui il racconto tende: «Tu seguimi!» (v. 19.22). È una parola che Gesù ripetutamente ha usato quando volle chiamare qualcuno all'apostolato[33]. Segno quindi che con le sue parole il Risorto voleva ridonare la missione apostolica a Pietro.

---

[31] [30] *Nudo* (v. 8) vale a dire peccatore (cfr. Apoc 3,17–18; 16,15) anche in Filone, *Legum allegoriae* 11,60 l'essere nudo indica la perdita della virtù da Adamo.

[32] [31] Per tale parallelismo cfr. J. Schniewind, *Die Parallelperikopen bei Lukas und Johannes*, Darmstadt 1958, pp. 11–16.

[33] [32] È detto all'ignoto che voleva seppellire il padre (Mt 8,22); a Matteo (Mt 9,9), al vero credente pronto a morire per Gesù (Mt 10,38), al giovane ricco (Mt 19,21), a Filippo (Gv 1,43), ai discepoli in genere (Gv 12,26; Mt 19,28).

Questa interpretazione è presentata pure da alcuni padri della Chiesa tra cui Cirillo Alessandrino.

Se qualcuno chiede perché mai Egli si rivolse solo a Simone, pur essendo presenti gli altri apostoli, e cosa significhi: Pasci i miei agnelli, e simili, rispondiamo che san Pietro con gli altri discepoli, era già stato scelto all'Apostolato, ma poiché Pietro era frattanto caduto (sotto l'effetto di una grande paura aveva infatti rinnegato per tre volte il Signore), Gesù adesso sana colui che era un malato, ed esige una triplice confessione in sostituzione del triplice rinnegamento, compensando questo con quella, l'errore con la correzione. E ancora: Con la triplice confessione Pietro cancella il peccato contratto con il triplice rinnegamento. La risposta di nostro Signore: Pasci i miei agnelli, è considerata un rinnovamento della missione apostolica già in precedenza conferita; rinnovamento che assolve la vergogna del peccato e cancella la perplessità della sua infermità umana[34].

Sembra che null'altro voglia dire il passo di Giovanni, che riceve così una interpretazione semplice e priva di implicazioni misteriose.

Le parole di Gesù, che costituiscono un dialogo quanto mai personale, escludono qualsiasi *idea di successione*. La triplice richiesta ricorda il triplice rinnegamento; la conclusione ricorda a Simone la necessità di seguire il Signore come un apostolo fedele. Ora a Pietro che non poggia più su di sé, ma sulla potenza divina, Gesù assicura il futuro martirio;[35] alla sua curiosità di sapere che cosa sarebbe avvenuto di Giovanni, il Signore nuovamente gli comanda «Tu seguimi! che t'importa di lui?» (v. 22).

In tale contesto la visuale del Maestro non si porta ad eventuali successori, ma a ciò che il discepolo farà sino alla sua morte[36].

---

[34] [33] Cirillo d'Alessandria, *In Joannes Evangelium*, XII, PG 74,749 A e 752 A.

[35] [34] Anche questo è in opposizione a Lc 22,33: quando Pietro orgogliosamente si dichiara disposto ad andare alla morte per Cristo, lo rinnega tre volte; quando con umiltà confessa di «voler bene» al Cristo, è pronto a subire la morte (Gv 21,18). Per la glorificazione con la morte in riferimento a Cristo cfr. Gv 13,31; 17,1.

[36] [35] F. Refoulé, *Primauté de Pierre dans les Evangiles*, in «Revue de Sciences Religieuses» 38 (1964), pp. 1–41 (p. 40). Anche questo studioso, pur pretendendo di ritrovare qui l'esaltazione del primato di Pietro, è costretto a riconoscere che: «dans ce chapitre 21, certains traits (allusions au reniement, martyre) ne peuvent s'appliquer que à Pierre. Le discernement entre ce qui a valeur exemplaire et ce qui a valeur individuelle est délicat».

5

L'APOSTOLO DELLA CHIESA NASCENTE

1. Il «primato» d'onore

Il Libro degli Atti – armonizzato con le lettere apostoliche – anche per il periodo della Chiesa nascente conferma il «primato» onorifico di Pietro e l'importanza ch'egli godette tra i primi convertiti. Ogni volta che si trattava di prendere una iniziativa Pietro era sempre in prima linea: fu Pietro a consigliare la nomina di un apostolo che sostituisse Giuda e ricostruisse in tal modo il numero dei «Dodici», tenendo così viva la sicurezza che i primi cristiani, non ostante il loro esiguo numero di centoventi, costituivano il nuovo popolo di Dio, il vero Israele messianico (At 1,15–18). Primo nella predicazione, il giorno di Pentecoste, annunciò ai Giudei che il crocifisso Gesù era stato proclamato mediante la sua resurrezione il Signore e il Cristo, vale a dire l'Unto di Dio (At 2,14). Ripieno di Spirito Santo annunziò con franchezza la buona nuova del Cristo al Sinedrio, rispondendo ai giudici, che gli imponevano di tacere: «Bisogna ubbidire a Dio, anziché agli uomini» (At 4,8; 5,29).

Pietro fu primo anche nei miracoli: alla porta Bella del Tempio di Gerusalemme con il semplice comando: «Nel nome di Gesù alzati e cammina», donò la guarigione al paralitico ivi rannicchiato, prendendo lo spunto per annunziare che solo in Gesù v'è salvezza per gli uomini (At 3,7; 4,12). Con la potenza dello Spirito punì di morte Anania e Safira che, fingendo di appartenere al gruppo dei perfetti resisi poveri a favore della comunità dei credenti, di fatto si erano riservati una discreta somma di denaro[1]. La sua

---

[1] At 5,1–11 cfr. P. H. Menoud, *La mort d'Ananias et de Saphira (Actes 5,1–11)*, in «Aux Sources de la Tradition Chrétienne», Mélanges Goguel, Neuchâtel 1950, pp. 146 s.; J. Schmitt, *Les Manuscrites de la Mer Morte*, Colloque de Strasbourg 1957, pp. 93 ss. vi tro-

stessa ombra – secondo la fede popolare dei primi cristiani – aveva potere taumaturgico e curava ogni ammalato su cui si posava (At 5,15). Quando fu imprigionato tutta la Chiesa pregò per lui e ne ottenne la miracolosa liberazione (At 12,5–10.17).

Le principali tappe della evangelizzazione cristiana, in accordo con la profezia di Gesù (Mt 16,18 s), furono appunto segnate dall'attività di Pietro. Con il suo discorso a Gerusalemme il giorno della Pentecoste diede inizio alla Chiesa giudeo-cristiana, fissando una volta per sempre la via con cui entrare in essa: vale a dire fede, ravvedimento e immersione battesimale (At 2,27 ss). Così egli aprì ai Giudei ravveduti la porta della Chiesa, che costituisce il nuovo Israele, il nuovo popolo di Dio.

Quando l'Evangelo si sparse a Samaria, in mezzo a gente semigiudea e semipagana, Pietro fu inviato assieme a Giovanni per vedere come stessero le cose. Ma la sua figura giganteggia su quella del collega – tant'è vero che alcuni pensano che il nome di Giovanni sia un'aggiunta posteriore dei suoi discepoli –: egli infatti agisce da solo, parla, attua prodigi, rimprovera Simone il mago, come se non vi fosse alcun altro, e con la imposizione delle mani dona lo Spirito Santo, mostrando così che anche quella gente apparteneva al gruppo delle pecore smarrite che Dio era venuto a ricercare in Cristo (At 8).

Pietro fu pure prescelto da Dio per accogliere i Gentili, raffigurati dall'incirconciso Cornelio: dopo un sogno premonitore, egli si recò in casa di questo pagano, e mentre lui parlava del Cristo salvatore al gruppo quivi riunito, ecco che l'improvvisa discesa dello Spirito Santo in forma miracolosa e taumaturgica, così come era avvenuto il giorno di Pentecoste, gli fece capire che pure i Gentili dovevano essere accolti nella Chiesa con il battesimo senza la circoncisione (At 10). In tal modo egli per volere divino aboliva la circoncisione facendo un unico popolo di Dio in cui venivano abolite per sempre le barriere tra Gentili e Giudei.

Più tardi Pietro visse per un po' di tempo in Antiochia suscitando le critiche paoline per il suo comportamento verso i cristiani del gentilesimo dai quali si separò per timore dei cristiani giudaizzanti dipendenti da Giacomo[2]. La sua fama arrivò pure a Corinto dove viveva un partito a lui ri-

---

va un raffronto con i «perfetti» degli Esseni; non si deve tuttavia premere eccessivamente sulla equivalenza tra Esseni e Cristiani.

[2] Gal 2,11. La Chiesa d'Antiochia fu fondata da coloro che erano stati dispersi dalla persecuzione di Gerusalemme (At 9,15) e conseguentemente è erronea la tradizione testimoniata da Origene (*In Lucam Homiliae* VI PG 13,1815A), Eusebio (*Historia Ecclesiastica* 3,36,2 PG 20,288B); Crisostomo (*Homelia* 4, PG 50,591) e Girolamo (*De viris illustribus* 1 PG 23,637B) che ne attribuiscono a Pietro la fondazione. Se ne confronti la confutazione da parte di K. Katzenmayer, *Die Beziehungen des Petrus zur Urkirche von Jerusalem und An-*

collegato, che si rifaceva al suo insegnamento e alla sua autorità (1 Cor 1,12). Il fatto si spiegherebbe meglio supponendo che l'apostolo si sia recato personalmente nella capitale dell'Acaia per curarvi il gruppo giudaizzante[3]. In questi suoi viaggi missionari egli conduceva seco anche la propria moglie (1 Cor 9,5). Per il prestigio goduto da Pietro, lo stesso Paolo andò a Gerusalemme per incontrarlo e rimase con lui una quindicina di giorni[4].

Si trattava di prestigio personale o invece di vero primato giurisdizionale, proprio di un capo? Importanti al riguardo sono alcune testimonianze paoline e l'affermarsi di Giacomo, i cui discepoli giunsero in seguito persino a farne il capo della Chiesa.

Va anzitutto sottolineata l'indipendenza della predicazione dell'apostolo Paolo che attribuisce il suo messaggio a diretta rivelazione divina, sottolineando che al riguardo non si era consigliato con alcun uomo, nemmeno con gli apostoli che erano stati prima di lui a Gerusalemme (Gal 1,11–16 s). Egli afferma chiaramente che le cosiddette «colonne» della Chiesa, ammesse dai cristiani, in realtà sono inesistenti, poiché presso Dio «non vi sono riguardi personali»[5]. Tra lui e Pietro l'unica diversità non consisteva

---

tiochien in «Internationale Kirkliche Zeitschrift» 1945, pp. 116 ss.

[3] 1 Cor 9,5. Dionigi di Corinto (ca 170 d. C.) affermò che Pietro e Paolo fondarono la Chiesa di Corinto e vi insegnarono assieme: «Voi avete unito Roma a Corinto, questi due alberi che sono stati piantati da Pietro e da Paolo. Nel medesimo modo l'uno e l'altro hanno fondato la Chiesa della nostra Corinto, ci hanno istruiti nel medesimo modo e dopo aver insegnato assieme in Italia, subirono contemporaneamente il martirio» (Eusebio, *Historia Ecclesiastica* 11,25,8). Tale asserzione non è attendibile perché contrariamente alla chiara testimonianza degli Atti (e. 18), che attribuisce a Paolo la fondazione della Chiesa di Corinto, la riferisce a entrambi gli apostoli. A favore dell'andata di Pietro a Corinto: cfr. E. Meyer, *Ursprung und Anfänge des Christentums*, t. III, pp. 498 ss.; H. Lietzmann, *Die Reise des Petrus*, in «Sitzungsberichte des Berliner Akademie der Wissenschaften», Berlin 1930, pp. 153 ss. H. Katzenmayer, *War Petrus in Korinth?*, in «Internationale Kirkliche Zeitschrift» 1943, pp. 20 ss. Contro tali idee cfr. M. Goguel, *L'apôtre Pierre a-t-il joué un rôle personnel dans les crises de Grèce et de Galatie?*, in «Revue d'Histoire et de Philosophie Religieuse», pp. 461 ss.; *idem*, *La naissance du christianisme*, Neuchâtel 1946, pp. 335 ss.

[4] Gal 1,18. È inutile insistere sul verbo *istorêsai* per dedurne che Pietro era il capo della Chiesa; il verbo indica solo che Paolo volle fare «conoscenza personale» di Pietro, la persona più rappresentativa della Chiesa nascente. Anche la moglie di Lot si volse a guardare (*istorêsai*) per conoscere e verificare personalmente ciò che sarebbe accaduto a Sodoma (Flavio Giuseppe, *Antichità giudaiche* 1,11,4). Su l'esatto valore di *istorêsai kefán* cfr. G. D. Kilpatrik, *Galatians 1,18 istorêsai kefán*, in «New Testament Essays. Studies in Memory of T. W. Manson», Manchester 1959, pp. 114–119; W. D. Davies, *The Setting of the Sermon on the Mount*, Cambridge 1964. pp. 453–455.

[5] Gal 2,5.6; quelli che sono «*ritenuti* colonne» erano Giacomo, Cefa (= Pietro) e Giovanni (si noti il Giacomo prima di Cefa, e il «ritenuti» non «sono»). La gente pensa così, ma cosi non la pensava Paolo: «Quali già siano a me non importa. Dio non ha riguardi perso-

nel fatto che questi era capo della Chiesa mentre Paolo non lo era, bensì nel semplice dato che a Pietro era stata affidata l'evangelizzazione dei circoncisi, ossia dei Giudei, mentre a lui, Paolo, quella degli incirconcisi, vale a dire dei Gentili (Gal 2,9). Paolo non ebbe alcun timore ad opporsi risolutamente a Pietro quando lo vide scostarsi dalla verità del Vangelo, in una violenta diatriba che ha fatto immaginare a qualche padre la presenza di un altro Cefa, diverso dall'apostolo Pietro[6].

Quando a Corinto sorse un partito che si rifaceva a Cefa (= Pietro), Paolo non affermò che occorreva essere di Pietro per appartenere al Cristo, essendone Pietro il suo vicario, ma scrisse in tono vibrante che occorreva essere di Cristo perché solo il Cristo era morto per gli uomini e perché il battesimo veniva compiuto nel nome di Cristo e non nel nome di un qualsiasi altro uomo (1 Cor 1,13). Di più nella medesima lettera afferma che gli apostoli, Pietro compreso, sono dei semplici servitori, per cui gli apostoli appartengono ai cristiani e non i cristiani agli apostoli; i cristiani appartengono a Cristo e per mezzo di Cristo a Dio.

> Nessuno dunque si glori degli uomini, perché ogni cosa è vostra, e Paolo, e Apollo e Cefa e il mondo... tutto è vostro; e voi siete di Cristo e Cristo è di Dio (1 Cor 3,21 s).

Paolo non immagina nemmeno che sia possibile dire che occorra essere di Pietro per poter appartenere a Cristo!

Anche secondo il libro degli Atti, Pietro agì collegialmente con gli altri apostoli, senza avere affatto autorità su di loro, tant'è vero che fu il collegio apostolico ad inviare in Samaria Pietro e Giovanni per studiarvi la situazione (At 8,14).

L'esame dei testi biblici, criticamente analizzati, ci impedisce di vedere in Pietro il capo degli apostoli, non ostante il suo primato indiscusso. Gli ortodossi direbbero che Pietro godette di un primato d'onore, ma non di giurisdizione. È la conclusione a cui giunge anche il cattolico J. Dupont nell'esame dei primi due capitoli della lettera ai Galati:

---

nali» (v. 6). Come avrebbe potuto Paolo pronunziare tali parole, se Pietro fosse stato proclamato da Cristo capo della Chiesa e suo vicario?

[6] Clemente Alessandrino ne fa un discepolo di Pietro: «Clemente nel libro quinto delle sue *Ipotiposi*, riferisce che quel Cefa di cui Paolo dice: "Quando Cefa venne ad Antiochia, mi opposi a lui a fronte aperta, era uno dei settanta discepoli, omonimo dell'apostolo Pietro"» (cfr. Eusebio. *Historia Ecclesiastica* 1,12,2).

Paolo parte dal presupposto indiscutibile della missione apostolica di Pietro, e s'attarda a dimostrare che la sua propria missione ne fa di lui l'uguale a Pietro (fait de lui l'égal de Pierre). Nel quadro di questa argomentazione, non fa meraviglia il vedere che Paolo parla della sua investitura apostolica in termini che richiamano la scena evangelica dell'investitura di Pietro. Da Gal 1,12 egli afferma di non aver ricevuto o appreso l'evangelo da un uomo, ma di averlo avuto per rivelazione di Gesù Cristo[7].

2. Giacomo, il fratello del Signore

Nel libro degli Atti assistiamo pure al progressivo affermarsi di «Giacomo, il fratello del Signore». All'inizio, durante la missione di Pietro e Giovanni in Samaria, Giacomo è ancora nell'ombra, in quanto è il collegio degli apostoli ad agire. Ma Giacomo, in quanto fratello di Gesù e in quanto aveva goduto di una speciale visione del Risorto, al tempo della prigionia di Pietro a Gerusalemme godeva già di una notevole rinomanza, tant'è vero che l'apostolo Simone vuole che la sua miracolosa liberazione sia resa nota a Giacomo e ai fratelli[8]. Attorno a lui che ormai agisce come capo indiscusso della Chiesa di Gerusalemme, si raccolgono tutti i credenti (e non solo i giudeo-cristiani) tant'è vero che anche i Gentili convertiti inviano alla Chiesa madre di Gerusalemme l'obolo della loro riconoscenza[9]. Nell'ultimo viaggio di Paolo a Gerusalemme, l'apostolo fu ospitato da Giacomo, che l'accolse assieme ai presbiteri, radunatisi presso di lui (At 21,28).

Nel cosiddetto Concilio di Gerusalemme, Giacomo prese autoritativamente la decisione finale che fu accolta tosto all'unanimità e comunicata per lettera ai Gentili[10]. Paolo scrivendo ai Galati in armonia con la posizione tenuta allora da Giacomo, prepone questo nome a quello stesso di Cefa: «Giacomo, Cefa e Giovanni che sono reputati colonne»[11].

---

[7] J. Dupont, *La révélation du Fils de Dieu en faveur de Pierre (Mt 16,17) et de Paul (Gal 1,16)*, in «Recherches de Science Religieuse» 52 (1964), pp. 411–420 (la citazione è p. 420). Paolo dipende da una fonte orale che conosceva il *loghion* su Pietro (così J. Chapman, *St. Paul and the Revelation to St. Peter-Math XVI,17*, in «Revue Bénédictine» 20, 1912, pp. 133–147). Secondo altri, meno bene, Matteo dipenderebbe invece da Paolo (cfr. A. M. Denis, *L'investiture de la fonction apostolique par «apocalypse»*, in «Revue Biblique» 64 (1957), pp. 335–362, 492–515; F. Refoulé, *Primauté de Pierre dans les évangiles*, in «Revue des Sciences Religieuses» 38 (1964).

[8] 1 Cor 15,7; At 12,12.

[9] Rom 15,26; 1 Cor 16,1 s; 2 Cor 8,20.

[10] At 15,13 s. Tutti tacquero e Giacomo prese a dire... «Io decido».

[11] Gal 2,9–12. È ridicolo supporre, come fa lo Haenchen, che questa successione sia

In quell'assemblea Pietro si limitò a perorare la sua causa documentando come Dio avesse riversato lo Spirito Santo anche sui Gentili; dopo di lui parlarono pure Paolo e Barnaba; ma la decisione fu data da Giacomo:

«Perciò io decido (*krìno*) che non si dia molestia ai Gentili che si convertono a Dio; ma che si scriva loro di astenersi dagli idolotiti, dalla fornicazione, dalle carni soffocate e dal sangue» (At 15,19).

Che il verbo «decido» (*krìno*) sia un verbo forense implicante una decisione autoritaria appare dal suo uso nelle sentenze del tribunale. Si usa per Pilato che decide di condannare il Cristo (At 3,13), per il tribunale di Cesare che deve giudicare Paolo (At 25,10), per affermare che Paolo era stato chiamato in giudizio a motivo della sua speranza (At 26,6), per i Dodici che sederanno su dei troni a giudicare le dodici tribù d'Israele (Lc 22,30). Non v'è motivo di dare al verbo, qui usato in un contesto di decisione autoritativa, il valore smorzato di opinione personale[12].

---

dovuta al fatto che Paolo voleva evitare la successione Giacomo e Giovanni, per impedire che i lettori li confondessero con i figli di Zebedeo. I cristiani di quel tempo sapevano che Giacomo il Zebedeo era già morto e sapevano pure che qui Paolo intendeva parlare di Giacomo il fratello del Signore, a cui aveva poco prima accennato in questa medesima lettera (Gal 1,19). Cfr. E. Haenchen, *Petrus-Probleme*, in «New Testament Studies» 7 (1960–1961), pp. 187–197.

[12] Non intendo discutere qui il rapporto di At 15 con Gal 2. Personalmente penso che si tratti del medesimo evento esposto da angoli visivi diversi. In At 15 si decreta l'astensione da parte dei Gentili dagli idolotiti, dalla fornicazione, dalla carne soffocata, dal sangue (At 15,20s.). Paolo – che in genere è alquanto contrario a tali limitazioni – tralascia il decreto, per insistere maggiormente sulla non obbligatorietà della circoncisione. Il «non m'imposero nulla» di Gal 2,6 non contraddice al decreto di At 15,20, perché Paolo vuol solo dire che non vi furono altre «imposizioni» per «lui» oltre al semplice battesimo, nemmeno la circoncisione. Al più (con il Cullmann) da At 21,25 si potrebbe dedurre che il decreto, ed esso solo, sia stato imposto posteriormente e da Luca arbitrariamente spostato per connetterlo, data l'affinità d'argomento, con la assemblea di Gerusalemme. Ma anche questo non è necessario in quanto troppo concatenato con il concilio. Da At 21 non risulta che Paolo abbia conosciuto il decreto solo nel suo ultimo arrivo a Gerusalemme; Giacomo può semplicemente averglielo richiamato. La libertà cristiana raggiunse a gradi la sua maturità più completa:
a) dapprima vigeva per tutti l'obbligo della circoncisione prima di venire battezzati;
b) poi se ne esonerarono i Gentili (così Pietro secondo At 10);
c) in seguito si sostenne la non obbligatorietà della legge mosaica, ad eccezione delle quattro limitazioni (At 15);
d) poi si concesse la libertà di seguire o no tali limitazioni, riguardanti il cibo e le feste (idolotiti 1 Cor 8,1–13.23–33; Rom 14,13–23);
e) da ultimo Paolo ordinò di opporsi alle limitazioni dei cibi (Col. 2,16–21; 1 Tim 4,1–5).

Su questi problemi cfr. per una orientazione E. Haenchen, *Die Apostelgeschichte*, 1959, pp.

Appunto dalla preminenza di Giacomo in seno all'assemblea di Gerusalemme, il Cullmann deduce l'abdicazione di Pietro dalla sua dignità di capo in favore di Giacomo il che logicamente è negato dai cattolici. Mi sembra che il problema sia impostato male; Pietro all'inizio della Chiesa non aveva una vera funzione di capo, ma si imponeva agli altri apostoli per il prestigio della sua natura esuberante. Giacomo, fratello del Signore e zelante giudeo stimato anche da tutti gli Ebrei, andò gradatamente acquistandosi importanza sempre maggiore dando così inizio alla sua esaltazione da parte dei giudeo-cristiani, sino a farne il capo della stessa Chiesa[13].

---

396 ss.; J. Dupont, *Les problèmes du livre des Actes d'après les travaux récents*, 1950, pp. 51 ss.; W. G. Kuemmel, *Theologische Rundschau* 1942, pp. 81 ss.; 1948, pp. 3 ss.; 1950, pp. 1 ss.; H. Schlier, *Der Brief an die Galater* 1949, pp. 66 ss.; M. Dibelius, *Das Apostelkonzil*, in «Theologische Literaturzeitung» 1947, pp. 193 ss.; S. Giet, *L'Assemblée apostolique et le décret de Jérusalem. Qui était Simeon?*, in «Recherches de Science Religieuse» 39 (1951; Mélanges Lebreton), pp. 203-220 (lo identifica con un altro Simone; il decreto è posteriore al concilio).

[13] Su questo partito sorto ben presto nella Chiesa, si confronti il capitolo riguardante la valutazione di Pietro nei primi secoli della Chiesa. Per il pensiero di O. Cullmann si legga la sua opera *Pietro* (in «Il Primato di Pietro», Bologna, Il Mulino 1965, p. 63).

6

PIETRO SCRITTORE

Mi soffermo dapprima su alcuni libri falsamente attribuiti a Pietro e che, pur essendo stati condannati nel decreto detto pseudo-Gelasiano, godettero buona fama in passato.

1. LIBRI APOCRIFI[1]

a) *Vangelo di Pietro.* – Già noto ad alcuni scrittori ecclesiastici del II secolo[2], ne fu scoperto da Bouriant un brano ad Akhmin, l'antica Panopolis dell'alto Egitto, su di una pergamena frammentaria risalente ai secoli VII–XII d.C[3]. In essa Pietro parla in prima persona come appare dalla conclu-

---

[1] Sono: *Il Vangelo* e gli *Atti di Pietro*. Girolamo vi aggiunge *La Predicazione* e l'*Apocalisse* (*De viris illustribus*, 1 PL 23,639). L'Apocalisse ebbe una discreta diffusione e nel II secolo era accettata da alcuni come ispirata (cfr. Frammento Muratoriano, in *Enchiridium Biblicum* 7). Non mi soffermo a ricordare *L'Evangile de la jeunesse de Notre Seigneur Jésus Christ*, edito a Parigi nel 1894 da Catulle Mendés che traduce in francese il testo latino (edito per la prima volta) e che egli dice provenire dalla Abbazia di S. Volfango in Salzkammergut; si tratta di una amalgama dei vari vangeli dell'infanzia, creata forse dallo stesso Mendes.

[2] Il *Vangelo di Pietro* è ricordato nella *Lettera a Serapione* vescovo di Antiochia (ca. 190) riportata da Eusebio (*Historia Ecclesiastica* 6,12,3–6); vi si legge che Serapione, avendo trovato che tale Vangelo si leggeva nella chiesa di Rossos (città siriaca sul golfo di Isso), sulle prime acconsentì alla sua lettura («Il rifiutarlo potrebbe sembrare pusillanimità: si legga pure»). Poi procuratosi tale Vangelo trovò che «molte sue idee erano conformi all'insegnamento verace del Salvatore, ma che altre contrastavano con esse» ed erano in accordo con le idee dei Doceti i quali attribuivano a Cristo un'umanità solo apparente (da *dokèo* = sembrare, apparire). Origene verso il 246 lo nomina e dice che, secondo tale scritto, i fratelli di Gesù «erano i figli che Giuseppe ebbe dalla sua prima moglie» (*Commentum in Matthaeum* 10,17); secondo Teodoreto, la sua affermazione è discutibile potendo forse riferirsi al Vangelo secondo gli Ebrei, che sarebbe stato usato dai Nazarei (*Haerelicorum fabulae compendium* 2,2 PL 83,389).

sione: «Ma io, Simone Pietro, e *mio* fratello Andrea, prese le nostre reti *ce* ne andammo al mare. Ed era con noi, Levi, figliuolo di Alfeo, che il Signore...»[4]. La sua composizione deve risalire al 150 circa, certamente prima della morte di Giustino (+ ca. 165) che lo cita quando scrive che i Giudei facendo sedere il Cristo su un trono gli dicono: «Giudicaci!»[5]. Tale episodio ci richiama il *Vangelo di Pietro* 3,7: «E lo rivestirono di porpora e lo misero a sedere su un seggio di giudizio, dicendo: *Giudica* giustamente, re d'Israele»[6].

Ecco il contenuto del breve frammento: «Pilato si lava le mani, mentre i Giudei ed Erode si rifiutano di fare altrettanto[7]. Segue il racconto della crocifissione del Salvatore: le tenebre diventano così dense che gli Ebrei pensano che sia già venuta la notte e sono costretti a circolare con lanterne. Il Cristo che sino a quel momento aveva taciuto, «come se non soffrisse affatto» (4,10), grida: «Mia forza (*dùnamis*), mia forza, tu m'hai abbandonato!». E detto così fu pigliato su (in cielo)[8]. Il docetismo, qui insinuato, era così larvato da sfuggire a quei molti che fecero largo uso del Vangelo.

Dove esso più si scosta dai racconti sinottici è nell'episodio della resurrezione (presentata come l'ascensione di Gesù), che qui riporto e che dà libero sfogo alla fantasia:

8,[28]. Intanto, radunatisi insieme gli scribi ed i Farisei e gli anziani al sentire che tutto il popolo mormorava e si picchiava il petto dicendo: «Se così gran prodigi sono avvenuti alla sua morte, vedete quant'egli fosse giusto!»[29] s'impaurirono e andarono da Pilato pregandolo e dicendo: «Dacci de' soldati, che custodiscano il suo sepolcro per tre giorni *che non vengano i suoi discepoli a rubarlo*, e il popolo pensi che è risuscitato dai morti (cfr. Mt 27,6s) e ci facciano del male».[31] E Pi-

---

[3] Il testo fu edito da Bouriant, *Les Mémoires publiées par les membres de la Mission archéologique française au Caire*, 9, 1892, pp. 91 s.; facsimile. *Ivi* 1893, fasc. 3 (*Reproduction en héliogravure des ms. d'Hénoch et des écrits attribuée à St. Pierre avec introduction de M. A. Lods*; cfr. pure M. A. Lods, *L'Evangile et l'Apocalypse de Pierre publiés pour la première fois*, Paris 1893; G. B. Semeria, *L'Evangile de Pierre*, in «Revue Biblique» 1894, pp. 522–560; A. Bonaccorsi, *Vangeli apocrifi* I, Firenze, Fiorentina 1948, pp. 16–29 (testo greco, note critiche e traduzione italiana). I brani sopra citati sono tratti da questa edizione; edizione e traduzione francese in Vaganay, *L'évangile de Pierre*, Paris 1930.

[4] Cfr. Bonaccorsi, *Vangeli Apocrifi*, Firenze, Fiorentina 1948, pp. 28–29.

[5] *Apologia* I, 35 PG 6, 348 BC.

[6] Cfr. Bonaccorsi, *Vangeli Apocrifi*, Firenze, Fiorentina 1948, pp. 18–19.

[7] Il frammento insiste nel riversare tutte le colpe sui Giudei, giustificando per quanto è possibile Pilato. Dopo la morte i Giudei si mostrano alquanto sconcertati (8,25).

[8] Vers. 10; cfr. Bonaccorsi, Firenze, Fiorentina 1948, pp. 20 ss.

lato diede loro il centurione Petronio, con dei soldati, per custodire la tomba. E con loro, anziani e scribi si recarono al sepolcro.[32] E rotolata una gran pietra, tutti quanti che eran là con il centurione e i soldati la posero alla porta del sepolcro,[33] e c'impressero su sette sigilli; e rizzata là una tenda, montarono la guardia.

9,[34]. Di buon'ora, allo spuntar del sabato, accorse gente da Gerusalemme e dai dintorni, per vedere il sepolcro sigillato.[35] Ma la notte in cui spuntava la domenica, mentre i soldati a due a due facevan a turno la guardia, una gran voce risuonò dal cielo,[36] e videro aprirsi i cieli, e due uomini scenderne rivestiti di gran splendore e avvicinarsi alla tomba.[37] Quella pietra che era stata appoggiata alla porta, rotolandosi via da sé si scostò da una parte, e la tomba s'aprì, ed entrambi i due giovani c'entrarono.

10,[38]. Come (ciò) videro quei soldati destarono il centurione e gli anziani; che costoro stavano là di guardia.[39] E mentre spiegavano loro quanto avevano visto, di nuovo vedono tre uomini uscir dalla tomba, e i due sorreggevano quell'altro, e una croce li seguiva;[40] e la testa dei due si spingeva sino al cielo, mentre quella di colui che conducevan per mano sorpassava i cieli.[41] E udirono una voce dai cieli, che diceva: «Hai predicato ai dormienti?»[42] E una risposta s'udì dalla Croce: «Sì».

11,[43]. Quelli allora si concertavano tra loro d'andar via e di rivelar tali cose a Pilato.[44] E mentre stavano ancor divisando, appaiono di nuovo aperti i cieli e un uomo ne scende, ed entra nel sepolcro.[45] Al veder ciò il centurione e quei ch'erano con lui s'affrettarono in piena notte a (correr da) Pilato, abbandonando la tomba di cui erano a guardia, e gli raccontarono tutto quanto avevano visto, grandemente angustiati e dicendo: Egli era davvero il figliuol di Dio (cfr. Mt 27,54 e paralleli).[46] Pilato rispose: Io sono puro del sangue del figliuolo di Dio (cfr. Mt 27,24); siete voi che avete voluto così.[47] Poi fattisi tutti innanzi lo pregavano e supplicavano di comandare al centurione e ai soldati di non dire a nessuno ciò che avevano visto;[48] È bene per noi – dicevano – d'aver contratto la più grave colpa solo al cospetto di Dio, e non cadere anche nelle mani del popolo giudeo ed essere lapidati.[49] Pertanto Pilato comandò al centurione e ai soldati di non dir nulla».

In seguito il frammento riprende la narrazione dei Vangeli canonici: le donne, incoraggiate da Maria Maddalena, vanno alla tomba, che trovano aperta e ricevono il messaggio dell'angelo; gli apostoli lasciano Gerusalemme per tornare a casa loro. Il racconto s'interrompe mentre Pietro, Andrea e Levi tornano alla pesca sul lago, secondo una scena che si ricollega a quella di Giovanni (Gv 21).

b) *Predicazione (kerygma) di Pietro.* Origene (+253/54) dice che tale scritto era utilizzato dallo gnostico Eracleone, di qui la riservatezza del suo giudizio al riguardo, pure seguito da Eusebio: «Questo libro della predicazione non è stato trasmesso fra gli scrittori cattolici e di esso nessun scrittore moderno se ne è servito»[9]. Di fatto ne fece uso solo Clemente Alessandrino, come vedremo.

Sembra che il libro sia stato scritto in greco al principio del II secolo da un autore ortodosso di origine egiziana[10]. È ben difficile stabilire se al medesimo libro risalgano alcuni testi di una *Dottrina di S. Pietro o Didascalia* riferiti da Origene e da altri autori posteriori[11] e in quali rapporti si trovi con il testo siriaco dal titolo *Predicazione di Simone Pietro*, in cui oltre all'esortazione antidolatrica, si aggiungono aneddoti sulla vita dell'apostolo, specialmente quelli riguardanti la sua lotta con Simon Mago a Roma.

Si è pensato che alla base del *Kerygma* ci sia stata la volontà di Pietro di lasciare un ricordo della sua predicazione (2 Pt 1, 15). L'apostolo alludeva quivi alla sua lettera, ma l'autore del *Kerygma* preferì allargare l'insegnamento di Pietro a modo suo, includendovi il comando d'estirpare l'idolatria e di rimanere fedeli alla nuova alleanza con Dio, concludendo che i cristiani formano una razza nuova distinta sia dai pagani che dai Giudei.

Purtroppo di questo libro non abbiamo che scarsi frammenti riportati in citazioni di Clemente Alessandrino (morto poco prima del 215 d.C), che qui riferisco e dalle quali traspare come tale scritto si possa a ragione definire il primo trattato ortodosso di apologetica:

Nella *Predicazione di Pietro* troverai che il Signore è chiamato Legge e Parola[12].

I Greci non possono avere una conoscenza diretta di Dio: «Pietro dice nella sua *Predicazione*: Sappiate dunque che vi e un solo Dio che

---

[9] *Historia Ecclesiastica* 3,2 PG 20,217 A; la testimonianza di Origene si legge in *Commentaria in Evangelium Joannis* 13,17 PG 14,424 e in M. R. James, *The Apocryphal New Testament*, Oxford 1924, pp. 17–18.

[10] A. Hilgenfeld (*Novum Testamentum extra canonem receptus*, fasc. 4, Leipzig 1884, pp. 51–65) propende per una sua origine greca; ma con il Dobschütz penso sia meglio riferirlo all'Egitto a motivo specialmente della idolatria quivi biasimata.

[11] Cfr. E. Dobschütz, *Das Kerigma Petri* (Texte und Untersuchungen XI, 1), Leipzig 1893, pp. 80–135.

[12] Clemente Alessandrino, *Stromata*, 1,29,162.

ha fatto il principio di tutte le cose,[13] e ha potere sulla loro fine; è l'Invisibile che vede ogni cosa, l'Incontenibile che contiene ogni cosa, che nulla abbisogna, ma del quale ogni essere ha bisogno e per il cui motivo essi esistono, l'incomprensibile, il perpetuo, l'incorruttibile, l'increato, che ha fatto ogni cosa con la parola della sua potenza, vale a dire, con il Figlio».

«Poi egli aggiunge: Adora questo Dio non come i Greci, significando chiaramente che il più celebre tra i Greci adora lo stesso Dio come noi, ma che egli non lo ha affatto conosciuto con la perfetta conoscenza che è stata tramandata dal Figlio. Egli infatti non ha detto: Non adorare l'Iddio che i Greci adorano, ma non adoratelo *come* i Greci lo adorano, cambiando con tali parole la maniera d'adorare Dio senza annunciare un altro Dio. Che cosa significhi l'espressione: Non come i Greci, Pietro stesso lo spiega aggiungendo: Poiché essi sono stati trasportati via per ignoranza, e non conoscono Dio (come lo facciamo noi secondo la conoscenza perfetta), ma hanno dato forma divina alle cose di cui Egli ha dato loro il potere d'usarne, vale a dire i legni, sassi, bronzo e ferro, oro e argento, e dimenticandone il loro uso materiale, hanno innalzato così delle cose necessarie alla loro sussistenza e le hanno adorate. Le stesse cose che Dio ha dato loro per cibo, gli uccelli dell'aria, i pesci del mare, gli animali che strisciano per terra, le bestie selvagge e i quadrupedi del campo, le donnole e i topi, i gatti e i cani e le scimmie, sì, il loro proprio cibo essi lo sacrificano come offerta agli dei commestibili e offrono cose morte ai morti quasi fossero dei, mostrando in tal modo ingratitudine a Dio e con tali pratiche negano che Egli esista.

«In riguardo poi al fatto che i Greci conoscono lo stesso Dio, ma non nel modo identico, lo deduce così: Né adoratelo come i Giudei perché essi pensano di conoscere solo loro l'Iddio, mentre in realtà non lo conoscono per il fatto che adorano angeli, arcangeli, il mese e la luna. Se la luna, infatti, non è visibile non osservano il Sabato che è chiamato il primo, né osservano il novilunio, né la festa del pane azzimo, né la festa, né il grande giorno (dell'espiazione).

«Perciò egli dà il colpo finale alla questione dicendo: Così voi imparando rettamente e santamente ciò che vi è stato trasmesso, custoditelo, adorando Dio nel modo nuovo, vale a dire per mezzo di Cristo».

---

[13] Il principio, come si vedrà, è lo stesso Figlio di Dio.

Dopo varie citazioni bibliche e di altri apocrifi, Clemente così continua: «Perciò Pietro afferma che Gesù disse agli apostoli: Se qualcuno di Israele desidera pentirsi e credere in Dio nel mio nome, i suoi peccati saranno rimessi dopo dodici anni. Andate dunque per il mondo, affinché nessuno possa dire: Noi non abbiamo udito»[14].

Clemente ritorna poco dopo a questo comando di Gesù scrivendo: «Secondo la *Predicazione di Pietro* il Signore dice ai suoi discepoli dopo la resurrezione: Ho scelto voi dodici discepoli, giudicandovi degni di me. Il Signore li ha voluti apostoli avendoli giudicati fedeli, e li ha mandati per il mondo, agli uomini di questa terra, affinché conoscessero che vi è un solo Dio, e sapessero chiaramente ciò che si attua mediante la fede in Cristo, vale a dire che coloro i quali odono e credono saranno salvati e che coloro che non credono, dopo aver udito ne portino la testimonianza, non avendo da addurre come scusa: Noi non abbiamo udito»[15].

Circa le profezie riguardanti Gesù così Clemente scrive:

«Perciò anche Pietro parlando degli apostoli nella sua *Predicazione*, dice: Svolgendo i libri dei profeti che possediamo e che nominano Gesù Cristo ora in parabole, ora in enigmi, ora espressamente e con così tante parole, troviamo che vi si parla della sua venuta e morte, della croce e delle restanti sofferenze che i Giudei gli inflissero, della sua resurrezione e della sua assunzione al cielo prima della fondazione della Gerusalemme (celeste). Come sta scritto, tutte queste cose sono ciò che egli deve soffrire e ciò che avverrà dopo di lui. Riconoscendo tutto ciò noi abbiamo creduto in Dio a motivo di ciò che sta scritto di lui».

«E poco dopo egli trova la conseguenza che le Scritture devono la loro origine alla provvidenza divina così dicendo: Noi conosciamo che Dio ha comandato queste cose e noi nulla diciamo senza le Scritture»[16].

---

[14] *Ivi*, 6,5,39–51; CB, 11, p. 451. Se il brano fosse stato scritto davvero da Pietro, anche i Giudei avrebbero dovuto essere rimproverati per i loro sacrifici cruenti i quali a quel tempo tuttora sussistevano. Questo schema apologetico contro i Greci e i Giudei riappare anche nell'*Apologia* di Aristide (2,2–14,4) e nella *Lettera a Diogneto* (2,2–4,6) che sono quasi contemporanee, pur avendone la priorità di *Kerygma Petri*. Cfr. J. N. Reagan, *The Preaching of Peter, the Beginning of Christian Apologetic*, Chicago 1923; C. Vona, *L'apologia di Aristide*, Roma 1950; H. J. Marrou, *A Diognète*, Parigi 1951; il richiamo alla zoolatria, sembra suggerire che il kerygma abbia avuto origine in Egitto.

[15] *Ivi*, 6,6,48; CB 11,456. *Antenicene Fathers* II, p. 491.

[16] *Ivi*, 6,15,128; CB 11,496 s. *Antenicene Fathers* II, p. 510.

c) *L'Apocalisse di Pietro*. – Questo scritto apocrifo ebbe larga diffusione nelle chiese e fa meraviglia che non sia ricordato nel canone pseudo-Gelasiano. Il frammento Muratoriano ne parlò come di un libro ritenuto da alcune chiese, ma respinto da altre;[17] Metodio di Olimpo (+ca. 311) lo cita come uno scritto ispirato;[18] Macario di Magnesia (ca. 400) combattè un filosofo pagano che attaccava questo libro assieme a tutti gli altri scritti ispirati[19]. Secondo Sozomeno (450) al suo tempo l'*Apocalisse* era ancora letta in certe comunità durante il Venerdì Santo[20].

Ne respinsero invece l'ispirazione Eusebio (+393) che lo pose tra gli scritti «che mai furono messi nell'elenco degli scritti canonici, nessun autore ecclesiastico né passato né contemporaneo ricorse a queste opere per attingervi testimonianze»; essa va quindi elencata tra gli apocrifi[21]. Girolamo (+419/20) fece proprio questo giudizio rifiutando qualsiasi credibilità all'*Apocalisse* petrina[22].

Dalle citazioni che ne fanno Clemente Alessandrino (+215), gli *Atti di Tommaso* e la *Passione di S. Perpetua*, si deve concludere che l'*Apocalisse*, anteriore al 180, risalirebbe forse ad Adriano se un'allusione enigmatica dovesse riferirsi alla persecuzione cristiana attuata dal falso messia Bar-Cooba. Lo scritto, composto forse in Egitto, è il primo libro che presenta un'immagine concreta della vita ultraterrena e per questo lasciò un influsso notevole sulla successiva tradizione cristiana. Non ostante la sua enorme diffusione il libro scomparve del tutto dalla circolazione sino a che due codici ce lo ripresentarono in gran parte: alludo ad un frammento greco e ad un testo etiopico.

d) *Frammento greco di Akhmin*. – Tra le pergamene scoperte dal Bouriant oltre al passo del *Vangelo di Pietro*, già ricordato, si trovò pure un brano *dell'Apocalisse* petrina[23] della quale presento qui un breve riassunto:

Incomincia a metà di una frase apocalittica posta sul libro di Gesù (Mt 24). Poi gli apostoli («noi i dodici discepoli») salirono sul monte degli Olivi per pregare con il Signore e chiesero di vedere «uno dei giusti che sono dipartiti da questo mondo» affinché essendo incoraggiati «noi possiamo incoraggiare» anche gli uomini che ci ascoltano. Tosto compaiono due uomini dallo splendore meraviglioso e dalla bellezza incantevole. Alla

---

[17] *Enchiridium Biblicum* n. 7.
[18] Metodio, *Convivio*, 2,6.
[19] Macario di Magnesia, *Apocritico*, 4,4.16. Ed. Blondel, Paris, 1876, pp. 164–185.
[20] Sozomeno, VII, 19.
[21] *Historia Ecclesiastica* 3,3,2 e 3,25,4 PG 20,217A e 269.
[22] *De viris illustribus* 1 PL 23,640.
[23] Testo in James, *The Apocryphal New Testament*, Oxford 1924, pp. 507–510.

domanda di Pietro, Gesù rispose: «Questi sono i vostri fratelli, i giusti di cui voi avete voluto vedere lo splendore»[24]. Quindi il Salvatore mostra a Pietro, sia pure per brevi istanti, gli splendori del Paradiso (1–20).

Si descrivono successivamente i tormenti dei reprobi elencati secondo le varie categorie: ingannatori, adulteri, omicidi, donne che hanno abortito, calunniatori, falsi testimoni, ricchi malvagi, usurai, sodomiti, idolatri, ecc. Il racconto s'interrompe bruscamente in mezzo alla descrizione dei supplizi riservati alle donne e agli uomini «che hanno abbandonato la via di Dio».

e) *Il testo etiopico*[25]. – Inizia con un discorso di Gesù agli apostoli perché si guardino dall'idolatria e applica la parabola del fico (cfr. Lc 13,6–9) alla conversione e al martirio di molti Ebrei, che sarebbero i rami germogliati dal fico sterile. Descrive quindi giudizio finale, durante il quale i morti dovranno attraversare un fiume di fuoco; i buoni ne usciranno illesi per entrare nella beatitudine eterna, gli empi al contrario piomberanno nelle tenebre ove saranno eternamente tormentati. L'angelo Ezrael ha l'incarico di guidare questi disgraziati verso i loro supplizi.

In seguito si torna a ricordare la sorte degli eletti che gli angeli rivestono di «abiti di vita eterna», mentre gli empi, pur essendo costretti a riconoscere la giustizia divina, invano implorano la clemenza di Dio: «E quelli che sono nei tormenti diranno ad una voce: Abbi pietà di noi, perché ora noi conosciamo il giudizio di Dio, che egli ci dichiarò già da tempo, ma che noi non credemmo... Giusto è il giudizio di Dio, perché noi abbiamo udito e compreso che il suo giudizio è buono, perché noi siamo ricompensati secondo le nostre azioni»[26].

Il libro termina con la vaga promessa che anche i peccatori saranno alfine liberati[27].

Evidentemente da simili libri apocrifi non si possono trarre elementi che ci possano presentare la dottrina di Pietro, al più vi si può trarre qualche indizio riguardante il pensiero di alcune chiese egiziane su alcuni problemi teologici, specialmente riguardanti la vita ultraterrena.

---

[24] L'Autore parafrasa in questo punto il racconto della Trasfigurazione di Gesù.

[25] Si trova nel Ms. 51 della collezione di Abbadia, compilazione informe con parti antiche dell'Apocalisse di Pietro, sia pure rimaneggiata tanto per la disposizione generale quanto per la materia. Il Ms. fu edito tra il 1907 e il 1910 da S. Grebau, *Littérature éthiopienne pseudo clémentine*, in «Revue de l'Orient Chrétien», t. 12–15. Traduzione James, *The Apocryphal New Testament, op. cit.*, pp. 510–520.

[26] James, *The Apocryphal New Testament, op. cit.*, p. 517.

[27] È la dottrina dell'*apocatastasi*, dominante negli scritti di Origene, nel II libro degli oracoli Sibillini e nell'*Apocalisse di Elia*, cfr. James, *The Apocryphal New Testament, op. cit.*, p. 521.

2. Le lettere del Nuovo Testamento

Nel Nuovo Testamento sono incluse due lettere attribuite a Pietro, che con parole vibranti, illuminatrici e pratiche, svelano il cuore di un apostolo pieno di zelo per la salvezza umana.

a) Prima lettera di Pietro. La maggioranza dei critici moderni, seguendo l'unanime giudizio degli scrittori antichi, è favorevole alla autenticità dell'epistola. Non deve meravigliare il suo greco assai buono, il suo vocabolario assai ricco, la sua grammatica ben curata, quale difficilmente poteva uscire dalla penna di Pietro, se si pensa che l'apostolo ebbe un ottimo collaboratore nel suo compagno di lavoro Silvano. «È tramite Silvano, che ai miei occhi è un fedele fratello, che vi ho scritto queste poche parole»[28]. Allo stesso redattore, che usualmente si identifica con il compagno di Paolo, si dovrebbero attribuire i contatti innegabili esistenti con le lettere paoline (At 15,22). Se il ritocco dato da Silvano alla lettera petrina non è posteriore al martirio di Pietro, si deve supporre che la lettera sia stata scritta poco prima della sua morte avvenuta probabilmente nel 64 o forse nel 67 dopo Cristo.

La prima lettera petrina è uno scritto circolare inviato ai cristiani residenti nelle cinque province dell'Asia Minore : Cappadocia, Galazia, Asia, Ponto, Bitinia, e perciò è priva di riferimenti a persone o a situazioni locali. Dopo l'impostazione datale dallo Harnack, dal Perdelwitz, dallo Streeter e dal Preisker, si pensò che l'epistola fosse semplicemente un discorso liturgico-battesimale, trasformato in lettera, anzi, al dire del Dr. Cross un semplice rito liturgico in occasione del battesimo. Ma in seguito alla confutazione di simili idee compiuta da A. Walls, T. C. C. Thornton e da W. C. Unrick, si pensa ora che l'epistola sia un vero scritto pastorale dovuto alla penna dell'apostolo Pietro, che però al dire di P. M. E. Boismard e del Moule avrebbe incorporato alcune espressioni di un rito assai antico, ben noto ai lettori della lettera[29].

---

[28] 1 Pt 5,12. Silvano ci è abbastanza noto: il suo nome si legge nella intestazione della prima e della seconda lettera ai Tessalonicesi; nella seconda epistola ai Corinzi si parla ancora di Silvano (1,19) che avrebbe predicato l'evangelo a Corinto, per cui si potrebbe pensare un segretario e collaboratore di Paolo. Abitualmente lo si identifica con Sila, chiamato profeta, che fu compagno di Paolo (At 15–18).

[29] Per una più completa trattazione della lettera cfr. F. A. Chase, *First Epistle of Peter*, in «Hastings' *Dictionary of the Bible*», 2ª ediz. a cura di F. G. Grant, H. H. Rowley, p. 780; A. F. Walls, *The First General Epistle of Peter*, Tyndale's N. T. Commentary, London, pp. 15 ss.; tra i vari scritti cfr. K. H. Schelkle, *Die Petrusbriefe, Der Judasbrief*, in «Herders Theologischer Kommentar zum Neuen Testament XIII», Freiburg 1961; Ch. Biggs, *A Critical and*

Fondamentalmente la prima epistola petrina è una esortazione alla speranza poggiata sulla resurrezione del Cristo (1,3–12), alla santità come si conviene a dei sacerdoti (1,13–2,10), alla buona condotta soffrendo come il Cristo ha sofferto (2,11–4, 19). L'ultimo capitolo è un'esortazione ai «presbiteri» termine corrispondente al nostro «prete». Una nozione importante di questa epistola è quella del «servo sofferente di Dio» (2,21–25 da Is 53), che tanto rilievo ha pure nei discorsi petrini riferiti nel libro degli Atti (3,13; 3,26; 4,25). Pietro, che aveva un tempo respinto con fermezza tale idea, ne avrebbe poi fatto il centro della sua predicazione.

L'essenza del messaggio cristiano è così tratteggiato nelle sue linee fondamentali:

1. In Cristo si sono adempiute le *promesse* fatte da Dio al suo popolo nell'alleanza sinaitica:

> Questa salvezza è stata l'oggetto delle ricerche e delle indagini dei profeti, che vaticinarono della grazia a voi destinata. Essi indagavano quale persona o tempo indicasse lo Spirito di Cristo, che era in loro, quando anticipatamente testimoniavano le sofferenze di Cristo e le glorie conseguenti (1,10–11).

2. L'atteso *Messia* è venuto nella persona di *Gesù di Nazaret*, al quale ci si unisce per fede. Sapendo come molti Giudei, pur vedendo i prodigi di Cristo, siano rimasti sordi ai richiami di Gesù, Pietro non fa opera apologetica, ma insiste sulla necessità della fede, che è principio di salvezza.

> Il quale (cioè Gesù Cristo) benché non l'abbiate visto, voi amate, nel quale credendo, benché ora non lo vediate, voi gioite di una allegrezza

---

Exegetical Commentary on the Epistles of St. Peter and St. Jude, The International Critical Commentary 2, Edinburgh 1902, ristampa 1946; W. Kelly, *The Epistles of Peter*, London 1955; J. C. Margot, *Les Epîtres de Pierre*, Genève 1960; W. Foerster, *Peter, First Epistle of, Second Epistle of*, in «Hastings' Dictionary of the Bible», pp. 754–759; R. G. Grant, *Introduction to the N. Testament*, Chicago 1963, pp. 224–231; S. Garofalo, *Verità, unità e pace nelle lettere di s. Pietro*, in «Tabor» 27 (1959), pp. 128–141; S. Zedda, *Il messaggio spirituale di Pietro*, Roma 1962.

Interessanti i seguenti studi editi in *S. Pietro*, «Atti della XIX Settimana Biblica», Paideia, Brescia 1967: Pietro Dacquino, *Il sacerdozio del nuovo popolo di Dio e la prima lettera di Pietro*, ivi pp. 291–318; Marco Adinolfi, *Temi dell'esodo nella I Pietro*, ivi pp. 319–336; Angelo Penna, *Il senato consulto del 35 d. C. e la prima lettera di s. Pietro*, ivi, pp. 337–366; Mauro Laconi, *Tracce dello stile e del pensiero di Paolo nella prima lettera di Pietro*, ivi, pp. 367–394; Giovanni Rinaldi, *La «sapienza data a Paolo» (2 Petr. 3,15)*, ivi, pp. 395–412; Enrico Galbiati, *L'escatologia delle lettere di s. Pietro*, ivi, pp. 413–424.

Per il luogo di composizione della lettera cfr. il cap. 8: *Pietro a Roma*.

ineffabile e gloriosa, ottenendo il fine della fede, la salvezza delle anime (1,8 s).

3. Gesù, che visse facendo sempre del bene, fu *crocifisso* per volere di Dio:

> Egli non commise peccato e nella sua bocca non fu trovata alcuna frode. Oltraggiato, non rendeva oltraggi; soffrendo, non minacciava, ma si rimetteva nelle mani di Colui che giudica giustamente; lui stesso ha portato i nostri peccati nel suo corpo, sul legno, affinché, morti al peccato, vivessimo per la giustizia; è mediante le sue lividure che voi siete stati sanati (2,23s).

4. Il Cristo risuscitato dai morti fu *esaltato* alla destra di Dio; la sua resurrezione è il fulcro del cristianesimo e la radice ultima della nostra salvezza. Dinanzi a tale pensiero il cuore di Pietro trabocca in un inno riconoscente.

> Benedetto sia l'Iddio e Padre del Signore nostro Gesù Cristo, il quale nella sua grande misericordia, ci ha fatti rinascere mediante la resurrezione di Gesù Cristo dai morti, ad una speranza viva in vista di una eredità incorruttibile (l,3s).

5. Gesù verrà nuovamente alla fine dei tempi, quale giudice glorioso; in quel momento si avrà la *rivelazione* completa (*apokàlupsis*) della sua potenza e della sua vittoria universale. I cristiani devono quindi attendere fiduciosamente la grazia che sarà loro recata «nella rivelazione di Gesù Cristo» (1,13). Le sofferenze, sorrette dalla certezza dell'apparizione del Cristo, diventano in tal modo facilmente superabili.

> In quanto partecipate alle sofferenze di Cristo, rallegratevene, affinché anche alla rivelazione della sua gloria possiate rallegrarvi giubilando (4,13). Pietro che «è stato testimone delle sofferenze del Cristo» sarà pure «partecipe della gloria che ha da essere manifestata» (5,1).

La prima lettera di Pietro è pure assai importante per la dottrina del sacerdozio universale di tutti i fedeli, che esclude l'esistenza di una speciale casta sacerdotale nel cristianesimo primitivo.

> Accostandovi a lui – Gesù Cristo – pietra vivente... come pietre viventi, siete edificati qual casa spirituale, per essere un sacerdozio santo, per offrire sacrifici spirituali, accettevoli a Dio per mezzo di Gesù Cristo. Voi siete una generazione eletta, un regal sacerdozio, una gen-

te santa, un popolo che Dio si è acquistato, affinché proclamiate le virtù di colui che vi ha chiamati dalle tenebre alla sua meravigliosa luce (1 Pt 2,4 s 9).

Bella è pure la definizione del Battesimo che non è il nettamento delle sozzure della carne, ma la richiesta di una buona coscienza fatta a Dio, il quale ora salva anche voi, mediante la resurrezione di Gesù Cristo (*ivi* 3,21).

Interessante è pure il ricordo delle sofferenze «per il nome di cristiano»: «Se uno patisce come cristiano non se ne vergogni, ma glorifichi Iddio, portando questo nome» (*ivi* 4,16)[30].

b) *Seconda lettera di Pietro*. La lettera che si presenta sin dall'inizio come uno scritto petrino, suscita non lievi difficoltà: non è mai ricordata prima di Origene che espresse dei dubbi sulla sua autenticità,[31] sicché Eusebio la pose tra gli scritti di contestata canonicità[32]. Si può anzi dire che in genere la Chiesa orientale non la ritenne canonica, e che Didimo d'Alessandria giunse ad attribuirla chiaramente ad un falsario[33]. D'altro canto si rinviene, già attribuita a Pietro, nel Papiro Bodmer, scritto all'inizio del III secolo e più tardi, prima che finisse il IV secolo, fu accolta come ispirata da tutte le Chiese.

L'esame critico della lettera accresce ancor più i dubbi precedenti: la lingua è marcatamente diversa dalla prima lettera petrina, il capitolo secondo ripete con una certa libertà la lettera di Giuda, le lettere paoline sono già presentate come un corpus già completo ritenuto sacro, gli apostoli, tra i

---

[30] A. von Harnack, *Die Chronologie der altchristlichen Literatur bis Eusebius*, Leipzig 1897, p. 451; Perdelwitz, *Die Mysterienreligion und das Problem des I Petrus-briefs*, Giessen 1911 (cfr. con i misteri pagani); B. H. Streeter, *The Primitive Church*, London 1929, pp. 115 ss. (è una predica battesimale tenuta da Ariston, vescovo di Smirne); H. Preisker, *Die katholischen Briefe*, in «Handbuch zum Neuen Testament» di Lietzmann, Tübingen 1951, (1, 3–4, 11 è una cerimonia battesimale; 4,12 ss. è l'esortazione conseguente); F. L. Cross, *I Peter. A Paschal Liturgy?*, London 1957, pp. 37 ss. (insiste sul parallelismo tra «paschein» soffrire e «Pascha» solennità pasquale); A. F. Walls, *The First General Epistle of Peter*, London 1962, p. 60 (le formule usate non sono necessariamente parte di un rito battesimale); T. C. C. Thornton, *I Peter. A Paschal Liturgy?*, in «Journal of Theological Studies» 12 (1961), pp. 14–21; W. C. van Unrick, *Christianity According to I Peter*, in «Expository Times» 68 (1956), pp. 79 ss. (non v'è rapporto tra Pascha e paschein); P. M. E. Boismard, *Une liturgie baptismale dans la Prima Petri*, in «Revue Biblique» 63 (1956), pp. 182–208; 64 (1957) pp. 60–183; C. F. Moule, in «New Testament Studies» 3 (1957), 1 ss.; P. Guido Schembri, *Il messaggio pastorale di S. Pietro nella sua prima epistola*, in «Antonianum» 42 (1967), pp. 376–398.

[31] Origene, *Commentaria in Evangelium Joannis* 5,3, in Eusebio, *Historia Ecclesiastica* 6,25.

[32] Sono gli «antilegomena»; cfr Eusebio, *ivi*. 3,25.

[33] Didimo, *Enarratio in Epistolam Secundam S. Petri* in PG 39,1774A.

quali il redattore non sembra che si includa, sono presentati come un gruppo unico contrapposto ai profeti veterotestamentari (3,2). L'autore sembra poi già conoscere i Vangeli scritti, in quanto il racconto della Trasfigurazione di Gesù è assai vicino a quello di Matteo e la predizione della morte di Pietro sembra riallacciarsi, se non proviene da tradizioni orali, all'ultimo capitolo di Giovanni. Dall'insieme di questi dati si può concludere che la lettera, pur contenendo un nucleo petrino, così come si presenta ora risale alla fine del I o all'inizio del II secolo.

La soluzione di questi problemi potrebbe ricercarsi nel fatto che un discepolo di Pietro ha ripreso uno scritto originalmente petrino – corrispondente grosso modo ai capitoli 1 e 3 della nostra lettera – rifondendo il tutto e completandolo con elementi tratti dalla lettera di Giuda.

Il contenuto dell'epistola si può ridurre alle linee seguenti: Simeone Pietro intende salutare i suoi lettori prima della sua prossima morte. Quanto egli dirà è confermato dalla Trasfigurazione di Cristo, di cui egli fu testimone e anche dalla testimonianza profetica (cap. 1). Ma come vi furono falsi profeti in Israele, così vi saranno falsi maestri tra i cristiani, e qui Pietro utilizza la lettera di Giuda per descrivere con maggior ampiezza la dottrina di questi falsi insegnanti (cap. 2). In questa sua seconda lettera egli vuol richiamare le parole già dette dai profeti e i comandamenti che il Signore ha dato tramite i suoi apostoli. Contro i falsi profeti che deridono la venuta del Cristo asserendo che tutto rimane come prima, l'autore ricorda che già una volta il diluvio ha sconvolto la terra, che mille anni sono come un giorno dinanzi a Dio e che Dio pazientemente vuole la conversione dei peccatori. Anche Paolo ha affermato la stessa cosa, benché le sue lettere, come le altre Scritture, siano talora distorte dal loro vero senso da uomini ignoranti (cap. 3).

La dottrina di Pietro, pur non stagliandosi maestosa come quella di Paolo per ricchezza di contenuto, racchiude insegnamenti meravigliosi e presenta, tra l'altro, il sacerdozio universale dei credenti come un punto di differenziazione nei riguardi del giudaismo precristiano. Nelle epistole petrine si svela il cuore di un apostolo innamorato di Gesù, che vede la vita cristiana come un dono del Salvatore acquistataci con il suo sangue e che deve spronarci all'imitazione del Cristo. Le sue lettere sono quindi di grande valore per farci meglio comprendere la psicologia, la fede e l'entusiasmo sempre giovane del vecchio apostolo di Galilea.

7

LA PERSONA DI PIETRO NEI PRIMI SECOLI DELLA CHIESA

Contro la scuola di Tubinga che attribuiva la nascita del cristianesimo a un compromesso tra due opposte correnti estremiste risalenti a Pietro e a Paolo, dai cattolici si era sostenuto la più completa uniformità di idee nel cristianesimo primitivo. Gli studi più recenti hanno invece mostrato che la segnalazione della scuola di Tubinga – pur prescindendo dalle sue esagerazioni – corrispondeva a una reale situazione di fatto; hanno anzi documentato che le correnti del cristianesimo primitivo erano ben più di due, in quanto si rifacevano, oltre che a Paolo, alle tre persone che erano ritenute le tre colonne del cristianesimo apostolico: Giacomo, Cefa e Giovanni (Gal 2,9). Proprio a tali uomini risalivano i vari partiti, nei quali si andò frazionando la Chiesa subapostolica. Anche se la loro individuazione inizia ad apparire negli scritti biblici, dove alcuni credenti esaltano il loro capo a scapito di altri (1 Cor 1,12; Gal 2,12), di fatto la loro mutua opposizione andò evolvendosi negli anni successivi fino ad assurde posizioni eretiche. Ecco la loro enucleazione espressa in tratti assai generali[1].

1. IL PARTITO DI GIACOMO

Raccoglie un gruppo di giudeo-cristiani assai fanatici che, pur ricollegandosi a Tommaso e a un certo Addai ritenuto uno dei settanta discepoli,

---

[1] Come a Qumrân vi era un'organizzazione gerarchica di «Dodici» membri e di «tre» sacerdoti, anche nel collegio apostolico dei Dodici appare il gruppo privilegiato dei tre; mentre il numero «dodici» dopo la defezione di Giuda fu ristabilito con la scelta di Mattia (At 1,12–26), il numero «tre», dopo la morte di Giacomo apostolo, venne reintegrato con l'omonimo, fratello di Gesù (At 12,2 con 12,17). Cfr. J. Danielou, *La communauté de Qumrân et l'organisation de l'Eglise*, in «Revue d'Histoire et de Philosophie Religieuses» (35 1955), pp. 104 s.

fanno a capo a Giacomo. La forte personalità di Giacomo con le sue diuturne orazioni, i suoi digiuni e la sua fedeltà alla legge mosaica si era imposto anche agli Ebrei, i quali attribuivano la caduta di Gerusalemme alla punizione divina per il suo martirio[2]. Ma anche presso i cristiani Giacomo appare come la prima colonna dei credenti (Gal 2,9), stimato e ascoltato nelle sue decisioni, come avvenne nella assemblea di Gerusalemme (50 d. C.; cfr. At 15,19–21). Quando arrivarono ad Antiochia alcuni emissari di Giacomo, persino Pietro per loro timore cessò di frequentare i Gentili (Gal 2,11). Però nel Nuovo Testamento Giacomo non appare ancora un vero capo monarchico della Chiesa, in quanto non agisce da solo, ma assieme ai «presbiteri» di Gerusalemme (At 11,30).

Tuttavia i suoi seguaci, chiamati «Giudei» (At 21,20), «Ebrei» (At 6,1), «Nazzareni» o «Iessei» dal padre di Davide, esaltarono sempre più il loro maestro facendone un vero capo della Chiesa, anzi lo stesso «vicario» di Cristo. Giacomo si trasformò così in una figura leggendaria, successo al fratello Gesù sul «trono di Davide», come Sommo sacerdote[3] e re[4]. Consacrato vescovo dallo stesso Cristo anteriormente ad ogni altro apostolo[5], il figlio di Giuseppe ebbe pure la prima visione del Cristo risorto[6]. A lui il Cristo affidò la Chiesa con gli stessi apostoli:

> I discepoli dissero a Gesù: sappiamo che tu ci abbandonerai; chi sopra di noi, sarà allora il più grande? Gesù rispose loro: Là dove andrete, ubbidirete a Giacomo il Giusto, colui a causa del quale il cielo e la terra sono stati creati[7].

Per tale motivo Giacomo fu chiamato «vescovo dei vescovi», «il principe dei vescovi», «capo della santa chiesa degli Ebrei e delle chiese fondate ovunque dalla provvidenza di Dio»[8] e capo dei Dodici[9]. L'amministrazione

---

[2] Egesippo, *Memorie* in Eusebio, *Historia Ecclesiastica* 2,23,19 ed G. del Ton, Roma, Desclée, 1964, p. 138. Per questo apostolo, che non era uno dei dodici, si veda G. Flavio, *Antichità giudaiche* 20,197–199.203; *S. Giacomo il Minore, primo vescovo di Gerusalemme*, in «La Terra Santa», Gerusalemme, 1962.

[3] Egesippo, in Eusebio, *Historia Ecclesiastica* 2,23,6, PG 20,197A.

[4] Epifanio, *Haereses* (Contro i Nazarei) 29 (secondo altri 9), PG 41,389.392 s. *Haereses*, 78 PG 42,721.

[5] Epifanio, *Haereses*, 78 PG 42,709; cfr. Clemente, *Epistola ad Corinthios*, PG 1,1244 n. 51; 2,26; Girolamo, *De viris illustribus*, 2. Secondo Clemente Alessandrino fu scelto a vescovo di Gerusalemme a preferenza degli apostoli Pietro, Giacomo e Giovanni (in Eusebio, *Historia Ecclesiastica* 2,1,3 PG 20,136AB).

[6] *Protovangelo di Giacomo* 18,1; Epifanio, *Haereses* 1,29, PG 41,393B; 42,709.

[7] *Evangelo di Tommaso*, n. 13 (secondo altri 12).

[8] *Recognitiones* 1,68.72.73 PG 1,1244.1247: *Epistola Clementis ad Jacobum*.

della Chiesa di Gerusalemme fu affidata a Giacomo unitamente agli apostoli,[10] lo stesso Pietro doveva rendere conto delle sue parole a Giacomo «il Vescovo della Chiesa»[11]. Egli oltre che «giusto» fu pure chiamato «Oblias», vale a dire «fortificazione, presidio» del popolo:[12] Gerusalemme, da lui governata, è il centro della Chiesa.

Per esaltare l'importanza dei «parenti» del Signore costoro – che possedevano il Vangelo di S. Matteo in ebraico[13] e diffondevano le lettere di Giacomo e di Giuda – iniziarono a glorificare Maria e Giuseppe. Come uomo Gesù discendeva dalla tribù di Davide, al pari di sua madre e di suo padre putativo Giuseppe, il quale era pure sacerdote (!). Perciò il Cristo riuniva in sé tanto la regalità quando il sacerdozio veterotestamentario[14]. Di Maria esaltarono la miracolosa verginità anche dopo il parto comprovata dall'incredulità delle levatrici; si dilettarono a colmare l'infanzia di Gesù con fatti prodigiosi, e, sottolinearono, la necessità della astinenza e dell'ascesi[15]. Essi perciò veneravano la grotta della natività di Betlemme, la casa di Giuseppe a Nazaret, e il trono di Davide sul Sion. Con tale glorificazione di Maria e Giuseppe, ponevano la base per la esaltazione dei rispettivi parenti.

Perciò a Gerusalemme si attuò la successione dinastica di vescovi, tra i «parenti» di Gesù (*Desposùnoi* o *Dominici*, appartenenti cioè al Signore,

---

[9] Cfr. O. Cullmann, *Le problème littéraire et historique du roman Pseudo-Clémentin*, Paris, Alcan, 1930 [1ª ediz : in «Revue d'Histoire et de Philosophie Religieuses» 23 NDR], 250 ss. In altre parti, meno antiche le Pseudo-Clementine esaltano invece Pietro.

[10] Egesippo, *Memorie*, in Eusebio, *Historia Ecclesiastica*, 2,23,4 PG 20,96.

[11] *Epistola Petri ad Jacobum* 1, PG 2,25–28.

[12] Egesippo in Eusebio, *Historia Ecclesiastica* 2,23,7 «oblias» che in greco va tradotto: «presidio del popolo» (PG 20,197B).

[13] Questo evangelo ebraico, ritenuto l'originale di Matteo, fu tradotto in lingua greca da Girolamo, mentre era ad Aleppo (cfr. *Commentarium in Matthaeum* XII,13 PL 26,30); però, secondo il codice arabo giudeo-cristiano, scoperto di recente a Istanbul (fol. 71a), esso avrebbe contenuto solo «i detti» del Signore (cfr. Papia) e sarebbe stato consegnato a tradimento dai paolinisti alle autorità romane; in seguito fu rimanipolato, secondo criteri biografici. Cfr. S. Pines, *The Jewish Christians of the Early Centuries of Christianity according to a New Source*, Jerusalem 1966, pp. 14–19. La corrente più fanatica che si rifà a questo codice non ha mai creduto nella divinità del Cristo, che è ritenuto un semplice profeta, scrupoloso osservante di tutta la legge mosaica. Separatisi dalla chiesa di Giacomo questi credenti si ritirarono nella Siria nord-orientale, e precisamente a Jazirat al 'Arab, nel distretto di Mosul.

[14] Epifanio, *Haereses* IX o XXIX PG 41,388–405.

[15] A loro risale il ciclo apocrifo dei Vangeli dell'infanzia: *Protovangelo di Giacomo*, lo *Pseudo Tommaso* e lo *Pseudo Matteo*, il ciclo dei *Transiti di Maria*, cfr. G. Bonaccorsi, *Vangeli apocrifi*, Firenze 1948, pp. XXI-XXVII e 59–289. Tra gli scritti encratiti (ascetici) ricordo il *Vangelo degli Egiziani*; tra le opere mistico-essene le *Odi di Salomone*, il *Vangelo di Tommaso*, il *Vangelo della Verità* e il *Canto della Perla*.

Dominus). Infatti dopo il martirio di Giacomo la direzione della Chiesa di Gerusalemme passò in mano di Simone, un cugino di Gesù; anche Giuda, fratello di Gesù, e i suoi discendenti, ancora vivi al tempo di Traiano, si misero a presiedere le chiese «come parenti del Signore»[16]. Lo stesso Domiziano fu per un certo tempo inquieto per l'ascendente assunto dai «Messia» di questa dinastia episcopale[17].

I giacobiti, nel desiderio di esaltare Giacomo, deprezzarono Pietro che, dando ascolto a un sogno, aveva introdotto i Gentili nel cristianesimo senza farli passare per la circoncisione e senza obbligarli a seguire le norme mosaiche. Di Pietro che aveva svolto una notevole attività a Gerusalemme, si fissò solo il ricordo del luogo dove egli aveva rinnegato il Cristo. Nulla si conservò del luogo dove guarì lo storpio elemosinante alla porta Bella del Tempio, nulla nel Cenacolo o «Camera alta» dove aveva diretta l'elezione di Mattia, nulla del luogo dove aveva punito di morte Anania e Safira. La sua memoria fu del tutto oscurata dall'importanza assunta da Giacomo, fratello del Signore, rimasto sempre fedele a Cristo, secondo la tradizione giacobita. Si fissò, quindi, nel tempio il luogo dove questi si dedicava alla preghiera e dove subì il martirio; nel Cenacolo si tramandò il ricordo del «trono di Davide» quale emblema della dinastia davidica continuata nella famiglia del Signore, vale a dire da Giacomo e dai parenti di Gesù Cristo. Nessuno – nemmeno da parte dei cristiani provenienti dal gentilismo – ha mai pensato di collocarvi una cattedra di Pietro,[18] perché sin dalle origini «il trono episcopale» vi fu riservato a Giacomo.

Come è ovvio, gli strali dei giacobiti si appuntarono particolarmente contro Paolo, come ce ne fanno fede le sue stesse lettere. Egli non dovette solo combattere contro i «cani», vale a dire contro gli Ebrei non convertiti (Fil 3,2), ma anche contro gli emissari di Giacomo che con la pretesa di imporre la circoncisione e la Legge, l'obbligatorietà dei vari giorni di riposo e dell'astensione da certi cibi (1 Tim 4,1–5; Col. 2,16; Rom 14,2); volevano di fatto assoggettare i cristiani al giudaismo (Rom 14,5; Col 2,16). Per costoro Paolo era l'anticristo, che si opponeva alla Legge divina esistente in cielo prima ancora di essere dettata a Mosè[19].

---

[16] Così J. Weiss, *Urchristentum*, p. 558.

[17] Egesippo in Eusebio, *Historia Ecclesiastica*, 3,20,1–7; S. G. F. Brandon, *The Fall of Jerusalem and the Christian Church*, London 1951; J. Hering, *Le royaume de Dieu et sa venue*, 2ª ediz., Neuchâtel 1959, p. 51.

[18] La prima cattedra di Pietro fu infatti posta ad Antiochia. Per il «trono episcopale» di Gerusalemme cfr. Eusebio, *Historia Ecclesiastica*, 2,23,1. Sul «trono di Davide» cfr. Epifanio, *Haereses* IX o XXIX PG 41,392.

[19] La corrente Giacobita, dopo la distruzione di Gerusalemme divenne una setta sempre più limitata che finì poi col divenire eretica.

Evidentemente questo movimento religioso non riconosceva alcuna superiorità gerarchica a Pietro, che era anzi ritenuto subordinato allo stesso Giacomo.

2. IL PARTITO GIOVANNEO

Contro l'importanza che Giacomo e Pietro andavano assumendo nei primi anni del cristianesimo, il partito che si rifaceva a Giovanni cercò al contrario di esaltare il proprio apostolo. Già nel primo Vangelo appare l'inizio di questa glorificazione, contenuta però nei giusti limiti e solo per opporsi alle pretese delle altre due correnti cristiane. Giovanni, l'unico apostolo rimasto fedele a Gesù nel momento cruciale della crocifissione, è «il prediletto» dal Signore che pone il suo capo in grembo a Gesù[20]. Ma i suoi discepoli andarono oltre raccontando che sul monte Tabor durante la trasfigurazione, Gesù parlò a lungo con lui, suscitando la reazione gelosa di Pietro e Giacomo i quali finalmente adiratisi imposero a Giovanni di lasciare in pace Gesù e di tornare da loro[21]. Essi pensarono perfino che fosse un essere «immortale», per cui il quarto evangelo dovette rettificare tale pensiero dicendo che Gesù non gli aveva affatto promesso l'immortalità[22].

I discepoli di Giovanni cercarono di opporsi alla corrente sia giacobita che petrina. Contro Giacomo insistettero sul fatto che «anche i fratelli di Gesù», compreso quindi lo stesso vescovo di Gerusalemme «non credevano in lui» prima della resurrezione (Gv 7,7). Essi sottolinearono pure il fatto che al momento della crocifissione la «madre» di Gesù sfruttata dai giaco-

---

[20] [19bis] Gv 13,23. Su questo argomento cfr. Alv. Klagerud, *Der Lieblingsjunger in Johannesevangelium*, Oslo 1959, p. 75. Questi pretende perfino sostenere che in Gv 18,15–16 il discepolo prediletto vi è presentato come il buon pastore (cfr. Gv 10,11–16), perché vi si usano vocaboli identici come: portiere, seguire, conoscere, entrare, uscire, ecc. Ma si tratta di indizi insufficienti, e la corte del sacerdote non può paragonarsi all'ovile, simbolo del regno dei cieli, come egli suppone. E. Meyer (*Sinn und Tendenz der Schlusszene am Kreuz im Johannesevangelium*, in «Sitzungsbericht der preussischen Akademie der Wissenschaften» 1924, p. 159) pensa addirittura che, con le parole rivolte da Gesù alla sua madre e a Giovanni, Gesù abbia accolto il discepolo amato nella stessa sua famiglia adottandolo come fratello in senso stretto. In questo brano evangelico v'è pure uno spunto apologetico contro la pretesa giacobita di esaltare Giacomo al di sopra degli altri in quanto fratello di Gesù.

[21] [20] *Atti di Giovanni*, n. 91; in James, *Apocryphal New Testament*, Oxford 1924, p. 252. Il libro, scritto verso la metà del II secolo, è di tendenza manichea e costituiva un'opera da essi approvata.

[22] [21] Gv 21,22. Forse una coloritura contraria alla corrente giovannea si riscontra nella prima parte del libro degli Atti dove Giovanni è presentato solo come l'ombra di Pietro (At 3,1–3; 4,19; 8,14): a meno che al contrario il nome di Giovanni non sia stato aggiunto dai giovanniti per mettere Giovanni nella stessa posizione di Pietro.

biti per accrescere la loro importanza, era stata affidata al discepolo «amato» anziché ai suoi fratelli (Gv 19,26 s.). Quindi la pretesa giacobita non aveva alcun valore. Contro di essi, fanatici assertori della Legge mosaica i giovanniti esaltarono l'importanza del sigillo che lo Spirito Santo conferisce a tutti i cristiani, e che fu posto in risalto, persino eccessivo, dai Montanisti d'origine giovannea. I discepoli di Giovanni presentarono poi la caduta di Gerusalemme come il crollo definitivo del giudaismo (e quindi anche dei Giacobiti) come il momento nel quale il Cristo iniziò davvero a regnare (Ap 12).

Contro i petrini, che esaltavano l'apostolo Pietro, i giovanniti sottolinearono che questi dovette più volte dipendere da Giovanni sia per conoscere il nome del traditore, sia per entrare nell'atrio della casa di Caifa (Gv 13,24; 18,15). Pietro, il rinnegato, dovette piangere amaramente la sua colpa (Gv 19,26) ed essere ristabilito nella sua funzione di apostolo, dalla quale era decaduto con il suo triplice rinnegamento (Gv 21), mentre Giovanni rimase fedele a Cristo durante la seduta del Sinedrio e ai piedi della croce. A Pietro non fu affidato tutto il gregge, bensì solo «gli agnellini» e «le pecorine», vale a dire i cristiani immaturi[23]. Anche se Pietro impulsivo entrò prima di Giovanni nel sepolcro e si gettò nel lago di Tiberiade per raggiungere per primo il Maestro sulla spiaggia della Galilea, di fatto Giovanni fu quegli che «vide (il sepolcro) e credette» anche senza entrarvi e che individuò tosto nello straniero della spiaggia deserta il Cristo risorto (Gv 20,8; 21,7).

Contro le pretese dei petrini, i giovanniti sostennero pure che il «Tu sei Pietro» non riguardava solo l'apostolo, bensì tutti i cristiani spirituali, i quali sono i veri successori di Pietro. Tertulliano scrive:

> Il potere di Pietro passa agli spirituali ossia a un apostolo, a un profeta... La Chiesa (gerarchica) può anche avere dei delitti, ma la Chiesa dello Spirito si valuta dall'uomo spirituale e non dal numero dei vescovi[24].

Simile la posizione di Origene dal quale le parole di Cristo a Pietro, si applicano a ogni credente che per fede diventa simile a Pietro:

---

[23] [21bis] Usualmente vi si legge infatti *àrnos* (agnello); mentre *arnìon* si trova solo in Gv 21 e nell'Apocalisse (c. 5 e 6), dove indica la debolezza dell'agnello sgozzato, significando che dopo questa sua morte come essere debole, esso ottenne il diritto di rompere i suggelli del libro celeste. Il *probàtia* si trova solo in Gv 21, altrove si legge sempre *tà pròbata* (qualche codice, data la stranezza della lezione, vi ha sostituito anche qui *pròbata*).

[24] [22] Tertulliano, *De Pudicitia* 21 PL 2,1078–1980; *Antenicene Fathers* IV, 99–100.

Da Pietro costoro vanno chiamati pietra, perché su ogni fedele perfetto la Chiesa è edificata da Dio[25].

Come si vede anche i giovanniti non hanno riconosciuto Pietro come capo della Chiesa universale o del collegio apostolico[26].

3. Il gruppo petrino

Il libro degli Atti, che tende ad occultare le divergenze tra le primitive correnti cristiane, mostra un Pietro che sta in bilico tra la missione giudaica e quella pagana (At 11,19–26). Amico di Paolo che lo visita con rispetto (2 Pt 3,15; Gal 1,18), è in accordo anche con Giacomo il Giusto (At 12,17), e con Giovanni dal quale è accompagnato nei suoi viaggi, quasi ne fosse l'ombra (At 3,1; 8,14).

Tuttavia i discepoli di Pietro, i cosiddetti Ebioniti, cercarono di esaltare sempre più l'apostolo stabilendo un parallelismo tra lui e Paolo, anzi tra lui e lo stesso Gesù[27]. In questa linea direttiva si innestano le lezioni occidentali del Libro degli Atti e la molteplice letteratura petrina[28].

a) *Le lezioni occidentali del libro degli Atti mettono in miglior luce l'apostolo Pietro.* – Si tratta di una ventina di aggiunte al libro canonico degli Atti,[29] le quali si leggono nel codice D ossia nel «Codice di Beza» o di Cambridge, così detto perché prima appartenente a Teodoro Beza e poi passato all'Università di Cambridge, e in vari testimoni latini, per cui seno dette «occidentali».

---

[25] [23] Origene, *Commentum in Matthaeum* 12,10–11 PG 13,993–1005.

[26] [24] I *giovanniti*, in cui entrarono a far parte i Samaritani, i Frigiani e i cosmopoliti Efesini, costituirono in Asia una scuola che si rifaceva a Giovanni tramite Ireneo, Policarpo e Papia. I Quartodecimani e i Montanisti – tra cui Tertulliano – rientrano in tale corrente, che viene presentata negli scritti apocrifi di Giovanni, nel Vangelo falsamente attribuito a Filippo, nella esegesi di Papia e nella predicazione di Marco il diacono. Negli scritti di Ireneo e del suo maestro Policarpo se ne conserva l'elemento più genuino, senza le esagerazioni degli scritti apocrifi.

[27] [25] I discepoli di Tommaso e di Addai lo considerano come capo eletto dal Signore (*Patrologia Orientalis* 4,372 ss.).

[28] [26] Molti libri si rifanno a questa corrente petrina-ebionita (in parte ortodossa e in parte eretica): posseggono il Pentateuco e il libro di Giosuè, ma sono contro i profeti. Conservano il Vangelo di Matteo e di Giovanni (gli Atti degli Apostoli tutti tradotti in ebraico). Possiedono un'abbondante letteratura apocrifa, tra cui uno *Pseudo-Giacomo*, uno *Pseudo-Matteo* e uno *Pseudo-Giovanni*, amano l'*Apocalisse* e gli *Atti di Pietro* (fine II secolo) e il ciclo dementino (cfr. Epifanio, *Haereses* PG 41,405–473).

[29] [27] Atti 1,23; 2,14; 2,37; 3,3–5; 3,11; 4,14; 4,24; 5,15.29 s.; 8,24; 9,34; 9,40; 10,24.25.33; 11,2; 12,10; 15,7.12.

La questione non è ancora stata esaminata bene: vi accennò indirettamente il Chase nel 1893 segnalando il curioso parallelismo esistente tra alcune lezioni petrine siriache nel codice di Beza e la parte paolina degli Atti[30]. Ma tale fenomeno fu trascurato nello studio amplissimo di B. Weiss[31] e da J. H. Ropes nella sua vasta introduzione agli Atti che supera le 340 pagine. Dopo un accenno del Menoud nel 1951[32] vi si dedicarono gli articoli di J. Crehan[33] e di Carlo M. Martini[34]. Lo studio più esauriente delle varianti del codice di Beza si trova in una recente pubblicazione di E. J. Epp[35].

In queste lezioni si afferma che solo Pietro, anziché il gruppo degli apostoli, designò i due nomi dei candidati destinati a prendere il posto di Giuda (1,23). Dopo la Pentecoste Pietro fu il *primo* a parlare alla folla (2,14), *universale* è l'efficacia dell'azione guaritrice di Pietro (5,15). Cornelio attende con *impazienza* l'arrivo di Pietro (10,24), uno schiavo ne preannunzia l'arrivo (10,25); Pietro parlò *nello Spirito* all'assemblea di Gerusalemme (15,7); i presbiteri *approvarono* il discorso di Pietro che fece *ammutolire la folla*[36].

In genere tali passi vogliono presentare in modo più vivido e marcato la figura e l'attività di Pietro, per cui ampliano le gesta dell'apostolo, precisano particolari cronistici e topografici della sua opera, e cercano di far pendere in favore di Pietro il parallelismo esistente tra Pietro e Paolo nel libro degli Atti. Non giungono però a presentare Paolo come «il nemico» di Pietro: vi è solo un petrinismo, ma non ancora un antipaolinismo[37]. La stessa lingua, che risente dell'influsso lucano, mostra che tali lezioni dovettero sorgere tra il primo e il secondo secolo (certamente prima del 150) in

---

[30] [28] Chase, *The Old Syriac Element in the Text of Codex Bezae*, London 1893.

[31] [29] B. Weiss, *Der Codex Bezae in der Apostelgeschichte*, Texte und Untersuchungen IV F. II, 1, Leipzig 1897.

[32] [30] P. H. Menoud, *The Western Text and the Theology of Acts*, in «Bulletin Studiorum N. T. Societatis» 1951, fasc. 2.

[33] [31] J. Crehan, *Peter According to the Text of Acts*, in «Theological Studies» 18 (1957), pp. 596–603.

[34] [32] Carlo M. Martini, *La figura di Pietro secondo le varianti del Codice D negli Atti degli Apostoli*, in «San Pietro», Atti XIX Settimana Biblica, Paideia 1957, pp. 279–290.

[35] [33] E. J. Epp, *The Theological Tendency of Codex Bezae Cantabri gensis in Acts* (Society for New Testament Studies, Monograph Series 3). Cambridge 1966. (Tutto si spiega con un antigiudaismo cosciente).

[36] [34] At 15,12: vi è qui la prima tendenza – poi accolta in campo cattolico – a mostrare che nell'Assemblea di Gerusalemme fu Pietro a tenere la direzione anziché Giacomo.

[37] [35] In alcuni passi vi è persino la tendenza ad esaltare lo stesso Paolo: 13,8 si sottolinea l'effetto della parola dell'apostolo; 13,12 stupore per il miracolo prodotto da Paolo; 13,42 tutti ammutoliscono alle sue parole; 13,43 risonanza universale del discorso di Paolo.

zone vicine all'ambiente lucano (antiocheno?) ad opera di cristiani penetrati di maggior venerazione verso i due apostoli Pietro e Paolo, ma specialmente verso Pietro, e che volevano sottolineare l'aspetto antigiudaico del messaggio cristiano e l'importanza dello Spirito Santo nelle comunità primitive[38].

b) *Letteratura petrina apocrifa*. – Molti libri di tendenza petrina esaltano l'importanza di Pietro, facendone un capo (ad eccezione di alcuni brani d'intonazione giacobita, penetrati in questi libri compositi), che si interessa del denaro da distribuire ai poveri e cerca di inculcare la verginità. Sono gli elementi che, caso strano, saranno poi esaltati dalla Chiesa romana. Eccone gli scritti più importanti:

Atti di Pietro. – Di questo libro apocrifo, sorto verso il 200 in Asia Minore, in quanto poco conosce Roma, possediamo un frammento copto, che parla della figlia di Pietro (IV-V secolo) e una parte assai estesa conservata nel manoscritto latino di Vercelli. Altri frammenti ci sono stati conservati in alcuni papiri. Gli *Atti di Pietro* scritti indubbiamente da discepoli di Pietro, tradiscono degli influssi gnostici.

Frammento copto riguardante la figlia di Pietro. – La moltitudine vedendo Pietro compiere molti miracoli, lo pregò di guarire anche sua figlia (di nome Petronilla, secondo gli *Atti di Nereo e Achilleo*) che era paralizzata. L'apostolo cercò di spiegare loro che tale malattia era provvidenziale, a motivo di un certo Tolomeo, innamorato pazzo di lei. Tuttavia per accrescere il numero dei convertiti il padre compì il miracolo, ma solo per breve tempo, facendo poi ritornare inferma la figlia. Tolomeo tentò di rapirla ugualmente, ma in seguito a una visione, si recò dall'apostolo che gli spiegò il motivo di tale paralisi. Egli allora si convertì e alla morte lasciò una cospicua eredità a Pietro che ne distribuì il denaro ai poveri[39]. L'in-

---

[38] [36] Così C. Martini a conclusione dell'articolo già citato.
[39] [37] James, *Apocryphal New Testament*, The *Apocryphal New Testament*, Oxford 1924, pp. 300–302. Il papiro che lo contiene è del IV o V secolo. Il racconto è assai affine a quello dell'apocrifa lettera a Tito (James, *Apocryphal New Testament*, Oxford 1924, p. 303) dove si dice che la figlia di un giardiniere fu risuscitata da Pietro dietro l'insistenza del padre il quale non volle ascoltare l'apostolo, che gli consigliava essere preferibile la morte, un uomo infatti tosto la rapì e le fece violenza. L'episodio era già noto anche ad Agostino (*Contro Adimantum* 17,5 CSEL 25, p. 170). Il nome Petronilla è del tutto insostenibile perché di pretta marca latina. Altri autori si limitano ad attribuire a Pietro più «figli», così Girolamo (*Adversus Jovimanum* 1,26 PL 23,257).

tento presentato dal racconto è evidente: esaltare la verginità a scapito del matrimonio.

Pietro e Simon Mago (Atti di Vercelli). – Un episodio riguarda la Palestina (c. 17), tutti gli altri invece Roma (1–16; 18–32)[40].

Simon Mago, avido di ricchezza, rubò molti gioielli alla matrona Eubola, che ne sospettò i propri schiavi, ma Pietro, consolata la donna le fece recuperare la refurtiva e individuare il ladro, il quale, intuito il pericolo, scomparve dalla Giudea, mentre la matrona disponeva che il suo ingente patrimonio venisse distribuito ai poveri (c. 17).

Dopo la patetica scena di Paolo, che lascia i Romani per recarsi in Spagna (cc. 1–3), ecco giungere a Roma il mago Simone, che con i suoi prodigi ingannò la comunità cristiana attirando al suo seguito gran parte dei cristiani. Per fortuna, dodici anni dopo l'ascensione, il Cristo apparve a Pietro, il quale si trovava allora a Gerusalemme, per annunziargli quanto accadeva nella Chiesa romana. Pietro allora si imbarcò in tutta fretta, convertì il comandante della nave e fu accolto a Roma da un'ingente folla[41]. Pietro esortò i cristiani alla resipiscenza e, all'udire che perfino Marcello il benefattore dei poveri era divenuto patrono dell'eretico, si recò a casa dell'apostata dove dimorava il mago. Il portinaio gli confessò candidamente di aver ricevuto l'ordine di dirgli che Simone non era in casa, ma Pietro incaricò il cane di annunziargli il suo arrivo. All'udire il cane che apostrofava la pretesa «Potenza di Dio», Marcello si ravvide, corse ai piedi di Pietro e gli chiese perdono dei suoi peccati, tra i quali vi era l'erezione di una statua in onore del mago con l'iscrizione «A Simone, nuovo Dio»[42].

Il cane preannunziò all'apostolo che la sua missione sarebbe stata dura: «Pietro, tu avrai una grave lotta con il nemico di Cristo e dei suoi servi, tu farai tornare alla fede molti che furono ingannati da loro, perché tu riceverai da Dio la ricompensa della tua opera». La moltitudine impressionata chiese altri prodigi all'apostolo che, gettata nell'acqua un'aringa secca, la fece ridiventare viva (cc. 4–13).

Marcello, convertito, scacciò di casa Simon Mago, il quale presentatosi a Pietro, lo assicurò che avrebbe ben presto palesato quanto stupida fosse

---

[40] [38] James, *Apocryphal New Testament*, Oxford 1924, pp. 304–330.

[41] [39] Cc. 4–6. Strano questo particolare dal momento che quasi tutti i cristiani seguivano Simone il Mago.

[42] [40] *Simoni juveni deo*. Anche Giustino dice che il mago fu onorato a Roma, dove il senato gli eresse una statua con l'iscrizione: *Simoni deo sancto* (1 Apol 26,56. Cfr. Eusebio, *Historia Ecclesiastica* 2,13,14). All'origine della leggenda sta la confusione tra il Simone mago e l'iscrizione di una statua eretta nell'Urbe a *Semoni deo fidio*, il dio sabino Semon, che vi fu ritrovata nel 1574.

la sua fede in «un uomo, figlio di un falegname». L'apostolo lo fece rimproverare da un bimbo di sette mesi, che gli intimò di starsene lungi sino al prossimo sabato quando avrebbe avuto luogo la lotta finale: il mago non potè rispondere per aver perso improvvisamente la favella. In una visione notturna Gesù confortò Pietro, manifestandogli che la futura lotta avrebbe attirato molti pagani alla verità (cc. 14–16.18). Marcello, purificata la propria casa con acqua benedetta, invitò Narcisso e altri fedeli perché distribuissero tutti i loro beni ai poveri. L'apostolo restituì la visita a una vedova, poi entrò nell'assemblea riunita per leggere il vangelo[43]. Pietro, interrotta la riunione, spiegò loro «come si dovesse interpretare la S. Scrittura», e, ricordando l'episodio della Trasfigurazione, narrò com'egli fosse rimasto cieco fino a quando Gesù non lo ebbe preso per mano,[44] quindi passò a descrivere il carattere soprannaturale di Gesù con espressioni non sempre ortodosse. All'ora nona l'assemblea iniziò la preghiera, e molte vedove cieche ottennero miracolosamente la guarigione: Marcello suggerì a Pietro di riposarsi un po' e gli narrò la visione da lui avuta di una donna nera, personificante la potenza diabolica di Simone, che veniva uccisa da un personaggio misterioso simile a Pietro (cc. 19–22).

Pietro recatosi nel foro per il supremo incontro, arringò gli idolatri ricordando loro il furto compiuto da Simon Mago e la sua richiesta fatta a Pietro e Paolo (sic ?!) di ottenere il dono dei miracoli (cfr. At 8,19), poi con testi profetici dimostrò la divinità di Cristo, citando anche un Ezechiele apocrifo e l'*Ascensione di Isaia* (cc. 23–24). Il prefetto scelse allora la prova: Simon Mago dovrà far morire un ragazzo e Pietro risuscitarlo: «Tosto Simone parlò all'orecchio del fanciullo che divenne muto e poi morì». Pietro fece condurre qui anche il cadavere del figlio unigenito di una vedova e risuscitò entrambi i ragazzi, mentre la folla erompeva nel grido: «Uno è l'Iddio, uno è l'Iddio, quello di Pietro... Tu sei l'Iddio Salvatore: Tu l'Iddio di Pietro, sei il Dio invisibile, il Salvatore».

Allora anche la moglie di un senatore impetrò la resurrezione del figlio il cui cadavere fu portato nel Foro, l'apostolo sfidò Simone a ridonare la vita al cadavere e il mago gli fece muovere la testa e gli occhi. Il popolo esultò commosso, ma Pietro disse che questi erano dei puri gesti meccanici non una vera resurrezione, dal momento che il cadavere era tosto ripiombato nella sua inerzia. Ottenute alcune promesse dalla madre, tra cui quella

---

[43] [41] Si noti l'anacronismo: durante la vita di Pietro i Vangeli non esistevano ancora.

[44] [42] Episodio tratto dalla vita di Paolo, che dopo aver avuto la visione di Cristo rimase cieco (At 9); esso vuole esaltare la superiorità di Pietro su Paolo per essere stato guarito da Gesù e non da Anania.

d'aiutare i poveri, l'apostolo restituì la vita al giovane e, dinanzi all'entusiasmo popolare, si ritirò nella casa di Marcello (cc. 25–29).

Una donna in seguito a una visione regalò a Pietro 10.000 pezzi d oro; ma l'assemblea criticò l'apostolo dicendo che quel denaro era stato raccolto da Criseide mediante i suoi molti adulteri. Pietro si difese dicendo che a lui poco importava sapere che cosa fosse stata quella donna, a lui interessava solo il fatto che Cristo stesso aveva provveduto del denaro per i suoi santi.

Il mago Simone promise di voler dimostrare il giorno dopo che non l'Iddio di Pietro, ma il suo dio, del quale egli incarnava la potenza «essendo Figlio di Dio Padre», era il solo vero dio. Nella prova finale Simone entrò in città volando per il cielo e sfidando l'Iddio di Pietro a mostrare la sua potenza impedendogli di sollevarsi in aria. Il mago si innalzò allora «sopra tutta Roma, i templi e le montagne»; però alla preghiera dei fedeli e di Pietro egli precipitò a terra e la sua gamba si ruppe in tre punti proprio secondo il desiderio dell'apostolo. Il mago poco dopo venne ucciso in Terracina[45].

4. Letteratura clementina

I petrini, specialmente nella parte più antica della letteratura clementina, cercarono di mettere in cattiva luce anche l'apostolo Paolo. Il «romanzo» dello pseudo-Clemente accoglie elementi eterogenei. Secondo il Waitz alla base vi starebbe un'opera di carattere dottrinale composta verso il secolo II dalla setta degli Elcesaiti, con elementi anche anteriori[46] e che si chiamava

---

[45] [43] Cc. 30–32; questo brano si rinviene pure nel Ms. greco del Monte Athos; seguono i cc. 33–41 (Mss. di Patmos e versioni riguardanti il martirio di Pietro che saranno citati nel capitolo seguente. Sul luogo in cui Pietro si sarebbe inginocchiato per pregare (non lungi dal Foro Romano) sulla via Sacra, nei secoli V e VI si soleva ripetere una speciale genuflessione, fino a che nel 762 Paolo I «fecit ecclesiam intra hanc civitatem romanam in via Sacra iuxta templus Romuli (in realtà *templume Romae*) in honorem sanctorum apostolorum Petri et Pauli ubi genua flectere visi sunt» (si noti l'accostamento Pietro e Paolo). Più tardi, scomparso questo tempio vi fu eretta la chiesa di S. Maria Nova, ora detta di S. Francesca Romana. Il tempio voleva contrapporre i due apostoli, patroni celesti di Roma, al culto pagano di Venere e Roma promosso da Adriano nel grandioso doppio tempio eretto lì vicino con due celle ornate di marmi preziosi e che erano arricchite delle statue di Venere e Roma. Nel 135 esso non era ancora ultimato perché Adriano fece spostare per tale motivo la statua di Nerone dal vestibolo della *Domus Aurea* (dove fu eretto il tempio) verso il Colosseo: questa fu trasferita diritta per mezzo di un'armatura sostenuta sul dorso di 24 elefanti. A questi richiami della paganità (Marte, Rea Silvia, lupa con i gemelli, pastore Faustolo) che ne ornavano il tempio, i papi del V e del VII secolo, vollero contrapporre i due nuovi apostoli, quali veri tutori della nuova Roma.

[46] [44] H. Waitz, *Die Pseudoclementinen Homilien und Recognitionen* (Texte und Untersuchungen X), Leipzig 1901; O. Cullmann, *Le problème littéraire et historique du Roman*

Kerygmata Petri o «Predicazione di Pietro»[47]. Nel III secolo essa si fuse con gli *Atti di Pietro* (di origine palestinese e distinti dagli *Atti di Vercelli*) e con le *Avventure di Clemente*. Ne risultò così nel IV secolo un'opera dottrinale e romanzesca, distinta in due sezioni: le *Recognitiones* e le *Omelie*: delle prime abbiamo solo la versione latina di Rufino e una versione siriaca, delle seconde anche il testo greco con riassunti in greco e in arabo[48].

Omelie. – Contengono le pretese prediche di Pietro, alle quali precedono due lettere inviate (con tendenze talora giacobite, da Pietro e da Clemente a Giacomo il Minore, vescovo di Gerusalemme. La narrazione è solo una tenue cornice per inquadrarvi degli insegnamenti teologici di carattere giudaico-gnostico: il Cristo è qualcosa di divino, già manifestatosi in Adamo e in Mosè. Il cristianesimo vi è dipinto come un giudaismo depurato, con centro a Gerusalemme dove dimora Giacomo «il Vescovo dei vescovi» (*Lettera di Clemente*). Si tratta di un brano giacobita.

Recognitiones. – La parte narrativa, pur non raggiungendo una trama vera e propria, è assai più movimentata e ricalca motivi già noti nell'antichità profana, il suo nome proviene dai molti racconti «nei quali Clemente riconosce i suoi cari».

Questi, rimasto con il padre a Roma, s'incontrò con Barnaba e recatosi con lui a Cesarea, vi fu battezzato da Pietro al cui seguito egli passò per andare alla ricerca di Simon Mago a Cesarea prima, poi a Laodicea; in altre città della Fenicia e della Siria il mago fuggì precipitosamente appena si spargeva la notizia dell'arrivo dell'apostolo.

In questi suoi viaggi Clemente ritrovò prima la madre e i fratelli, che si ritenevano periti in un viaggio marittimo, poi il padre che era partito da Roma per ricercare la moglie e i figli.

Pseudo-Clémentin, Paris, Alcan, 1930. Sull'importanza di Pietro nelle Pseudo-Clementine, cfr. M. Clavier, *Le primauté de Pierre d'après les Pseudo-Clémentines*, in «Revue d'Histoire et de Philosophie Religieuses» 1956, pp. 298–307.

[47] [45] Non vanno confuse con il *Kerygma Petri* o «Predicazione di Pietro» ricordato nel capitolo *Pietro scrittore*.

[48] [46] *Recognitiones* (10 libri) PL 1,1205–1454; *Antenicene Fathers*, vol. 8, pp. 75–211; per la versione siriaca cfr. P. de Lagarde, *Clementis Romani Recognitiones siriacae*, Leipzig 1961; *Homiliae* (20 libri) PL 2,25463; *Antenicene Fathers*, vol. 8, pp. 272–346. Per le due epitomi greche cfr. A. R. M. Dressel, *Clementinorum Epitomae duo*, Leipzig 1859; per le due arabe cfr. M. D. Gibson, *Recognitions of Clement*, in «Studia Sinaitica», V Londra 1896, pp. 1543. (Testo arabo 1445).

La predicazione di Pietro. – Costituisce la parte più antica di origine ebionitica e di tendenza antipaolina, su cui torneremo più avanti. In questa ultima parte, che tratta dell'attività di Pietro tra gli anni 51–54, l'apostolo appare il fondatore della Chiesa, che percorre nei suoi viaggi apostolici la costa siro-palestinese, da Cesarea ad Antiochia. In tutte le città da lui attraversate l'apostolo istituisce una gerarchia composta da un vescovo, da dodici presbiteri e da diversi diaconi. Anche a Roma pone come vescovo Clemente da lui battezzato[49]. Il suo comportamento è tipicamente giudeo-cristiano: non mangia mai con i non circoncisi, osserva un'astinenza severa cibandosi di pane, olive e legumi[50]. La sua brama di purezza l'aveva reso misogino al punto da considerare la sua stessa figlia come sorgente di scandalo[51].

Vi viene detto il «primo degli apostoli», il «fondamento della Chiesa», «l'apostolo dei Gentili» incaricato di illuminare «l'oscuro occidente». Ma in altri brani, forse aggiunti dai giacobiti, è presentato in contatto con Giacomo, che ha il primato ecclesiastico, tra le varie chiese della cristianità.

Un altro dato dei petrini è l'assimilazione di Pietro a Gesù. Ciò appare ad esempio dal suo martirio, quando egli fu crocifisso come il Maestro, anche se per umiltà volle che il capo fosse all'ingiù.

5. Opposizione dei petrini alle altre correnti

Contro la corrente giovannita, i petrini cercarono di lasciare nell'ombra un apostolo così importante e che dominava nell'Asia Minore. Qualcuno pensa che la relazione dei primi capitoli degli Atti dove Giovanni fa quasi da ombra e da controfigura per esaltare Pietro, sia di intonazione petrina. Ma forse è meglio pensare all'arte di Luca e al suo desiderio di mostrare l'armonia sostanziale di tutti gli apostoli contro le manovre dei loro seguaci.

Contro i giacobiti che insistevano sulla concezione di Gesù ad opera di Maria per sostenere l'autorità dei parenti di Gesù, i petrini sottolinearono invece il battesimo di Gesù, omettendo la sua concezione straordinaria[52] e ricordarono che i parenti stessi di Gesù – compresi i più intimi vale a dire

---

[49] [47] Anche *Il Transito di Maria* presenta Pietro come capo. Cfr. Bonaccorsi, *Vangeli apocrifi*, Firenze 1948, pp. 260–267.

[50] [48] *Omelie* 12,6. Cfr Gregorio Nazianzeno, *Oratio* 14,4 PG 35,861.

[51] [49] Tale fatto è negato da Epifanio; *Haereses* 30,15 CB 1,352–353; PG 41,431. Ricorda pure, tra le cose assurde asserite dal *Petri circuitus*, che si asteneva dalla carne, poiché gli animali sono generati mediante il coito.

[52] [50] Anche Marco che riporta la predicazione di Pietro, inizia il suo Vangelo con il battesimo di Gesù.

i suoi stessi fratelli, Giacomo compreso – erano ostili all'attività del Cristo[53].

Nei libri ispirati la reazione ai giacobiti si contenne nella giusta misura accontentandosi di omettere ciò che poteva favorire l'esaltazione di Giacomo da parte dei suoi seguaci, ma i petrini successivi andarono oltre sino a sostenere (con gli Ebioniti) che solo nel suo battesimo Gesù ricevette la dignità messianica (e secondo alcuni anche la sua divinità) negandone la stessa concezione verginale[54].

Lo stesso ebionita Simmaco, lodato da Girolamo per la sua traduzione[55] aderiva a tale idea:

«Convien sapere che uno di questi traduttori e precisamente Simmaco, era un ebionita. All'eresia detta ebionita aderiscono quanti insegnano che il Cristo nacque da Giuseppe e da Maria, riducendolo pertanto a un semplice uomo, e così pretendono imporre l'osservanza della Legge, alla maniera giudaica.

Tuttora sono in giro i *Commenti di Simmaco*, nei quali egli si dimostra premuroso nel puntellare la detta eresia, movendo aspra critica al Vangelo di Matteo. Origene fa osservare d'aver ricevute questa ed altre interpretazioni elaborate da Simmaco sopra le Sacre Scritture, da una certa Giuliana, la quale le aveva accolte da Simmaco stesso[56].

In tal modo costoro colpivano direttamente la pretesa dei giacobiti, che appunto per la nascita meravigliosa del Messia da Maria, attribuivano ai di lei parenti una superiorità sugli altri. Se la concezione di Gesù fu come quella di tutti gli altri uomini, se da Maria nacque un puro uomo come tutti gli altri, che poi divenne il Cristo solo nel battesimo senza alcun influsso materno, ne consegue che tutte le pretese dei suoi parenti carnali non hanno alcun valore. Tra i petrini va forse incluso quel Tebutis che, alla morte di

---

[53] [51] Una simile attitudine appare già in Mc 3,21.31 dove Gesù dice ai fratelli (e anche alla madre sua) che non lo comprendevano: «Chi sono i miei fratelli? e chi è mia madre? Chiunque fa la volontà del Padre mio, mi è fratello e sorella e madre».

[54] [52] Da qui l'insistenza contraria da parte degli apocrifi, come il *Protovangelo di Giacomo*, che però per esaltare eccessivamente la verginità di Maria è costretto a rendere Giacomo un fratellastro di Gesù, anziché un fratello. In tal modo si trova la *Sitz im Leben* di questi racconti.

[55] [53] *Commentariorum in Amos Prophetam* 3,11 PL 25,1019B «Symmachus qui... solet... intelligentiae ordinem sequi».

[56] [54] Eusebio, *Historia Ecclesiastica* 6,17. Traduzione di Giuseppe del Ton. Cfr. H. J. Schoeps, *Theologie und Geschichte des Judenchristentums*, Tübingen 1949, pp. 350–366; Idem, *Aus frühchristlicher Zeit*, Tübingen 1950, pp. 82–119.

Giacomo, tentò inutilmente di opporsi alla successione vescovile di Simone, che pretendeva averne diritto in quanto parente del Signore[57].

I petrini non solo combatterono i giacobiti, ma la stessa persona di Paolo che si andava imponendo sempre più fra i Gentili. Essi anzitutto resero Pietro il primo, anzi il capo degli apostoli attribuendogli una serie di titoli altisonanti, come «corifeo degli apostoli», il «primo discepolo di Cristo», «duce e primizia degli apostoli», «il pastore per eccellenza», titoli questi ricorrenti in fonti cristiane e pagane del III secolo, che costituirono la base per il futuro sviluppo.del pensiero cattolico[58].

Contro il gruppo paolino i petrini insistono sull'obbligo della circoncisione e del riposo sabatico, sulla validità della legge mosaica in quanto Gesù è venuto per adempiere, non per abolire la Legge. Nelle *Predicazioni di Pietro* (*Kerygmata Petrou*, parte più antica della letteratura clementina), Paolo pur non essendovi nominato, appare come il «grande avversario», lo «inimicus homo» che si oppone al volere di Cristo difeso da Pietro. Il tono violento della polemica richiama il periodo della epistola ai Galati (ca 53 d. C.).

In esse Pietro così apostrofa Paolo : «Come ti sarebbe apparso, Lui, a te, quando i tuoi pensieri contraddicono il suo insegnamento? Sei tu divenuto un apostolo? Credi dunque alle sue parole, spiega la sua dottrina, ama i suoi apostoli, cessa di combattere me che sono vissuto con lui. Poiché è contro di me, la solida rocca e il fondamento della Chiesa, che tu ti sei eretto da avversario» (cfr. Gal 2,11).

«Se tu non fossi un nemico, non mi denigreresti affatto, non criticheresti la mia predicazione, perché non mi si creda quando ripeto ciò che ho inteso dalla bocca stessa del Signore, e tu non diresti che io sono un uomo biasimevole»[59].

---

[57] [55] Eusebio, *Historia Ecclesiastica* 4,22,5 PG 20,580A.

[58] Cfr. A. Rimoldi, *Titoli petrini riguardanti il primato nelle fonti letterarie cristiane dalle origini al Concilio di Calcedonia*, in «Pietro» Atti della XIX Settimana Biblica, Brescia 1967, pp. 501–532. Articolo ben informato, ricco di citazioni, ma presentato in modo sintetico per documentare resistenza di un primato, anziché indicare il progressivo sviluppo dell'idea. Sono solo accennati i testi contrari come la lettera all'apostolo Giacomo il Minore, vescovo di Gerusalemme, che è stranamente definito «Vescovo dei vescovi» (p. 526), mentre si insiste eccessivamente sull'elemento positivo senza ambientarlo nella mentalità del tempo.

[59] *Omelie* 17,13–19.

6. Il gruppo dei paolini

Mentre i primi tre gruppi, almeno all'inizio agirono sullo sfondo della cristianità ebraica, la corrente paolina si impose particolarmente nelle chiese della gentilità.

Paolo contro la corrente giacobita, che esaltava la maternità di Maria, cerca intenzionalmente nei suoi scritti di ridurne il ruolo, tant'è vero che la venuta di Gesù su questa terra è espressa con una semplice frase «Iddio ha mandato il Figlio nato *di donna*» (Gal 4,4). Contro l'esaltazione della Legge, che i giacobiti ritenevano tuttora obbligatoria, Paolo insistette nel dimostrare che la salvezza viene non dalla Legge, bensì dalla fede; che la Legge era solo un pedagogo per condurre al Cristo; che noi ora siamo figli di Dio, non più servi[60].

Contro i petrini che esaltavano l'importanza dell'apostolo dei Giudei, afferma che i cristiani appartengono non a uomini, ma a Cristo crocifisso per loro, e sostiene che nessuno deve gloriarsi degli uomini poiché tutti, Pietro compreso, sono ministri dei cristiani (1 Cor 3,21–23). Nella lettera ai Galati Paolo si oppose energicamente a Pietro, lo rimproverò in modo assai aspro «perché non camminava secondo la verità del Vangelo» (Gal 2,14) e si presentò con la stessa autorità degli altri Apostoli per nulla inferiore a Pietro, poiché presso Dio non v'è accezione di persone[61]. Paolo non ebbe invece delle critiche verso i giovanniti, che con lui avevano maggiore affinità di idee.

Presso i Gentili l'autorità di Paolo andò sempre più imponendosi specialmente presso gli gnostici e i loro simpatizzanti. È questa una storia non ancora scritta e che meriterebbe d'essere sviluppata con competenza attraverso l'analisi delle varie fonti. Tra costoro domina la figura di Marcione (II secolo), che, nel desiderio di meglio combattere le tendenze giudaizzanti (giacobite), respinse tutto l'Antico Testamento rifiutandone ogni esegesi allegorizzante. Partendo dal contrasto paolino tra Legge e Vangelo, tra giustizia divina e grazia, affermò che solo Paolo aveva ben compreso il Signore, che l'Antico Testamento proviene da un altro Dio giusto ma iroso, identico al Creatore (Demiurgo), mentre il Nuovo deriva dal Dio d'amore e di ogni consolazione. È questo Dio buono che si è manifestato nel Cristo; il suo messaggio si rinviene in Luca (senza però il Vangelo dell'infanzia) e nelle dieci più importanti lettere paoline[62].

---

[60] Cfr. Gal 2,21 s.; 3,21.24; 4,4; 5,4; 2 Cor 3.
[61] Si veda sopra il capitolo riguardante il primato di Pietro negli scritti apostolici.
[62] Su Marcione cfr. R. S. Wilson, *Marcion*, London 1933; J. Knox, *Marcion and the N. T.*, London 1942; E. C. Blackman, *Marcion and His Influence*, London 1949; ancora buona

Siccome gli gnostici si richiamavano alle lettere paoline per spulciarvi elementi capaci di essere sviluppati secondo la dottrina gnostica, come l'aspirazione alla libertà, alla conoscenza (gnosi), la Chiesa ortodossa nutrì a lungo diffidenza verso gli scritti di Paolo[63].

Dal momento che Paolo stesso si presentò come apostolo per nulla affatto inferiore a Pietro, è naturale che la corrente paolina non abbia attribuito all'apostolo degli Ebrei grande importanza, lasciandolo del tutto in disparte. Dal momento che essi erano contro ogni legge, dovevano necessariamente contrariare l'organizzazione gerarchica della Chiesa e l'autorità di Pietro a capo degli apostoli e della Chiesa[64].

7. Nessun primato

Si può quindi concludere che nei primi secoli l'autorità di Pietro, come capo della Chiesa, fu sostenuta solo dalla corrente petrina, ma fu piuttosto contrariata da tutti gli altri tre gruppi; il che conferma la conclusione a cui eravamo già pervenuti con l'esegesi delle parole di Gesù a Pietro. I gruppi giovannita, giacobita e paolino, che costituivano la maggioranza dei credenti, anche nella loro manifestazione ortodossa, non riconoscevano il primato petrino, tanto meno poi lo ammettevano nella loro espressione eterodossa.

Bibliografia

Jean Danielou, *Pierre dans le judéo-christianisme hétérodoxe*, in «Pietro» (Atti XIX Settimana Biblica), Paideia 1967, pp. 443–458.
Emanuele Testa, *S. Pietro nel pensiero dei giudeo-cristiani*, ivi pp. 459–500; Idem, *Il primato di s. Pietro nelle comunità orientali dei primi secoli*, in «La Terra Santa», 42 (1967) pp. 166–171.

---

la monografia di A. von Harnack, *Marcion, das Evangelium vom fremden Gott. Eine Monographie zur Geschichte der Grundlegung der katholischen Kirche*, T. V. 45, Berlin 1934 (ediz. 2ª).

[63] Essi a lungo furono trascurati nella lettura per i primi cristiani; occorsero più secoli e la caduta dello gnosticismo perché, nel IV-V secolo, Paolo fosse meglio valorizzato dagli scrittori ecclesiastici. Cfr. F. Salvoni, *Il battesimo, morte e resurrezione del credente*, in «Ricerche Bibliche e Religiose» 1 (1966), pp. 319–338 (pp. 326–327).

[64] Cfr. R. M. Grant, *Gnosticism and Early Christianity*, 2ª ediz., Harper Torchbook, New York, 1966.

8

L'IPOTESI DI PIETRO FONDATORE DELLA CHIESA DI ROMA

Una tradizione, assai antica, ha supposto che Pietro sia andato a Roma, dove anzi avrebbe subito il martirio! Fu solo nel XIV secolo, che con Marsilio da Padova, si elevarono i primi dubbi al riguardo!

> Riguardo a Pietro io dico che non può essere provato dalla Sacra Scrittura che egli fu vescovo di Roma e neppure che egli fu mai in Roma. È strano infine che secondo alcune leggende ecclesiastiche si debbano dire di Pietro tali cose, mentre Luca e Paolo non fanno mai menzione di esse[1].

È utile qui riesaminare il problema alla luce delle moderne indagini, che pure non provando apoditticamente l'andata di Pietro a Roma la rendono assai probabile. Non si può opporre a tale asserzione la sua ignoranza del greco – che allora era la lingua ufficiale a Roma, più dello stesso latino – da parte del rozzo Pietro. Oriundo dalla Galilea, territorio assai ellenizzato, doveva ben conoscere un po' di greco se voleva recarsi a Tiberiade per vendervi del pesce. Di più nel suo soggiorno antiocheno, dove frequentò in un primo tempo i Gentili (Gal 2,11). Pietro ebbe occasione di esercitarsi in tale lingua.

La sua bassa condizione sociale non gli impediva di essere accolto a Roma, dove vivevano molti Giudei e dove tanta gente di alto rango bra-

---

[1] Marsilio, *Defensor pacis*, ed. Basilea 1522, pp. 20,208. Tra i recenti studiosi K. Heussi (*War Petrus in Rom*, 1936) ha negato la venuta di Pietro a Roma, ma fu combattuto dallo storico H. Lietzmann (*Petrus und Paulus in Rom – Arbeiten zur Kirchengeschichte I*, 2ª ediz. Berlin 1927) ; oltre agli studi citati nel corso del capitolo cfr. pure O. Marrucchi, *Pietro e Paolo a Roma*, 4ª ediz., Torino 1934.

mava un insegnamento spirituale da qualunque parte venisse. Narra Tacito che la aristocrazia romana era spiritualmente assistita da rozzi predicatori della dottrina cinica. Si confronti l'importanza che ebbero nel Medio Evo i rudi monaci accolti a corte con i più grandi onori. Non fa quindi meraviglia che Pietro, quale apostolo dei circoncisi, possa essersi recato a Roma, dove vivevano circa quarantamila giudei[2].

1. LE PRESUNTE RAGIONI DEL NUOVO TESTAMENTO

Il Nuovo Testamento non parla chiaramente né della andata di Pietro a Roma né del suo martirio romano.

a) *In un altro luogo.* – alcuni esegeti, generalmente cattolici, pretendono trovare un argomento nella frase lucana : «Pietro se ne andò in un altro luogo» (At 12,17). Il luogo innominato sarebbe Roma, in quanto il libro degli Atti si divide in due sezioni parallele, di cui la prima riguarda Pietro e la seconda Paolo. Siccome la seconda sezione termina a Roma (At 28,14) è logico dedurre che anche la prima abbia tale meta[3]. La città non vi sarebbe nominata per ragioni stilistiche, in quanto, secondo il principio teologico lucano, il Vangelo doveva spandersi gradatamente da Gerusalemme in Samaria, poi in altre regioni sino a Roma e agli estremi confini del mondo, vale a dire la Spagna. Perciò l'autore non poteva parlare di Roma prima dell'evangelizzazione dell'Asia Minore e della Grecia[4]. Di più la fraseologia «in un altro luogo» sarebbe stata tratta da Ezechiele dove si riferisce all'«esilio babilonese» (Ez 12,3). Ora si sa che «Babilonia» era il nome simbolico di Roma[5].

---

[2] La Chiesa di Roma sorse probabilmente per opera di Giudei convertitisi a Gerusalemme nel giorno di Pentecoste (in At 2,10 si nominano pure gli «avventizi romani»), i quali devono aver predicato l'evangelo presso gli Ebrei quivi residenti. Si pensa che a Roma esistessero dai 30 ai 40 mila Giudei. J. Juster (*Les Juifs dans l'Empire romain*, Paris 1914, pp. 209 ss.) giunge alla cifra esagerata di 60 mila. Secondo alcuni la lettera ai Romani fu scritta con l'intenzione di indurre i pagano-cristiani di Roma a non sprezzare i Giudei, che rientravano pur essi nel divino piano della salvezza (M. J. Lagrange, *Épître aux Romains*, Paris 1950, pp. XXI s.). Sulle discussioni tra i Giudei circa il «Chresto» (= Cristo) e la loro cacciata nel 49, cfr. Svetonio, *Divus Claudius*, 25 (At 18,2).

[3] Card. I. Schuster, *Actus apostolorum*, in «La Scuola Cattolica», 81 (1953) pp. 371–374; R. Graber, *Petrus der Fels, Fragen um den Primat*, p. 21.

[4] J. Dupont, *Les problèmes du livre des Actes d'après les travaux récents*, Lovanio, *Publications Universitaires*, p. 88.

[5] J. Belser, *Die Apostelgeschichte*, 1905, p. 156. Per l'uso di chiamare Roma Babilonia, si vedano le pagine seguenti.

Tutte queste ipotesi assai fragili non sono confermate ma contraddette da altri passi biblici, che ignorano l'andata di Pietro a Roma nel 42 d. C.[6]. È inutile asserire, come alcuni fanno, che il nome della città fu tenuto nascosto per non danneggiare Pietro. Che ragione v'era di tacere tale nome in un libro scritto molti anni dopo, quando Pietro probabilmente era già morto? L'assenza dei luogo indica solo che da quel momento Pietro iniziò la sua attività di apostolo itinerante in mezzo ai Giudei, anziché rimanere stabilmente fisso a Gerusalemme, come era avvenuto per gli anni precedenti.

b) *La Babilonia della prima lettera*. – Un argomento più serio si vuol trovare nel saluto di Pietro alla fine della sua prima epistola: «La chiesa che è in Babilonia, eletta come voi, vi saluta» (1 Pt 5,13). Babilonia, che è qui un nome di luogo, non potendo indicare, secondo alcuni, l'antica città di Babel che giaceva allora distrutta, dev'essere il nome simbolico di Roma, assai amato nell'apocalittica sia giudaica che cristiana[7].

È tuttavia necessario riflettere che, tale simbolismo, se è naturale nella letteratura apocalittica volutamente misteriosa, non lo è affatto in una lettera, che non contiene alcuna allusione diretta a Roma, e che, essendo favorevole allo stato romano, non poteva identificare Roma con la Babilonia (1 Pt 2,13–17). In tal caso mi sembra più normale intendere Babilonia nel suo ovvio senso geografico e ricercarla in Egitto o nella Mesopotamia.

c) *La Babilonia d'Egitto*, posta presso il canale che congiunge il fiume Nilo con il Mar Rosso, ora assorbita dal Cairo, possedeva una guarnigione mil-

---

[6] H. Holzmeister (*Commentarium in ep. S. Petri et Judae, Corpus Scriptorum*, Paris 1937, p. 82) afferma non esservi alcun sicuro argomento per sostenere che Pietro nel 42 abbia abbandonato la Palestina. C. Cecchelli (*Gli Apostoli a Roma*, Roma 1938, p. 100) sostiene che Pietro non andò a Roma prima del 63. Cfr. quanto noi pure diremo. D. F. Robinson, (*Where and when did Peter die?*, in «Journal of Biblical Literature» 1945, pp. 255 ss.) poggia su questo passo per sostenere che Pietro morì a Gerusalemme nel 44 d. C.; tale sarebbe il nucleo storico di At 12,s1–19. Ma nel campo storico non ci si può lasciar guidare dalla fantasia.

[7] Così in generale gli esegeti cattolici. L'equazione Babilonia-Roma era frequente nell'apocalittica; cfr. *Oracoli della Sibilla*: «Essi bruceranno il mare profondo, la stessa Babilonia e la contrada dell'Italia» (5,159); (cfr. pure *Rivelazione di Baruc* 1,2; *Esdra* 3,1 s., 28,31). Anche gli antichi scrittori ecclesiastici amarono tale equazione come ad es. Tertulliano (*Adversus Judaeos* 9; *Adversus Marcionem* 3,13). Cfr. H. Fuchs, *Der geistige Widerstand gegen Rom*, 1938, pp. 74 ss.; B. Altaner, *Babylon*, in «Reallexikon für Antike und Christentum», col. 1131 ss. Si noti che i due Mss. minuscoli n. 1518 e 2138 hanno sostituito Roma nei passi dell'Apocalisse, dove si parla di Babilonia (Ap 14,8; 16,19; 17,5; 18,2).

itare giudea. Nel sec. V d. C. a *Bablun* vi era ancora una chiesa con un vescovo e pochi fedeli[8].

Gli antichi copti affermano che Pietro scrisse quivi la sua lettera. Anche la tradizione che considera Marco come il primo vescovo di Alessandria (cfr. 1 Pt 5,13), pur essendo in un certo senso insostenibile in quanto suppone anacronisticamente già costituito l'episcopato monarchico, potrebbe confermare la presenza di Pietro e di Marco nella regione alessandrina. Anche l'origine egiziana degli apocrifi *Vangelo di Pietro* e *Apocalisse di Pietro* potrebbe favorire il fatto che Pietro sia rimasto qualche tempo in Egitto. Tuttavia la lettera di Pietro, che è conservata nella Bibbia, non presenta alcuna allusione all'Egitto.

d) *L'antica Babilonia della Mesopotamia*, è vero che giaceva distrutta da molti secoli, tuttavia la vita non vi era totalmente annientata. Secondo Flavio Giuseppe e Filone[9] presso le antiche rovine vivevano tuttora alcuni giudei. Risulta poi che in Mesopotamia si svolgeva una intensa attività giudaica, poiché la «massa dei deportati israeliti rimase nel paese», anziché ritornare con Esdra[10]. Le imposte tratte dalla Babilonia erano sì importanti che parecchie migliaia di giudei dovevano accompagnare il trasporto dell'argento per sottrarlo alla cupidigia dei Parti[11]. Simpatizzanti dei Giudei venivano dal di là dell'Eufrate per portare le loro offerte in Palestina[12]; forse sono gli ellenisti «della Mesopotamia» che furono presenti a Gerusalemme il giorno delle Pentecoste (At 2,9).

Dalla regione babilonese proviene il cosiddetto Talmud babilonico. Hillel, come più tardi R. Hiyyia e i suoi figli, sarebbero venuti da Babilonia quando la legge era stata dimenticata nella Giudea[13]. Le tradizioni babiloniche, conservate presso gli Esseni[14] dovevano essere note anche a Pietro tra-

---

[8] Babilonia d'Egitto è ricordata da Strabone 17,30 e da Flavio Giuseppe *Antichità giudaiche* 11,15,1; cfr. H. Gauthier, *Dictionnaire des noms géographiques* IX, pp. 203–204; A. H. Gardiner, *Ancient Egyptian Onomastica*, pp. 131–144. I Romani verso la fine del I secolo vi eressero un castrum. Una pia leggenda localizza nella chiesa copta di Abu-Sarga o nella vicina Mu'allaqa il luogo di rifugio della Sacra Famiglia. I Romani si impossessarono della regione nel 31 a. C. È tuttavia ignoto se la costruzione della città romana già esistesse nel I secolo; la sua fondazione oscilla fra il I e il III secolo d. C.; certamente non era ultimata al tempo di Pietro.

[9] Flavio Giuseppe, *Antichità giudaiche* 15,2,2; Filone, *Legatio ad Caium* 282.

[10] *Antichità giudaiche* 11,5,2.

[11] *Antichità giudaiche* 18,9,1.

[12] *Antichità giudaiche* 3,15,3.

[13] [10] Cfr. Moore, *Judaism in the First Centuries of the Christian Era*, vol. I, Cambridge 1927, p. 6.

[14] [11] Cfr. A. Jaubert, *Le pays de Damas,* in «Revue Biblique» 65 (1958), pp. 214–248

mite il Battista e i suoi soci di lavoro (Giovanni, Giacomo e Andrea) per cui è probabile che Pietro abbia voluto visitare quei luoghi.

In tale ipotesi si spiegherebbe meglio come i destinatari della lettera petrina siano tutti costituiti dalle chiese che si trovano nei dintorni di Babilonia, vale a dire del Ponto, della Galazia, della Cappadocia, dell'Asia e della Bitinia. È l'opinione che personalmente preferisco.

e) *Il preannuncio del martirio di Pietro*, si trova nel racconto della apparizione del Cristo risorto sulle sponde del lago di Tiberiade (Gv 21), mentre la descrizione del suo martirio, congiunto a quello di Paolo, si leggerebbe, secondo alcuni, in una visione dell'Apocalisse (c. 11).

1) *La profezia di Gesù*. – Il Cristo risorto, parlando a Pietro ravveduto e reso umile dalla sua precedente esperienza, gli predice, il suo futuro martirio:

> In verità, in verità ti dico che quando eri giovane ti cingevi[15] da te e andavi dove volevi, ma quando sarai vecchio, stenderai le tue mani, un altro ti cingerà e ti condurrà dove tu non vuoi (Gv 21,18).

Con queste parole il Cristo intendeva profetizzare la morte violenta dell'apostolo, come è chiaramente indicato dal successivo versetto:

> Or disse questo per significare con qual morte glorificherebbe Iddio (v. 19).

dove il glorificare indica la morte quale testimone, quale martire (v. 19).

La curiosità di Pietro per sapere quale sarebbe stata la fine di Giovanni (v. 20) contrasta l'ipotesi di Bultmann che vi vuol trovare solo il detto banale che i giovani vanno dove vogliono, mentre i vecchi si lasciano condurre dagli altri[16].

Una interpretazione – più discutibile – vi vuole anzi vedere il genere di morte, vale a dire la crocifissione, che sarebbe inclusa nel «tendere le mani» a modo di croce. Già Tertulliano (m. 222) nel «ti condurrà» (*zòsei*) vedeva la profezia di tale martirio: «Pietro è cinto da un altro, quando viene legato

---

(specialmente pp. 244–246). Secondo Flavio Giuseppe, Babilonia sarebbe stata abbandonata nella seconda metà del sec. I dai Giudei che si trasferiscono a Seleucia (*Antichità giudaiche* 18,3,8).

[15] [12] Il cingersi indica nella Bibbia e presso i Semiti il disporsi ad agire.
[16] [13] Bultmann, *Das Evangelium des Johannes*, 2ª ediz. 1950, p. 552.

alla croce»[17]. Tale fatto tuttavia è discutibile, poiché il «condurre» potrebbe anche riferirsi al fatto di venir trascinato in catene al luogo del martirio, forse a Roma, come avvenne per Ignazio[18].

2) *Pietro morì a Gerusalemme?* – Alcuni critici vorrebbero sostenere che Pietro fosse già morto nel 56 d. C., poiché nella lettera ai Galati si legge che «lui» unitamente con Giacomo e Giovanni «erano» (*êsan*) tra i personaggi più importanti della Chiesa primitiva[19]. Tuttavia tale ragionamento non regge per il semplice fatto che non ostante il passato precedente «quali già fossero non mi importa», Paolo continua dicendo in presente che essi «sono reputati colonne» (Gal 2,9).

f) *I due testimoni.* In una oscura visione del libro di Apocalisse (Ap. 11,1–14) due testimoni vengono uccisi a Gerusalemme; i loro cadaveri rimangono per tre giorni sulla pubblica piazza finché, rivivificati, ascendono al cielo. Juan de Mariana fu il primo nel XVII secolo a identificarli con Pietro e Paolo martirizzati a Roma, dove sarebbero stati esposti per tre giorni e poi glorificati[20].

Tuttavia la precedente ipotesi mi sembra inaccettabile perché esige diverse mutazioni testuali, in quanto, secondo il contesto attuale dell'Apocalisse i due sono martirizzati a Gerusalemme e non a Roma. La città è quella precedente il cui cortile del tempio è calpestato dai Gentili: è chiamata Sodoma ed Egitto, non Babilonia (nome usato altrove dall'Apocalisse per Roma) ed è lo stesso luogo in cui fu ucciso il Signore (v. 8). Il nome di Sodoma è pure riferito, dai profeti antichi, a Gerusalemme (cfr. Is 1,10;

---

[17] [14] *Scorpiace* 15; la «estensione delle mani» (*éktasis tôn cheirôn*) nella tipologia cristiana designa la crocifissione.

[18] [15] Così A. Omodeo, *Saggi sul cristianesimo primitivo*, Napoli, p. 462.

[19] [16] Così K. Heussi, *Die römische Petrustradition in kritischer Sicht*, Tübingen 1955; identiche le posizioni di D. Robinson, *Where and When Did Peter Die?*, in «Journal of Biblical Literature» 64 (1945), pp. 255–267; C. Smalz, *Did Peter Die in Jerusalem?*, ivi 71 (1952), pp. 211–216; secondo quest'ultimo Pietro sarebbe morto in Gerusalemme nel 44 d. C., mentre il racconto della sua liberazione sarebbe una leggenda (At 12). Cfr. H. Katzenmager, *Die Schicksale des Petrus von seinem Aufenthalt in Korinth bis seinem Martyrtod*, in «Internationale Kirkliche Zeitschrift» 34 (1944), pp. 145–152.

[20] [17] Juan de Mariana, *Scholia in Vetus et Novum Testamentum*. Madrid 1616, p. 1100. Tale ipotesi fu recentemente riproposta da J. Munk, *Petrus und Paulus in der Offenbarung Johannes*, Copenhagen 1950; M. E. Boismard, *L'Apocalypse* (in *La S. Bible de Jerusalem*), Paris 1950, pp. 21 s. e 53 s. Secondo questo autore l'ascesa al cielo indica il loro trionfo, oppure la loro «resurrezione nella persona dei loro successori» (!); le parole «dove il loro Signore è stato crocifisso» (v. 8) sono una glossa posteriore (ma tutti i Mss la presentano!).

3,9; Ez 16,46); il nome d'Egitto potrebbe alludere al fatto che la città santa era ridotta in schiavitù dagli oppressori come un giorno gli Ebrei lo furono sotto gli Egiziani[21].

Chi siano i due «testimoni» che stanno come candelabri non si può individuare. Si tratta di due predicatori di grande risonanza che per la loro potenza sono presentati sotto le apparenze di Mosè (v. 4) ed Elia (v. 5.6) e che dopo il martirio furono esaltati da Dio. Sarebbe allettante l'individuare queste due persone con Giacomo, fratello di Giovanni martirizzato il 44 d. C. (At 12), e con Giacomo, fratello del Signore che vi fu ucciso nel 62 d. C. dal sommo sacerdote Anano il giovane, durante l'interregno successo alla morte di Festo e prima dell'arrivo di Albino[22]. La tradizione attestata da Egesippo e raccolta da Eusebio[23] ci fa sapere che Giacomo il Giusto detto Oblias,[24] celebre per austerità e preghiera (aveva le ginocchia incallite dalla sua posizione di orante), sarebbe stato fatto precipitare dal pinnacolo del tempio, poi lapidato e finalmente finito da un lavandaio con il suo bastone. Poco dopo Vespasiano avrebbe assediato Gerusalemme.

Benché i due episodi si siano avverati in epoche diverse, Giovanni può avere unito, per ragioni stilistiche, al martirio di Giacomo, fratello di Gesù, la morte del proprio fratello (Giacomo il Minore); il primo detto «figlio del tuono» potrebbe richiamarci Mosè, mentre il secondo con la sua preghiera potrebbe richiamarci Elia. Il loro trionfo potrebbe simboleggiare la punizione degli Ebrei con la distruzione di Gerusalemme, che anche Giuseppe Flavio ricollega come punizione a questo martirio. Ma per ora nulla di sicuro si può dire in merito a questa scena dell'Apocalisse[25].

2. LA TRADIZIONE PATRISTICA

Si avvera in essa lo strano fatto che a mano a mano ci si scosta dalla data della morte di Pietro, la tradizione va arricchendosi di particolari sempre più precisi, facendo sorgere spontaneamente il sospetto che si tratti di un accrescimento leggendario. Ne analizzeremo i singoli dati, mettendo in maggior rilievo quei passi che parlano del martirio romano di Pietro[26].

---

[21] [18] Cfr. Ap 11,2 e Ger 34,13; Gal 4,24.
[22] Giuseppe Flavio, *Antichità giudaiche* 20,9,1.
[23] *Historia Ecclesiastica* 11,23,4–18.
[24] [19] Saliah? = apostolo «servo di Javé», cfr. H. Sahlin in «Biblica» 28, 1947, pp. 152–153.
[25] [20] Vi si potrebbe anche vedere il martirio del pontefice Ananos e del suo compagno Gesù, di cui parla G. Flavio, *Guerra Giudaica* 4,5; cfr. F. Salvoni(*L'apocalisse*, Milano, 1969 (dispense del Centro Studi Biblici, Via del Bollo 5).
[26] [21] Cfr. A. Rimoldi, *L'episcopato ed il martirio romano di Pietro nelle fonti letterarie*

a) *I secolo*. – Clemente Promano (ca 96 d. C.) sa solo che la morte di Pietro – come quella di Paolo – fu effetto di grande gelosia:

«È per invidia e gelosia che furono perseguitate le colonne più eccelse e più giuste le quali combatterono sino alla morte. Poniamoci dinanzi agli occhi i buoni apostoli: Pietro che per effetto d'iniqua gelosia soffrì non uno, ma numerosi tormenti, e che, dopo aver reso testimonianza, pervenne al soggiorno di gloria che gli era dovuto. Fu per effetto di gelosia e discordia che Paolo mostrò come si consegua il prezzo della pazienza»[27].

Come si vede l'espressione è assai vaga per cui non se ne può trarre alcuna notizia sicura; risulta chiaro che Clemente non ha di lui notizie di prima mano, come del resto non ne ha neppure per Paolo, che certamente fu a Roma. Non si può nemmeno affermare che egli attesti il martirio di Pietro, poiché l'espressione: «dopo aver reso la sua testimonianza» (*marturêin*) non necessariamente indicava, a quel tempo, il morire martire. Che grande gelosia si annidasse nel cuore dei primi cristiani appare[28] da molteplici testimonianze[29]. Il fatto che nella Chiesa di Gerusalemme non si ricordi la

---

dei primi tre secoli, in «La Scuola Cattolica» 95 (1967), pp. 495–521.

[27] [22] Clemente, 1 Corinzi 5,2–6,1 ; cfr. O. Cullmann, *Les causes de la mort de Pierre et de Paul d'après le témoignage de Clément Romain*, in «Revue de Histoire et de Philosophie Religieuses» 1930, pp. 294 ss., E. Molland, *Propter invidiam. Note sur 1 Clément*, in «Evanos Rudbergianus» 1946, pp. 161 ss.; A. Friedrichsen, *Die Legende von dem Martyrium des Petrus und Paulus in Rom*, in «Zeitschrift für Klassische Philologie» 1916, pp. 270 ss.; M. Schuler, *Klemens von Rom und Petrus in Rom*, in «Trierer Theologische Studien» 1 (1942), pp. 94 ss.; L. Sanders, *L'hellénisme de St. Clément de Rome et le paulinisme*, 1943; O. Perler. *Ignatius von Antiochien und die römische Christusgemeinde*, in «Divus Thomas» 1944, pp. 442 ss.; St. Schmutz, *Petrus war dennoch in Rom*, in «Benediktinische Monatsschrift» 1946, pp. 122 ss.; B. Altaner, *Neues zum Verständnis von 1 Klemens 5,1–6,2* in «Historisches Jahrbuch» 1949, pp. 25 ss.; M. Dibelius, *Rom und die Christen in ersten Jahrhundert*, Sitzungsberichte des Heidelberger Akademie der Wissenschaften, Philologisch-Historische Klasse, Heidelberg 1942.

[28] [23] Cfr. N. Strathmann (*Theologisches Wörterbuch zum Neuen Testament* ad opera di Kittel, vol. IV, 54) che è assai cauto sul senso di «morire martire»; il verbo *marturêin* solo più tardi assunse certamente tale significato assieme alla parola *dòksa* («gloria») che designò la «gloria del martire».

[29] [24] Cfr. per Paolo 2 Tim 4,14–16. Secondo gli *Atti di Paolo* (*Pràxeis Paulòu, Acta Pauli nach dem Papyrus der Hamburger Bibliothek* hrg. C. Schmidt) un marito, geloso perché sua moglie stava giorno e notte ai piedi dell'apostolo, cercò di farlo condannare alle belve (Papiro 2, lin. 8). A Corinto un profeta gli preannuncio la morte a Roma vittima di gelosia (Papiro 6,1–22) ; egli, infatti, avrebbe incitato le mogli a sottrarsi ai loro mariti (!?). Anche se tali racconti sono fantastici, essi riflettono pur sempre il ricordo di una gelosia di cui gli apostoli furono vittime. Le leggende non si creano di sana pianta (cfr. Mt 24,10). Ta-

crocifissione di Pietro, che non vi è attestata prima del Pellegrino di Piacenza,[30] può suggerirci che la morte sia dovuta a denuncia all'autorità romana da parte di giudeo-cristiani fanatici ed eterodossi. Il Codice arabo, che risale a costoro e fu scoperto di recente da S. Pines a Istanbul, è contro tutti e due gli apostoli. Contro Paolo, perché ha «romanizzato» la Chiesa, ha predicato contro la Legge e contro il divorzio; Nerone quindi, che l'ha fatto «crocifiggere» (!), è un ottimo imperatore. È pure contro Pietro che, fidandosi di un sogno, ha permesso ai cristiani di mangiare dei cibi impuri[31].

Anche il passo citato di Clemente lascia supporre che Pietro sia stato vittima di gelosia a Roma, perché egli è congiunto con altre persone le quali subirono il loro martirio nella capitale dell'impero: con lui si nomina infatti Paolo, morto indubbiamente nell'Urbe; con lui si ricordano pure le «turbe innumerevoli» fatte uccidere da Nerone e anche le Danaidi e le Dirci, martiri cristiane che con la loro morte servirono da coreografia per raffigurare scene mitologiche del paganesimo antico[32]. Proprio per tale motivo Pietro è incluso con Paolo «tra i nostri eccellenti apostoli», vale a dire tra gli apostoli particolarmente ricollegati a Roma.

b) *Il secolo*. – Sembra strano che Giustino, apologeta del II secolo, pur ricordando il mago Simone, che secondo la letteratura clementina fu il più accanito avversario di Pietro a Roma, non nomini affatto l'apostolo. Anche Aniceto, vescovo romano (dal 157 al 167 d. C.) a Policarpo che gli opponeva la tradizione di Giovanni circa la data della Pasqua, non rispose riallacciandosi alla tradizione di «Pietro e di Paolo» ma solo a quella dei

---

cito, *Annali* XV,44: «Si convincevano (di cristianesimo) i primi arrestati che confessavano, poi, su loro indicazione, una grande folla» («igitur primo correpti qui fatebantur, deinde indicio eorum multitudo ingens»).

[30] [25] Cfr S. Bagatti. *S. Pietro nei monumenti di Palestina*, in «Collectanea» 5 (1960), p. 457. («Studia Orientalia Christiana Historia»).

[31] [26] S. Pines, *The Jewish Christians of the Early Centuries of Christianity According to a New Source*, Jerusalem 1966, 4,62.

[32] [27] 1 Cor 5,2-6,1. Per le Danaidi e Dirce cfr. N. Fuchs, *Tacitus über die Christen*, in «Virgiliae Christianae» 1950, pp. 65 ss.; cfr. A. Kurfess, *Tacitus über die Christen*, ivi, 1951, pp. 148 ss. Le Danaidi erano le cinque figlie di Danao, re d'Egitto che, fuggite con Argo, furono raggiunte da cinquanta egiziani e costrette a sposarli; ma per consiglio del padre la notte successiva alle nozze esse mozzarono la testa ai rispettivi mariti; solo una, Ipermnestra, risparmiò il suo Linneo. In punizione furono condannate a riempire nell'inferno un'anfora senza fondo. Forse Nerone obbligò le martiri a subire i più crudeli oltraggi morali e infine fece loro tagliare la testa con una variante al mito. Dirce, sposa di Lico, tenne prigioniera e maltrattò Antiope, madre dei due gemelli Anfione e Zeto, ma per vendetta venne da costoro legata alle corna di un toro.

«presbiteri» suoi predecessori[33]. Tuttavia questa affermazione anziché contrastare l'andata di Pietro e Paolo a Roma – questi vi fu di certo – si spiega con il fatto che il vescovo, conoscendo come l'innovazione romana fosse di data recente, non poteva farla risalire agli apostoli.

Contro tale silenzio appare l'affermazione implicita di Ignazio, vescovo di Antiochia, che verso il 110 d. C. durante il suo viaggio verso Roma per subirvi il martirio, pur non ricordando il martirio dell'apostolo; scrive alla chiesa ivi esistente di non voler impartire loro «degli ordini come Pietro e Paolo» poiché essi «erano liberi, mentre io sono schiavo»[34]. Siccome Pietro non scrisse alcuna lettera ai Romani, si deve dedurre che egli avesse loro impartito dei comandi di presenza.

Non insisto su Papia (ca 130 d. C., Asia Minore), il quale afferma che Pietro scrisse da Roma la sua lettera, perché ignoriamo se abbia dedotto la sua idea dall'esegesi del nome «Babilonia» inteso come Roma (1 Pt 5,13), oppure da una tradizione storica indipendente[35].

Origene (Egitto-Palestina m. 153/154) è il primo a ricordarci che Pietro fu crocifisso a Roma con il «capo all'ingiù».

Si pensa che Pietro predicasse ai Giudei della dispersione per tutto il Ponto, la Galazia, la Bitinia, la Cappadocia e l'Asia e che infine venisse a Roma dove fu affisso alla croce con il capo all'ingiù, così infatti aveva pregato di essere posto in croce[36].

In Oriente Dionigi, vescovo di Corinto, verso il 170 d. C., in una lettera parzialmente conservata da Eusebio, attribuisce a Pietro e Paolo la fondazione della chiesa di Corinto e la loro predicazione simultanea in Italia (= Roma) dove assieme subirono il martirio.

> Con la vostra ammonizione voi (Romani) avete congiunto Roma e Corinto in due fondazioni che dobbiamo a Pietro e Paolo. Poiché ambedue, venuti nella nostra Corinto hanno piantato e istruito noi allo

---

[33] [28] In Eusebio, *Historia Ecclesiastica* 5,24,14–17 PG 20,508A. I Romani, anziché osservare la pasqua al 14 Nisan, la celebravano la domenica successiva a tale plenilunio, Cfr. M. Goguel, *L'Eglise primitive*, Neuchâtel 1947, p. 213.

[34] [29] Ignazio, *Ad Ephesios* 3,1; 3,3; *Ad Romanos* 4,3 PG 2 (*ouch ôs Pètros kai Paùlos diatàssomai Umîn*).

[35] [30] Papia in Eusebio (*Historia Ecclesiastica* 2,15,2; 3,39,15.16) e Clemente Alessandrino, *Hypotyposeis* in Eusebio (*ivi* 2,15,2 PG 20,172).

[36] [31] Origene in Eusebio (*Historia Ecclesiastica* 3,1,2 PG 20,215A; CB 11,1 p. 188). Sulle testimonianze patristiche riguardanti la crocifissione di Pietro cfr. V. Lapocci, *Fu l'apostolo Pietro crocifisso «inverso capite»?*, in «Studia et Documenta Hist. et Juris», 28 (Roma 1962, pp. 89–99). Per gli usi romani della crocifissione cfr. U. Holzmeister, *Crux Domini eiusque crucifixio ex archaeologia romana illustratur*, in «Verbum Domini» 14 (1934), p. 247.

stesso modo poi, andati in Italia (= Roma) insieme vi insegnarono e resero testimonianza (con la loro morte) al medesimo tempo[37].

In Africa Tertulliano (m. ca 200) ripete che Pietro fu crocifisso a Roma durante la persecuzione neroniana, dopo aver ordinato Clemente, il futuro vescovo romano[38]. Siccome egli biasimò Callisto che applicava a sé e a «tutta la chiesa vicina a Pietro» (*ad omnem ecclesiam Petri propinquam*), le parole del «Tu sei Pietro», si può arguire che egli vi ritenesse esistente il sepolcro di Pietro, dal quale proveniva alla comunità un certo prestigio[39].
Ireneo, vescovo di Lione (Gallia meridionale, morto verso il 202), ricorda che «Matteo... compose il suo Vangelo mentre Pietro e Paolo predicavano e fondavano (a Roma) la chiesa»[40].
Verso la stessa epoca (fine del II secolo) abbiamo due altre testimonianze provenienti l'una da Roma (presbitero Caio) e l'altra probabilmente dalla Palestina o dalla Siria (*Martirio di Pietro*).

Io posso mostrarti i trofei degli apostoli. Se vuoi andare al Vaticano oppure alla via Ostiense, troverai i trofei di coloro che fondarono quella chiesa»[41].

Che significa la parola «trofei»? il sepolcro contenente le ossa di Pietro e di Paolo oppure un semplice monumento eretto alla memoria dei due apostoli nel luogo supposto del loro martirio?[42] L'accostamento di questi due

---

[37] [32] In Eusebio, *Historia Ecclesiastica* 2,25,8 PG 20,209A. Erroneamente Dionigi attribuisce ai due apostoli la fondazione della chiesa di Corinto, che fu invece opera del solo Paolo (1 Cor 3,10; 4,15); ciò fa supporre almeno una visita di Pietro (cfr. il partito di Kefa in 1 Cor 1,12). Dionigi testifica almeno la venuta di Pietro in Italia (Roma), anche se non contemporaneamente a Paolo.

[38] [33] «Orientem fidem Romae primus Nero cruentavit. Tunc Petrus ab altero cingitur, cum cruci adstringitur» (*Scorpiace* 15 PL 2,175A), «Quos Petri in Tiberi tinxit» (*De baptismo* 4 PL 1,1312 CSEL 20, p. 204), «Romanorum (ecclesia refert) Clementem a Petro ordinatum» (*De praescriptione haereticorum* 32 PL 2,53 A).

[39] [33bis] Così in *De Pudicitia* 21 PL 2,1079; cfr. W. Koehler, *Omnis Ecclesia Petri prepinqua*, in Sitzungsberichte der Heidelberger Akademie der Wissenschaften, Philologisch-Historische Klasse 1938 (per altre interpretazioni vedi sotto: *Prime reazioni antiromane*).

[40] [34] *Adversus Haereses* 3,1, PG 7, pp. 844–845; egli ammette la presenza simultanea dei due apostoli; erra però nel far fondare da loro la chiesa, che al contrario era già esistente quando Paolo vi pervenne (Rom 15,22 ss.), e che probabilmente sorse ad opera di avventizi romani (At 2,10), convertitisi il giorno di Pentecoste.

[41] [35] In Eusebio, *Historia Ecclesiastica* 2,25,5–6 PG 20,209CB II/l, p. 176. Per la tomba di Filippo a Gerapoli cfr. Eusebio, *ivi*, 31,4 PG 20, pp. 280–281.

[42] [36] Cfr. C. Mohrmann, *A propos de deux mots controversés «tropeum-nomen»*, in «Vigiliae Christianae», 8 (1954), pp. 154–173.

monumenti, eretti probabilmente da Aniceto[43] con il sepolcro di Filippo e delle sue figlie, favorisce l'interpretazione che pure essi contenessero i cadaveri dei due apostoli; tale ad ogni modo è l'interpretazione che ne dà Eusebio di Cesarea[44].

d) *Il Martirio di Pietro* ricchissimo di particolari, mostra l'apice leggendario raggiunto dalla tradizione circa la morte di Pietro a Roma[45]. Ecco un breve riassunto di questo racconto:

> Il prefetto Agrippa infierì contro Pietro perché quattro sue concubine avevano deciso di abbandonarlo in seguito a un sermone di Pietro sulla castità. Egli fu incitato all'azione anche da Albino, un amico di Cesare, che come tanti altri era stato lasciato dalla moglie Xantippe, affascinata dalla purezza elogiata dall'apostolo[46]. Xantippe e Marcello consigliarono Pietro a fuggire da Roma per evitare il pericolo incombente, ma alla porta della città, forse quella che conduce verso Oriente, questi s'incontrò con Cristo diretto verso la città, il quale alla domanda dell'apostolo «Quo vadis» rispose «Vado a farmi crocifiggere di nuovo!» (c. 15). Pietro commosso tornò nell'urbe, e mentre egli narrava ai fratelli la visione, comparvero gli sgherri di Agrippa che incatenarono l'apostolo. Pietro, condannato a morte sotto l'accusa di ateismo, sconsigliò la turba, che si proponeva di liberarlo, ed esortò di perdonare ad Agrippa (cc. 33–36).
>
> Dopo una retorica apostrofe alla croce, Pietro chiese di essere crocifisso con il capo all'ingiù; in tale posizione egli tenne un discorso, affermando tra l'altro, con espressioni gnostiche, che anche il primo uomo «cadde» con la testa all'ingiù per cui il suo giudizio fu completamente falsato: la sinistra fu considerata la destra, il brutto bello, il male bene ecc.: occorre quindi convertirsi, cioè salire la croce con Gesù e così ripristinare il vero valore delle cose. Alla fine elevò un'ar-

---

[43] [37] «*Hic (Anaclitus) memoriam beati Petri construxit*», Anaclitus in *Liber Pontificalis*, Edizione Duchesne, Parigi 1886, pp. 55–125.

[44] [38] Lietzmann, *Petrus römische Märtyrer*, Berlin 1936, pp. 209 s.

[45] [39] Cfr. 3341 di *Atti di Pietro*; viene attribuito falsamente a Lino papa, e ci è conservato in due Mss. greci. James, *The Apocryphal N. T.*, Oxford 1924, pp. 330–336.

[46] [40] L'esaltazione della verginità (anche nel matrimonio) tradisce l'influsso manicheo e ci fa vedere come dallo gnosticismo e dal manicheismo sia venuta la concezione che la verginità è superiore al matrimonio quale s'impone ai fedeli verso la fine del IV e nel V sec. d. C. Si capisce pure come gli *Atti di Pietro* godessero tanto favore presso gli eretici, specialmente presso i manichei (cfr. Agostino, *Contro Faustum Manichaeum* 30,4; *Adversus Adimantium Manichaei* 17 e un po' prima Filastrio, *De Haeresibus* 88).

dente invocazione a Cristo che solo ha parola di vita! «Tu sei il Tutto, e il Tutto è in Te, e non v'è nulla che sia fuori di Te» (cc. 39) affermò Pietro con espressioni d'innegabile colorito panteista. La moltitudine pronunciò il suo «Amen», mentre Pietro spirava. Marcello ne lavò il cadavere con latte e vino, l'imbalsamò e lo seppellì in una cassa di marmo nella propria tomba. Nottetempo gli apparve Pietro che lo rimproverò per lo sciupio inutile dei profumi e per la sepoltura costosa «Lascia che i morti seppelliscano i loro morti» (37–40).

Nell'ultimo capitolo – forse una interpolazione come i primi tre – Nerone, rimproverato Agrippa d'aver fatto morire Pietro di una morte troppo benigna, voleva vendicarsi uccidendo i discepoli dell'apostolo; ma una voce misteriosa nottetempo gli disse: «Nerone, tu non può perseguitare né distruggere i servi di Cristo; tieni lontano le tue mani da quelli!».

L'imperatore atterrito si astenne allora dal disturbare i cristiani.

Le testimonianze precedenti, come in genere quelle tratte dalla letteratura della corrente petrina, presentano il tema della *adaequatio Patri* a Cristo, vale a dire della consociazione dell'apostolo al martirio di Cristo.

e) *III secolo*. – Ci si presenta l'attestazione di Clemente Alessandrino (m. 215), che pur non affermando esplicitamente il martirio di Pietro a Roma, scrive il particolare desunto dalla tradizione, che l'Evangelo di Marco fu scritto a Roma durante la predicazione di Pietro in quella città:

«Quando Pietro predicava pubblicamente a Roma la parola di Dio e, assistito dallo Spirito vi promulgava il Vangelo, i numerosi cristiani che erano presenti, esortarono Marco, che da gran tempo era discepolo dell'apostolo e sapeva a mente le cose dette da lui, a porre in iscritto la sua esposizione orale»[47].

f) *IV secolo*. – Con il IV secolo la credenza del martirio di Pietro a Roma è ormai comune, per cui è superfluo addurre altri passi. Basti ricordare che, secondo Lattanzio, Pietro e Paolo predicarono a Roma e quel che dissero

---

[47] [41] Questo brano, tratto dalle *Hypotyposeis* si legge in Eusebio, *Historia Ecclesiastica* 6,14,6 PL 20,552.

rimase fisso nello scritto[48]. Egli accusa poi Nerone d'aver ucciso Paolo e crocifisso Pietro.

Eusebio nella sua *Storia Ecclesiastica* ricorda che Pietro fu a Roma al tempo dell'imperatore Claudio per combattervi Simone il Mago[49]. La sua predicazione fu fissata nello scritto di Marco;[50] l'apostolo fu crocifisso con il capo all'ingiù[51] mentre Paolo venne decapitato[52]. Clemente fu il terzo successore di Pietro e Paolo[53].

3. Testimonianze liturgiche

Sono diverse e ricordano varie feste in onore dei martiri Pietro e Paolo, di cui indicano con precisione i vari luoghi di sepoltura e di devozione. Da un inno ambrosiano sono ricollegate a tre vie romane: «Trinis celebratur viis festum sacrorum martyrum»[54] vale a dire, via Ostiense per il sepolcro di Paolo, via Aurelia per quello di Pietro, via Appia per entrambi gli apostoli.

Siccome quanto riguarda Paolo qui non ci interessa e quanto concerne la via Aurelia sarà esaminato studiando gli scavi in Vaticano, ora raccolgo solo le testimonianze liturgiche riguardanti la via Appia.[55]

Tale festività è così presentata nel *Martirologio di S. Girolamo* (*Martyrologium Hieronymianum*): «Il 29 giugno a Roma il natale (= la morte) degli apostoli Pietro e Paolo: di Pietro sul Vaticano presso la via Aurelia, di Paolo presso la via Ostiense; di entrambi nelle Catacombe; patirono al tempo di Nerone, sotto i consoli Basso e Tusco»[56].

Siccome Basso e Tusco furono consoli nell'anno 258 d. C., appare evidente che il dato originario non doveva riguardare il martirio di Pietro e Paolo al tempo di Nerone (a. 64 d. C.) bensì un altro episodio; probabil-

---

[48] [42] «Quae Petrus et Paulus Romae predicaverunt et ea *praedicatin in memoria scripta permansiti*», *Divinae institutiones* IV, 21 PL 6,516–517.

[49] [43] «Petrum cruci affixit et Paulum interfecit», *De Morte persecutorum* 2 PL 2,196–197.

[50] [44] Eusebio *Historia Ecclesiastica* 2,15,2 PG 20,170.

[51] [45] *Ivi, Historia Ecclesiastica* 3,1,2 PG 20,216.

[52] [46] *Ivi, Historia Ecclesiastica* 3,1,3 PG 20,216.

[53] [47] *Ivi, Historia Ecclesiastica* 3,4,9.

[54] [48] H. A. Daniel, *Thesaurus Hymnologicus*, Lipsia 1855, vol. I, p. 90.

[55] [49] Cfr. lo studio assai diffuso di J. Ruyssaert, *Les documents littéraires de la doublé tradition romaine des tombes apostoliques*, in «Revue d'histoire ecclésiastique», 52 (1957), pp. 791–831; cfr. pure E. Griffe, *La légende du transfert d corps de St. Pierre et de Paul ad Catacumbas*, in «Bulletin de la Littérature Ecclésiastique» 1951, pp. 205–220.

[56] [50] «III Cal. Jul. Romae, via Aurelia, natale apostolorum Petri et Pauli, Petri in Vaticano, Pauli vero in via Ostiensi, utrumque in Catacumbas, passi sub Nerone, Basso et Tusco consulibus» (*Martirologium hieronymianum*), Mss.

mente è sulla linea più giusta la notizia della *Depositio Martyrum* forse edita nel 354 da Furio Filocalo: «Il 29 giugno (memoria) di Pietro nelle catacombe e di Paolo (sulla via) Ostiense, sotto i consoli Tusco e Basso»[57]. Dopo gli studi del Lietzmann divenne comune l'ipotesi che tale festa riguardasse la traslazione dei corpi dei due martiri in quel luogo, che così unì insieme il ricordo dei due fondatori della Chiesa romana, sostituendola a quella pagana dedicata ai fondatori di Roma: Romolo e Remo[58]. È tuttavia difficile accogliere la predetta traslazione delle reliquie di Pietro e Paolo dai rispettivi posti di sepoltura perché vi restassero nascoste assieme nelle «Catacombe» della via Appia. L'estrarre cadaveri da una tomba era delitto punibile con la pena capitale e durante la persecuzione di Valeriano, essendo vietate le riunioni nei cimiteri, questi dovevano essere oggetto di speciale sorveglianza. Di più sull'Appia, via di grande traffico, nei pressi delle catacombe, proprio accanto alla tomba di Cecilia Metella, vi era un posto di polizia imperiale il che rendeva ancor più difficile tale trafugamento[59]. Di più tale gesto non aveva alcun senso in quanto, secondo la legge romana non v'era pericolo di profanazione delle tombe da parte dei persecutori. Per questo altri, senza ragione alcuna, anzi contro le testimonianze più antiche, suppongono che le salme dei due apostoli siano state sin dal principio inumate *ad Catacumbas*, e poi al tempo di Costantino, portate ai luoghi attuali sulla via Ostiense e sul Vaticano[60].

---

[57] [51] «III Cal. Jul. Petri in Catacumbas et Pauli Ostiense, Tusco et Basso consulibus».

[58] [52] Papa Leone nel suo sermone 82 alludendo alla festa del 29 giugno afferma: «Gli apostoli fondarono la città di coloro che ne costruirono le mura macchiandola con un fratricidio» (PL 54,422CD). Tale traslazione ammessa da H. Duchesne (*La memoria apostolorum de la via Appia*, in «Atti della Pontificia Accademia Romana di Archeologia» 1,1 1923, pp. 1 ss.), diffusa da H. Lietzmann (*The Tomb of the Apostles ad Catacumbas*, in «Harvard Theological Review» 1923, p. 157; *Idem, Petrus und Paulus in Rom* Berlin 2ª ediz. 1927), è divenuta quasi tradizionale.

[59] [53] Così G. La Piana, *The tombs of Peter and Paul ad Catacumbas*, in «Harvard Theological Review» 1921, pp. 81 ss.; H. Delehaye, *Hagiographie et archéologie romaines II: Le sanctuaire des apôtres sur la vie Appienne*, in «*Analecta Bollandiana*» 45 (1927), pp. 297–310; E. Schaepfer, *Das Petrusgrab*, in «Evangelische Theologie» 1951, p. 477; H. Lequercq, *St. Pierre*, in «Dictionnaire d'Archéologie chrétienne et de Liturgie», Paris 1939, vol. 14, pp. 822–981; P. Styger, *Il monumento Apostolico della via Appia* (Dissertazioni Pontificia Accademia di Archeologia, Ser. II, 13, 1938), pp. 58–89; *Idem, Die römischen Katakomben*, Berlin 1933.

[60] [54] Così P. Styger, *Die römischen Katakomben*, 1933, p. 350; *Idem Römische Martyrergrüfte*, Berlin 1935, I, pp. 15 ss.); F. Tolotti, *Memorie degli Apostoli ad Catacumbas*, Città del Vaticano 1953; G. Belvederi, *Le tombe apostoliche nell'età paleocristiana*, Città del Vaticano 1948, pp. 66–114, 130–173; A. M. Schneider, *Die Memoria Apostolorum der Via Appia*, in «Nachrichten der Akademie der Wissenschaft» (Philologisch-Historische Klasse, Göttingen 1951). Sugli scavi effettuati si vedano più avanti: *Gli scavi di S. Sebastiano*.

Il culto di Pietro e di Paolo sulla via Appia nel 258 non ha mai presupposto resistenza di reliquie dei martiri, ma fu un gesto di fede cristiana proprio nel momento in cui la persecuzione diveniva generale e non rendeva possibile il raccogliersi nelle due necropoli pubbliche dove si trovavano le tombe apostoliche[61]. Forse il luogo fu scelto poiché una tradizione vi poneva la casa dove Pietro aveva vissuto per un po' di tempo a Roma, dato che si trattava di una zona prima abitata da ebrei.

4. Reperti archeologici privi di valore storico

Con molti dati archeologici si è cercato di provare l'andata di Pietro a Roma, dei quali richiamerò dapprima quelli privi di valore storico (si tratta di semplici leggende) per passare poi a reperti di maggior valore.

I più importanti, riconosciuti delle semplici leggende anche dai cattolici moderni, sono i seguenti:

a) *La leggenda del carcere Mamertino.* – Il nome di «carcere Mamertino» ricorre in tarde passioni di martiri per designare il carcere romano detto Tullianum, posto alle pendici meridionali del Campidoglio e costituito da un locale superiore a mo' di trapezio e di uno inferiore rotondo, scavati nel tufo. Secondo gli *Atti* tardivi dei ss. Processo e Martiniano, due custodi del carcere in cui stavano racchiusi gli apostoli Pietro e Paolo, al vedere i miracoli da loro compiuti chiesero di venire battezzati insieme con altri carcerati. Perciò Pietro con un gesto di croce, fece sgorgare le acque dal monte Tarpeo onde poter così amministrare il battesimo.

L'itinerario di Einsiedeln (sec. VIII) menziona un santuario detto, in ricordo di tale miracolo «fons Sancti Petri ubi est carcer eius». In quel torno di tempo nacque pure la tradizione che i due apostoli, mentre venivano trasferiti dal carcere superiore in quello inferiore, urtarono con la testa contro il tufo della parete, lasciandovi impressa l'effigie, che tuttora si mostra ai turisti che visitano quel luogo.

Si tratta di pure leggende poiché tale carcere, riservato ai sovrani o nobili rei di lesa maestà, non potè mai contenere i due apostoli; la scala non vi era perché i prigionieri venivano calati mediante una botola nella parte inferiore, dove era buio pesto (e da dove non venivano più liberati); la sorgente (*tullia*) – sempre esistita – diede al carcere il nome di Tulliano, a meno che

---

[61] [55] J. Ruyschaert, *Les deux fêtes de Pierre dans la «Depositio martyrum»* de 354, in «Rendiconti della Pontificia Accademia Romana di Archeologia», 38 (1965–1966 ediz. 1967), pp. 173–184; Idem, *Le testimonianze sulla tomba*, in «Pietro a Roma», Edindustria, Roma 1967, pp. 88–91.

questo sia invece da ricollegarsi a Servio Tullio che vi aggiunse appunto tale parte inferiore[62].

b) *L'oratorio del «Quo Vadis»*. – È una cappella eretta al 1° miglio della via Appia, per commemorare l'episodio di Pietro che, fuggendo da Roma durante la persecuzione, si vide venir incontro Gesù diretto invece verso l'Urbe. Alla domanda: «Signore, dove vai? (*Domine, quo vadis?*), il Maestro avrebbe risposto: «A Roma per essere crocifisso di nuovo»[63].

Secondo la tradizione – pure ricordata dal Petrarca – Gesù avrebbe lasciato le impronte dei suoi piedi su di una selce, che rimase nel l'oratorio del *Quo Vadis*, erettovi a ricordo, fino al 1620 quando fu trasferita in S. Sebastiano e quivi venerata come reliquia su di un altare. In realtà la «pietra» con tale impronta non è altro che il monumento votivo posto in un non ben determinato santuario pagano da parte di un pellegrino a significare la strada da lui percorsa e il suo desiderio di eternare la propria presenza nel santuario stesso[64].

Non ostante il recente tentativo da parte di P. Bonaventura Mariani[65] d'attribuire valore storico alla leggenda del *Quo Vadis*, si può dire che essa nacque dalla combinazione di due frasi, e precisamente dalla domanda di Pietro a Gesù: «Dove vai, Signore?» (Gv 13,36–38) con un antico detto attribuito, esistente, secondo Origene, negli *Atti di Pietro* «Sarò crocifisso di nuovo». È pure possibile che la parola «denuo, desuper» (greco *ànôthen*, cfr. Gv 3,3) che oltre a «di nuovo» indica anche «dal di su, dall'alto» abbia suggerito l'episodio della crocifissione di Pietro con il capo all'ingiù.

c) *Cattedra di S. Pietro*. – Si trova occultata in S. Pietro entro la gloria del Bernini, dove vi venne trasferita nel 1666, mentre l'aria rimbombava «di trombe, mortaretti con grandissimo concorso di popolo» (22 gennaio 1666). L'ultimo suo esame fu quello accurato, ma privo dei mezzi tecnici moderni, compiuto nel 1867 dal De Rossi; ora il papa ha concesso l'autorizzazione per un suo studio scientifico. Così come si presentava ai suoi occhi «niun archeologo classico potrà attribuire ai tempi di Claudio la cattedra di Pietro», il cui telaio è di quercia giallastra in parte scheggiata per

---

[62] [56] F. Cancellieri, *Notizie del carcere Tulliano*, 1788; A. Ferrua, *Sulle orme di Pietro*, in «La Civiltà Cattolica» 1943, 3, p. 43; P. Franchi de' Cavalieri, *Della Custodia Mamertini*, in «Note Agiografiche», fasc. 9, 1953, pp. 5–52.

[63] [57] Di ciò già parlano Origene, citando gli *Atti di Paolo* (*In Johannem* 20,12 PG 14,600, e Ambrogio (*Contra Auxentium* 13 PL 16,1053).

[64] [58] *Enciclopedia Cattolica*, vol. 9, col. 1424.

[65] [59] B. Mariani, *Il «Quo Vadis» e S. Pietro*, in «L'Osservatore Romano» 4 luglio 1963, p. 7.

trarne reliquie, ed è munito in alto di quattro anelli per il suo trasporto, quasi fosse una sedia gestatoria. La parte anteriore, formata da un riquadro composto di diciotto formelle in avorio raffiguranti le fatiche di Ercole dovrebbe risalire, secondo il Marrucchi, al V-VI secolo dopo Cristo (al IX secondo il Cecchelli). Il dorsale munito di rabeschi e culminante in un triangolo, restaurato forse nel XVII secolo, presenta il busto di imperatore dai mustacchi rilevanti ma privo di barba che, secondo il Garrucci, raffigurerebbe Carlo il Calvo e non Carlo Magno, come comunemente si pensa, al quale converrebbe meglio la barba[66]. Un riferimento esplicito alla cattedra lignea gestatoria dell'apostolo si ha nella epigrafe di papa Damaso (366–384) nel battistero vaticano[67]. Si tratta probabilmente della sedia usata nei riti liturgici dai pontefici romani e che per quando fu istituita la festa della Cattedra, verso il III secolo, fu riferita allo stesso apostolo.

La festa della «Cattedra» secondo Paolo VI è un'antichissima festa che risale al terzo secolo e si distingue dalla festa per la memoria anniversaria del martirio dell'apostolo (29 giugno). Già nel quarto secolo la festa odierna è indicata come «Natale Petri de Cathedra». Fino a pochi anni fa il nostro calendario registrava due feste della Cattedra di S. Pietro, una il 18 gennaio, riferita alla sede di Roma e l'altra il 22 febbraio, riferita alla sede di Antiochia, ma si è visto che questa germinazione non aveva fondamento né storico né liturgico[68].

È interessante notare che le date delle due feste corrispondono a quelle dell'antica festa della «caristia» che, i Romani, celebravano al 18 gennaio e i Celti al 22 febbraio, e quindi sarebbero da riallacciarsi ai refrigeri che si celebravano in onore di Pietro e di Paolo[69].

---

[66] [60] D. Balboni, *La Cattedra di S. Pietro*, in «L'Osservatore Romano», 22 febbraio 1961 (vicende storiche e liturgiche) e 23 febbraio 1964 (descrizione artistica); Battaglia, *La Cattedra berniniana in S. Pietro*, Roma 1943. Non vi sono descrizioni recenti; la più completa è nella miscellanea del codice chigiano D.VII,110, Biblioteca Vaticana, studiato da D. Balboni, *Appunti sulla Cattedra di S. Pietro*, in Miscellanea G. Belvederi, Roma 1955, pp. 415–435. Si veda pure Garrucci, *Storia dell'arte cristiana*, vol. VI, Prato 1880, pp. 11–13; Marucchi, *Pietro e Paolo a Roma*, 4ª ediz. Torino 1934. Lo studio più completo è quello ora edito dallo specialista D. Balboni, dottore della Vaticana, con il titolo *La Cattedra di S. Pietro*, Roma, Poliglotta Vaticana, 1967.

[67] [61] «Una Petri sedes unum verumque lavacrum vincula nulla tenet quem liquor iste lavat» (V'è un'unica cattedra di Pietro e un unico vero lavacro, non più alcun vincolo trattiene chi da quest'onda è lavato).

[68] [62] Paolo VI, Udienza generale concessa il 22 febbraio 1967. Cfr. «L'Osservatore Romano», 22 febbraio 1967, p. 2.

[69] [63] In questi ultimi anni le due feste furono unificate con la eliminazione di quella antiochena e della data del 18 gennaio.

È noto che nella celebrazione di questi banchetti sacri in onore dei morti – generalmente tenuti presso le tombe – si riservava una sedia vuota per il defunto che si supponeva presente di persona. Questi refrigeri si tennero per più anni nella Memoria degli Apostoli nelle catacombe di S. Sebastiano, come vedremo[70]. La espressione «Cattedra di Pietro» donava al vescovo di Roma un primato d'onore (non di giurisdizione) tra i vescovi, così come Pietro lo godeva tra i Dodici.

Dapprima si parlò solo di «cattedra della chiesa romana» come si legge nel Canone Muratoriano: «*Il Pastore di Erma* fu scritto mentre sedeva sulla cattedra della chiesa romana suo fratello Pio». Poi tale cattedra fu ricollegata a Pietro e Paolo (Ireneo), e infine, dall'inizio del sec. III, divenne la cattedra di Pietro, come appare in Tertulliano e specialmente in Cipriano[71]. Come dice Agostino alla fine del IV secolo Atanasio, il papa del suo tempo, «siede ora sulla stessa cattedra su cui Pietro sedette»[72]. La festa liturgica della Cattedra di S. Pietro testifica la credenza che Pietro sia andato a Roma e abbia illustrato tale chiesa con il suo insegnamento.

d) *S. Pietro in Vincoli.* – La basilica non molto lontano dalle terme di Tito e Traiano, era già esistente al tempo di Sisto III (432–440), che la ricostruì in onore degli apostoli Pietro e Paolo. Sin dal V secolo vi si conservano le «catene di ferro ben più preziose dell'oro» con cui Pietro venne incatenato, e che ancora oggi si possono vedere, e di cui sono in vendita dei facsimili assai ridotti per catenelle, orologi, pendagli, ecc. È inutile dire che si tratta di pura leggenda, sorta probabilmente dal fatto, come ben osserva il Grisar, che lì vicino vi era la prefettura urbana dove si amministrava la giustizia[73].

e) *La pretesa abitazione di Pietro in casa del Senatore Pudente.* Secondo la leggenda di S. Pudenziana, il padre Pudente della nota famiglia senatoriale romana del I–II secolo d. C., sarebbe stato convertito al cristianesimo dall'apostolo Pietro, insieme alla moglie Claudia e ai suoi quattro figli, tra cui Pudenziana e Prassede. Nella sua casa sul Viminale sarebbe sorto il

---

[70] [64] Su questi sacrifici e reliquie cfr. M. Goguel, *L'Eglise primitive*, p. 255.

[71] [65] Rouet de Joumel, *Enchiridion patristicum*, n. 575 (Cipriano, *Epistula ad Antonianum*, 8, a. 251/252).

[72] Cfr. *Epistolae* 52,3.

[73] [66] Ecco la iscrizione che secondo il De Rossi vi si trovava «inclusas olim servant haec tecta catenas vincla sacrata Petri ferrum pretiosius aure» (G. B. De Rossi, *Inscriptiones Christianae urbis Romae septimo saeculo antiquiores* 1, p. 110, n. 66; p. 134, nn. 1 e 2). Su questa leggenda cfr. H. Grisar, *Dell'insigne tradizione romana intorno alle catene di s. Pietro nella Basilica Eudossiana*, in «Civiltà Cattolica» 1893, III, pp. 205–221; J. P. Hirsch, *Die römischen Titelkirchen in Altertum*, Paderborn 1918, pp. 45–52.

primo oratorio cristiano, che verso il 150 d. C. fu trasformato in chiesa da Pio I (ora vi sorge la basilica di S. Pudenziana); essa sarebbe quindi la più antica delle basiliche romane, dimora forse dei vescovi romani del II secolo, per le molte tradizioni che le si ricollegano riguardanti il vescovo di Roma Pio I, suo fratello Erma, il filosofo Giustino e Ippolito. Gli scavi discesi sino a 9 metri sotto il pavimento della basilica nel 1928–32, hanno messo in luce un edificio termale della prima metà del II secolo, costruito su di una casa romana alla quale appartengono pavimenti a mosaico. Che questa casa fosse di proprietà del senatore Pudente risulta documentato da alcuni bolli di mattone rinvenuti nel 1894, tra i quali uno del I secolo e altri di Servilio Pudente della prima metà del secondo. Gli scavi più recenti del 1962 hanno svelato altri mattoni e i pavimenti ben visibili a lithòstraton del tipo ricordato da Plinio il Vecchio nella sua *Naturalis Historia*, formato cioè di piccole tessere di mosaico bianco con incastonate delle *crustae* simili ai pavimenti di Aquileia, Pompei e Preneste. Un affresco del IX secolo rinvenuto in una delle gallerie sotterranee rappresenta l'apostolo Pietro tra le sorelle Pudenziana e Prassede. Se gli scavi mostrano l'antichità della casa e la sua appartenenza a Pudente (forse il Pudente ricordato da 2 Tim 4,21), nulla ci possono però dire della presenza di Pietro, che poggia solo sulla leggenda di S. Pudenziana[74].

5. Scavi di valore

a) *catacombe di S. Sebastiano*. Il luogo della *Memoria Apostolorum* è stato rinvenuto nel 1915 presso la via Appia sotto la basilica di S. Sebastiano *ad Catacumbas*, che, prima della inumazione del martire in quel luogo, si chiamava «Basilica degli Apostoli». Vi esisteva un luogo di raduno e di culto («triclia») dedicato alla venerazione di Pietro e Paolo, come lo testificano i centonovantun graffiti scritti in latino popolare come «Paule et Petre petite pro Victore» ed i trentasette scritti in greco. Alcuni di essi attestano che vi si attuavano i «refrigeria» ossia i pasti funerari, quali si solevano attuare

---

[74] [67] Cfr. H. Delehaye, *Contributions récentes à l'hagiographie de Rome et de l'Afrique*, in «Analecta Bollandiana» 1936, p. 273; A. Petrignani, *La Basilica di S. Pudente*, Roma 1934; sugli scavi più recenti cfr. E. Josi, *Il «Titulus Pudens» rinnovato*, in «L'Osservatore Romano», 18/19 giugno 1962, p. 6. Per vedere l'ignoranza assai diffusa fra gli stessi scrittori ricordo il trafiletto del «Corriere della Sera» dell'8–6–1962 che dava notizia degli scavi con queste parole: «Sarebbe stata trovata a Roma la casa del senatore Pudente, dove, secondo gli *Atti degli Apostoli* (?) dimorò san Pietro e dove usarono radunarsi per un certo tempo i primi cristiani». Per il tempio connesso con la leggenda di Simon Mago si legga il capitolo seguente (corrente petrina).

sulle tombe dei defunti[75]. Vi alluderebbe anche il *Liber Pontificalis* che attribuisce al vescovo Damaso la fondazione di una chiesa sul luogo dove sotto il «platomia» (da correggere in platoma o lastra di marmo) avevano riposato i corpi dei santi apostoli Pietro e Paolo.

Dal momento che è difficile sostenere la traslazione delle salme in quel luogo (si trattasse pure del solo capo, come alcuni pretendono) e dal fatto che la sala non presenta alcun indizio di tomba, si potrebbe pensare che all'origine di tale culto stesse la convinzione che Pietro e Paolo vi avevano abitato da vivi in quanto tale casa giaceva proprio in un quartiere ebraico. Ciò sarebbe confermato da una iscrizione di papa Damaso:

Hic habitasse prios sanctos cognoscere debes
Nomina quisque Petri pariter Paulique requires[76].

Pare che la venerazione in tale luogo ricevesse un grande impulso da parte della setta scismatica dell'antipapa Novaziano; più tardi esso sarebbe stato

---

[75] [68] E. Diehl, *Inscriptiones latinae christianae veteres*, I, Berlino 1924. Sui refrigeri, combattuti da Agostino perché procuravano ubriachezza e disordini (*Epistolae 29 ad Aurelium*), cfr. A. M. Schneider. *Refrigeria nach literarischen Quellen und Inschriften*, 1928; P. Styger, *Die römischen Katacomben*, 1933, pp. 350 ss. Sugli scavi qui effettuati cfr. A. Prandi, *La Memoria Apostolorum in Catacumbas*, in «Roma sotterranea cristiana», Roma II, 1926; G. Mancini-P. Marrucchi, *Scavi sotto la Basilica di S. Sebastiano sulla Appia antica*, in «Notizie sugli scavi» 1923; H. Lequercq, *Pierre*, in «Dictionnaire d'Archéologie Chrétienne et Liturgie» 14,1 coll. 822–981; F. Tolotti, *Ricerche intorno alla Memoria Apostolorum*, in «Rivista di Archeologia Cristiana» 1946, pp. 7 ss.; 1947–48, pp. 13 ss.; *Idem. Memorie degli Apostoli in catacumbas*, Roma 1953, pp. 111 ss. Un graffito del 260 fu scoperto da R. Marichal (*Les dates des graffiti de Saint-Sébastien*, in «Comptes rendus des séances de l'Académie des Inscriptions et Belles-Lettres» 1953, pp. 60 ss). Ecco alcuni di questi graffiti: «Petro et Paulo Tomius Coelius refrigerium feci»; «Petro et Paulo refriger(avit Ur)sinus»; «at (= ad) Paulu(m) et Pet(rum) refrigeravi)»; «Petre et Paul(e) in m(ente) habete in ora(tion)ibus vestris An(t)imachum et Gregorium iuniore(m) e(t) Ampliata». Un graffito in latino ma con caratteri greci suona: «Paule Petre. Kalkedoni anima bobis (= vobis) Komand(d)o (= commendo)», vale a dire: «Paolo e Pietro vi raccomandiamo l'anima di Calcedonio». Cfr. A. Ferma, *Rileggendo i graffiti di S. Sebastiano*, in «Civiltà Cattolica» 1965, pp. 2765–2768; S. Cadetti, *Il cinquantenario della scoperta della «Memoria Apostolorum in Catacumbas»* in «L'Osservatore Romano», 19–12–1965.

[76] [69] La iscrizione si ricorda nel *Liber Pontificalis* (Ediz. Duchesne, pp. 84 s. è trascritta in p. CIX). Circa il quartiere ebraico ivi esistente cfr. Giovenale (*Satire*, III, 12 ss.) che attribuisce ai Giudei il bosco di Egeria. Cfr. G. La Piana, *Foreign groups in Rome during the first centuries of the Empire*, in «Harvard Theological Review» 1927, pp. 341 ss.; J. B. Frey, *Les communautés juives à Rome aux premiers temps de l'Eglise*, in «Recherches de Science Religieuse» 1930, pp. 275 ss. (il «nomina» indicherebbe «corpi», le «reliquie»; cfr. Carcopino, *De Pythagore aux Apôtres*, pp. 246–247 che adduce a conferma una iscrizione di Trixter in Mauritania).

accolto dalla Chiesa romana come la memoria degli apostoli[77]. Anche se quest'ultima ipotesi non reggesse, rimane pur sempre chiaro che la *Memoria Apostolorum* non rivela l'esistenza di reliquie o del sepolcro di Pietro e Paolo.

Altri (ad esempio la Guarducci) pensano che tale luogo – contenente forse qualche reliquia di cose appartenenti agli apostoli – fosse stato usato per celebrare la loro memoria, quando un decreto imperiale impedì la riunione dei cristiani nei cimiteri, dove prima questi erano soliti adunarsi.

b) *Gli scavi al Vaticano*. Una tradizione assai antica, confermata da indicazioni liturgiche, afferma che il martirio di Pietro e la sua sepoltura avvenne sul colle Vaticano; basti ricordare il già citato presbitero Gaio, la cui opinione fu condivisa da Girolamo,[78] dagli *Atti di Pietro e Paolo* che fanno seppellire Pietro sotto un terebinto presso la Naumachia (= circo) sul Vaticano[79] e dal *Liber Pontificalis* che ne pone la sepoltura presso il palazzo di Nerone,[80] dove Anacleto avrebbe eretto una *memoria beati Petri*[81]. Lo stesso *Liber Pontificalis*, in una notizia tratta dagli *Acta Silvestri*, dice che Costantino, battezzato da Silvestro e guarito dalla lebbra, volle erigere sul Vaticano una basilica in onore di S. Pietro, nel luogo dove sorgeva un tempio ad Apollo, e vi trasferì il corpo di Pietro in una tomba circondata da lastre di bronzo e sormontata da una croce aurea[82].

---

[77] [70] L. K. Mohlberg, *Historisch-kritische Bemerkungen zur Ursprung der sogenannten 'Memoria Apostolorum' an der Appischen Strasse*, «Colligere Fragmenta», Festschrift A. Dodd 1952, pp. 52 ss.

[78] [71] Sepultus est Romae in Vaticano juxta viam triumphalem (passava questa a nord-est del Vaticano), Girolamo, *De viris illustribus* 1, PL 23,639.

[79] [72] «éthekan autò upò ton terébinton plesìon toù naumachìou eis tòpon kaloùmenon Batikanòn», in *Acta Petri et Pauli* 84, ed. Lipsius, p. 216; cfr. p. 172. Lo stesso si legge nel *Martyrium Petri* della Pseudo Lino: «ad locum qui vocatur Naumachiae, iuxta obeliscum Neronis, in montem» (cfr. Lipsius, *Acta Apostolorum Apocrypha*, Lipsia 1891, vol. I, pp. 11 s.).

[80] [73] «Sepultus est via Aurelia, in templum Apollinis (da correggere probabilmente in «Cibele»), juxta locum ubi crucifixus est, justa palatium Neronianum in Vaticanum, juxta territorium Triumphalem, via Aurelia, III kal juli» (*Liber Pontificalis,* ed. Duchesne, p. 120). Il palazzo di Nerone va identificato con i giardini neroniani o con il Circo (*Naumachia* degli *Acta Petri et Pauli*).

[81] [74] *Liber Pontificalis*, Duchesne, pp. 55.155. Quivi secondo la stessa fonte sarebbero stati seppelliti i primi vescovi di Roma, eccetto Clemente ed Alessandro. In realtà è impossibile che Anacleto già nel I secolo abbia eretto tale monumento e per di più gli scavi non hanno mostrato tracce di tale fatto. Su tale errore cfr. H. Heussi, *Papst Anacletus und die Memoria auf dem Vatikan*, in «Deutsches Pfarrerblatt», 1919, pp. 301 ss.

[82] [75] Duchesne, pp. 78 s., 176. Gli scavi hanno dimostrato la falsità di questa affermazione, non vi è traccia di bronzo né di oro.

L'ipotesi di Pietro fondatore della Chiesa di Roma

Per saggiare quanto di vero vi fosse in tale tradizione Pio XII nel 1919 diede il via a scavi da attuarsi sotto l'altare della Confessione in mezzo a difficoltà tecniche enormi per non mettere in pericolo la stabilità del cupolone vaticano. Il 23 novembre 1950 il papa annunziò che era stata ritrovata la «tomba del principe degli apostoli». La relazione ufficiale degli scavi (edita nel 1951) fu tuttavia meno esplicita al riguardo.

Gli scavi hanno documentato che l'imperatore Costantino doveva avere una seria ragione per erigere quivi la sua basilica; infatti per poterla costruire fu costretto ad affrontare molteplici difficoltà, che non vi sarebbero state qualora il tempio fosse stato eretto altrove. Il luogo non era adatto, sicché per avere la spianata sufficiente l'imperatore dovette attuare degli enormi lavori di sterro verso nord e costruire poderosi muraglioni di sostegno verso sud.

Costantino fu poi obbligato a ricoprire un largo cimitero pagano assai denso, con un atto certo impopolare, e che egli potè attuare solo in quanto *Pontifex maximus*. Sappiamo pure che questo cimitero era presso il circo di Nerone, perché C. Popilius Heracla (Popilio Eracla) afferma in una iscrizione che desiderava essere seppellito «in Vaticano ad circum»[83] nel luogo dove la tradizione, sopra riportata, poneva la sepoltura di Pietro.

Quale motivo poteva spingere Costantino a costruirvi nel 335 la Basilica, se non il fatto che quivi v'era la tomba di Pietro (la zona era appunto un cimitero) o almeno il luogo del suo martirio?

Gli scavi effettuati dal 1940 al 1950 e dal 1953 al 1958 misero in luce la necropoli romana quivi esistente. Eccone le successive stratificazioni:

1) Piano della Basilica attuale con l'odierno altare papale risalente a Clemente VIII (1592–1605).

2) Sotto v'è l'altare eretto da Callisto II (1119–1124).

3) Ancor più sotto giace l'altare fatto erigere da Gregorio Magno (590–604).

---

[83] [76] Si cfr. le notizie di Tacito, *Annali* 14,4; *Historia Augusti, Heliogabulus* 23; Plinio, *Historia Naturalis* 36,11,74. Il circo fu iniziato, secondo quest'ultimo scrittore, da Caligola che vi fece arrivare un grandioso obelisco dall'Egitto con una nave di rara bellezza. Sino al 1586 tale obelisco si trovava nella piazzetta dei Protomartiri (a sinistra, nella zona delle campane per chi guarda la basilica), quando fu dal Fontana spostato con grave pericolo («acqua alle funi!») al centro dell'attuale piazza vaticana. Gli scavi iniziatisi nel luogo primitivo l'a. 1957 da Pio XII e ripresi nel 1959 da Giovanni XXIII, misero alla luce a 14 m. di profondità la «spina del circo», ossia il muraglione eretto al centro del circo, ornato di are, edicole e tripodi, attorno al quale correvano i cavalli e di cui l'obelisco era il centro. Vicino al luogo del «*tropaion* di Gaio» vi era dunque il circo, dove Pietro probabilmente subì il martirio. Cfr. M. Guarducci, *Documenti del secolo I nella necropoli Vaticana*, Rendiconti della Pontificia Accademia di Archeologia, Roma 1957.

4) Sotto affiora il monumento costantiniano ornato di marmi rari e di porfido.

5) Gli scavi hanno rivelato che il monumento eretto da Costantino racchiudeva una piccola edicola posta al livello della necropoli in una piazzuola del sepolcreto risultante da due nicchie sovrapposte, divise da una specie di mensa di travertino sostenuta da due colonnine marmoree. L'edicola, che doveva corrispondere al «trofeo» *(tropaion)* di cui parla verso il 200 il presbitero Gaio, dovrebbe risalire alla metà del II secolo, se essa fu costruita assieme al piccolo canale di drenaggio, poiché nel fognolo per convogliare l'acqua si trovano almeno quattro mattoni con il marchio *Aurelii Caesaris et Faustinae Augustae* (Aurelio fu imperatore dal 121 al 180).

La scoperta suscitò non pochi problemi e perplessità: la fossa identificata dai primi scavatori come tomba dell'apostolo era stata trovata, stranamente, quasi distrutta e vuota. Perché i graffiti non parlano di Pietro contro la testimonianza della Basilica Apostolorum che è tutta ripiena di invocazioni rivolte agli apostoli?[84] Dove giacevano le reliquie dell'apostolo? Si pensò in un primo tempo che il gruppo di ossa trovate in una piccola cavità, sotto la base del muro rosso (così detto dal colore dell'intonaco) cui è addossata l'edicola, rappresentassero i resti del martire, che fossero stati prelevati dalla tomba e nascosti in quell'anfratto. Tuttavia il carattere eterogeneo delle ossa (ve ne sono anche di animali) impedivano di riferirle a un uomo solo. Margherita Guarducci, docente di epigrafia e antichità greche all'Università di Roma, ha tuttavia rinvenuto nell'attiguo mausoleo dei Valeri, parzialmente danneggiata dal muro eretto da Costantino, una iscrizione assai enigmatica che ha di chiaro solo PETRU accanto a una testa calva. L'invocazione così suonerebbe: «Petrus, roga T Xs HT pro sanctis hominibus chrestianis ad corpus tuum sepultis»[85]. L'iscrizione anteriore alla costruzione di Costantino che la danneggiò parzialmente con il muro della Basilica, è posteriore al 180 perché è stata scolpita sul mausoleo pagano dei Valeri quando l'imperatore Marco Aurelio, doveva essere già morto, perché vi appare divinizzato (m. 180 d. C.)[86].

---

[84] [77] I graffiti rinvenuti in Vaticano sono di questo tipo: «Victor cura sui(s) Gaudentia vibatis in Christo; Paulina vivas; Nicasi vivas in Christo, ecc.». Per questi graffiti cfr. M. Guarducci, *I graffiti sotto la confessione di S. Pietro in Vaticano*, 3 volumi, Roma, Editrice Vaticana, 1958; Idem, *Notizie antiche e nuove scoperte*, Roma 1959.

[85] [78] «Pietro, Prega (T) Cristo (X o Ht) per i santi uomini cristiani, sepolti presso il tuo corpo». Il T sarebbe un puro simbolo della croce; la lettura dell'iscrizione è assai discutibile.

[86] [79] Cfr. M. Guarducci, *Cristo e s. Pietro in un documento precostantiniano della Necropoli Vaticana*, Roma 1953, pp. 14–22 e tav. 44.

L'ipotesi di Pietro fondatore della Chiesa di Roma 161

Di recente la stessa Guarducci esaminando il muro rosso nel lato dove una lastra marmorea ricopre la cavità posta a fianco dell'edicola, con commozione profonda vi lesse la seguente iscrizione greca «PETPOS ENI», vale a dire «Pietro (è) qui»[87] quasi a suggellare la traslazione delle sue ossa dal terreno sottostante al nuovo ripostiglio (cm. 77 x 29 x 31). Tuttavia anche questa cavità risultava stranamente vuota e qui l'avventura assume un aspetto romanzesco.

In un angolo nascosto delle grotte vaticane la Guarducci trovò nel 1953 una cassetta contenente delle ossa, che da testimonianze di due sampietrini e da un biglietto che vi si trovava sarebbe provenuta – e poi stranamente dimenticata – da un ripostiglio scavato nel muretto che poggia contro il famoso muro rosso dove s'apriva l'edicola costruita sulla presunta fossa di Pietro. Dall'analisi di tali resti ad opera di specialisti[88] risultò che appartenevano a un individuo di sesso maschile, piuttosto robusto, sessanta-settantenne, e quindi dalle caratteristiche somatiche simili a quelle di Pietro. Frammenti di marmo, pezzettini di intonaco, delle monetine e alcuni fili di porpora mostravano la stima goduta da quelle reliquie dal tempo di Costantino, ai cui anni risalirebbe la porpora.

Gli studiosi si divisero tosto in due partiti di cui alcuni favorevoli ed altri ferocemente contrari;[89] a questi ultimi ribatté di recente la Guarducci in un agile volumetto nel quale, tra l'altro, getta l'accusa che gli scavi «furono eseguiti con metodo non sempre impeccabile e spesso con spirito di osservazione palesemente scarso»[90].

Si può quindi concludere che quel mausoleo, meta di visitatori i quali vi gettarono anche delle monete, fosse un monumento eretto sul luogo del martirio di Pietro e forse anche la sua tomba; le ossa quivi rinvenute possono appartenere al Martire, anche se gravi dubbi ci consigliano molta prudenza[91]. Per raggiungere tale certezza occorrerebbe provare, come gius-

---

[87] [80] Ma il Carcopino vi legge «*Petr(os) End(ei)*», vale a dire «Pietro manca», non è qui, a ricordo della traslazione dei suoi resti nel 268 (*De Pythagore aux Apôtres*, p. 284).

[88] [81] I docenti furono Venerando Correnti (antropologo, università di Palermo), Luigi Gardini (paleontologo, Università di Roma), Carlo Lauro (petrografo, Università di Roma), dott. G. Carlo Negretti (aiuto del precedente), M. Luisa Stein (chimico, Università di Perugia), Paolo Malatesta (chimico, Università di Roma); cfr. M. Guarducci, *Le reliquie di Pietro sotto la Confessione della Basilica Vaticana*, Poliglotta Vaticana, 1965.

[89] [82] Tra i favorevoli: Becatti, Carrettoni, *De Angelis d'Ossat*, Magi, Paladini. Per il Carcopino ciò è possibile (ma è contro la Guarducci perché ammette varie traslazioni delle reliquie); per gli scavatori (Ferrua, Kirschbaum, Josi) è del tutto impossibile, e la Guarducci sarebbe una visionaria. Per Toynbee e Ruyschaert l'identificazione è impossibile.

[90] [83] M. Guarducci, *Le reliquie di s. Pietro sotto la Confessione nella Basilica Vaticana: una messa a punto*, Roma, Coletti, 1967.

[91] [84] Tra le monete ivi trovate vi è un «dipondio» bronzeo dell'imperatore Augusto e

tamente osserva il cattolico Hubert Jedin, che il corpo di Pietro non fu bruciato dopo l'esecuzione, che il suo cadavere non sia stato mutilato, che esso non sia stato deposto in una fossa comune, e che i cristiani abbiano avuto la possibilità di prelevarne il cadavere[92]. Di più non vi è traccia di alcun interesse o culto delle reliquie prima del martirio di Policarpo a Smirne[93]. Gli *Atti* apocrifi di Pietro (c. 40) biasimano Marcello per aver seppellito Pietro nel suo stesso sepolcro, dicendo «lascia che i morti seppelliscano i loro morti». Il che dimostra che verso la fine del II secolo i cristiani respingevano totalmente il culto delle tombe. Gli stessi vescovi romani non ebbero delle tombe proprie che a partire dal III secolo nelle catacombe di S. Callisto[94].

Ad ogni modo dopo i recenti reperti di M. Guarducci, si può pensare che il «trofeo» di cui parla il presbitero Gaio fosse considerato la tomba dell'apostolo Pietro. Probabilmente ciò provenne dall'associazione del luogo del supplizio con la vicinanza del cimitero.

6. Durata della permanenza di Pietro a Roma e data della sua morte

Una tradizione risalente al III secolo ricorda la permanenza di Pietro a Roma per 25 anni (dal 42 al 67 d.C.), come appare dalla *Cronaca* di Eusebio che nell'anno 2° dell'imperatore Claudio (a. 42) così dice:

«L'apostolo Pietro, dopo la fondazione della Chiesa di Antiochia fu mandato a Roma dove predicò il Vangelo e visse per venticinque anni»[95].

(il più recente) un «quattrino» di rame di Paolo V (1605–1621); non è detto che le monete vi siano state gettate al tempo in cui furono coniate, poiché esse restarono in uso a lungo.

[92] [85] H. Jedin, *Von der Urgemeinde zur früh-christlichen Grosskirche*, Freiburg-Basel-Wien, Herder 1962, p. 140.

[93] [86] Si avverò il 23 febbraio 177; cfr. H. Gregoire, *La véritable date du martyre de S. Policarpe (23 fév. 177)*, in «Analecta Bollandiana», Bruxelles 1951.

[94] [87] Dal tempo cioè di Ponziano (m. 235). Forse la festa degli apostoli del 258 potrebbe riguardare il fatto che, mancando allora ogni reliquia degli apostoli, queste sarebbero state cercate e trovate (con quanta verità non discutiamo qui!). Si tratterebbe quindi della *inventio* dei loro resti, come ne avvennero parecchie nel IV e V secolo per le reliquie dei martiri. Cfr. H. Achelis, *Die Martirologien ihre Geschichte und ihr Wert*, Berlin 1900, pp. 74 ss.; E. Schaefer, *Die Epigramme des Papstes Damasus I als Quellen für die Geschichte der Heiligenverehrung*, 1932, pp. 101 ss.

[95] [88] *Corpus Berolinensis* VII/I, p. 179.

Simile l'affermazione del Cronografo dell'a. 354[96] accolta pure da Girolamo:

> «Siccome Pietro deve essere stato vescovo della Chiesa di Antiochia e dopo aver predicato ai Giudei che si convertirono nel Ponto, nella Galazia, nella Cappadocia, nell'Asia e nella Bitinia, il secondo anno dell'imperatore Claudio (a. 42) andò a Roma per confutarvi Simone il Mago, e vi tenne la cattedra per 25 anni, ossia fino al 14° anno di Nerone[97]. La sua morte fu seguita pochi mesi dopo da quella dell'imperatore, quale castigo divino, secondo una profezia ricollegata alla morte degli apostoli «Nerone perirà di qui a non molti giorni»[98].

Oggi nessun studioso cattolico ammette che Pietro sia rimasto a Roma per 25 anni, poiché ciò contrasterebbe sia con la cacciata dei cristiani da Roma al tempo di Claudio,[99] sia con la presenza di Pietro a Gerusalemme durante il convegno apostolico (ca 50 d. C.). Si noti pure che, secondo Girolamo, Pietro venne a Roma per «smascherarvi il mago Simone», il che suggerisce un legame tra questa tradizione e le leggende di Simon Mago, per cui l'attendibilità di tale notizia ne risulta assai compromessa[100]. Di più la tradizione e l'ipotesi di una sua lunga permanenza a Roma è contraddetta da alcuni dati biblici indiscutibili.

Nel 42 Pietro lascia Gerusalemme per recarsi ad Antiochia dove Paolo lo ritrova poco dopo (At 12,1 s; Gal. 2,11).

Nel 49/50 v'è la riunione degli apostoli a Gerusalemme e in essa Pietro non parla affatto di un suo lavoro tra i Gentili, ma s'accontenta di riferire il fatto del battesimo di Cornelio. Sono Barnaba e Paolo che parlano invece della loro missione tra i Gentili (At 15,7–11; cfr. c. 17).

---

[96] [89] *Monumenta Germaniae Historica-Auctores Antiquissimi-Chronica*, vol. I, Berlin 1892, p. 73.

[97] [90] *De Viris Illustribus*, 1, PL 23,607, «Romam pergit ibique vigintiquinque annos cathedram sacerdotalem tenuit usque ad ultimum annum Neronis, i. e. quartumdecimum». Cfr. S. Garofalo, *La prima venuta di S. Pietro a Roma nel 42*, Roma 1942. Vi sono tuttavia altri scritti che parlano di 20 (o altre cifre) di permanenza (così la versione Armena del *Chronicon* o Cronaca di Eusebio).

[98] [91] *Atti di Pietro*, ed. Lipsius, pp. 172 ss.; Nerone morì il 9 giugno 68.

[99] [92] Probabilmente l'a. 49, a causa dell'agitazione provocata tra i Giudei, «per istigazione di Chresto (= Cristo)» : «Judaeos impulsore Chiesto assidue tumultuantes Roma expulsit». Cfr. Svetonio, *Divus Claudius* 25 (At 18,2). Cfr. W. Seston, *L'empereur Claude et les chrétiens*, in «Revue d'Histoire et de Philosophie Religieuses», 1 (1931), pp. 275–304; A. Momigliano, *L'opera dell'imperatore Claudio*, Firenze 1932.

[100] [93] Per le leggende di Simon Mago e Pietro, vedi il capitolo *Pietro e gli Apocrifi*.

Nel 57 quando scrive ai Romani, Paolo, pur affermando di non voler lavorare in campo altrui, non dice affatto che la Chiesa era stata evangelizzata da Pietro, come sarebbe stato logico.

Nel 63–64, scrivendo le sue lettere dalla prigionia, Paolo mai allude alla presenza di Pietro[101]. Gli Ebrei desiderano sapere qualcosa di questa nuova «via» che è tanto avversata, come se nulla sapessero, il che sarebbe stato assurdo qualora Pietro fosse stato a Roma (At 28,21–24).

Nel 64 d. C. v'è la persecuzione di Nerone con la probabile morte di Pietro. Ecco il brano di Tacito (ca 60–120 d. C.):

«Siccome circolavano voci che l'incendio di Roma, il quale aveva danneggiato dieci dei quattordici quartieri romani, fosse stato doloso, Nerone presentò come colpevoli, punendoli con pene ricercatissime, coloro che, odiati per le loro abominazioni, erano chiamati dal volgo cristiani.

Cristo, da cui deriva il loro nome, era stato condannato a morte dal procuratore Ponzio Pilato durante l'impero di Tiberio. Sottomessa per un momento, questa superstizione detestabile, riappariva non solo nella Giudea, ove era sorto il male, ma anche a Roma, ove confluisce da ogni luogo ed è ammirato quanto vi è di orribile e vergognoso. Pertanto, prima si arrestarono quelli che confessavano (d'essere cristiani), poi una moltitudine ingente – in seguito alle segnalazioni di quelli – fu condannata, non tanto per l'accusa dell'incendio, quanto piuttosto per il suo odio del genere umano. Alla pena si aggiunse lo scherno: alcuni ricoperti con pelli di belve furono lasciati sbranare dai cani, altri furono crocifissi, ad altri fu appiccato il fuoco in modo da servire d'illuminazione notturna, una volta ch'era terminato il giorno. Nerone aveva offerto i suoi giardini per lo spettacolo e dava giuochi nel Circo, ove egli con la divisa di auriga si mescolava alla plebe oppure partecipava alle corse con il suo carro. Allora si manifestò un sentimento di pietà, pur trattandosi di gente meritevole dei più esemplari castighi, perché si vedeva che erano annientati non per un bene pubblico, ma per soddisfare la crudeltà di un individuo»[102].

Si può quindi concludere che Pietro non fu affatto il fondatore della Chiesa di Roma e che, se vi venne come oggi appare quasi certo, vi giunse solo per subirvi il martirio. È il pensiero del pagano Porfirio, un filosofo

---

[101] [94] Cfr. 2 Tim 4,11; Fil 4,22; Col 4,7.9–15.
[102] [95] *Annales* XV, pp. 3841.

neoplatonico, che di Pietro dice: «Fu crocifisso dopo aver guidato al pascolo il suo gregge per soli pochi mesi»[103].

7. Appendice: la cattedra di Pietro

Ecco la conclusione a cui è pervenuta la Commissione Internazionale alla quale Paolo VI il 3 febbraio 1967 aveva affidato l'incarico di studiare scientificamente la cosiddetta cattedra di Pietro, che in passato – ad eccezione del Suarez (1665) che la riteneva contemporanea di Carlo Magno – si pensava fosse stata usata dallo stesso apostolo. Come ora si presenta la cattedra è alta m. 1,36 (36 cm. solo in timpano), larga anteriormente cm. 85,5 e di fianco solo cm. 65. I suoi pezzi in legno di quercia risalgono tutti all'epoca carolingia, ad eccezione di alcuni montanti di pino e di castagno, giuntivi verso il XI-XII secolo per sostenere la sedia propriamente detta. Gli avori risalgono al tempo di Carlo il Calvo, di cui la cattedra presenta anzi un'effigie.

Tale trono assai raffinato fu recato in dono a papa Giovanni VIII da Carlo il Calvo per la sua incoronazione imperiale del 25 dicembre 875, quando offrì «molti e preziosi doni» per «onorare S. Pietro e il papa» tra cui anche la bellissima Bibbia ornata da miniature che dal secolo XI si conserva nel monastero di S. Paolo Fuori le Mura in Roma. Oltre che con gli avori la cattedra era pure decorata con una lamella metallica composta di oro, argento e rame, la quale con il suo bagliore aureo formava un magnifico equilibrio con il candore dell'avorio che la ornava. Gli anelli laterali servivano per il trasporto della cattedra per la solennità del 22 febbraio (Cattedra di S. Pietro) come ci ricorda la bolla di Nicolò III (5 febbraio 1279). Verso il 1450 tale trono fu innalzato e posto sopra l'altare di S. Adriano fino a quando fu sistemata in fondo all'abside creata dal geniale Bernini.

Ritenuta il trono di S. Pietro divenne una reliquia, ma questa tradizione è ora sfatata dalla recente indagine scientifica. La cattedra ha favorito sempre raffermarsi dell'autorità papale, come risulta dalla preghiera di S. Caterina da Siena: «O vero Iddio esaudisci anche noi, che pregamo per lo Guardiano di questa tua cattedra… cioè per lo tuo Vicario, che tu il faccia, quale vuoli che sia il successore di questo tuo vecchicciuolo di Pietro e dia ad esso i necessari modi della Chiesa». Ma tutto ciò è posto in discussione dal presente volume.

---

[103] [96] Frammento 22, tratto dal III libro dell'*Apocriticus* di Macario Magete (Texte und Untersuchungen XXXVII/4, Lipsia 1911, p. 56). Cfr. A. Harnack, *Porphyrius gegen die Christen*.

Su questo problema si legga per ora M. Maccarrone, D. Balboni, P. Romanelli, ai quali risalgono rispettivamente i seguenti articoli: *Studi e ricerche; Descrizione archeologica della Cattedra, La Decorazione della Cattedra* in «L'Osservatore Romano» 28 novembre 1969, p. 3.

Bibliografia sugli scavi del Vaticano

J. Toynbee-B. W. Perkins, *The Shrine of St. Peter and the Vatican Excavations*, 1956.
B. M. Apolloni-Ghetti, A. Ferma, E. Josi, E. Kirschbaum, *Esplorazioni sotto la confessione di S. Pietro in Vaticano eseguite negli anni 1940–1949*, con appendice numismatica di C. Serafini, 2 voll., Città del Vaticano 1951. Per la bibliografia riguardante tali scavi cfr. «Biblica» 34 (1953, pp. 99 ss.).
J. Ruysschaert, *Recherches et études autour de la Confession de la Basilique Vaticane (1940–1958). État de la question, bibliographie.* Triplice omaggio a SS. Pio XII, vol. II, Città del Vaticano (1958), 3–47.
Idem. Trois campagnes de fouilles au Vatican et la tombe de Pierre, in «Sacra Pagina» (Paris 1959), pp. 86–97.
Th. Klauser, *Die römische Petrustradition im Lichte der neuen Ausgrabungen unter der Petruskirche*, Köln-Opladen 1956.
J. Carcopino, *Les fouilles de St. Pierre. Etudes d'histoire chrétienne*, Paris 1953, pp. 93–286.
Idem, Etudes d'histoire chrétienne. Les fouilles de St. Pierre et la tradition. Le Christianisme secret du carré magique, Paris, Michel 1963.
Th. Klauser, *Die römische Petrustradition im Lichte des neuen Ausgrabungen unter der Petruskirche*, in «Arbeitsgemeinschaft für Forschung des Landes Nordhain-Westfalen» 1956 (critica radicale degli scavi).
M. Guarducci, *La tradizione di Pietro in Vaticano alla luce della storia e dell'archeologia*, Città del Vaticano, 1963.
Idem, La Tomba di S. Pietro, Roma, Editrice Studium, 1959.
Nicola Corte, *San Pietro è sepolto in Vaticano?*, Edizioni Paoline (Tempi e figure). È una edizione del francese (*St. Pierre est-il au Vatican?*, Paris, Fayard 1956) ad opera di M. T. Garrutti (Vi è la tendenza ad esagerare il valore della documentazione cattolica e a minimizzare quella sfavorevole; le fonti non sono sempre riportate criticamente con l'esatta indicazione).
P. Lemerle, *La publication des fouilles de la Basilique Vaticane et la question du tombeau de Saint Pierre*, in «Revue Historique» 1952, pp. 205 ss. (non fu scoperto nemmeno il *tropaion* di Gaio). A p. 222 di «Revue Historique» del 1952 così scrive: «Credo di aver dimostrato che tutto, senza eccezione, può essere contestato e tutto deve essere rigettato... occorre scartare interamente, come non fondata, l'interpretazione proposta». Penso che la verità stia, come sempre, nella via di mezzo.

Notizie riguardanti gli scavi vaticani si possono trovare anche in:

Noële Maurice-Denis et Robert Boulet, *Romée ou le Pélerin moderne à Rome*, 4ª ediz., Parigi, Desclée, 1963.

Noële Maurice Denis-Boulet, *Rome souterraine*, Paris, Fayard 1965, (interessante per l'archeologia e gli antichi titoli).

C. Galassi Paluzzi, *S. Pietro in Vaticano*, Roma, Marietti 1963-1965.

E. Kirschbaum, *Die Gräber der Apostelfürsten*, 1957.

A. Prandi, *La zona archeologica della Confessione Vaticana. I Monumenti del III secolo*, 1957 (le tombe più antiche sono del II e non del I secolo).

A. M. Schneider, *Dos Petrusgrab im Vatican*, in «Theologische Literaturzeitung» 1952, coll. 321 ss. (non è la tomba).

D. von Gerkan, *Die Forschung nach dem Grab Petri*, in «Evangelisch-Lutherischen Kirchenzeitung» 1952, pp. 379 ss. (occorre studiare meglio il terreno).

Erik Peterson, *Über das Petrusgrab*, in «Schweizerische Rundschau» 1952 (il *tropaion* è un cenotafio).

H. I. Marrov, *Les fouilles du Vatican*, in «Dictionnaire d'Archéologie Chrétienne et de Liturgie» 1953, coll. 3291 ss., 3310 ss. (fu trovato il *tropaion*, ma non la tomba; si tratta del luogo del supplizio).

H. Torp, *The Vatican Excavations and the cult of St. Peter*, in «Acta Archeologica» 1953, pp. 27 ss. (è un monumento di origine pagana).

Th. Klauser, *Die römische Petrustradition im Lichte des neuen Ausgrabungen unter der Petruskirche*, in «Arbeitsgemeinschaft für Forschung des Landes Nordhain-Westfalen» 1956 (critica radicale degli scavi).

Excursus 3

DAGLI APOSTOLI AI VESCOVI

Sin dal primo secolo accanto agli apostoli vediamo apparire nella Chiesa i «presbiteri» vale a dire gli «anziani» pure detti «vescovi», i quali con la scomparsa graduale degli apostoli rimasero i soli a dirigere le singole chiese[1].

1. I NOMI

«Presbitero» e «vescovo» sono due nomi attinti dal vocabolario preesistente, e non coniati direttamente dai cristiani, di cui il primo deriva dal giudaismo e il secondo dal paganesimo.

I *presbiteri* o «anziani» esistevano presso alcune corporazioni *(gherusiai)* che si interessavano dei giochi, della venerazione del dio locale e della sepoltura dei loro membri. Anche le città pagane erano dirette da un senato[2] costituito da persone più mature, che però non erano chiamate «presbiteri» ma «geronti».

Presso gli Ebrei invece esistevano gli anziani dei quali abbiamo testimonianza sin dal tempo di Mosè (Es 24,1) e su su per tutta la storia ebraica durante il periodo dei Giudici (Rut 4,2), dei Re (1 Re 8,1), sino al tempo dell'esilio (Ez 8,11) e di Cristo (Mt 16,21, Lc 7,3); le città giudee erano dirette da un consiglio *(boulé)* di anziani (ebr. *zekenim*) in numero di sette o di ventitré secondo l'importanza del centro, il quale ne costituiva il tri-

---

[1] Sarà come vedremo uno dei cambiamenti più determinanti che sono avvenuti nella chiesa in opposizione al pensiero apostolico-cristiano.

[2] Senato, da cui il nostro «senatore», indica appunto «consiglio di anziani» dal latino *senes*, vecchio. Si confronti la Signoria di Firenze, e gli Oldermen (da *old* = vecchio) degli inglesi.

bunale. Anche le sinagoghe erano sorvegliate da un gruppo di anziani che le presiedevano e decidevano la scomunica per gli indegni. Questa organizzazione fu accolta dagli apostoli anche per i singoli gruppi di fedeli che formavano il sostituto cristiano della sinagoga giudaica[3].

Il nome «vescovo» (*epìscopos*, da cui il nostro «episcopio») era invece noto ai gentili, presso i quali designava un «sorvegliante», un «ispettore» inviato a reggere una città sottomessa o una colonia. Aristofane fa dire a un impostore: «Io vengo qui dopo aver ottenuto in sorte di essere vescovo»[4]. Vescovo era pure chiamato l'ispettore che inviava i propri rapporti ai re indiani,[5] il commissario mandato a sistemare gli affari in Efeso,[6] il magistrato che sorvegliava la vendita delle provvigioni sotto i Romani[7]. Nella versione dei LXX tale nome è usato per designare l'ispettore del re[8] o il capo di una città[9]. Anche i sorveglianti posti da Antioco a Gerusalemme per far eseguire i suoi ordini nel culto sono chiamati «vescovi»[10]. Tale uso corrisponde all'etimologia del vocabolo che significa «guardare (*scopeo*) sopra (*epi*)», pur includendo la responsabilità dell'individuo verso un'autorità a lui superiore. Perciò presso le chiese della gentilità tale nome fu applicato ai responsabili delle comunità cristiane, che dovevano appunto sorvegliare il comportamento dei credenti. Alcuni studiosi vogliono ricollegare il «vescovo» cristiano agli «ispettori» (*mebaqqer*) esseni, che presiedevano alle riunioni e vigilavano sulla amministrazione dei beni, benché questo nome sia stato tradotto in greco con «epimeletós» e non con «epìscopos»[11]. La doppia denominazione di anziano e di vescovo proviene sia dalla esistenza nella cristianità di chiese giudeo-cristiane e di chiese gentili-cristiane, sia dal fatto che i due nomi rivelavano due distinte caratteristiche dei dirigenti cristiani, quella cioè di essere persone anziane già sposate, e quella del loro ufficio di sorvegliante[12].

---

[3] Il nome di «anziano» non è mai applicato a Gesù, che è pur detto *apòstolos* (Eb 1,1), *epìscopos* (1 Pt 1,2.25), *diàkonos* (Rom 15,8), *poimèn* (1 Pt 2,25), *didàscalos* (Mt 8,19), *prophètes* (Mt 21,11). Tale nome avrebbe suggerito l'idea che Gesù era sposato e avanzato negli anni, il che era falso sotto entrambi gli aspetti.

[4] Aristofane, *Aves* 1023.

[5] Arriano, *L'India* 12,5.

[6] Appiano, *de Bello Mitridatico*, c. 48.

[7] Carisio, *In Digesto* 1,4,8.

[8] 2 Re 11,19; 2 Cron 12,17; Is 60,17.

[9] Neem. 11,9.

[10] 1 Mac 1,51; Flavio Giuseppe, *Antichità Giudaiche* 12,5,4.

[11] *Documento Sadoqita di Damasco* 6,12–13; nel Ptc i LXX traducono la radice *bqr* (da cui *mebaqqer*) con le varie forme del verbo *episcopéo*.

[12] È poi interessante notare come queste persone non siano mai chiamate «sacerdoti» (*iereis*) in quanto esse sono sì dei sacerdoti, ma alla stessa stregua degli altri cristiani, che

L'identità biblica dei vescovi e degli anziani risulta dal fatto che le due categorie non sono mai nominate simultaneamente, dal fatto che le stesse persone prima chiamate «presbiteri» ossia «anziani» sono poi dette «vescovi»,[13] dal fatto che Paolo dopo aver riferito alcune doti degli anziani continua affermando: «Bisogna infatti che il vescovo sia irreprensibile» (Tito 1,5). Si tratta quindi di termini tra loro del tutto intercambiabili, in quanto designano le stesse persone[14].

2. Scelta dei presbiteri

Dal Nuovo Testamento non si possono trarre norme precise riguardanti la scelta dei vescovi; si può però dire che almeno al tempo degli apostoli, la scelta più che dalla Chiesa in se stessa era attuata dagli apostoli e dai loro rappresentanti, gli evangelisti. È scrivendo non alla Chiesa bensì a Timoteo che Paolo presenta la lista delle doti che un cristiano deve avere perché possa essere scelto all'ufficio episcopale (1 Tim 3). Tito è mandato a Creta perché «riordini» ciò che non vi era di retto e perché «costituisca degli anziani in ogni città» (Tito 1,5).

Secondo il libro degli *Atti* Paolo e Barnaba, durante il loro secondo viaggio apostolico in ogni città già evangelizzata scelgono dei vescovi per i fratelli delle chiese:

> Dopo aver essi (Paolo e Barnaba) scelto (*cheirotonésantes*) per loro dei presbiteri per ciascuna chiesa, e dopo aver pregato e digiunato, raccomandarono i fratelli al Signore nel quale avevano creduto (At 14,23).

Il verbo *cheirotoneo*, che etimologicamente significa «eleggere uno per alzata di mano» nel Nuovo Testamento ha il senso di «semplice elezione» e qui ha per soggetto Paolo e Barnaba, come tutti gli altri participi verbali che lo precedono e lo seguono, anziché tutti i cristiani[15]. Anche Tito deve

---

sono tutti sacerdoti. Non appare nel Nuovo Testamento l'esistenza di un sacerdozio gerarchico superiore al sacerdozio di ogni singolo credente (1 Pt 2,4–5.9; Apoc 1,6.3.9 ss.).

[13] At 20,17.28.

[14] Non riesco a capire come alcuni (von Allmenn, Ph. Menoud, G. Bornkamm, H. Fr. von Campenhausen) non possano vedere ciò, e ritengano che tale equazione sia soggetta a cauzione. Che Ignazio poi non presenti l'episcopato monarchico come una novità non è affatto vero come vedremo (contro il Goguel, *L'Eglise primitive*, Paris 1947, p. 147). Con lui siamo proprio nel periodo di transizione; le sue lettere tradiscono lo sforzo per farvi regnare l'autorità monarchica episcopale e testimoniano l'esistenza di chiese in cui tale centralizzazione non si era ancora attuata.

[15] Tale senso di scelta «senza alzata di mano» risulta dal verbo composto di At 10,41 dove si dice che gli apostoli furono scelti da Dio (evidentemente non per alzata di mano!)

«stabilire» lui degli anziani, secondo determinate doti che Paolo gli elenca; naturalmente la Chiesa può aver presentato dei candidati in quanto i fratelli sono coloro che meglio conoscono chi tra essi è più adatto a tale ufficio; ma la decisione spetta a Tito (Tito 1,5).

Sembra che Paolo avesse l'abitudine di scegliere a vescovi e diaconi «le primizie dei credenti», secondo il principio che la «priorità ecclesiologica» sia dovuta a «priorità cronologica». Tali sono i membri della famiglia di Stefana ch'era primizia dell'Acaia ai quali i fedeli devono stare sottoposti (1 Cor 1,16; 16,5); tale era pure Epeneto primizia dell'Asia (Rom 16,5). Questo uso è pure confermato da Clemente[16] che ci offre il particolare che i vescovi «furono investiti da loro (= apostoli) e dopo di loro da altre degne persone con l'approvazione di tutta la Chiesa»[17].

Se l'equazione tra presbiteri e «Pastori e dottori» (Ef 4,11) o tra presbiteri e «dottori» (*didascaloi*, 1 Cor 12,28) fosse sicura, si dovrebbe concludere che era lo Spirito Santo a scegliere i «vescovi» tramite gli apostoli o i profeti, e a rivestirli dei suoi doni. Ma tale identificazione non è del tutto certa.

3. Vescovi ed apostoli

Generalmente si afferma dai teologi cattolici, in ciò seguiti dagli ortodossi e da un buon gruppo di anglicani, che i vescovi sono successori degli apostoli, per cui i poteri goduti dagli apostoli sarebbero passati automaticamente ai vescovi. Mi sembra, tuttavia, che il Nuovo Testamento, sottolinei a sufficienza alcune divergenze che impediscono di accogliere tale successione.

1. La missione essenziale degli apostoli è quella di «testimoniare» la realtà ch'essi hanno potuto contemplare. «Voi… mi sarete testimoni e in Gerusalemme e in tutta la Giudea e in Samaria, e fino all'estremità della terra» (At

---

per vedere il Cristo risorto (*prokecheirotonémenois*). In 2 Cor 8,10 (*cheirotonéo*) (unico altro passo in cui tale verbo ricorre) è usato per il fratello scelto (non sappiamo se con alzata di mano). L'alzata di mano sembra esclusa in At 14,23, in quanto solo Paolo e Barnaba sono presentati come agenti attivi nella scelta dei presbiteri. Questo uso di semplice «scelta» appare evidente da Giuseppe Flavio che parla di un «regno scelto da Dio» (*upò theou kecheirotonêmènon*) e di Gionata che fu scelto a sommo sacerdote direttamente da Alessandro (*Ant. Giud.* 6,13,9 e 13,2,2). Naturalmente questo verbo non può avere il senso di «ordinare» perché in tal caso si sarebbe dovuto usare «imporre (non alzare) le mani» (*keiras tithemi upò*).

[16] *Epistola Clementis* 42,4.
[17] Clemente, *1 Cor* 44.

Dagli apostoli ai vescovi

1,8). A questi «testimoni che erano stati prima scelti da Dio» il Risorto ha dato il comando «di testimoniare ch'egli è stato da Dio costituito giudice dei vivi e dei morti»[18]. Per questo Pietro afferma con commozione di non voler narrare fandonie, bensì la realtà della trasfigurazione di Gesù ch'egli potè contemplare con i suoi propri occhi mentre età sul monte santo (2 Pt 1,16–18). Giovanni più e più volte afferma di annunziare quel che egli personalmente ha veduto: «La vita è stata manifestata e noi l'abbiamo veduta e ne rendiamo testimonianza» (1 Gv 1,14).

Ora è evidente che nessun vescovo odierno potrà sotto questo aspetto considerarsi successore degli apostoli, in quanto egli non ha alcuna propria testimonianza da dare. Non avendo visto il Cristo egli deve solo ripetere la testimonianza già presentata un giorno dagli apostoli (Giuda 3).

2. Per l'attuazione di tale testimonianza gli apostoli ebbero la garanzia dello Spirito Santo, che esteriormente si palesava con l'ispirazione interiore. «Quando sarà venuto il Consolatore che vi manderò da parte del Padre, lo Spirito della verità che procede dal Padre, egli testimonierà di me; e anche voi mi renderete testimonianza» (Gv 15,26). «Lo Spirito della verità, vi guiderà in tutta la verità, perché non parlerà di suo, ma dirà tutto quello che avrà udito e vi annunzierà le cose a venire (Gv 16,13). «Il Consolatore, lo Spirito Santo, che il Padre manderà nel mio nome, vi insegnerà ogni cosa e vi rammenterà tutto quello che vi ho detto (Gv 14,26).

Per questo l'insegnamento degli apostoli non può essere discusso, nemmeno quando egli non ha uno speciale comando di Cristo. Paolo sa di possedere, in quanto apostolo, la grazia di essere ritenuto «degno di fede» (1 Cor 7,25). Ricevere l'insegnamento apostolico significa essere ammaestrati dallo stesso Cristo[19]. Per tale aspetto gli «apostoli-profeti» sono il fondamento» (*themèlion*) della Chiesa (Ef 2,20), in quanto essi continuano a predicare ancor oggi il Cristo, tramite la loro parola, vale a dire attraverso i loro scritti che tale parola preservano. La preghiera sacerdotale di Cristo mette bene in risalto la verità che l'insegnamento della salvezza passa alla Chiesa post-apostolica tramite gli apostoli, non tramite la Chiesa. «Io non prego solo per questi, ma anche per quelli che credono in me per mezzo della loro parola» (Gv 17,20). Affinché elementi estranei non si introducessero nel messaggio apostolico, la chiesa del II secolo volle determinare

---

[18] At 10,41 s. L'opposizione «i vivi ed i morti» indica la totalità degli uomini, e anche la credenza che al ritorno di Cristo non tutti saranno fisicamente «morti», ma ve ne saranno alcuni tuttora «vivi».

[19] 1 Cor 15,3 ss.; Ef 4,20; ubbidire a un apostolo significa «ascoltare», nel senso pratico dell'ubbidienza, lo stesso Cristo.

bene quali fossero gli iscritti normativi, per i quali essa poteva garantire l'origine apostolica di fronte al pullulare di molti apocrifi[20].

In questa «tradizione» (ora conservata negli scritti sacri) il Cristo-Signore è presente ed è Lui, tramite gli apostoli, che si fa conoscere a noi e ci salva mediante la nostra fede ubbidiente. Il ricorso al Nuovo Testamento non è solo frutto di «arcaicismo», quale il desiderio di tornare alle sorgenti, al cristianesimo primitivo – come spesso ci viene rimproverato – ma è frutto di fede: è la certezza che dal momento dell'incarnazione «gli apostoli sono stati scelti a parte come strumenti unici della rivelazione di Dio in Gesù Cristo»[21]. Anche oggi Dio parla alla Chiesa mediante la testimonianza apostolica, per cui l'insegnamento degli apostoli è la norma con cui valutare ogni altro insegnamento riguardante la salvezza, l'amore di Dio e la vita cristiana[22].

3. La missione invece dei presbiteri-episcopi si riduce a sorvegliare le singole comunità dei cristiani perché stiano fedeli all'insegnamento divino, perché non diventino preda di «lupi rapaci e di uomini perversi», che s'introdurranno nella Chiesa di Dio. Perciò i vescovi devono essere pronti ad ammonire i tentennanti e i deboli (At 20,28 ss.), ad esaminare i problemi della Chiesa (At 15,6), a dare degli incarichi con l'imposizione delle mani (1 Tim 4,14), ma specialmente a nutrire i credenti con l'insegnamento e la predicazione (At 20,28; 1 Pt 5,1–5). Essi devono quindi essere «atti ad insegnare» e devono saper convincere i contraddittori, meritando, dalla co-

---

[20] Questo non fu attuato mediante una decisione dogmatica, autoritaria, bensì attraverso l'esame storico della trasmissione di questi scritti. Quelli che erano stati da lungo trasmessi nelle varie chiese come scritti apostolici furono accolti, gli altri no! Di qui si comprendono le titubanze e le divergenze dei vari canoni dei libri sacri, fino a che si raggiunse l'accordo, non per una decisione dogmatica, ma in conseguenza di un esame storico, possibile anche oggi a noi, sia pure con maggiore difficoltà.

[21] O. Cullmann, *La tradition*, Neuchâtel 1953, p. 36.

[22] Ci possono essere errori nell'interpretazione di qualche passo; l'errore è inevitabile ogni volta che l'uomo si accosta alla rivelazione divina. Ma la nostra interpretazione errata di qualche brano non diviene norma per i secoli futuri, che potranno rettificarla; anche gli uomini che verranno dopo di me si accosteranno al Cristo e, tramite il Cristo, a Dio, mediante la Scrittura non mediante il mio insegnamento di oggi. Ma nelle chiese – dico in genere poiché più o meno tale tendenza sussiste in ogni chiesa se non si sta attenti – degli errori dapprima insignificanti, presi singolarmente, in virtù di un processo inerente ad ogni tradizione trasmessa tramite uomini, vengono presi a base di altri insegnamenti e si amplificano sempre più sino a contrastare l'insegnamento originario. Per questo Gesù disse «Voi con la vostra tradizione umana annullate la parola di Dio» (Mt 15,6). Il presente studio su Pietro e il papato ne dovrebbe costituire una documentazione evidente.

Dagli apostoli ai vescovi

munità che sorvegliano, un «doppio onorario» qualora vi prodighino a pieno tempo il loro insegnamento[23].

Tuttavia la loro autorità è ben diversa da quella apostolica, in quanto la loro parola non può essere considerata come normativa; i vescovi, al pari degli altri cristiani, devono essere fedeli alle parole ricevute dagli apostoli[24]. Il vescovo deve infatti «essere attaccato all'insegnamento sicuro secondo la dottrina trasmessa per poter essere capace di esortare mediante la sua dottrina e ai confutare i contradditori» (Tito 1,9).

Anche per lui valgono quindi le parole di Paolo:

«State saldi e ritenete le tradizioni (*krateìte paradòseis*) che vi abbiamo trasmesse tanto con le parole quanto con una nostra lettera» (2 Tess 2,15). «Fratelli io vi rammento l'Evangelo che v'ho annunziato, che voi ancora avete ricevuto, nel quale state saldi (*stèchete*) e mediante il quale siete salvati, se pur lo ritenete (*katèchein*) quale ve l'ho annunziato: a meno che non abbiate creduto invano» (1 Cor 15,1–2; cfr. Gal 1,6–9). I cristiani – vescovi compresi – devono solo «accoglierlo» come parola di Dio (1 Tess 2,13 *paralambànein*) e «mantenerlo come è stato loro trasmesso» (Rom 6,17; Fil 4,9).

4. L'insegnamento «apostolico» è un «deposito» che va conservato e trasmesso intatto così come è stato ricevuto. «O Timoteo custodisci il deposito, schivando le profane vacuità delle parole, le opposizioni di una scienza di falso nome, professando la quale taluni si sviano dalla fede» (1 Tim 6,20); «Custodisci il buon deposito mediante lo Spirito Santo che abita in noi» (2 Tim 1,14). Il «deposito» (*parathéke*), secondo il diritto romano, era quanto veniva affidato in custodia a qualcuno con l'obbligo di conservarlo intatto e di consegnarlo alla prima richiesta del depositante[25].

Queste affermazioni escludono sia il concetto di scoperta di «verità» che prima sarebbero solo «implicitamente» incluse nell'insegnamento apostolico, sia il concetto che i vescovi siano «gli organi viventi di questa tradizione» sotto la guida dello Spirito Santo. Ogni individuo, come nel nostro

---

[23] 1 Tim 5,17. Il greco ha *timê*, vocabolo che può significare tanto «onore» che «onorario», «ricompensa pecuniaria». Lisia per indicare «vendere (una merce) allo stesso prezzo» dice *tès autès timès pòlein* (22,12). In Esiodo tale parola indica «presente, regalo» (Esiodo, *Opere e giorni* 141). Le citazioni bibliche che seguono (Dt 25,4; Lc 10,7) ci inducono a preferire questo senso materiale, anziché quello spirituale di «onore».

[24] Paolo scrivendo a Timoteo dice: «Quelle cose che udisti da me davanti a molti testimoni, affidale a uomini sicuri i quali siano capaci di ammaestrare anche altri» (2 Tim 2,2).

[25] Cfr. P. C. Spicq, *Saint Paul et la loi des dépôts*, in «Revue Biblique» 1931, p. 481.

caso Timoteo che non era «vescovo» ma solo un evangelista inviato da Paolo in missione temporanea, ha la possibilità di custodire il «deposito» sino alla fine della vita mediante lo Spirito Santo che dimora in lui[26].

Perciò i vescovi o presbiteri non sono mai presentati come il fondamento della Chiesa – come lo dovrebbero essere se fossero davvero i successori degli apostoli –; anzi la loro condotta e il loro insegnamento possono venire discussi sulla base della dottrina apostolica: «Sono costretto a scrivervi per esortarvi a combattere strenuamente per la fede, che è stata una volta sempre tramandata ai santi» (Giuda 3). L'anziano può essere messo sotto accusa dai cristiani, anche se occorre motivarlo con la deposizione di due o tre testimoni,[27] il che non poteva essere fatto per un apostolo. Siamo quindi ben lontani dal pensiero che i vescovi succedano agli apostoli.

5. Che i vescovi non siano successi agli apostoli si può determinare anche dal fatto che gli anziani, pur collaborando assieme agli apostoli, con i quali coesistono, sono legati ad una chiesa, mentre gli apostoli non lo sono affatto, e la loro attività si estende in tutto il mondo. Paolo ricorda tra i suoi patimenti «l'ansietà per tutte le chiese, che lo assale ogni giorno»[28]. Al contrario i vescovi di Efeso devono «badare a loro stessi e a tutto il gregge in mezzo al quale lo Spirito Santo li ha costituiti vescovi», vale a dire alla chiesa efesina[29].

Per le suddette diversità ne consegue che è impossibile considerare i vescovi come successori degli apostoli. Gli apostoli hanno una funzione a parte: quella di fondare la chiesa, di donarle la dottrina definitiva e di con-

---

[26] Tale «deposito» si conserva «mediante il modello delle sane parole» che Timoteo aveva udito da Paolo (2 Tim 1,13) e che noi pure abbiamo negli scritti sacri. Il «noi» non ha un riferimento speciale a Paolo come pretende S. Cipriani (*Le lettere di s. Paolo*, p. 704), ma si riferisce a tutti i cristiani (v. 14). Il «custodire» riguarda «l'individuo non la chiesa»; ognuno deve conservarlo integro per sé, come spera di fare lo stesso Paolo fino al ritorno di Cristo (v. 12). Il «deposito» è detto «mio» (di Paolo, mai di Timoteo) perché come apostolo gli era stato affidato in modo particolare da Cristo stesso, che lo aveva scelto à predicare l'evangelo nella forma a lui specifica (cfr. Ef. 3,1–7)

[27] Date le loro funzioni direttive e amministrative (At 11,30) potevano essere accusati di parzialità. Ma non è escluso che anche il loro insegnamento potesse venire discusso; l'evangelista – che si suppone bene istruito nell'evangelo – poteva rimproverare duramente l'anziano colpevole in presenza di tutti (1 Tim 5,19). Anche nella cura degli ammalati (Giac 5,14) o nell'ospitalità potevano mancare (Tito 1,8, *filòxenoi*), come ad esempio avvenne per il caso di Diòtrefe, l'ambizioso anziano aspirante al primato (3 Gv 9–10).

[28] 2 Cor 11,28; Mt 28,18.

[29] At 20,17.28; 1 Pt 5,2.

segnarle l'unica via di salvezza, che i vescovi dovranno semplicemente accogliere e seguire.

Bibliografia

Lightfoot, *The Epistles of St. Paul, Philippians,* London 1879, pp. 95–99, 181–269.

K. Stadler, *Les successeurs des apôtres d'après le Nouveau Testament,* in «Verbum Caro», 18 (1964), pp. 67–83.

Jean Jacques von Allmen, *Le ministère des anciens,* ivi, pp. 214–256.

E. Schlink, *La succession apostolique,* in ivi 18 (1964), pp. 52–86.

K. L. Schmidt, *Le ministère et les ministères dans l'Eglise du N. T.* in «Revue d'Histoire et de Philosophie Religieuses», 1937, pp. 313–336.

Ph. H. Menoud, *L'Eglise et les ministères selon le N. T.,* Neuchâtel-Paris, 1949.

E. Lohse, *Die Ordination im Spätjudentum und in Neuen Testament,* Göttingen, 1951.

H. Fr. von Campenhausen, *Kirchliches Amt und geistliche Vollmacht in dem ersten drei Jahrhunderten im Lichte der Heiligen Schrift,* Bern 1956.

J. Danielou, *La communauté de Qumrân et l'organisation de l'Eglise ancienne,* in «Revue d'Histoire et de Philosophie Religieuses», 1955, pp. 104–116.

G. Dix, *Le ministère dans l'Eglise ancienne aux deux premiers siècles,* Paris 1956.

J. Knox, *The Ministry in the Primitive Church* in «The Ministry in Historical Perspectives». edit. da H. R. Niebuhr e D. D. Williams, New York 1956, pp. 1–27.

Bo Reicke, *Glaube und Leben der Urgemeinde,* Zürich 1957.

A. M. Javerre, *Le passage de l'apostolat à l'épiscopat,* in «Salesianum», 24 (1962), pp. 228–239.

M. Winter, *Saint Peter and the Popes,* Baltimore, Helicon Press, London, Darton-Longman & Todd 1960 (sommario storico cattolico in difesa del papato).

M. Javiere, *La sucesión primitiva y apostólica en el evangelio de Mateo,* (Bibliotheca Salesianum 1958). (Ricorda 50 risposte di docenti in teologia, secondo i quali l'idea di successione è implicita in Mt 16,18 e 18,18.)

Sul valore di «presbiteri» e «vescovi» cfr. M. Guerra y Gomez, *Epíscopos y presbíteros,* Burgos 1962 (Seminario Metropolitano).

9

DAL COLLEGIO PRESBITERIALE ALL'EPISCOPATO MONARCHICO

Nel periodo apostolico le singole «chiese» o «comunità» cristiane erano dirette collegialmente da un gruppo di anziani o vescovi coadiuvati da diaconi[1].

1. PERIODO APOSTOLICO

Durante il periodo apostolico troviamo alla direzione delle singole chiese non una singola persona, bensì un gruppo di presbiteri o vescovi. Li troviamo a Gerusalemme, dove accettano le offerte portatevi da Barnaba e Saulo (At 11,30), firmano assieme agli apostoli la lettera da inviare alle chiese della gentilità (At 15,23; 16,4) e con Giacomo ascoltano il resoconto di Paolo sul suo lavoro missionario (At 21,18).

---

[1] I diaconi apparvero ancora prima dei presbiteri per aiutare le vedove elleniste nei loro bisogni (At 6,1–6); anche se quivi non sono ancora chiamati *«diaconi»* vi appare già il verbo *«diakonèo»* che significa «servire», ministrare alle mense. Ireneo dice chiaramente che costoro erano dei veri «diaconi» (*Adversus Haereses* 1,26,3 ecc.). La chiesa romana a ricordo di questo fatto, pur accogliendo un numero maggiore di presbiteri, restringeva il numero dei diaconi a sette (Eusebio, *Historia Ecclesiastica* 6,13,11). Anche il concilio di Neocesarea (315 d. C.) in ricordo della loro prima elezione stabilì che i diaconi non dovessero mai superare il numero di sette in ogni città per quanto grande essa fosse (Can. 14). Tale decisione fu respinta dal Concilio Trullano II (692 d. C. pure detto Quinisestino). Il diaconato fu una novità, in quanto non poteva assimilarsi al *Chazan* delle sinagoghe che si chiamava *uperetès* non *diàkonos* ed equivaleva al sagrestano dei templi cattolici; il diacono biblico aveva invece l'incarico di servire alle tavole, ossia di compiere gli uffici più umili distinti dalla predicazione e dalla istruzione. Ciò non esclude che, eccezionalmente, i diaconi abbiano esercitato anche tale ministero, a cui del resto sono chiamati tutti i cristiani. I diaconi divennero un gruppo importante nelle chiese a fianco dei presbiteri (Fil 1,1; ca. a. 52) e per i quali Paolo esige certe qualità (1 Tim 3,8 s.; ca. 66).

Anche nelle chiese della gentilità stabilite da Paolo troviamo l'esistenza di una direzione collegiale da parte dei presbiteri. Parecchi sono i presbiteri di Efeso (At 20,18), come lo sono quelli di Filippi ai quali Paolo manda i saluti[2]. Paolo nel suo secondo viaggio missionario stabilì in ogni chiesa da lui già fondata degli «anziani» (plurale «presbiteri») per ogni città (At 14,23).

Non penso che sia in contrasto con tale documentazione il vocabolo «vescovo» che si trova sempre al singolare nelle lettere pastorali[3]. Si tratta di un «singolare di categoria» favorito forse dal fatto che nelle riunioni era solitamente una sola persona a tenere la presidenza[4].

Non è neppure in contrasto con la costituzione collegiale il fatto che Giovanni nell'Apocalisse indirizzi le sue sette lettere all'angelo (singolare) delle sette chiese dell'Asia Minore, che alcuni esegeti vogliono identificare con il vescovo il quale nelle singole chiese avrebbe già individualmente la responsabilità dei cristiani[5]. Tuttavia è difficile accogliere tale esegesi per il semplice motivo che nell'Apocalisse ciò che è celeste viene descritto in forma umana, mentre mai ciò che è terreno è raffigurato in forma celestiale. Lo stesso angelo assume l'aspetto di un uomo (come del resto avviene di Dio in persona) per cui sembra inconcepibile che un vescovo terreno possa esservi descritto con l'aspetto angelico. Lo stesso Cristo glorioso è presentato come «uno che rassomiglia al Figlio dell'Uomo» (Apoc 1,3), per cui sarebbe presentato in una forma inferiore a quella del vescovo.

Penso che la terminologia dell'Apocalisse vada spiegata con l'idea apocalittica che ciò che esiste in terra è copia di ciò che sta in cielo (cfr. Ebr 8,5). Per questo accanto al Cristo vi sono sette stelle e sette candelieri: «Le sette stelle sono i sette angeli delle sette chiese e i sette candelieri sono le sette chiese» (Apoc 1,20). Il contrasto tra la luce stellare, che brilla di continuo per potenza interiore e la luce incerta ed intermittente del candelabro, che abbisogna di essere alimentata di continuo, mostra appunto la diversità tra il prototipo celeste della chiesa (angelo) e la chiesa quale purtroppo si attua su questa terra con le sue continue deficienze (candela-

---

[2] Se l'epistola paolina fosse una lettera circolare, come molti pensano oggi, si avrebbe la documentazione che tutte le comunità possedevano vescovi e diaconi.

[3] I Tim. 3,1; Tito 1,7.

[4] Per il singolare di categoria si considerino i seguenti esempi: «Tutti i militari dovranno portare le loro armi... poiché il soldato deve essere pronto a combattere». «I dottori dovranno partecipare alle riunioni di studio, perché il medico dev'essere aggiornato nella medicina». «I credenti devono essere umili e pronti al sacrificio, perché il cristiano dev'essere un imitatore di Cristo», ecc.

[5] La Bibbia dei Paolini nel suo commento ad Apoc 2,1 scrive: «L'angelo è il vescovo rappresentante la chiesa e responsabile del suo buon andamento» (p. 1304).

bro). L'angelo della chiesa è la controfigura celeste della realtà terrestre, così come gli angeli e i principi danielici sono la controfigura dei vari imperi terrestri in lotta tra di loro (Dan 10,13.20; 11,1). Giovanni con le sue lettere all'angelo, vale a dire al prototipo celeste delle chiese, lo rimprovera di non aver saputo realizzare la sua entità in modo più completo nelle singole chiese, delle quali mette in mostra i difetti e i pregi. Si tratta di un metodo simbolico ed apocalittico per insegnare una verità e rimproverare i difetti delle chiese del suo tempo, per cui è assai pericoloso poggiare su di esso per sostenere l'episcopato monarchico, contraddetto da chiare testimonianze paoline.

2. Verso l'episcopato monarchico

Il primo passo si attuò, pare, in Palestina presso i giudeo-cristiani al tempo della caduta di Gerusalemme. Quivi, già con gli apostoli, si stagliò la persona di Giacomo, fratello del Signore, che sembra quasi fungere da capo perché decide autoritativamente gli obblighi riguardanti i neoconvertiti del gentilesimo (At 15,19). Fu visitato con deferenza da Paolo (Gal 1,19; At 21,18) e ricevette l'annuncio della fuga miracolosa di Pietro dal carcere (At 12,17). Siccome talvolta Giacomo è nominato da solo (At 21,18) mentre tal altra lo sono solo i «presbiteri» (At 11,30), si vede che egli non aveva ancora raggiunto la posizione monarchica del vescovo attuale[6].

Egli poi, come «apostolo», era automaticamente superiore ai «presbiteri» e per aver fissato stabile dimora nella città santa, creò la base per lanciare l'episcopato monarchico. Infatti alla sua morte (nel 68 d. C.) vi successe come vescovo il cugino di Gesù Simone, dando così inizio alla successione episcopale che fu quivi, almeno inizialmente, dinastica:

> Dopo che Giacomo il Giusto fu martirizzato fu costituito vescovo (di Gerusalemme) il figlio d'uno zio del Salvatore, Simone di Cleofa; lo prescelsero con consenso unanime, perché era cugino del Salvatore[7].

Tale esempio fu seguito anche in Asia Minore al tempo di Ignazio (ca 110 d. C.) che fu presentato da Eusebio come secondo vescovo di Antiochia[8].

---

[6] Per la sua trasformazione in capo della chiesa e in un vescovo dei vescovi si veda il capitolo decimo.

[7] Egesippo in Eusebio, *Historia Ecclesiastica* 4,22,4.

[8] Dopo Evodio che ne fu il primo vescovo, vi fiorì in ordine di tempo, Ignazio (Eusebio, *Historia Ecclesiastica* 3,22; cfr. 3,26,2). Secondo le *Costituzioni Apostoliche* Pietro avrebbe ordinato Evodio: «Di Antiochia, Evodio ordinato da me Pietro, e Ignazio da Paolo» (VII,47 del sec. IV).

Questi, mentre veniva condotto a Roma per subirvi il martirio,[9] scrisse sette lettere ora conservate e di cui attualmente si riconosce la genuinità[10].

Con Ignazio assistiamo al sorgere della gerarchia ecclesiastica nella triplice classe di vescovo, presbiteri e diaconi[11]. Che si tratti di fase iniziale dell'episcopato monarchico appare dal fatto che il contemporaneo Policarpo di Smirne, scrivendo ai Filippesi, tralascia di ricordarvi il nome del vescovo e ha una intestazione che merita di essere riferita: «Policarpo e i presbiteri che sono con lui alla chiesa di Dio che abita in Filippi». Egli scrive sì in nome proprio, e in questo si diversifica dalla lettera a Clemente che è ancora collettiva, ma non si presenta solo bensì con i presbiteri. Nel c. 5,3 insiste sull'ubbidienza dovuta «ai presbiteri e ai diaconi», suggerendo l'ipotesi che la chiesa locale avesse tuttora la forma collegiale ossia presbiterale[12]. Anche Ignazio, del resto, scrivendo alla chiesa di Roma non ne nomina il vescovo e si rivolge ad essa collegialmente, segno che non vi si era ancora imposto il regime episcopale.

Siamo quindi tuttora in fase di transizione. Di più le affermazioni di Ignazio suonano più come un ideale da raggiungersi, anziché come una realtà già in atto. Tutto dev'essere fatto dal vescovo, afferma Ignazio di con-

---

[9] La data della sua morte va posta prima dell'ottobre 113, quando Traiano partì contro i Traci; altrimenti nessuno avrebbe potuto graziarlo in assenza dell'imperatore, come Ignazio teme che avvenga per intercessione della chiesa romana. La brama del martirio è forse dovuta al convincimento che il martire avrebbe goduto dopo morte l'immortalità beata, che per gli altri credenti era invece riservata al tempo della resurrezione finale dei corpi quando Cristo sarebbe tornato. Nell'Apocalisse le anime dei martiri serbati sotto l'altare invocano il giudizio finale, ma Dio li ricompensa dando loro la «stola» bianca, che nei misteri pagani rappresenta l'immortalità concessa all'iniziato. Indica quindi la concessione ai martiri di quella personale consistenza, equipollente al «corpo pneumatico» di Paolo, che i risorti erediteranno al giorno della risurrezione (Apoc 6,9–11).

[10] L'epistolario si presenta in tre forme:

a) *brevissima*, recensione siriaca edita dal Cureton nel 1845, che è solo un estratto delle lettere autentiche.

b) *media*, sette lettere edite in greco nel 1646 (*Codice Mediceo Laurenziano* 57,7 di Firenze) e, nel 1689, quella ai Romani (inglobata nel *Martyrium Antiochenum* in un Ms colbertino della Bibliothèque Nationale di Parigi). È la recensione ora preferita, e ammessa da tutti (contro la precedente critica negativa francese di Turmol) in conseguenza del giudizio favorevole che diedero loro gli anglosassoni (Th. Zahn, F. X. Funk, J. B. Lightfoot, A. Harnack).

c) *lunga*, risalente a circa il sec. IV o V d. C. con interpolazioni alle sette lettere e l'aggiunta di altre sei, di cui due all'apostolo Giovanni e una a Maria, madre di Gesù, con la successiva risposta della Vergine al vescovo. La critica generalmente rifiuta d'accettare questo carteggio che è interpolato o apocrifo.

[11] Cfr. Omodeo, *Ignazio di Antiochia e l'episcopato monarchico*, in «Saggi sul Cristianesimo Antico», Napoli 1958 (Edizioni Scientifiche Italiane, via Roma 406), pp. 205–255.

[12] Così, sia pure dubitativamente, afferma Altaner, *Patrologia*, Torino 1951, n. 88.

Dal collegio presbiteriale all'episcopato monarchico

tinuo; segno quindi che la realtà era ben diversa, altrimenti tanta insistenza sarebbe stata superflua. Nella lettera ai Magnesi ricorda, come un esempio ben riuscito, i presbiteri che formano «una degna corona spirituale» al loro giovane vescovo (c. 3). Ma egli biasima anche coloro che quivi si radunavano senza la legalità del vescovo:

Giova dunque non solo chiamarsi cristiani, ma anche esserlo: come vi sono alcuni che a parole invocano il vescovo, ma fanno tutto senza di lui. Costoro non mi paiono in buona coscienza, poiché non si radunano sicuramente (= in forma legale) secondo il precetto (*Ai Magnesi* 4).

Ad ogni modo Ignazio è il corifeo dell'episcopato monarchico, che ebbe in Oriente uno sviluppo anticipato. Ecco alcune citazioni che mettono specialmente in risalto l'unità simboleggiata dall'episcopo, il quale presiede la celebrazione eucaristica:

Ponete ogni cura a celebrare una sola eucaristia, poiché unica è la carne del Signore nostro Gesù Cristo, ed unica la coppa o comunione (= unione) del sangue suo, unico l'altare, come unico il vescovo insieme con il presbiterio e i diaconi, conservi miei: sicché ciò che fate fatelo secondo Dio (*Ai Filadelfi* 4).

Ignazio, non volendo che la Chiesa si frazioni in conventicole separate e discordi, afferma che l'assemblea deve essere presieduta dal vescovo:

Se infatti la preghiera di uno o due ha tale potenza, quanto più quella del vescovo e di tutta la chiesa (Ef 5,2). Tutto quindi dev'essere attuato assieme al vescovo. «Seguite tutti il vescovo, come Gesù Cristo seguì il Padre suo, e seguite il collegio dei presbiteri, come se fossero gli apostoli, ma venerate i diaconi come la legge di Dio. Non fate nulla di ciò che concerne la chiesa indipendentemente dal vescovo. Considerate valida l'eucaristia celebrata dal vescovo e da chi ne abbia da lui l'autorità. Dovunque appaia il vescovo, ivi sia anche la moltitudine, come dovunque è Gesù Cristo, ivi è la Chiesa universale. Non è lecito senza il vescovo battezzare o celebrare l'agape. Ciò che egli approva è anche grato a Dio, sì da rendere certa e valida ogni cosa che voi facciate» (*Agli Smirnei* 8). È bene conoscere Dio e il vescovo; colui che onora il vescovo è onorato da Dio: colui che compie cosa alcuna senza la conoscenza del vescovo serve il diavolo (*Agli Smirnei* 9). Come dunque il Signore senza il Padre nulla fece, essendo (a lui) unito, né egli stesso né per mezzo degli apostoli, così neppure voi fate nulla senza il vescovo e senza i presbiteri. Non arrischiatevi a considerare nulla benedetto privatamente per voi (= eucaristia), ma nella adunanza una sia la preghiera, una la supplica, una la mente, una la speranza» (*Agli Smirnei* 7). Sono infatti approvati solo «quelli che sono in comunione (con Dio), con Gesù Cristo, con il vescovo e con gli insegnamenti degli apostoli» (*Ai Tralliani* 7).

3. IN OCCIDENTE

In Occidente (= Roma) l'organizzazione episcopale monarchica si formò più tardivamente, ma vi si consolidò al massimo e vi trovò i suoi fautori più energici.

Alla fine del I secolo, al tempo di Clemente romano non vi era ancora una organizzazione monarchica[13]. La lettera è tuttora collettiva perché Clemente non vi si nomina nemmeno e perché si suppone che tanto a Roma quanto a Corinto vi sia una organizzazione collegiale. I termini «vescovi» e «presbiteri» sono ancora sinonimi, ragion per cui non appaiono mai simultaneamente[14]. Contro la rimozione dei presbiteri avveratasi a Corinto, l'autore della lettera ne sostiene l'inamovibilità (purché siano irreprensibili) e testifica le norme del come la elezione allora si effettuava.

> «Non riteniamo giusto che coloro i quali furono da loro (= apostoli) stabiliti o, in seguito, da altri uomini ragguardevoli con la approvazione di tutta la chiesa e che servirono irreprensibilmente il gregge di Cristo con umiltà, tranquillamente e non volgarmente, e che per lungo tempo ebbero la testimonianza di tutti, siano rimossi dal ministero» (44,3-5).

Chi siano costoro lo sappiamo da un altro passo:

> «Gli apostoli portando l'annunzio per campagne e città stabilirono le loro primizie, dopo averle provate nello spirito, come vescovi e come diaconi, poiché così dice la stessa Scrittura: Stabilirò i loro vescovi in giustizia e i loro diaconi (= ministri) in fede»[15].

---

[13] Cfr. A. Omodeo, *L'ordinamento della Chiesa secondo la I di Clemente*, in «Saggi sul cristianesimo antico», Napoli 1958, pp. 195-202.

[14] Nomina «i vescovi e i diaconi» (42,5, cfr. 57,1), i «presbiteri» o «vescovi» (c. 44) ma mai i «presbiteri» con i «vescovi».

[15] c. 42. La citazione è da Is 60,17. Il fatto che nelle lettere si suggerisca la sottomissione ai «presbiteri», ci garantisce che costoro non erano altro che i «vescovi» nominati altrove.

Sarebbe strano nominare i vescovi e i diaconi saltando il gruppo importantissimo dei «presbiteri», se questi non fossero stati identici ai vescovi. Tale identificazione risulta dalla frase che segue:

> «Anche i nostri apostoli sapevano per mezzo del Signore nostro Gesù Cristo che sarebbero scoppiate contese per l'episcopato... sarebbe non piccola colpa se cacciassimo dall'episcopato persone che in modo irreprensibile hanno offerto i doni. Felici i presbiteri che già prima hanno compiuta la loro via, che hanno avuto una fine coronata di frutti e completa. Essi non trepidano che qualcuno tolga loro il posto»[16].

Verso la stessa epoca o poco più tardi Ignazio, che pur nomina molti vescovi nelle sue lettere, rivolgendosi alla Chiesa di Roma non fa il nome del vescovo. Ciò si spiega con il fatto che verso il 110 l'episcopato monarchico non si era ancora stabilito in questa chiesa.

La conferma di tale ipotesi si ha dalla lettura del *Pastore di Erma*, scritto dal fratello di Pio, che la tradizione posteriore elencò tra i vescovi romani[17]. In questo libro ritenuto da alcune chiese ispirato, mai si nomina il «vescovo» al singolare, ma si ricordano i «presbiteri» come coloro che reggono la chiesa di Roma. Interessante al riguardo la visione terza. La Signora che è apparsa ad Erma così gli dice:

> «Siedi qui!» Le dico «Signora, lascia che seggano prima i presbiteri». «Questo è quel che ti dico – dice – siedi!» Volendo io pertanto sedermi alla parte destra, non me lo permise, ma mi fa cenno con la mano di sedermi alla parte sinistra. Pertanto poiché ripensavo e mi affliggevo per il fatto che non mi aveva permesso di sedere alla sua destra, mi dice: «Ti affliggi, Erma? Il posto a destra è di altri, cioè di quelli che già sono piaciuti molto a Dio e hanno patito per il suo nome: a te invece molto manca per sedere con essi»[18].

---

[16] c. 44. Il parallelismo tra i vescovi deposti e i presbiteri precedenti non deposti, milita per la loro identità. Forse si chiamavano «vescovi» in quanto presiedevano al «dono» eucaristico (siccome tale funzione di presidenza era unica, il nome vescovo si usa anche al singolare), mentre i «presbiteri» erano così chiamati in quanto comitato direttivo.

[17] *Sedente Pio episcopo fratre eius* si tratta di Pio I, vescovo romano tra il 130 e il 154; il libro di Erma fu composto verso il 130–140. Sul canone muratoriano da cui è tratta l'affermazione precedente cfr. P. de Ambroggi, *Muratoriano canone*, in «Enciclopedia Cattolica» vol. 8, coll. 1527–29.

[18] *Visione* 3,1,8–9

In questa linea di precedenza Erma avrebbe dovuto dire: «Lascia che segga prima il vescovo»; mentre nominando solo i «presbiteri» lascia vedere che il vescovo, se già esisteva, non era altri che uno di loro, un *primus inter pares*.

Erma riceve poi il compito di rimproverare i «dirigenti» (*proegoùmenoi*) della chiesa «dicendo loro» che raddrizzino nella giustizia le loro vie, affinché conseguano pienamente, con molta gloria, le promesse[19]. Erma doveva comunicare le sue visioni ai *presbiteri* (*presbiteroi*) preposti alla chiesa, ma dice di non averlo ancora realizzato. «Hai fatto bene» dice la vecchia «perché ho da aggiungere delle parole. Quando dunque avrò terminato le parole, sarà fatto conoscere a tutti gli eletti per mezzo di te. Scriverai pertanto due libretti e ne manderai uno a Clemente e uno a Grapte. Clemente poi lo manderà alle città straniere, perché ciò è affidato a lui. Grapte invece ammonirà le vedove e gli orfani. Tu infine lo leggerai a questa città insieme con i presbiteri preposti alla chiesa»[20].

Con questi presbiteri vanno perciò identificati quei «vescovi ospitali» (*epìscopoi kaì filóxenoi*) che sempre nelle loro case accolsero volentieri i servi di Dio senza ipocrisia; e quei vescovi che con il loro ministero protessero sempre ininterrottamente i bisognosi e le vedove e si diportarono sempre castamente[21].

Ai suo tempo v'erano tuttavia degli orgogliosi, che occupavano i primi «seggi» nella chiesa e sono duramente biasimati da Erma:

«Or dunque dico a voi, che state a capo della chiesa e occupate le prime cattedre: Non siate simili ai fattucchieri. I fattucchieri invero portano i loro farmachi nei bossoli e voi portate il vostro maleficio e veleno nel cuore»[22].

---

[19] [18] *Visione* 2,2,6 ss. *Patrum Apostolicorum*, SEI, Torino 1954, p. 478.

[20] [19] *Visione* 2,4,3 (*op. cit.*, p. 480). Si noti l'assenza del vescovo, il che sarebbe irragionevole se lui fosse stato la suprema autorità preposta alla chiesa. Grapte era un presbitero preposto alla cura delle vedove e degli orfani (secondo altri sarebbe una diaconessa). Clemente, pure lui presbitero, doveva essere una specie di segretario della chiesa a cui era affidata la corrispondenza con le chiese straniere. L'analogia tra il nome e l'incarico, potrebbe suggerire che si tratta del medesimo personaggio che scrisse la lettera ai Corinzi, che in tal caso dovrebbe essere posta assai più tardi, certo prima della morte di Policarpo di Smirne che la cita nella sua lettera ai Filippesi (Policarpo morì nel 156). La cronologia di Clemente è assai discussa, perché Ireneo ne fa di quarto vescovo di Roma, e il catalogo liberiano il terzo. Tertulliano lo fa ordinare da Pietro (*De Prescriptione Haereticorum* 32), ma per umiltà – dice Epifanio (*Haereses* 27,6) – avrebbe ceduto l'episcopato a Lino. Il tutto è frutto di confusione tra Clemente, vescovo di Roma, e il Clemente collaboratore di Paolo (Fil 4,3).

[21] [20] *Similitudine* IX. 27,2,1. *op. cit.*, p. 730.

[22] [21] *Visione* 3,9,7.

Anche quando Marcione si recò a Roma nel 139, quale agiato proprietario di navi, presentò la sua interpretazione del cristianesimo ai «presbiteri» romani, il che ci pone dinanzi a una direzione collegiale e non ancora episcopale-monarchica[23].

Verso il 155 l'evoluzione in senso monarchico si attuò finalmente anche a Roma, poiché il vecchio Policarpo, vescovo di Smirne, recatosi quivi poco prima del suo martirio, discusse la controversia riguardante la festa di Pasqua con il vescovo Aniceto e non più con i presbiteri[24].

Verso la metà del II secolo l'episcopato monarchico si trova praticamente in tutte le chiese, non ostante i diversi tentennamenti e contrasti con i presbiteri delle singole chiese. Da questo momento si cercò di legittimare tale posizione, falsamente ritenuta d'istituzione divina, attraverso il ragionamento e la storia presentata anacronisticamente.

Teologicamente il vescovo fu presentato come il depositario della tradizione apostolica e il garante della fede. Tale idea si trova germinalmente già negli scritti di Ignazio, che al vedere la chiesa di Filadelfia dilaniata da eretici fraternizzanti promiscuamente con i fedeli e che tentavano anzi di trascinare il martire dalla sua parte, grida loro di stare uniti al vescovo onde evitare tale malanno.

«Quando ero in mezzo a voi, a coloro ai quali io parlavo, ho gridato ad alta voce, con la voce di Dio: Ubbidite al vescovo, al collegio dei presbiteri e ai diaconi... Senza il vescovo non far nulla» (*Ai Filadelfi* 7).

Ma fu specialmente Ireneo (m. 202) che per meglio combattere le eresie trovò nella successione episcopale – che fece risalire agli apostoli – il più valido baluardo per la conservazione della verità rivelata.

«Se vuoi accertare quale sia la dottrina degli apostoli guarda alla Chiesa degli apostoli. Nella successione dei vescovi che derivano dall'età primitiva e che furono stabiliti dagli apostoli stessi, tu hai la garanzia per la trasmissione della pura fede, che nessun maestro isolato... può fornire. Vi è, ad esempio, la chiesa di Roma, la cui successione apo-

---

[23] [22] A. Omodeo, *Saggi sul cristianesimo antico*, Napoli 1958, p. 412.

[24] [23] Ireneo in Eusebio, *Historia Ecclesiastica* 4,14,1. Il passaggio è pure documentato dal fatto che mentre Policarpo si richiama a Giovanni per difendere la sua tradizione, Aniceto risponde che «bisognava ritenere la costumanza dei presbiteri suoi predecessori» (*ivi* 5,24,16). Strano questo richiamo ai «presbiteri» che erano stati prima di lui! segno che la creazione episcopale era una novità a Roma: i nomi erano ancora intercambiabili.

stolica è perfetta in ogni anello e i cui primi vescovi sono Lino e Clemente, associati agli apostoli stessi; vi è pure la chiesa di Smirne, il cui vescovo Policarpo, il discepolo di Giovanni, morì solo l'altro giorno»[25].

4. I cataloghi

Da questo momento (fine del II secolo) per documentare tale legittima successione si creano i primi cataloghi[26] dei vescovi romani, che tentano di retrodatare la situazione del loro tempo sino al periodo apostolico onde conferire maggior dignità e valore al proprio vescovo. In essi quei presbiteri di primo piano di cui si era tramandato il ricordo, diventarono vescovi, pur recando con sé tutte le incertezze e le disarmonie di simili ricostruzioni storiche. Tre sono i principali cataloghi romani ora noti.

Quello di Ireneo,[27] che lo riferisce per mostrare come la successione apostolica sia garanzia di vera tradizione; si identifica probabilmente con quello di Egesippo. È un puro elenco di nomi senza dati cronologici.

Quello di Eusebio,[28] che vi aggiunge gli anni di governo dei singoli vescovi riallacciandoli agli imperatori loro contemporanei; forse deriva da Giulio Africano, cronografo del III secolo.

Quello Liberiano, del 355, così detto perché raccolto dal vescovo Liberio; è di circa 30 anni posteriore a quello di Eusebio. La datazione segue gli anni consolari[29].

Ireneo	*Eusebio*	*Liberiano*
1. Pietro	1. Pietro	1. Pietro (30–65)
2. Lino	2. Lino (per 12 a. fino all'a. 11 di Tito, 68–80)	2. Lino (56–67)
3. Anacleto	3. *Anencleto* (12 a. fino all'a. 12 di Domiziano, 80–92)	3. Clemente (68–75)

---

[25] *Adversus Haereses* 3,2,3.4
[26] [24] Cfr. A. Omodeo, *I Cataloghi dei vescovi di Roma*, in «Saggi sul cristianesimo antico», Napoli 1958, pp. 478–485.
[27] [25] Ireneo, *Adversus Haereses* 3,2,3.4, 3,3,2–3 e in Eusebio, *Historia Ecclesiastica*, 5,6,14. Forse il suo elenco va identificato con quello di Egesippo, che fu il primo a parlarne (*ivi* 4,22,3).
[28] [26] Inizia in *Historia Ecclesiastica* 4,19 e via via nel corso degli eventi, senza che vi sia un elenco riunito in un solo passo.
[29] [27] Pubblicato dal Mommsen in *Monumenta Germanica Historica. Auctores antiquissimi* IX, 1892, fu ricostruito nelle parti mutile dallo Harnack sulla base del *Liber Pontificali* (che segue il catalogo liberiano) e ripubblicato dal Preuschen in *Analecta* 1, p. 145 s.

4. Clemente	4. Clemente (9 a. fino a Traiano 3, 92–101)	*4. Cleto* (da kalein) (77–83)
5. Euarestos (Evaristo)	5. Euarestos (Evaristo, 8 a., fino a Traiano 12, 101–109)	*5. Anacleto* (84–95)
6. Alessandro	6. Alessandro (10 a. fino ad Adriano 3, 109–119)	6. Aristo (Evaristo, 96–108)
7. Xystos (Sisto)	7. Xyxtos (Sisto, 10 a. fino ad Adriano 12, 119–129)	7. Alessandro (109–108)
8. Telesforo	8. Telesforo (martire secondo Ireneo, 10 a. fino ad Antonio Pio I (129–138)	8. Sisto (117–126)
9. Hygino	9. Hygino (4 a., 138–142, invasione di eretici a Roma)	9. Telesforo (127–137)
10. Pio	10. Pio (15 a., 142–155/56	10. Hygino (138–149)*
11. Aniceto	11. Aniceto (a. 11, 157–168)	11. Aniceto (150–153)*
12. Sotero	12. Sotero (8 a., fino a Marco Aurelio 17, 169–177)	12. Pio (146–170)*
13. Eleutero	13. Eleutero (177–188)	13. Sotero (162–170)
	14. Vittore (inizia 10° di Commodo, a. 189)	14. Eleutero (171–185)
		15. Vittore (186–197)

* *In parte contemporanei*

I nomi antichissimi ricordano indubbiamente alcuni presbiteri vissuti a Roma e la cui fama si era tramandata ai posteri; i cataloghi cercano di farli entrare in una ricostruzione cronologica. Se il Clemente – che ha l'incarico di tenersi in contatto con le altre chiese – fosse l'omonimo vissuto al tempo di Erma ci impedirebbe di accogliere la data antichissima di questo vescovo-presbitero. Anche la cronologia liberiana fa vivere simultaneamente tre vescovi romani: Hygino, Aniceto, Pio, indice di una loro contemporaneità nell'esercizio delle funzioni episcopali[30]. Lo stesso si può dire di Aniceto che dovette essere stato vescovo contemporaneamente, almeno in parte, con Pio, essendosi incontrato con Policarpo il quale era già morto al principio del 155. L'incertezza della tradizione – creata tardivamente e che

---

[30] [28] Siccome Aniceto ebbe un abboccamento con Policarpo (m. martire il 23 febbraio 155) dobbiamo riconoscere che, in quest'ultimo, la cronologia liberiana è più esatta di quella eusebiana.

reinterpreta il passato secondo la posteriore concezione episcopale – spiega le divergenze di tali cataloghi.

5. L'EPISCOPATO OCCIDENTALE NEL III SECOLO

Verso la metà di questo secolo si staglia la figura di Cipriano, vescovo di Cartagine (m. martire nel 258). Egli, pur chiamando cortesemente i suoi collaboratori «compresbiteri», pur riconoscendo legittimo l'uso di consultare i «presbiteri» e i laici nell'elezione del vescovo, afferma che il vescovo è scelto direttamente da Dio, ha una diretta responsabilità verso Dio, ed è ispirato direttamente da Dio. Il vescovo è congiunto all'episcopato «non per suffragio umano, bensì per designazione divina»[31]. L'unità della chiesa si attua con l'unione di ciascun fedele al proprio vescovo: chi non sta con lui non sta neanche nella chiesa[32]. L'*unus episcopatus* fu precedentemente conferito a Pietro e ad esso partecipano in solido tutti gli altri apostoli e vescovi[33].

Ormai l'evoluzione è compiuta e il vescovo è giuridicamente elevato al di sopra dei presbiteri che sono resi suoi inferiori. Solo qua e là restano le vestigia della loro antica autorità. Ad Alessandria, ad esempio, in mancanza di vescovi, i presbiteri potevano segnare con olio le persone da consacrarsi[34]. Questi, ch'erano in numero di dodici in tale città, alla morte del vescovo, dovevano eleggere uno di loro, imporre su di lui le mani e crearlo patriarca, secondo un sistema che durò sino ad Alessandro (313–326). Fu costui a prescrivere che da quel momento tale rito si attuasse da parte di altri vescovi[35].

---

[31] [29] *Epistolae Romanorum Pontificum Genuinae* 39 «Non humana suffragione sed divina dignitatione conjunctum», «Expectanda non sunt testimonia humana cum praecedunt divina suffragia» (*Epist.* 38).

[32] [30] *Epistolae* 43,5; 69,3.

[33] [31] Episcopatus unus est, cuius a singulis in solidum pars tenetur (*Ecclesiae Unitale* 5).

[34] Ambrosiastro (=Ilario), in Eph 4,12, sembra suggerire che il presbitero più anziano vi diveniva vescovo; anche Girolamo afferma che i presbiteri ad Alessandria «nominarono sempre come vescovo uno scelto dal loro gruppo e lo posero in grado superiore, così come se un'armata avesse ad eleggersi un generale e i diaconi avessero a scegliere dal loro gruppo uno che essi diligentemente conoscono chiamandolo arcidiacono» (*Epistola 146 ad Evangelium*).

[35] Eutichii, *Patriarchae Alexandrini Annales* I, p. 331, Pococke, Oxon. 1656.

6. Secolo IV: una riflessione di Girolamo

Girolamo (m. 420) è l'unico studioso che ritornando sulla storia precedente ed esaminando le Scritture, dice chiaramente che all'origine i vescovi e i presbiteri erano la stessa cosa e che il vescovo deriva dai presbiteri come uno a cui fu affidata la presidenza per meglio estirpare le eresie[36].

Ecco alcune citazioni di Girolamo: «In antico, vescovi e presbiteri erano le stesse persone, poiché il primo è nome di dignità, il secondo d'età» (*Ep.* 69). E altrove egli afferma:

> «L'apostolo mostra chiaramente che i presbiteri sono la medesima cosa dei vescovi... È quindi provato chiaramente che i vescovi e i presbiteri sono la stessa realtà» (*Ep.* 146).

Dove ne parla più a lungo è nel suo commento alla lettera di Tito:

> Il presbitero è quindi l'identica persona del vescovo; prima che sorgessero rivalità nella Chiesa per istigazione demoniaca e prima che vi fosse gente la quale diceva: Io sono di Paolo, io di Apollo, e io di Cefa le chiese erano governate dalla comune deliberazione dei presbiteri.
>
> Ma dopo, quando si pensò che i battezzati appartenessero a chi li aveva battezzati, fu deciso per tutto il mondo di porre uno sopra gli altri e che la cura di tutta la Chiesa dovesse appartenere a lui in modo che si potesse rimuovere il seme dello scisma.
>
> Se uno pensa che l'opinione asserente l'identità dei vescovi e presbiteri sia mia e non sia il pensiero delle Scritture studi le parole dell'apostolo ai Filippesi[37].

Poi continua:

> «Noi citiamo queste scritture per mostrare che gli antichi presbiteri erano la stessa cosa dei vescovi, e che a poco a poco fu affidata ogni cura nelle mani di uno per eliminare ogni radice di discussione. Perciò come i presbiteri sanno che essi sono stati sottoposti ad uno che fu

---

[36] Ben chiaramente il patrologo cattolico B. Altaner così dice al suo riguardo: «Egli sostiene l'opinione che l'episcopato monarchico non sia *juris divini*, ma sia stato introdotto dalla legge ecclesiastica, soprattutto allo scopo di ovviare al pericolo di secessioni nell'interno delle comunità cristiane. La preminenza dei vescovi poggerebbe quindi: *magis consuetudine quam dispositionis dominicae veritate; e idem est ergo presbiter qui et episcopus* (Tito 1,5)». Cfr. B. Altaner, *Patrologia*, Torino 1951, p. 297.

[37] Egli cita qui Fil 1,1–2; At 20,28; Ebr 13,17; 1 Pt 5,1–2.

elevato sopra di loro, così sappiano i vescovi che essi sono stati resi superiori ai presbiteri per una costumanza (ecclesiastica) anziché per un comando del Signore: sappiamo pure che perciò essi devono reggere la chiesa assieme ai presbiteri, imitando Mosè che pur avendo il potere di reggere Israele da solo, si scelse settanta presbiteri con i quali guidare il popolo[38].

Si può quindi concludere che l'episcopato monarchico non è d'origine apostolica, bensì una creazione ecclesiastica prodotta dal desiderio di conferire maggior unità alle chiese, dal bisogno di meglio opporsi alle eresie ed alla forte personalità di alcuni presbiteri.

---

[38] Cfr. *In Titum* 1,5 PL 26,262 s. Alcuni teologi cattolici, con scarsa serietà scientifica, attribuiscono tali affermazioni di Girolamo a rabbia repressa per il fatto che egli era rimasto solo un presbitero senza essere stato eletto vescovo.

10

Verso il primato della Chiesa romana

La chiesa di Roma andò sempre più acquistando la supremazia sotto la spinta di alcune forze che sono state sintetizzate assai bene in una lettera che Teodoreto, vescovo di Ciro (presso Antiochia, m. ca 460), indirizzo al vescovo di Roma, Leone:

> Sotto tutti gli aspetti a te conviene il primato (*protéuein*) poiché mille doti elevano la tua sede. Le altre città, infatti, traggono la loro gloria dall'estensione, dalla bellezza e dal numero degli abitanti; qualcuna priva di queste caratteristiche brilla per doti spirituali; ma alla tua chiesa il Dispensatore d'ogni bene ne diffuse in abbondanza. Essa è infatti contemporaneamente la più grande di tutte, la più brillante; essa è la capitale del mondo ed è ricolma di molteplici abitanti. Essa inoltre brilla per una egemonia che dura tuttora e ha fatto partecipare alla sua fama coloro ai quali essa comanda. Ma è specialmente la sua fede che ne costituisce la beltà, come testifica il divino apostolo, quando proclama: La vostra fede è rinomata nel mondo intero.
>
> Se tale chiesa, tosto che ebbe accolto il seme della predicazione salvifica, era già ricolma di frutti così ammirabili, quali parole si potrebbero trovare per celebrare la pietà che oggi vi fiorisce? Essa possiede pure le tombe dei nostri padri, i maestri della verità Pietro e Paolo, che illuminano le anime di coloro che hanno fede. Questa benedetta e divina coppia si alzò in Oriente e dovunque ha sparso i suoi raggi, ma è in Occidente che con coraggio hanno sopportato la fine della vita ed è di là che oggi rischiarano la terra; è essa che ha resa più illustre il tuo trono che è la corona delle ricchezze di questa tua chiesa.

Ma il suo Dio, oggi ancora ha illustrato il suo trono stabilendovi la vostra Santità che spande i raggi dell'ortodossia[1].

Tra le varie prerogative della chiesa romana eccellono il suo zelo, la sua carità, la purezza della fede e la presunta «fondazione» ad opera di Pietro e Paolo[2].

a) *Lo zelo di Roma*. – Quando a Corinto verso il 90 sorsero delle fazioni e dei fedeli vollero deporre senza ragione i loro presbiteri, la chiesa di Roma vi mandò una lettera per esortarli a rimanere sottomessi ai vescovi e a togliere ogni gelosia e discordia.

Da parte cattolica si dà grande valore a questa lettera, scritta dal vescovo Clemente, quasi fosse il primo atto della supremazia papale. Va tuttavia notato che Clemente non vi si nomina affatto[3] e che la lettera è presentata come uno scritto della chiesa di Roma a quella di Corinto. Quindi Clemente fu solo delegato per la stesura materiale della lettera, in quanto in ogni azione collettiva occorre che uno se ne assuma personalmente la responsabilità. A quel tempo poi, come abbiamo visto, la direzione della chiesa romana era ancora collegiale. L'intervento di Roma, oltre che ad essere suggerito dalla reciproca cura e vigilanza che le chiese usavano avere tra di loro (si confrontino al riguardo le varie lettere di Ignazio), doveva essere stato suggerito anche dal fatto che, con la ricostruzione di Corinto nel 44 a. C. ad opera di Cesare, questa città era divenuta una colonia romana e quindi assai legata all'Urbe da rapporti culturali e politici[4].

Va poi ricordato che la chiesa di Roma non comanda a quei di Corinto, quasi fosse investita d'autorità, ma solo esorta fraternamente i dissidenti a sottomettersi non tanto a quanto dice Roma, bensì a Dio stesso (cc. 56–58).

b) *Ricchezze e carità della chiesa romana*. – Ben presto le chiese si andarono arricchendo in vari modi, tant'è vero che nel IV secolo Teodosio emanò un «decreto che proibiva al clero di ereditare» «*sub pretextu religionis*»[5]. Girolamo così scrive a Nepoziano: «È da vergognarsi a dirlo: i sacerdoti degli idoli, i mimi, gli aurighi e le cortigiane, ricevono eredità: ai soli chierici e

---

[1] Teodoreto di Ciro, *Epistolae Romanorum Pontificum Genuinae* 113, ediz. «Sources Chrétiennes». vol. 111 (Paris, 1965) pp. 56–58. Il prestigio della chiesa romana.

[2] A. Omodeo, *Il prestigio della Chiesa romana*, in «Saggi sul Cristianesimo antico», Napoli 1958, pp. 485–488.

[3] Solo da Origene ed Eusebio possiamo sapere che Clemente fu l'autore di tale scritto.

[4] Cfr. R. van Cauwelaert, *L'intervention de l'église de Rome a Corinthe vers l'an 96* in «Revue d'Histoire Ecclésiastique», 1935, p. 286.

[5] *Codex Teodosianus* XVI,2,30 decreto del 30 luglio 370.

monaci ciò è proibito per legge, ed è proibito non da persecutori, ma da principi cristiani. Né io mi lamento della legge, mi dolgo invece che noi abbiamo meritato tale legge»[6].

La chiesa di Roma, situata nel centro dell'orbe romano, eccelleva per ricchezze; i molti cristiani che vi confluivano da ogni parte della terra vi portavano pure molti beni, basti pensare che Marcione, un armatore del Ponto e figlio di un vescovo, divenuto poi eretico, le regalò 200.000 sesterzi[7]. Testimonianze d'epoca posteriore ci descrivono le varie proprietà che le basiliche possedevano, anche per donazioni avute da Costantino. Un collare di cane da guardia, anteriore al 300, ricorda un «Filicissimus pecorarius» addetto alla basilica «Apostoli Pauli et trium dominorum nostrorum»[8] e conseguentemente occupato nell'allevamento dei greggi appartenenti alla basilica.

Abercio (II secolo) nel suo celebre epitaffio si dice inviato dal «santo Pastore» a lasciare Gerapoli in Frigia, di cui forse era vescovo, per visitare la comunità romana, una «regina dall'abito d'oro e dai calzari d'oro»[9].

L'ufficio di primo diacono, al quale competeva l'amministrazione di un così grande patrimonio, era quindi ambitissimo; il martirio di Lorenzo (m. 258) fu occasionato proprio dalla brama che il giudice aveva di mettere le mani addosso a un sì grande tesoro, che l'arcidiacono non aveva voluto consegnargli[10].

Perciò la chiesa di Roma, già elogiata da Paolo per la sua carità (Rom 15,14), veniva incontro alle richieste d'aiuto da parte di chiese più povere, ed è quindi esaltata da Dionigi in una lettera al vescovo romano Sotero (166–174).

> Sin dai primordi avete la consuetudine di beneficiare in vario modo i fratelli e di mandare soccorsi a molte chiese. Voi amministrate il necessario ai fratelli che sono nelle miniere[11].

---

[6] *Epist.* 52,6 dell'a. 394.

[7] Tertulliano, *De Praescriptione haereticorum* XXX PL 2,48–49.

[8] Cfr. De Rossi, «Bollettino di archeologia cristiana» 1874, p. 63.

[9] Cfr. H. Leclerqu, *Aberce*, in «Dictionnaire d'archéologie chrétienne et de liturgie» I, pp. 66–87; W. Luedtke e Th. Nissen, *Die Grabschrift des Aberkios, ihre überlieferung und ihr Text*, Leipzig 1910; F. J. Doelger, *Ichthys*, Roma 1 (1910), pp. 8.87.134 e specialmente München 1922, pp. 454–507; A. Abel, *Etude sur L'inscription d'Abercius*, in «Bizantion» 3 (1926), pp. 321–411; H. Gregoire, *ivi*, 1933, pp. 89–91; A. Ferma, *Nuove osservazioni sull'epitaffio di Abercio*, in «La Civiltà Cattolica» 1943, 4, pp. 39–45.

[10] È ricordato il suo desiderio di morire martire assieme al vescovo Sisto. Cfr. Ambrogio, *De officiis ministrorum*, 1,41 n. 204 PL 16,90–91. Leggendario è il suo lento martirio sulla graticola. Cfr. H. Delehaye, *Recherches sur le légendier romain*, in «Analecta Bollandiana» 51 (1933), pp. 34–98.

[11] Presso Eusebio, *Historia Ecclesiastica* 4,23,10; 7,6.

Le osservazioni precedenti servono a meglio chiarire l'espressione di Ignazio spesso addotta a favore del primato romano, che tra gli elogi rivolti a tale chiesa afferma pure che essa è «presidente della carità».

Chiesa degna di Dio, degna di gloria, degna d'essere chiamata beata, degna di lode, degna di essere esaudita, degnamente pura, *presidente della carità*, (possedente) la legge di Cristo, (insignita) dal nome del Padre[12].

La parola «*agàpe*» che designa l'amore di Cristo verso i fedeli, indica pure l'amore che i fedeli di Roma dovrebbero avere verso la chiesa di Siria rimasta orfana del suo vescovo. Nel passo citato più che a una presidenza giurisdizionale attribuita alla chiesa romana sulle altre chiese, si vuol affermare che la chiesa di Roma presiede nelle opere di carità che tengono legate tra loro le singole chiese. Che tale sia il senso della frase risulta evidente dal fatto che quando Ignazio vuol presentare il campo geografico della sua preminenza afferma senza alcun dubbio che essa «presiede nella regione dei Romani».

La chiesa di Roma, che per preminenza locale eccelle solo nella regione italiana (e colonie), in quanto ad azione caritativa si rivolge a tutta la «fratellanza» cristiana. Il primato di Roma in Italia e in Occidente – che sarà sancito dal Concilio di Nicea – le deriva dal fatto che solo la chiesa romana in tutto l'occidente era d'origine apostolica. Perciò Ignazio mentre si rivolge con una certa autorità alle chiese che stavano sotto la sfera antiochena, scrive a Roma, sottratta al suo influsso, con molta maggior deferenza e rispetto. «Io non intendo impartirvi ordini, come fecero Pietro e Paolo; essi erano liberi, io sono schiavo»[13].

c) *Purezza della fede e costanza del martirio.* – Già Paolo scrivendo ai Romani ne esaltava la fede: «Prima di tutto ringrazio il mio Dio, per mezzo di Gesù Cristo, a riguardo di tutti voi, perché la vostra fede è divulgata in tutto quanto il mondo» (Rom 1,8). La fede di questa chiesa, posta nel centro dell'impero dove si trovavano gli stessi persecutori imperiali, doveva suscitare profonda impressione e stima presso le altre comunità cristiane. Di più la chiesa romana, più pratica che speculativa, rifuggiva da tutte le

---

[12] Il greco è *procatheméne tês agàpes*.
[13] 4,3 PG 5,689B. Qui il vescovo usa il linguaggio giuridico dell'epoca; egli infatti quando scriveva non era un libero, ma un «condannato», trascinato a Roma per subirvi il martirio. Di più egli s'immaginava che la chiesa romana potesse avere un certo peso sui giudici e conseguentemente ottenergli la libertà mentre lui voleva morire martire ed essere «triturato come frumento dai voraci denti delle belve».

quisquilie e discussioni orientali e quindi era più adatta a conservare la fede tramandata dagli apostoli.

d) *Fondazione della Chiesa da parte dei due massimi apostoli.* «Soltanto le chiese fondate dagli apostoli – scrive il Quasten – possono servire d'appoggio per l'insegnamento corretto della fede e come testimoni della verità, perché la successione ininterrotta dei vescovi in queste chiese garantisce la verità della loro dottrina»[14].

Perciò nella concezione antica – presentata anche da Ireneo – la venuta di un apostolo o la sua morte in una città accrescevano il valore della chiesa ivi esistente. Perciò la chiesa romana che aveva avuto il privilegio, secondo una tradizione allora corrente, d'essere stata fondata non da un apostolo, bensì da due apostoli, e non da due apostoli qualsiasi bensì dai massimi apostoli Pietro e Paolo, godeva di stima e importanza presso tutte le altre chiese. È ciò che afferma appunto Ireneo elogiando la chiesa di Roma come

> la grandissima, antichissima e universalmente nota chiesa, fondata e organizzata a Roma dai due famosi apostoli, vale a dire Pietro e Paolo[15].

Proprio per il fatto che a Roma si trovava il sepolcro di Pietro, il vescovo Callisto pretendeva che alla chiesa romana provenisse una particolare grandezza e superiorità[16].

1. Grandezza politica della città

L'importanza di Roma, posta al centro dell'orbe allora noto, favorì la esaltazione della chiesa che viveva accanto agli imperatori; aveva migliori mezzi di comunicazione ed era caratterizzata dalla cosmopoliticità dei suoi membri.

a) *Contatti con la casa imperiale.* – La chiesa di Roma trovandosi nella stessa città dell'imperatore, aveva più possibilità di contatti con la parte direttiva dell'impero e quindi poteva conoscere meglio delle altre gli umori del governo civile. Perciò Ignazio raccomandava alla comunità di Roma di non

---

[14] Quasten, *Initiation aux Pères de l'Eglise*, vol. I, Paris, 1955, p. 345.
[15] Ireneo, *Adversus Haereses* 3,3,2.
[16] Così Tertulliano che ne confuta l'idea nel *De Pudicitia* 21 (su tale passo si veda il capitolo seguente).

intervenire in suo favore per sottrarlo al martirio[17]. Al tempo di Commodo (161–192) per opera di Marcia, concubina dell'imperatore e proselita cristiana, la chiesa di Roma trovò modo di soccorrere i confessori inviati nelle miniere e di ottenerne la liberazione.

Nel III secolo, ai tempi di Cipriano di Cartagine e della persecuzione di Decio, le chiese d'Africa stavano in attesa delle navi che avrebbero portato gli avvertimenti della chiesa romana, la quale meglio delle altre poteva conoscere le disposizioni imperiali. Nel caso di Paolo di Samosata, deposto dal concilio di Antiochia, l'imperatore Aureliano (214–275), a cui l'eretico aveva fatto appello, affidò l'edificio a coloro che erano in comunione epistolare con i vescovi italiani della religione cristiana[18]. Più tardi il sinodo di Sardica (343–344) sancì che ogni supplica al governo civile di Roma dovesse passare tramite il vescovo romano[19].

b) *Facilità di rapporti con altre chiese.* – Il fatto che la chiesa di Roma stesse al centro dell'impero romano favoriva gli scambi con le altre chiese: spesso queste per comunicare tra di loro, si servivano dell'intermediario di Roma, che in tal modo assumeva automaticamente maggior risalto ai loro occhi. Per tale sua posizione il vescovo romano Vittore (189–198) nella famosa questione pasquale, potè facilmente mettersi in contatto con le altre chiese dell'Orbe per conoscere la data della loro celebrazione[20].

c) *Cosmopoliticità dei suoi membri.* – Per svariatissime ragioni – politiche, commerciali, turistiche – moltissimi cristiani avevano motivo di recarsi a Roma; venivano così a trovarsi in contatto con la chiesa locale, la quale rivestiva in tal modo un evidente carattere cosmopolita, come cosmopolita era pure la città.

Tale fatto spiega la frase di Ireneo spesso addotta a sostegno del primato romano,[21] che attribuisce alla chiesa romana una «maggior pienezza di potenza» (*potentior principalitatis*). Generalmente si pensa dai teologi romani

---

[17] *Ad Romanos* 7.
[18] Eusebio, *Historia Ecclesiastica* 7,30,19.
[19] Hefele-Leclercq, *Histoire des Conciles*, vol. I (Paris 1907), p. 787.
[20] Si veda nel capitolo seguente lo studio più particolareggiato del problema.
[21] *Adversus Haereses* 3,3,2 PG 7,849 «Ad hanc enim ecclesiam (quella di Roma) propter potentiorem principalitatem necesse est omnem convenire ecclesiam, hoc est eos qui sunt undique fideles, in qua semper ab his qui sunt undique conservata est ea quae est ab apostolis traditio». Purtroppo la mancanza del testo originale ha creato grandi discussioni su tale passo che è «il testo più discusso del secolo». (E. Mollard, *Le développement de l'idée de succession*, in «Revue de l'histoire des religions» 34, 1954, p. 21) per il quale rimando al mio studio *Il primato della Chiesa di Roma in s. Ireneo*, in «Ricerche Bibliche e Religiose» 1 (1966), pp. 266–294.

che tale superiorità vada ricercata nel fatto che la chiesa di Roma detiene il privilegio di conservare meglio delle altre la tradizione apostolica per cui ogni chiesa deve necessariamente accordarsi con essa[22].

Tuttavia il *convenire ad* designa un movimento locale da un luogo ad un altro anziché «un accordo spirituale nella fede», e più che sulla chiesa l'accento è posto sui cristiani che vi pervengono da ogni dove. Il senso è quindi il seguente: «Tutte le chiese d'origine apostolica» – secondo Ireneo – servono a documentare «nel loro insieme» la vera fede cristiana. Ma siccome sarebbe lungo attuare tale indagine (che aveva prima tentato di compiere Egesippo) il vescovo di Lione presenta un mezzo più rapido: esaminare la fede della chiesa di Roma dove la presenza di molti fedeli provenienti da varie regioni dà la possibilità di conoscere in uno sguardo d'assieme la dottrina di tutto l'Orbe cristiano quivi rappresentato. Il fatto che gente d'ogni paese si mantenesse in comunione con la chiesa di Roma, prova che la loro fede era identica a quella della chiesa romana. Conoscere quindi la fede di questa chiesa, significa conoscere contemporaneamente l'insegnamento di tutte le chiese che vi sono rappresentate mediante i loro membri esistenti a Roma.

Il passo va quindi così tradotto: «A questa chiesa romana per la sua più potente principalità deve recarsi ogni chiesa, vale a dire i fedeli che vengono da ogni parte, perché in essa sempre, da coloro che vengono da ogni parte, fu conservata la tradizione apostolica»[23].

Tale interpretazione, dopo un periodo di silenzio causato dalla condanna cattedratica che le diede lo Harnack, è oggi la più diffusa ed è, ad esempio, seguita da V. Subilia e da A. Omodeo, come risulta dalle due citazioni seguenti:

> Il vero significato di *convenire ad* indica un viaggio e quindi un cambiamento di luogo, i fedeli di tutti i luoghi si recavano a Roma per i loro affari e portavano necessariamente in loro, scritta nei loro cuori e nelle loro memorie, la predicazione apostolica della fede, che ciascuno aveva appresa nella sua Chiesa locale. Così a Roma (come in altri grandi centri ecclesiastici, ma più particolarmente a Roma a causa

---

[22] K. Bihlmeyer-E. Tuechle, *Storia della Chiesa I: L'antichità cristiana*, Brescia, Morcelliana 1957 (ediz. 2ª), p. 134.

[23] Questa ipotesi emessa primariamente dal cattolico D. Chamier (sec. XVII) fu accolta dal protestante J. E. Grabe (sec. XVIII), difesa dal cattolico F. X. Funk come «l'unica possibile» e di recente ripresentata da W. I. Knox (*Irenaeus, Adversus Haereses* 3,3,2, in «Journal of Theological Studies» 47, 1956, 180). Anche J. N. Kelly (*Early Christian Doctrines*, Londra, A. C. Black 1958, pp. 192–193), vi vede l'influsso della chiesa locale della città imperiale.

della sua posizione preminente) la tradizione della fede non era conservata soltanto dalla Chiesa locale – cioè dal clero e dai laici del luogo con a capo il vescovo – ma vi era un influsso di cristiani provenienti da tutte le altre chiese del mondo e la tradizione della fede si trovava ad essere una dappertutto. La tradizione apostolica era così conservata con molta sicurezza nei grandi centri metropolitani, ma soprattutto nel centro principale, Roma, da quelli che venivano da tutte le parti[24].

Ecco il passo di Omodeo:

«La spiegazione migliore è sempre questa: che a Roma capitale dell'impero (cioè per la sua posizione privilegiata di capitale) è necessario che confluisca tutta la chiesa universale, cioè tutti i credenti, i quali, recandosi a Roma per loro motivi, devono partecipare ai riti di Roma e aver comunione con essa. Quindi la chiesa Romana è quasi un concilio universale di tutti i credenti e in essa si conserva perciò non solo la tradizione locale, ma quella di tutta la chiesa che conviene nella tradizione degli apostoli. Quella concordanza comune che Egesippo aveva riscontrato in tutte le chiese da Gerusalemme a Roma, in Roma era un fatto comune perché v'era continuo l'afflusso di credenti unificati nella tradizione degli apostoli. Il motivo per cui i cristiani pregiano i sinodi e i concili che hanno il loro inizio in quest'epoca – cioè la celebrazione solenne della comunità di fede – è il pregio della chiesa romana»[25].

Questa interpretazione è implicita nella frase di B. Altaner: «Egli (Ireneo) non soltanto sottolinea l'efficace preminenza della Chiesa Romana, ma emerge evidente per lui dalla doppia apostolicità di Pietro e di Paolo, ma sottolinea ancora la cooperazione di persone appartenenti alle altre chiese all'opera di conservazione della purezza della tradizione apostolica»[26].

2. Le decisioni conciliari

Che l'importanza della città influisca sopra la chiesa locale è stato riconosciuto dal can. 9 del sinodo di Antiochia (a. 341), dove si afferma che la Chiesa metropolitana è superiore alle altre perché «nella sua città si recano

---

[24] V. Subilia, *Attualità di Ireneo*, in «Protestantesimo» 15 (1960), pp. 143–144.
[25] A. Omodeo, *Saggi sul Cristianesimo antico*, Napoli 1958, p. 480.
[26] B. Altaner, *Patrologia*, Torino (ediz. 6ª. 1960), p. 95.

coloro che hanno degli affari»[27]. Perciò il Concilio di Nicea (a. 325) riconobbe la supremazia di tre chiese metropolitane: Roma, Alessandria e Antiochia[28]. Tale organizzazione – dice il Concilio – non proviene da uno speciale comando divino, bensì solo da consuetudine ecclesiastica.

> «Si mantenga l'*antica consuetudine* esistente in Egitto, la Libia e la Pentapoli per cui il vescovo alessandrino ne abbia il potere, poiché anche per il vescovo di Roma v'e tale consuetudine»[29].

Il canone 2 del Concilio di Costantinopoli (a. 381) proibì «ai vescovi di una diocesi di immischiarsi negli affari altrui per introdurvi confusione»; ogni circoscrizione deve badare a sé. Alessandria si interessi dell'Egitto, i vescovi orientali (Costantinopoli) dell'Oriente, salve le prerogative riconosciute ad Antiochia dal Concilio di Nicea (can. 6), il vescovo di Efeso vigili su l'Asia, quello del Ponto, della Tracia sui rispettivi territori. Nessun vescovo, a meno che ne sia invitato, esca dalla propria diocesi per conferire ordini[30]. Non vi si legge alcun accenno all'autorità del vescovo di Roma.

Il can. 3 è ancor più significativo, in quanto conferisce il primato di onore, dopo quello di Roma, a Costantinopoli la «nuova Roma».

> «Il vescovo di Costantinopoli abbia la supremazia d'onore (*tà presbêia tês timês*) dopo il vescovo di Roma, perché la sua città è la Nuova Roma»[31].

È il primo passo verso la concentrazione delle chiese orientali e dell'impero attorno a Costantinopoli, che sarà ancor più sviluppato dal Concilio di Calcedonia. Che si tratti di un primato d'onore (*tà presbêia tês timês*) ap-

---

[27] Cfr. Hefele-Leclerq, *Histoire des Conciles*, vol. I, Paris 1907, p. 717.
[28] Can. 3. Il can. 4 riconobbe diritti speciali alle chiese di Eraclea, Efeso e Cesarea di Cappadocia, che erano rispettivamente capitali della Tracia, dell'Asia Minore e del Ponto.
[29] Can. 6, Mansi, *Sacrorum conciliorum, nova et amplissima collectio* I,670 (*epeidè kai tò en tê Rômê episcòpô toûto tò êthès estin*). Cfr. C. Silva-Tarrouca, *Ecclesia in impero Romano Bizantino*, fasc. 1 (Roma, 1933), pp. 1–16.64.
[30] Can. 2, Mansi, *Sacrorum conciliorum*, II, col. 559.
[31] Mansi, *Sacrorum conciliorum* II,360. Il Concilio di Nicea (Can. 7, Mansi, *Sacrorum conciliorum*, I,670) aveva già conferito uno speciale onore a Gerusalemme, ma dopo Alessandria e Antiochia; qui invece Costantinopoli è proposta a tutte le chiese ad eccezione di Roma in quanto succede a Roma nell'essere città imperiale. Da ricordarsi pure il can. 9: «Se un vescovo o un chierico ha una lite con il metropolita della sua provincia, deve portarla dinanzi all'esarca della sua diocesi o dinanzi alla sede della città regia di Costantinopoli e presso di essa sia giudicato» (Schwartz, A. C. De 11,1,2, p. 100. Cfr. J. Gonzaga, *Concilios*, vol. I, Grand Rapids (Michigan) 1965, pp. 136–149.

pare dal fatto che non si modificarono affatto le costituzioni anteriori e non si permise ad un vescovo di intervenire al di fuori della sua giurisdizione. Tale primato onorifico era infatti legato solo a fatti contingenti, vale a dire all'importanza della città in cui si trovava l'imperatore. Si osservi pure che questo canone fu accolto da centocinquanta vescovi, tra cui uomini di valore, come Gregorio Nazianzeno, Gregorio Nisseno, Cirillo di Gerusalemme e Timoteo di Alessandria, i quali tutti supponevano che il prestigio della chiesa di Roma e la sua supremazia fosse legato al rango civile della città.

Quando nel 382 il sinodo Romano, che voleva fare il punto sulle decisioni costantinopolitane, invitò a parteciparvi i vescovi orientali, costoro con fine diplomazia declinarono l'invito.

> «Avremmo desiderato poter lasciare le nostre chiese a rispondere ai vostri desideri e necessità. Chi ci darà le ali di colomba per volare e riposarci assieme a voi? Ma non possiamo lasciare le nostre chiese che a mala pena cominciano a rimettersi».

In tale lettera aggiungono poi che le questioni personali erano già state trattate conformemente alle regole tradizionali e ai canoni di Nicea, che a Costantinopoli Nettario, ad Antiochia Flaviano, a Gerusalemme «madre di tutte le chiese» Cirillo erano stati legittimamente eletti. Non v'era quindi necessità di nuove discussioni, dal momento che la fede orientale era del tutto pura[32].

Il Concilio di Calcedonia (a. 451) di cui parleremo studiando l'eminente figura di Leone Magno, rifacendosi alle decisioni del Concilio costantinopolitano, ribadisce che il vescovo di Roma è patriarca dell'occidente, così come quello di Costantinopoli lo è per il mondo ellenico, quello di Alessandria, di Antiochia e di Gerusalemme lo sono rispettivamente per la cristianità copta, sira e palestinese.

Verso il IV secolo v'era un sinodo permanente a Costantinopoli sotto la presidenza del vescovo, ch'era una specie d'arbitro imperiale. Per essere ammessi ad un'udienza dell'imperatore occorreva il benestare del vescovo costantinopolitano, che gradatamente s'impose sempre più consolidando il suo dominio sulla Tracia, l'Asia, il Ponto e in seguito anche sull'Illiria entrando così in conflitto con Roma che pretendeva anch'essa il dominio di quel territorio. Anche Teodosio II con la legge del 14 luglio 421 sancì che,

---

[32] Cfr. Teodoreto, *Historia Ecclesiastica* 5,9,1–18 PG 82,1212–1217; Th. Camelot, *Los Concilios ecuménicos de los siglos IV y V*, in «El Concilio y los Concilios», Ediz. Paulinas, Madrid 1962, pp. 81 ss.

in caso di dubbio ecclesiastico, la decisione spettasse a un collegio di sacerdoti, non senza la conoscenza del vescovo di Costantinopoli, città la quale «gode le prerogative della vecchia Roma»[33].

Il binomio Roma-Costantinopoli sfociò poi, come vedremo, nella rottura del 1054, in quanto l'Oriente non volle sottostare a Roma che si sforzava di sostituire il suo tipo di centralizzazione monarchica a quello orientale meno accentrativo e più democratico.

3. LA GRANDEZZA DI ALCUNI VESCOVI ROMANI

Tre fattori concomitanti contribuirono ad esaltare il papato: il genio organizzativo proprio di Roma, l'inettitudine dell'imperatore, stabilitosi in Oriente, a difendere le regioni occidentali dallo straripare dei barbari, la diminuita importanza dei vescovi orientali a motivo dell'invasione musulmana, che diede il colpo di grazia a molte chiese d'oriente.

a) *Il genio organizzativo di Roma* appare già con il vescovo Vittore che verso il 180, volendo uniformare la data della celebrazione pasquale – che era allora attuata in giorni diversi – mandò una lettera circolare alle varie chiese perché singolarmente o mediante sinodo gli facessero conoscere il loro parere[34]. Quando s'avvide che la maggioranza s'accordava con la data romana, egli pretese imporre tale uso anche alle altre, scomunicando quelle che non vi si uniformassero. Di fatto però – come vedremo – tutto rimase allo statu quo perché i tempi non erano ancora maturi per un atto di forza. Troviamo già tuttavia un primo tentativo d'introdurre nella Chiesa l'uniformità organizzata propria del genio romano[35].

b) *Leone Magno, il difensore di Roma.* Fu il vescovo romano che sulla scia dei suoi predecessori, come Innocenzo I e Sisto III,[36] diede un fortissimo impulso al primato papale, favorito anche dal fatto che, trasferita la cap-

---

[33] Si quid dubietatis emerserit id oportet non absque scientia viri reverendissimi sacrosantae legis antistitis urbis Costantinopolitanae, *quae Romae veteris praerogativa laetatur*, conventui sacerdotali sanctoque judicio reservari» (*Codex Theodosianus* XVI, 2,45) Per le pretese di Celestino I (425) e di Sisto III (435) sull'Illirico, cfr. PL 50,427 e l'*Epistolae Romanorum Pontificum Genuinae* 3 del 425; per l'*Epist.* 8 dell'8 luglio 435 (Sisto III) cfr. Silva-Tarrouca n. XII, p. 37. Costoro crearono il vicariato di Tessalonica.

[34] Simili richieste di pareri non erano riservate a Roma: anche le altre chiese si consultavano a vicenda circa i vari problemi a mano a mano che sorgevano.

[35] Cfr. Eusebio, *Historia Ecclesiastica* V,23.24 (Edizioni Desclée, Roma 1964, pp. 411–417).

[36] G. B. Dalla Costa, *Concezione del primato papale nelle lettere dei Romani Pontefici della prima metà del V secolo*, Roma, Pontificia Università Lateranense, 1967.

itale dell'impero a Costantinopoli nel 330, il vescovo di Roma potè gradatamente sostituirsi al potere statale, divenendo il più importante uomo di tutto l'Occidente[37].

Leone il Grande (vescovo dal 440 al 461) si mostrò infatti un valido baluardo di fronte alla debolezza del rappresentante imperiale[38]. Nel 452, con il prefetto Trigezio e il consolario Avieno, affrontò a Mantova le orde di Attila e con ricchi donativi indusse il feroce condottiero unno a ritirarsi dall'Italia e a firmare un trattato di pace[39]. Tre anni dopo (455) il re vandalo Genserico sbarcò ad Ostia, assaltò Roma, saccheggiò spietatamente la città asportandone le ricchezze e gran numero di prigionieri. Leone, pur non potendo evitare il saccheggio, riuscì a ottenere che l'invasore risparmiasse la vita a molti cittadini romani. In tal modo Leone andò acquistando un enorme prestigio in tutta Italia.

Leone Magno aveva poi un alto concetto della superiorità papale e pensava che in lui lo stesso Pietro continuasse a reggere la chiesa, per cui egli si chiamò «Vicario di Pietro», non osando ancora affermarsi «Vicario di Cristo», come avvenne alcuni secoli più tardi. È vero che il potere di reggere la Chiesa passò a tutti gli apostoli, ma Pietro fu principalmente esaltato,[40] per cui come a Pietro competeva la direzione della Chiesa[41] così ora al vescovo romano compete la cura di tutte le chiese[42].

---

[37] *The Rise of the Medieval Church*, pp. 168–169; Edward Manning, *The Temporal Power of the Vicar of Jesus Christ*, p. 29.

[38] Il volume classico per Leone Magno è T. Jalland, *The Life and the Times of St. Leo the Great*, London 1941; P. Brezzi, *San Leone Magno*, Roma 1947; cfr. pure Walter Ullmann, *Leo I and the Theme of Papal Primacy*, in «The Journal of Theological Studies» 11 (1960), pp. 25–51; A. Lauras, *Etudes sur s. Léon le Grand, i*n «Recherches de Science Religieuse» 49 (1961), pp. 481–499; M. Jugle, *Interventions de saint Léon dans les affaires intérieures des Eglises Orientales*, in «Miscellanea Pio Paschini» Studi di Storia Ecclesiastica, I Lateranum N. Series 14 (1948), pp. 71–94; P. Santini, *Il primato e l'infallibilità del romano Pontefice in san Leone e gli scrittori greco-russ*i, Grottaferrata 1936; R. Galli, *San Leone Magno*, in «Didaskaleion» 1930, pp. 51–235.

[39] Cfr. Prospero di Aquitania, *Cronicon* PL 51,603C «Attila ricevette con dignità la delegazione, e tanto si rallegrò per la presenza di questo papa, che decise di rinunziare alla guerra e di ritirarsi di là dal Danubio, dopo aver promesso la pace. La leggenda s'impadronì di questo fatto e lo trasformò completamente, mostrando l'incontro in forma di solenne processione, che colpì la fantasia del barbaro inducendolo a cedere dinanzi al rappresentante di Dio.

[40] Transivit quidem etiam in alias apostolos jus potestatis istius, *Sermo* IV,3 PL 54,151.

[41] Omnes tamen proprie regat Petrus, quos principaliter regit Christus. *Sermo* IV,2, *ivi*.

[42] Ciò è richiesto a noi da parte del Signore, che per rimunerare la di lui fede affidò al beatissimo apostolo Pietro il primato della dignità apostolica (apostolicae dignitatis primatum) e stabilì la chiesa universale nella solidità di quello stesso fondamento (in fundamentum ipsius soliditate constiuens), *Epist*. 5,2 PL 54,615.

Per mezzo del papa è infatti Pietro che continua a dirigere la sua chiesa:

> Il beato Pietro persevera in quella solidità silicea che ha ricevuto e non abbandona il timone della Chiesa postogli fra le mani. Attualmente egli adempie la sua missione con maggior pienezza e potenza: tutto ciò che è proprio dei suoi uffici e delle sue cure che gli incombono, lo eseguisce in Colui e con Colui dal quale è stato glorificato. Se qualche cosa è fatta o decisa da noi rettamente, se qualche cosa è ottenuto dalla misericordia di Dio per mezzo delle nostre supliche quotidiane, ciò si deve alle opere e ai meriti di colui del quale vive la potenza e trionfa la autorità della sua sede[43].

Per la attuazione pratica di questa supremazia occorre distinguere l'occidente dall'oriente; mentre nelle regioni occidentali il papa agì come vero capo, in quanto tutto l'occidente era stato affidato a lui,[44] in Oriente si mostrò assai più cauto.

In Occidente, facendosi forte dell'appoggio imperiale che con il famoso editto di Valentiniano del 445 gli aveva sottomesso tutto il clero delle Gallie prima indipendente, egli potè dominare indiscusso[45]. Nel sermone tenuto nella solennità di Pietro e Paolo, Leone esaltò, al di sopra della pace romana sorretta dalle armi, la «pace di Cristo» ottenuta tramite la sede episcopale di Pietro.

> Questi (gli apostoli Pietro e Paolo) sono coloro che ti elevarono (o Roma) a tanta gloria, poiché facendoti una nazione santa, un popolo eletto, uno stato sacerdotale e regale e a capo del mondo per mezzo della santa sede del benedetto Pietro, ti ottennero per la glorificazione di Dio, una supremazia molto più vasta di quella conseguita tramite il governo terreno. Poiché anche quando fossi accresciuta per molte vittorie, e avessi a estendere la sovranità in terra e mare, tutto ciò che

---

[43] *Sermone* III,2.3; Cfr. P. Stockmeyer, *Leo I des grosses Beurteilung der Kaiserlichen Religionspolitik*, München 1959. Chi ha meglio messo in risalto il fatto di questa compenetrazione personale mistica tra Pietro e il papa è lo studio interessante di G. Corti, *Il Papa Vicario di Pietro*, Brescia, Morcelliana 1966. Per Leone I si leggano le pagine 69–155. Si cfr. pure A. Granata, *Ricerche sui rapporti tra il papa e s. Pietro nel pensiero e nella prassi di s. Leone Magno*, Tesi di laurea, corso accademico 1957–58 alla Università Cattolica di Milano.

[44] Nel 381 nel sinodo occidentale di Aquileia il papa era stato chiamato «principe» (*princeps*) dell'episcopato.

[45] Si veda su questo il capitolo seguente.

potrai conseguire mediante la guerra è molto meno di ciò che tu conseguirai con la pace di Cristo»[46].

In Oriente Leone I agì con maggior delicatezza e cautela;[47] egli pretendeva avere una certa superiorità sulla chiesa di Alessandria in quanto era stata fondata da Marco, discepolo di Pietro. Si comprende quindi come potesse rimuovere con una certa enfasi il suo vescovo Dioscuro, resosi eretico, ricordando però che ciò era già stato deciso dal Concilio di Calcedonia:

> Leone papa, capo della chiesa universale – per mezzo di noi suoi vicari, con il consenso del santo sinodo – investito della dignità dell'apostolo Pietro, il quale, fondamento della chiesa e pietra della fede, è chiamato custode del regno celeste, ha privato Dioscuro della dignità episcopale e allontanato da ogni attività sacerdotale[48].

Ma quando scrive agli Orientali è meno pretenzioso e si guarda bene dall'esaltare il suo primato di capo universale. Ciò risulta evidente del suo comportamento verso il Concilio di Calcedonia.

c) *Leone Magno e il Concilio di Calcedonia* (a. 451). – Per la prima volta i rappresentanti romani – tre vescovi e due presbiteri – tennero la presidenza di un concilio ecumenico assieme ai commissari imperiali. Nella seconda, terza e quarta sessione si esaminò la lettera di Leone a Flaviano che condannava il monofisismo (eresia asserente in Cristo un'unica natura formata dall'unione dell'umana con quella divina) che fu approvata e fatta propria dal Concilio. Molti vescovi – secondo l'uso del tempo – si misero a gridare: «Viva Leone! Per bocca di Leone ha parlato Pietro! Viva Cirillo!»[49]. Parole queste da accogliere con prudenza, poiché risentono della retorica orientale di quel tempo e non vanno accolte come professione di fede dogmatica, riguardante l'infallibilità papale. É vero che essi dissero: «Noi eravamo cinquecentoventi vescovi che tu guidavi come il capo guida le membra»,[50] ma la realtà fu ben diversa. Il documento leoniano fu accolto perché sui

---

[46] Leone, *Sermo* 82, c. 1.
[47] Cfr. A. Amelli, *Leone Magno e l'Oriente*, Montecassino 1890.
[48] *Ep.* 103. Si noti che la lettera altisonante è rivolta ai vescovi delle Gallie dinanzi ai quali risultava la sua imperiosità e che, la sua scomunica era una decisione non sua personale, ma la decisione del Concilio di Calcedonia, alla quale lui aveva aderito.
[49] Si noti come assieme a Leone sia acclamato anche Cirillo, il vescovo di Alessandria già defunto.
[50] Il termine *caput* (gr. *kefalé*, popolarmente connesso con Kephas) fu dal IV secolo applicato spesso all Chiesa di Roma.

due piedi era difficile preparare una nuova professione di fede; fu accolto tuttavia non perché gli riconoscessero uno speciale valore infallibile, ma solo perché dopo un accurato confronto con gli insegnamenti di altri vescovi, lo trovarono conforme alla fede. Quei di Milano lo esaminarono alla luce degli scritti di Ambrogio,[51] gli altri vescovi ne riconobbero la sua armonia con la fede cristiana[52] e la identità con l'insegnamento di Cirillo[53]. Esso ebbe valore non per se stesso ma solo dopo essere «confermato dal sinodo». Del resto i vescovi di Illiria e della Palestina si opposero a tale scritto – ritenuto per nulla infallibile – gridando: «Gli oppositori (e Romani) sono dei Nestoriani, che se ne vadano a Roma»[54].

Si ricordi poi che gli stessi vescovi i quali dissero parole tanto elogiative per Leone, sono i medesimi che assolsero il can. 28 dove si riconosceva a Roma solo un primato di onore come risulta dal can. 28:

> Seguendo in tutto i decreti dei SS. Padri e conoscendo il canone dei centocinquanta Padri, amici di Dio, che è stato letto poco fa (si tratta del can. 3 del Conc. di Costantinopoli del 381), noi decretiamo anche e votiamo la stessa cosa riguardo alle prerogative della SS. Chiesa di Costantinopoli, la nuova Roma. A buon diritto i Padri (conciliari) hanno attribuito il primo posto alla sede della Roma antica, perché questa città era la sede dell'imperatore. Mossi dalla stessa considerazione i centocinquanta Padri, molto amati da Dio, hanno accordato privilegi equivalenti al santissimo trono della nuova Roma, giudicando rettamente che la città onorata dalla presenza dell'imperatore e del senato, e che gode dei privilegi dell'antica Roma imperiale, deve anche aumentare di dignità negli affari ecclesiastici, tenendo il secondo posto dopo di essa[55].

---

[51] PL 54,946.
[52] Recognoverunt fidei suae sensum PL 54,967.
[53] *Kùrillos oùtös edídakse*, Mansi, *Sacrorum conciliorum*, VI,932.
[54] Hefele-Leclercq, *Histoire des Conciles*, t. II, Paris 1968, pp. 638–689, (la frase si legge a p. 719).
[55] XV Sess. 31 ottobre 451, Can. 28, Mansi, *Sacrorum conciliorum*, VII,369; Hefele-Leclercq, *Histoire des Conciles*, vol. II (Paris 1908), p. 815. L'opposizione romana a questo canone non fu causata dal fatto che esso menomava Roma e la verità attribuendo il primato romano a decisioni conciliari, ma perché esso violava i canoni di Nicea che avevano stabilito un altro ordine di successione: Roma, Alessandria, Antiochia, e non Roma-Costantinopoli. Nonostante la protesta di Roma, di Alessandria e di Antiochia, la situazione non cambiò affatto e la storia fu diretta da Roma e Costantinopoli. Cfr. A. Vuyts, *Le 28° canon de Calcédoine et le fondement du Primat Romain*, in «Orientalia Christiana Periodica» 17 (1951), pp. 265–282; V. Monachino, *Genesi storica del can. 28 di Calcedonio*, in «Gregorianum» 33 (1952), pp. 261–291, 531–565; S. Pesce, *Cattolicesimo e Protestantesimo nell'interpretazione*

I legati romani – i quali sapevano in antecedenza che si sarebbe discusso il can. 28 – essendo sicuri di non aver la maggioranza si assentarono quel giorno dalla sessione. Poi protestarono dicendo che i vescovi presenti avevano firmato dietro costrizione; una tale accusa fu respinta con indignazione. Poi insistettero nel dire che esso contraddiceva al can. VI del concilio niceno, nel quale ad arte interpolarono le parole: «La chiesa romana ha sempre goduto la supremazia», che mancano invece nell'originale greco e che naturalmente furono respinte dai vescovi orientali[56]. Leone non si appellò alla sua dignità di vicario di Pietro, al fatto che la dignità di Roma non era di onore ma di vera giurisdizione, non affermò di aver supremazia anche sulle chiese orientali, ma si appellò solo al concilio di Nicea il cui ordine Roma-Alessandria-Antiochia era stato turbato con l'immissione al secondo posto di Costantinopoli, che non poteva godere di tale privilegio in quanto chiesa d'origine non apostolica[57]. Infatti all'imperatore Marciano che sosteneva le pretese della Chiesa di Costantinopoli e del suo vescovo Anatolio, così scrive:

> Che costui (Anatolio) non disprezzi la città imperiale, quando non può far nulla per renderla apostolica[58].

Quando interviene nei disordini provocati dai monaci palestinesi lo fa con grande delicatezza, rivolgendosi con fine diplomazia all'imperatrice Eudossia, che di fatto era un po' fautrice di tali disordini: la suppone innocente e la esorta a lavorare con tutte le sue forze per ricondurre i monaci alla fede ortodossa e per obbligarli a compiere penitenza delle bestemmie e crudeltà di cui costoro s'erano resi colpevoli[59]. Egli si guarda bene dall'imporsi e dallo scomunicare gli eretici e dall'esaltare in Oriente i famosi «meriti di Pietro», come invece con più libertà compiva in Occidente. Ad ogni modo la figura di Leone Magno segnò indubbiamente il primo passo fondamentale per la elevazione del papato a capo supremo di tutta la Chiesa in virtù dei meriti di Pietro del quale il vescovo romano è il vicario. Egli si può ben dire il primo vero papa romano.

---

dell'antico Cristianesimo, Università di Catania, Centro di studi d'arte e di letteratura cristiana antica, 1951.

[56] *Ecclesia romana semper habuit primatum*. Di fatto il can. 6 di Nicea attribuiva la supremazia gerarchica della Chiesa di Roma sull'Occidente, così come la concedeva pure ai due patriarcati di Alessandria e di Antiochia per i rispettivi territori.

[57] *Epist.* 105 *Ad Pulcheram Augustam* PL 54,1000.

[58] *Epist.* 104 (secondo altri 108) *Ad Marcianum imp.* 3 PL 54,995.

[59] Per le lettere del papa ai monaci cfr. ediz. Jaffé-Watenbach, p. 500; a Giovenale (*ivi* 514), all'imperatrice Eudossia (*ivi* 499).

d) *Gelasio I* (492–496) continuò a legittimare la grandezza della sede romana (non ancora direttamente del vescovo) mediante le parole di Cristo: «Tu sei Pietro». Tale chiesa è la prima non solo per il rapporto con Pietro, ma anche per il fatto che vi morì Paolo, il vaso di elezione. Perciò egli stabilì una gerarchia delle chiese poggiante sui loro rapporti con l'apostolo Pietro:

> La Chiesa di Roma è la prima sede dell'apostolo Pietro, ed essa non ha né macchia né ruga né alcunché di simile[60]. La seconda sede è Alessandria che a nome del beato Pietro fu consacrata dal suo discepolo ed evangelista Marco. La terza sede è Antiochia che è degna di onore a motivo dello stesso Pietro[61].

Come si vede Costantinopoli – che poteva dare del filo da torcere – è ignorata; Gelasio insisté invece sulla gerarchia patriarcale asserita dal Concilio di Nicea ed esaltò ancor più la chiesa romana dichiarandola «senza rughe né macchia alcuna».

Naturalmente questo graduale affermarsi della chiesa di Roma non avvenne senza opposizioni e contrasti da parte delle altre chiese, come appunto si vedrà nel capitolo seguente[62].

---

[60] Ma cfr. Ef 5,27; Gelasio applica a Roma ciò che sarà proprio di tutta la chiesa alla fine della sua forma terrestre.

[61] Denzinger-Bannwart, *Enchiridion Symbolorum* 163.

[62] Su Gelasio e la concezione che rompere la comunione con la Chiesa Romana significa rompere la comunione con Pietro si confrontino le seguenti lettere secondo la edizione di Thiel, *Epistolae Romanorum Pontificum Genuinae*, Brunsbergae 1868. Eufemio non espurgando il nome di Acacio dall'elenco dei vescovi si separa dall'unione con s. Pietro (quam ad beati Petri purum redire illibatumque consortium, *Epist.* 3, p. 313); ad Eufemio scrive che la Chiesa Romana ha diritto di giudicare tutto (*Epist.* 10, p. 347, illa a pontificibus et praecipue a beati Petri vicario); il vescovo africano Succonio recandosi a Costantinopoli ha negata la comunione con Pietro (comunionem suam beatum Petrum noveras denegasse *Epist.* 9, p. 340); occorre guardarsi dal vescovo di Costantinopoli che intrattiene relazioni con gli acaciani dissidenti e perciò non può avere rapporto con la chiesa del beato apostolo Pietro (*Epist.* 18, p. 184; cfr. pure *Epist.* 26, p. 395); egli deve agire ogni qualvolta la fede è minacciata, come vicario della sede apostolica (si noti della sede, non di Pietro; *Epist.* 26, p. 395); il concetto di vicario della sede apostolica ricorre pure in *Epist.* 12, p. 350; *Epist.* 8, p. 338. Su questo problema cfr. Fr. Spagnolo, *Il titolo papale vicarius Christi nel Codex Carolinus*. Università Cattolica, Milano, Tesi di laurea, anno accademico 1960–61, p. 70–77.

11

REAZIONI EPISCOPALI ALLE PRETESE ROMANE

Mentre la chiesa di Roma prima e più tardi lo stesso vescovo romano cercavano di elevare sempre più la loro posizione, i vescovi contemporanei eressero la propria protesta in svariate circostanze.

1. Controversia pasquale e papa Vittore

La Pasqua, solennità d'origine incerta celebrata sin dal tempo di Mosè il plenilunio primaverile (o 14 Nisan) a ricordo della liberazione israelitica dalla schiavitù egizia, nel cristianesimo assunse il nuovo significato di liberazione dalla colpa tramite la morte e la resurrezione del Cristo[1]. Nel II secolo dell'era cristiana due correnti si contrastavano tra di loro: una rifacentesi a Giovanni la celebrava assieme ai Giudei il 14 Nisan, qualunque fosse il giorno della settimana in cui cadeva; l'altra, attestata a Roma e ad Alessandria, se già non cadeva di domenica la trasferiva a quella successiva[2].

---

[1] I principali documenti si trovano presso Eusebio, *Historia Ecclesiastica* 5,23–25, cui si aggiunga l'*Epistola Apostolorum* c. XV del testo etiopico (VIII del copto). Per gli studi cfr. L. Duchesne, *La question de la Pâque au Concile de Nicée*, in «Revue de questions historiques» 28 (1880), pp. 542; *Histoire ancienne de l'Eglise* t. I, pp. 285–291; C. Schmidt, *Gespräche Jesu mit seinen Jüngern*, Leipzig 1919, *Exkurs III*; *Die Passahfeier in der klein asiatischen Kirche*, pp. 577–725; A. Casamassa, *Scritti patristici* II, Roma 1956, pp. 19–24 ; Fliche-Martin, *Storia della Chiesa*, trad. ital., vol. II (Torino 1959), pp. 111–119; K. A. Strand, *John as Quartodeciman: a reappraisal*, in «Journal of Biblical Literature» 84 (1965), pp. 251–258. Per la solennità della Pasqua cfr. A. Vaux, *Le istituzioni dell'Antico Testamento*, Torino, Marietti 1964, pp. 466–475.

[2] In Oriente la Cena insisteva non tanto sulla Resurrezione del Cristo quanto piuttosto sulla sua morte intesa però in senso giulivo, come il natale (= morte) dei martiri, in quanto segnava il trionfo di Gesù sulla morte e sull'Averno. L'Occidente invece esaltava di più la resurrezione del Cristo che accadde proprio di domenica. Siccome con la Pasqua terminava il

Un primo tentativo per raggiungere l'accordo fu attuato dal vescovo romano Aniceto (157–168) il quale però non riuscì nell'intento; di conseguenza Roma continuò a mantenere la sua usanza, mentre Policarpo, vescovo di Smirne, persistette nel celebrarla il 14 Nisan, senza che la comunione delle chiese ne subisse alcun danno[3].

Più aspra fu la discussione quando, più tardi, il vescovo di Roma Vittore (189–198), dopo aver interrogato i vari vescovi dell'orbe e visto che erano in maggioranza d'accordo con lui, pretese imporre a tutte le chiese, sotto minaccia di scomunica, l'uso romano-alessandrino. Ecco come ne parla nel suo canone pasquale Anatolio da Alessandria, vescovo di Laodicea:

> Tutti i vescovi asiatici – i quali ricevettero la regola da un Maestro assolutamente irreprensibile, ossia da Giovanni l'Evangelista – il quale riposò sul petto del Signore per beverVi indubbiamente dottrine spirituali – seguendo l'esempio di costoro, tutti gli anni infallentemente, passato l'equinozio, occorrendo la luna XIV e immolandosi dai Giudei l'Agnello celebrano la Pasqua; non sottoponendosi all'autorità di alcuni, ossia dei successori di Pietro e Paolo, i quali insegnarono a tutte le Chiese, spargendo il seme spirituale, che solo in domenica era possibile celebrare la solennità della Resurrezione del Signore. Donde è nata anche disunione tra i loro successori, ossia tra Vittore in quel tempo vescovo della città di Roma e Policrate il quale sembrava esercitasse allora il primato tra i Vescovi dell'Asia. Ma la questione fu ottimamente sopita da Ireneo, vescovo nella Gallia, l'una e l'altra parte rimanendo ferme nella propria regola[4].

Infatti contro l'imposizione di Vittore, Policrate, vescovo di Efeso, protestò energicamente a nome dei vescovi asiatici riuniti a concilio, il quale affermò chiaramente di non essere per nulla intimorito da «spauracchi»

---

digiuno quaresimale vi erano chiese ancora in duolo, mentre altre (Asia) erano già in festa; di qui il desiderio di maggiore uniformità. Era poi facile che, accogliendo la data ebraica se ne seguisse pure l'uso liturgico dell'agnello pasquale (un ricordo è ancor oggi l'uso dell'agnello per la Pasqua).

[3] I fautori della celebrazione pasquale al 14 Nisan erano detti *Quartodecimani*. Nel II secolo Anatolio di Alessandria, per facilitare il computo, fissò l'equinozio di primavera al 25 di marzo (data Giuliana), che non corrisponde alla realtà astronomica (ora è il 21 marzo). V'erano poi i vescovi del patriarcato d'Antiochia che celebravano la Pasqua anche nella domenica precedente tale equinozio qualora essa cadesse nei tre giorni anteriori, e venivano perciò chiamati *Protopaschiti*. Di qui il vario termine della quaresima: alcuni erano ancora nel lutto e nel digiuno, mentre altri erano già nella letizia pasquale.

[4] Anatolio, *Canon Paschalis*, par. 9–10. Egli respinge l'uso di coloro che pretendevano includere nella celebrazione pasquale anche i tre giorni precedenti l'equinozio.

(scomunica di Vittore), in quanto era sicuro di seguire Dio. Eccone la energica protesta:

> Siamo noi che celebriamo il vero e genuino giorno (della Pasqua) senza aggiungere né togliere niente. Nell'Asia infatti si sono estinti i grandi luminari che risorgeranno nel giorno della Parusia del Signore, quando il Signore verrà con gloria dal Cielo, e risusciterà i santi[5]... Tutti quanti tennero per la celebrazione della Pasqua il giorno quattordicesimo, in conformità al Vangelo, senza variar nulla, ligi alla regola della fede. Io pure Policrate, di voi tutti il più piccolo, osservo la tradizione dei miei parenti, alcuni dei quali furono anche miei predecessori; sette dei miei parenti, infatti, furono vescovi, io sono l'ottavo. Essi sempre celebrarono il giorno di Pasqua, quando il popolo giudaico si astiene dal pane fermentato.
>
> Io, fratelli miei sono vissuto sessantacinque anni nel Signore; sono stato in rapporto con i fratelli di tutto il mondo; ho letto tutta la Sacra Scrittura, e non mi lascio intimorire da spauracchi perché uomini più grandi di me hanno detto: Bisogna ubbidire prima a Dio che agli uomini[6].
>
> Potrei ricordare dei vescovi che sono qui meco, perché voi mi chiedeste di convocarli e io li ho convocati. A scrivere i loro nomi sarebbero una vera moltitudine. Hanno conosciuto la mia piccolezza, ma hanno approvato la mia lettera, consapevoli che non porto invano queste mie canizie, e che son sempre vissuto in Gesù Cristo[7].

Eusebio continua poi dicendo:

> Dopo aver verificato queste cose (si riferisce alla lettera di Policrate), Vittore, vescovo di Roma, si impegnò a togliere la comunione a tutte le chiese di Asia e delle province vicine come se pensassero qualcosa di contrario alla vera fede, e in lettere inviate loro prescrisse a tutti i fratelli che stavano quivi e pronunciò la sentenza che erano totalmente al di fuori della verità della Chiesa. Però tale fatto non piacque a tutti i vescovi. Quindi costoro lo esortarono a pensare di più alla pace, al-

---

[5] Tra costoro ricorda l'apostolo Filippo, Giovanni «che riposò sul petto del Signore, fu sacerdote, portò la lamina (d'oro) e fu martire e dottore. Egli si addormentò in Efeso»; Policarpo di Smirne, Trasea vescovo di Eumenia, Sagari vescovo di Laodicea, il beato Papirio, l'eunuco Melitone, «che giaceva a Sardi, nell'attesa della visita celeste, donde risorgerà dai morti» (Eusebio, *Historia Ecclesiastica* 5,24,2–5).

[6] At 5,23.

[7] Eusebio, *Historia Ecclesiastica* 5,24,1–8, Edizione Desclée, Roma 1964, p. 413.

l'unità e alla carità con il prossimo. Esistono tuttora lettere di alcuni che rimproverarono aspramente Vittore. Tra costoro, Ireneo, nella lettera che scrisse a nome dei fratelli che governavano la Gallia, difese come certo che il mistero della resurrezione vada celebrato solo di domenica, però rispettosamente ammonisce Vittore a non togliere la comunione a tutte le chiese di Dio che osservano il costume ricevuto dagli antenati[8].

Anche lo storico Socrate dice che Ireneo «attaccò nobilmente» Vittore «rimproverandolo per la sua precipitosa decisione» e per la «sua collera smisurata»[9].

Girolamo parla di Policrate come quegli che «con autorità e abilità» scrive una lettera sinodale contro Vittore, vescovo di Roma[10]. Le cose rimasero quindi come prima e fu solo gradatamente che l'uso romano-alessandrino s'andò diffondendo sino a che fu imposto a Nicea con decisione imperiale:

«Dopo aver diligentemente esaminato se fosse conveniente che nella Chiesa Universale si celebrasse con unanime consenso la Pasqua, e trovato che tre parti dell'Orbe convengono con i Romani e gli Alessandrini, e solo dissentirne una parte ossia la regione orientale, è sembrato opportuno che agissero nella stessa maniera i fratelli dell'Oriente, come agiscono i Romani e gli Alessandrini, e tutti gli altri affinché tutti unanimemente in quel giorno santo della Pasqua elevino le loro preci»[11].

2. La controversia penitenziale sotto Callisto

La Chiesa antica quale «comunità di santi» esigeva dai suoi membri un alto tenore di vita morale. All'inizio i colpevoli di idolatria, di assassinio e d'adulterio non erano ammessi alla penitenza, per cui tali peccatori erano definitivamente esclusi dalla Chiesa[12]. Ma nel corso del III secolo Callisto (217–222) per la prima volta concesse il perdono anche all'adulterio. Però gli si oppose duramente Ippolito esigendo da lui un rigore più grande sia

---

[8] Eusebio, *Historia Ecclesiastica* 5,23,24.
[9] Socrate, *Historia Ecclesiastica*, 5.
[10] *De viris illustribus* PL 23,695.
[11] Il decreto è autentico, anche se erroneamente l'Assemani e il Pitra l'hanno presentato come emanato dal Concilio di Nicea, anziché dall'imperatore Costantino.
[12] Si noti che la penitenza per i peccati pubblici era concessa una sola volta in vita; su ciò cfr. il mio studio su «I Sacramenti» (Firenze 1962).

nel trattamento dei vescovi meritevoli di sanzione, sia nell'ammissione dei bigami alle cerimonie religiose.

Callisto per primo pensò d'autorizzare la sensualità dicendo di voler rimettere tutti i peccati. Per questo – dice Ippolito – i peccatori affluiscono alla sua scuola[13]. Egli decretò pure che un vescovo reo di colpa capitale non potesse venire deposto[14] e permise alle donne nobili di contrarre matrimonio con uomini di condizione inferiore senza il vincolo legale. Di qui l'uso di pratiche anticoncettive perché il loro connubio non divenisse palese.

«Si sono quindi viste delle donne, che si dicono fedeli, impiegare ogni sorta di mezzi per far perire anzitempo il bambino che avevano concepito, sia da uno schiavo, sia da un marito indegno di esse; la loro condizione e la loro fortuna imponevano ciò. In tal modo Callisto ha insegnato nello stesso tempo il concubinaggio e l'adulterio. Al suo tempo per la prima volta quelli del suo partito osarono ammettere un secondo battesimo[15]. Questa è l'opera del famoso Callisto»[16].

Anche Tertulliano che ne era contemporaneo, senza nominarlo, lo chiamò con gli epiteti di «Pontifex Maximus», di «Episcopus Episcoporum», e ne ricordò l'*edictum pèrentorium*, che estese il beneficio della penitenza anche ai colpevoli di *moechiae*, vale a dire agli «adulteri» che prima ne erano esclusi. Il tentativo del Galtier e del Bardy di riferire tale brano al vescovo africano Agrippino non è riuscito; solo al vescovo di Roma si adattano i titoli sopra riferiti; su di tale decreto Tertulliano ritorna in seguito, con affermazioni che indirettamente si riferiscono al vescovo di Roma, dato che vi si parla di una chiesa «vicina a Pietro»[17].

---

[13] Ippolito era un vescovo d'alto livello, sia intellettuale che spirituale, che ad un certo punto si eresse come antipapa contro Callisto. Morì martire ed è perciò venerato come santo anche dai cattolici.

[14] Forse ciò doveva prevenire ipotetiche opposizioni contro lo stesso Callisto che aveva avuto un passato torbido; infatti aveva sperperato del danaro altrui, quando era servo, in affari mal riusciti per cui i creditori lo avevano denunciato come cristiano e fatto condannare per un po' di tempo alle miniere (così Ippolito).

[15] Il secondo battesimo è la penitenza che fungeva per questi peccati – che prima ne erano esclusi – come da secondo battesimo.

[16] Ippolito, *Philosophumena* 9,12 PG 16,3 coll. 3379–3387.

[17] P. Galtier, *Le veritable édit de Calliste*, in «Revue d'Histoire Ecclésiastique» 23 (1927), pp. 465–488; Idem, *Ecclesia Petri propinqua, à propos de Tertullien*, ivi 1928, pp. 40 ss.; Idem, *L'Eglise et la rémission des péchés aux premiers siècles*, Paris 1932, pp. 141–183; G. Bardy, *L'édit d'Agrippinus*, in «Revue des Sciences Religieuses» 1924, pp. 1 ss. Il Goguel è incerto; sono invece favorevoli a Callisto P. Batiffol, *Princeps apostolorum*, in «Recherches de

«Anche se tu credi di basare questo tuo diritto sulle parole di Cristo a Pietro: Sopra questa pietra edificherò la mia chiesa, pensando che tale diritto di sciogliere o legare sia passato alla chiesa «vicina a Pietro» (*ecclesia Patri propinqua*) ti sbagli in quanto Gesù disse questo personalmente al solo Pietro e tu quindi usurpi tale diritto»[18].

Secondo Tertulliano, i «vescovi» sono «puri testimoni storici degli insegnamenti apostolici» e non organi viventi nella tradizione e del suo sviluppo; essi non hanno autorità dottrinale la quale spetta, secondo lui, alla «Chiesa dello Spirito». «Che ha dunque a vedere tutto ciò con la Chiesa, specialmente la tua, o psichico? In accordo con la persona di Pietro, è agli uomini dello Spirito che appartiene questo potere»[19].

3. Cipriano e il primato romano

Cipriano, vescovo di Cartagine dal 249 al 258, merita una considerazione a parte sia per l'influsso che esercitò sui suoi contemporanei sia per la importanza dei suoi scritti[20]. Ne vedremo prima la teoria e poi la sua attuazione pratica.

4. La teoria

Possiamo suddividerne l'analisi in due parti riguardanti la collegialità episcopale e il primato di Pietro.

a) *La collegialità dei vescovi.* – Pur non essendovi ancora stato un concilio generale, egli difese l'unicità di tutti i vescovi: la Chiesa universale, pur essendo dispersa per il mondo, è una come è uno il sole non ostante i suoi molti raggi, uno l'albero nonostante i suoi vari rami e una la sorgente pur dividendosi in molti ruscelli.

Science Religieuse» 18 (1928), pp. 38 ss.; A. D'Ales, *Zephirin, Calliste ou Agrippimis?*, ivi 19 (1920), pp. 254 ss.; H. Koch, *Kallist und Tertullian*, Heidelberg 1920; Cathedra Petri, Giessen 1930, p. 6; E. Caspar, *Geschichte des Papsttums* 1, Tübingen 1930, p. 26; O. Cullmann, *Saint Pierre, Disciple-Apôtre, Martyr*, Bibliothèque Théologique, Neuchâtel, 1952, p. 145, n. 5.

[18] *De Pudicitia*, 21 PL 2,1078 ss.

[19] J. K. Stirnmann, *Die Praescriptio Tertullian im Lichte des römischen Rechtes und der Theologie*, coll. «Paradosis», 3 Freiburg 1949.

[20] Cfr. M. Bévenot, *Episcopat et primauté chez s. Cyprien*, in «Ephemerides Theologicae Lovanienses» 42 (1966), pp. 176–185; P. D'Ales, *La théologie de saint Cyprien*, Paris 1922.

«Strappate un ramo a un albero e il ramo spezzato non potrà più germogliare. Tagliate un ruscello dalla sua fonte, e subito la parte staccata dissecca. Così è pure per la Chiesa del Signore... Essa stende i suoi rami su tutta la terra con una vitalità potente, essa porta lontano le sue acque sovrabbondanti. Tuttavia non v'è che una sorgente, che una sola origine, che una sola madre con molti successivi parti fecondi. E' essa che ci genera, è il suo latte che ci nutre, è il suo spirito che ci anima»[21].

Secondo Cipriano:

«La Chiesa che è una e cattolica non risulta da pezzi separati, ma si tiene unita mediante l'efficace legame costituito dall'unione mutua dei vescovi»[22]. Con i vescovi «suoi colleghi e coepiscopi» egli mantiene «la divina concordia e la pace del Signore»[23].

Se alcuno cercasse di fare una chiesa a sé, separata dal resto «devastando e spezzando il gregge di Cristo, gli altri (vescovi) vengono in suo soccorso, e, da pastori equi e misericordiosi ricondurranno al gregge le pecore del Signore»[24].

Novaziano si è visto «respinto, confuso, scomunicato dai vescovi del mondo intero[25] e Marciano – discepolo del primo – "che volle" giudicare il collegio episcopale, fu giudicato lui da tutti i vescovi»[26]. I vescovi non possono essere «d'avviso differente, perché noi tutti non abbiamo che uno stesso Spirito. E' quindi chiaro che chiunque ha dei sentimenti contrari a tutti gli altri, non partecipa alla verità del Santo Spirito»[27].

b) Il primato romano. – Le affermazioni precedenti lasciano ben poco posto al primato papale, ma siccome alcune espressioni sono spesso addotte a suo favore, occorre esaminarle più a fondo, tanto più, poi, che in alcuni codici mancano proprio i passi più significativi. Si tratta d'interpolazione fatta ad arte dai fautori del primato papale?

---

[21] *De Unitate Ecclesiae* 5.
[22] *Epistolae Romanorum Pontificum Genuinae* 66,8.
[23] *Epistolae* 73,26; cfr. *Epistolae* 67,7.
[24] *Epistolae* 68,3.
[25] *Epistolae* 68,2.
[26] *Epistolae* 68,4.
[27] *Epistolae* 68,5.

1. La questione critica riguarda in modo particolare il *De Unitate Ecclesiae*, che è presentato in due forme diverse, come si vede dal prospetto che segue:

Dopo la citazione di Mt 16,18–19 continua:	*Dopo la citazione di Mt 16,18 s si legge:*
«E al medesimo (Pietro) dopo la sua resurrezione (il Signore) dice: Pasci le mie pecore. Su di lui egli edifica la Chiesa; a lui affida le pecorelle da pascere. E sebbene conceda un potere simile a tutti gli altri apostoli, stabilisce tuttavia una sola cattedra, e fonda con la sua autorità l'origine e il carattere della unità. Gli altri erano quello che Pietro fu; ma il primato è concesso a Pietro, e viene così fatto conoscere che la Chiesa è una, che la cattedra è una. E tutti sono pastori, ma si vede che vi è un sol gregge, che tutti gli apostoli pascono in unanime accordo.	Su di uno solo egli edifica la Chiesa... (segue la citazione di Gv 20, Pasci le mie pecore). Chi non è più legato a questa unità della Chiesa, si può credere ancora legato alla fede?
Colui che non è più legato a questa unità della Chiesa può credersi ancora legato alla fede? Colui che abbandona la cattedra di Pietro, su cui fu fondata la Chiesa, può ancora sperare di rimanere nella Chiesa?»[28].	Chi si oppone e resiste alla Chiesa, può credere di essere ancora nella Chiesa?[29]

Alcuni studiosi vedendo un contrasto tra la concezione collegiale del *De unitate* e queste affermazioni, le ritengono opera di un falsario.

Secondo Ugo Koch ciò sarebbe avvenuto verso l'epoca del Concilio di Calcedonia, nel V secolo, quando preoccupazioni dello stesso genere fecero aggiungere al 6° canone di Nicea le parole «Ecclesia Romana semper habuit primatum»[30].

---

[28] Troves, *Biblioteca Civica*, Ms. 516, sec. VIII-IX, n. 182, 371; Cfr. Fliche-Martin, *Storia della Chiesa*, vol. II, tav. VIII.

[29] Paris, Biblioteca Naz. Ms. lat. 10592, fol. 34; sec. VI, n. 192, 371.

[30] H. Koch, *Cyprian und der Römische Primat*, 1910; Idem, *Cathedra Petri, Beiheft für die Neutestamentliche Wissenschaft*, Giessen 1930. Tale opinione è in genere seguita dai protestanti, come E. W. Benson, *Cyprian, His Life, His Time, His Work*, London 1897, p. 180; F. Loofs, *Dogmengeschichte*, Halle a. s. 1906, p. 209, ma è pure accolta da studiosi cattolici come lo Ehrhardt, *Die altkritische Literatur und ihre Erforschung von 1884 bis 1900*, Freiburg i. Br. 1900, p. 476; J. Tixeront, *Histoire des Dogmes*, 11ª ediz., Paris 1930, pp. 381 ss.; J. Le Moyne, in «Revue Bénédictine» 1953, pp. 70–115.

Oggi entrambe le recensioni si attribuiscono allo stesso Cipriano che personalmente avrebbe rimaneggiato il testo originario del *De Unitate*[31]. Tale fenomeno è però interpretato in senso opposto, per cui secondo alcuni sarebbe originaria la recensione corta che il benedettino Dom. Chapman[32] suppone sia stata redatta contro lo scismatico africano Felicissimo, e poi accresciuta, con parole più favorevoli al primato romano, durante la opposizione che il rivale Novaziano elevò contro il vescovo romano Cornelio.

Secondo altri sarebbe invece originaria la recensione lunga che Van Den Eynde, seguito da Maurice Bévenot[33] ritiene sia stata scritta durante lo scisma di Novaziano a Roma e di Felicissimo a Cartagine (a. 251), ma poi più tardi in occasione della controversia battesimale vedendo che alcune sue frasi erano malamente intese e applicate a favore di Roma le avrebbe eliminate affinché il suo scritto non si prestasse a tale errata interpretazione.

Qualunque sia l'ipotesi adottata va ricordato che le frasi della recensione più lunga non hanno affatto il senso che si vuol loro attribuire. Il «primato» conferito a Pietro non è un primato di superiorità, bensì di pura cronologia. Il termine «primato» indicava allora una qualsiasi priorità, come il diritto di primogenitura che Esaù cedette per un piatto di lenticchie. Pietro ha il «primato» perché a lui per primo furono concessi i poteri di rimettere i peccati[34] per cui di fronte a lui Paolo non è che un neonato[35]. Tuttavia anche gli altri apostoli hanno gli stessi privilegi di Pietro.

«Anche gli altri erano ciò che fu Pietro, dotati di medesimo onore e di potere, ma l'origine procede dall'unità»[36].

---

[31] Cfr. O. Ritschl, *Cyprian von Carthago und die Verfassung der Kirche*, Göttingen 1885, p. 92 ss. che nota il medesimo stile ciprianeo in entrambe le recensioni.

[32] J. Chapman, *Studies on the Early Papacy*, London 1928, pp. 28, 50; *Les interpolations dans le traité de S. Cyprien sur l'unité de l'Eglise*, in «Revue Bénédictine» 19 (1902), pp. 246 ss. 357 ss. 20 (1903), 26 ss. Così pure H. Harnack e J. Lebreton, *La doublé édition du* De Unitate Ecclesia *de St. Cyprien*, in «Recherches Religieuses» 24 (1934), pp. 456–467.

[33] D. Van Den Eynde, *La doublé édition du* De Unitate *de s. Cyprien*, in «Revue d'Historie Ecclesiastique» 29 (1933), 5, 24; M. Bévenot, St. Cyprian, *De Unitate, Chapter 4 in the Light of the Manuscripts*, Roma, «Analecta Gregoriana», XI, 1938; Idem, *Primatus Petri datur*, in «Journal of Theological Studies» 1954, pp. 19–35.

[34] *Epistolae* 73,7

[35] *Epistolae* 71,3.

[36] «Hoc erant utique et ceteri quod fuit Petrus; pari consortio praediti et honoris et potestatis» (*De Unitate Ecclesiae* 4). Alcuni codici hanno qui interpolate queste parole: «Ma a Pietro fu accordato il primato in modo che fosse così palese l'unità della Chiesa e della Cattedra».

Se tutti gli apostoli sono uguali ne viene che l'unità della Chiesa non è sostenuta da una pretesa superiorità di Pietro, bensì dal fatto che lui solo è all'origine di tutto: è il primo in senso cronologico.

«Colui che abbandona la cattedra di Pietro su cui la Chiesa è stata fondata, può vantarsi d'essere nella Chiesa?»

Si è facilmente portati a vedere qui la Chiesa di Roma ed a trovarvi l'asserzione di una sua superiorità. Eppure nella lettera 59 afferma che «ai singoli pastori viene conferita una porzione del gregge e ciascuno lo governa e deve rendere conto dei suoi atti al Signore». Se anche Pietro, secondo Cipriano, non era gerarchicamente superiore agli altri apostoli, anche la Chiesa di Roma non può pretendere di possedere una giurisdizione sugli altri vescovi.

Il vescovo di Cartagine vuol solo dire che la «cattedra di Pietro», simbolo di unità e «dalla quale era nata la unità sacerdotale (= episcopale)», è stata trasferita a Roma[37]. Perciò ora la chiesa romana è simbolo di unità, senza avere per questo potere superiore a quello degli altri vescovi.

«Colui che si separa dalla cattedra di Pietro» vale a dire colui che si rivolta contro il proprio vescovo che trova la sua origine da Pietro (si noti che il contesto riguarda lo scisma in una chiesa particolare!), automaticamente si trova fuori dalla chiesa universale. Non vi è qui alcun accenno alla superiorità della Chiesa di Roma su tutte le altre.

5. Il comportamento di Cipriano

La teoria sopra riferita trovò la sua applicazione pratica nel modo con cui Cipriano si oppose a papa Cornelio a proposito del battesimo amministrato dagli eretici. Tertulliano aveva già sostenuto l'invalidità di tale battesimo poiché gli eretici, essendo privi dello Spirito Santo, non possono donarlo ad altri[38]. Verso il 220 settanta vescovi africani riuniti in concilio sotto la direzione del vescovo Aurelio di Cartagine ripeterono la medesima opinione. In Asia Minore i sinodi di Iconio e Sinnada ratificarono la decisione africana. Cipriano nel 255 in un altro sinodo riunitosi per raccogliere il parere di tutte le chiese dell'Africa settentrionale, ratificò l'idea prece-

---

[37] Si noti il passato: *exorta est* «è nata» quando Pietro era vivente. Sulla parete della basilica di S. Pietro a Roma vi è scritto a caratteri cubitali il detto di Cipriano, ma ad arte modificato: «Hinc sacerdotii unitas exoritur» (presente). Ma il senso è stato così del tutto deformato.

[38] Tertulliano, *De Baptismo*, 15.

dente e notificò la sua conclusione, come era d'uso mutualmente tra i vescovi, al vescovo di Roma Stefano (254-257).

Cipriano scrive di ritenersi certo che lo stesso vescovo romano avrebbe approvato le decisioni africane, anche «se – continua Cipriano – alcuni (tra cui naturalmente il vescovo romano) non abbandonano ciò che si è infiltrato tra di loro, né cambiano facilmente le loro idee, ma si tengono saldi a certi usi particolari una volta che si siano introdotti, pur salvando il vincolo della fede e la concordia con i colleghi.

Perciò non intendiamo premere né dare una legge ad alcuno, dato che nel governo della sua chiesa ogni capo è libero secondo la sua volontà, in quanto egli deve rendere conto dei suoi atti solo al Signore»[39].

Si vede qui il concetto di indipendenza che le singole chiese, Roma compresa, avevano tra di loro e che del resto corrisponde al pensiero biblico (At 20,28). Il comportamento di Cipriano che pur bramava tanto l'unità della Chiesa, dimostra che per lui il primato della Chiesa romana «era un primato di onore e il vescovo di Roma un *primus inter pares*»[40]. Tale non fu invece il parere di Stefano che, pretendendo imporre la sua idea, ruppe la comunione con l'Africa e l'Asia Minore.

Allora Cipriano il 1° settembre del 256 riunì a Cartagine il più grande sinodo africano, in cui furono presenti ottantacinque vescovi, due rappresentanti della Mauritania e della Numidia, moltissimi presbiteri, diaconi e laici. Essi riaffermarono la loro idea di non volere scomunicare chi la pensasse diversamente, e continuarono a sostenere il loro pensiero precedente. Cipriano in una lettera a Pompeo, vescovo di Sabrata in Tripoli, parlando dell'opinione di Stefano, così si esprime:

«Succede che per presunzione e ostinazione uno preferisce difendere le proprie idee equivoche e false, anziché aderire alla giusta verità altrui. Prevedendo ciò, il santo apostolo Paolo scrive e avvisa Timoteo che il vescovo non dev'essere litigioso né disputatore, ma mansueto e docile (cfr. 2 Tim 2,24). E' docile colui che è paziente e gentile ed ha la volontà di apprendere. E' infatti necessario che i vescovi non solo

---

[39] *Epistolae* 71,1,3.
[40] Così il cattolico J. Quasten, *Initiation aux Pères de l'Eglise* [1ª ediz: *Patrology, op. cit.* Si veda il capitolo 10, nota 14. NDR], vol. II, Paris, 1957, p. 376. «Da queste parole è evidente che Cipriano non riconosce un primato di giurisdizione del vescovo di Roma sopra i suoi colleghi».

insegnino, ma sappiano che insegna meglio colui che ogni giorno cresce e progredisce imparando il meglio. E' ciò che ci insegna lo stesso apostolo Paolo quando ci previene che se a un altro che sta nell'assemblea sarà rivelata una cosa migliore, il primo si taccia»[41] (cfr. 1 Cor 14,30).

Al sinodo del 256 egli si rivolse contro il vescovo romano con parole assai dure:

«Ciascun vescovo dovrebbe esporre il suo pensiero senza giudicare gli altri... nessuno di noi si erge a vescovo dei vescovi o cerca di costringere con terrore tirannico i suoi colleghi ad ubbidirgli, poiché nessun vescovo può essere giudicato da un altro... Noi tutti attendiamo il giudizio del nostro Signore Gesù Cristo, ché lui solo ha il potere di preporci al governo della sua Chiesa e di giudicare l'atto nostro»[42].

M. Bévenot per difendere implicitamente l'autorità di Roma sulle altre chiese ricorda il fatto che Cipriano non s'è mai spinto tanto oltre da scomunicare papa Stefano, come fece invece Firmiliano[43]. Riferisce pure la lettera di Cornelio a Cipriano, nella quale, dopo aver ricordato che a Cartagine venticinque vescovi scismatici avevano consacrato vescovo Fortunato, egli chiede: «Perché non me ne avete scritto alcunché?» Il vescovo cartaginese gli risponde che non lo aveva ritenuto necessario, dato che non si trattava di un fenomeno di grande importanza.

«Io non ho scritto immediatamente, o fratello carissimo, a motivo di Fortunato, questo pseudo-vescovo stabilito da qualche eretico testardo. L'affare non era tale da dover essere portato in fretta a vostra conoscenza, quasi fosse importante e temibile...
Io mi dicevo che tutto ciò era noto a voi, ed ero sicuro che la vostra memoria e il vostro senso di disciplina non avrebbe dimenticato nul-

---

[41] Cipriano, *Epistolae* 73 (secondo altri 74), 10 *Antenicene Fathers* V, p. 389.
[42] *Epistolae* 72,3 (secondo altri 71,3). Cfr. B. Altaner, *Patrologia*, 6ª ediz. Torino 1960, n. 140, 2. La traduzione segue appunto lo Altaner che trae il testo da Hartel I, 436.
[43] Firmiliano trattò Stefano d'apostasia nell'*Epistola*. 75,24. Va tuttavia notato che Firmiliano era un orientale indipendente da Roma, mentre Cipriano doveva riconoscere che secondo i canoni di Nicea tutto l'Occidente era stato affidato al patriarca d'Occidente. Ci sarebbe quindi dovuto essere un concilio di tutto l'Occidente per trattare questi casi. Cipriano si accontenta di difendere il suo diritto a pensarla diversamente.

la;⁴⁴ non ho quindi giudicato che si dovesse in tutta fretta e con urgenza, comunicarvi le follie di questi eretici.

Io non vi ho scritto queste nuove, poiché noi non ne facciamo caso e, d'altra parte, io vi ho recentemente inviato la lista dei vescovi nostri, che sono a capo dei nostri fratelli e che non sono stati toccati dall'eresia».

Anzi Cipriano termina dicendo che un messo era stato inviato a Roma per avvertirlo del caso Fortunato, ma che il messaggio aveva dovuto ritardare e che perciò le due lettere si erano incrociate[45].

Questo fatto fa dire al Bévenot che la pratica di Cipriano era diversa dalla teoria; teoricamente il vescovo di Roma non è superiore, ma praticamente egli riconosce la supremazia e gli rende conto del suo operato. Quindi Roma era da lui riconosciuta superiore a Cartagine; il vescovo quindi non è responsabile solo a Dio, ma anche a Roma[46].

Tuttavia occorre osservare che Roma si è sempre considerata come l'unica chiesa di origine apostolica dell'Occidente, per cui le chiese occidentali erano per tal motivo sottoposte in un certo senso al suo controllo.

Si trattava di una specie di «patriarcato» occidentale quale sarà poi sancito dal Concilio di Nicea. Per cui è strano sostenere il disaccordo tra teoria e pratica in Cipriano, quando anche la pratica fu assai rude nel caso di papa Stefano! In teoria e in pratica egli non attribuisce alla Chiesa di Roma alcuna supremazia gerarchica sulle altre chiese. Tuttavia – in quanto vescovo di Cartagine sottoposto al patriarcato di Roma – riconosce un certo suo dovere di comunicare a Roma i fatti più importanti che si avveravano in Africa[47].

---

[44] L'anno precedente Fortunato era già stato scomunicato e una lettera ufficiale di questo fatto era stata inviata a Stefano.

[45] *Epistolae* 59,9. Tutta la lettera tratta di questo argomento.

[46] Cfr. M. Bévenot, *A Bishop is Responsible to God Alone. St. Cyprian*, in «Mélanges Lebreton I = Recherches de Science Religieuse» 39 (1951), pp. 399–415.

[47] Lo stesso Bévenot in una nota a p. 185 riconosce la possibilità di questa soluzione che farebbe cadere tutto il suo precedente ragionamento : «Dire qu'une doctrine est implicite ne veut pas dire que les faits qui l'impliquent ne pourraient pas, de soi, s'expliquer autrement par la suite. De soi, l'exemple cité ici s'accommoderait à une doctrine de Patriarcat Occidental. L'implicite est, de sa nature, ambivalent». *L'épiscopat et la primauté chez Cyprien*, in «Ephemerides Theologicae Lovanienses» 42 (1966), p. 185, n. 6. Ma vi è questa differenza che nel caso del «patriarcato occidentale» non resta più alcuna contraddizione tra teoria e pratica in Cipriano, mentre questa vi sarebbe nel caso di una superiorità di Roma sulla Chiesa. Una contraddizione bisogna ammetterla solo quando non vi sono altre soluzioni più semplici e armonizzanti.

In Asia Minore Cipriano trovò un valido appoggio in Firmiliano, vecovo di Cesarea (m. circa il 268), che in una lettera indirizzata al vescovo cartaginese esprime la sua solidità e adesione emettendo un giudizio assai severo e duro contro il vescovo di Roma, Stefano. Ecco alcuni brani assai forti della lettera di questo vescovo molto apprezzato in oriente per la sua «dottrina e santità», e per essere stato un efficace baluardo contro l'eretico Paolo di Samosatra[48]:

«Possiamo ringraziare Stefano per il fatto che con la sua inciviltà ci ha procurato una prova della vostra fede e sapienza (di Cipriano). Se per causa di Stefano abbiamo avuto la grazia da meritare tale favore e tale grazia. Nemmeno Giuda può apparire meritevole per la sua perfidia e tradimento con cui agì malvagiamente contro il Salvatore, anche se tale mezzo divenne causa di tanti benefici e per lui il mondo e i popoli sono stati redenti con la parola del Signore...

In quanto poi alle affermazioni di Stefano che gli apostoli proibirono di battezzare coloro che venivano dalla eresia e trasmisero questa osservanza ai loro successori nessuno è così stupido da accogliere questa tradizione come apostolica dato che le eresie esecrabili e detestabili sorsero molto più tardi. Approvare il battesimo di costoro non è altro che unirsi al loro giudizio e partecipare con loro alla stessa condanna. Chiunque può conoscere che i Romani non osservano tutta la tradizione originale e vanamente adducono l'autorità apostolica, se guarda ad esempio la data della celebrazione del giorno di Pasqua e molte altre questioni e riti religiosi in cui essi agiscono in modo diverso e non osservano in tutto la stessa forma dei cristiani di Gerusalemme[49].

Paolo poi sarebbe stato inferiore a questi vescovi odierni, in quanto costoro possono conferire lo Spirito Santo con la semplice imposizione delle mani agli eretici che vengono alla Chiesa, mentre Paolo non fu capace di conferirlo ai battezzati di Giovanni[50]. Chiunque approva il battesimo degli eretici ammette che con questi battezzati si forma la Chiesa e non capisce in tal modo di oscurare e quasi quasi di sopprimere la verità della pietra di Cristo... Stefano che si gloria di te-

---

[48] Così il cattolico J. Campos, *Obras de S. Cipriano* (BAC, Madrid 1964), p. 703. Cfr. il lusinghiero giudizio di questo vescovo da parte di Dionigi di Alessandria ed Eusebio (*Historia Ecclesiastica* 7,28,1).

[49] Firmigliano, *Epistola* 75,5.6 (secondo altri 74,5.6). *Antenicene Fathers* V, p. 390.

[50] Firmigliano, *ivi* 75,8 (altri 74,8) (*Antenicene Fathers* V p. 392). Paolo infatti dovette battezzarli di nuovo perché scendesse su di loro lo Spirito Santo (At 19,1–6).

nere la cattedra di Pietro per successione, non è mosso da alcun zelo contro gli eretici, concedendo loro non poca cosa, bensì lo stesso grande potere di conferire la grazia»[51].

Alla fine così lo apostrofa:

«Quali dispute e quali dissensi hai provocato nelle chiese del mondo intero! Di quale peccato ti sei reso colpevole, quando ti sei separato da tanti greggi! Perché ti sei separato tu stesso, se è vero che il vero scismatico è colui che si mette fuori dalla comunione e dalla unità della Chiesa. Hai creduto di poter scomunicare tutto il mondo e hai invece scomunicato te solo!»[52].

---

[51] Firmigliano, *ivi* 75,16.17 (altri 74,16.17) *Antenicene Fathers* V, p. 394.
[52] Firmigliano, *ivi* 75,24 (altri 74,24), p. 376. Questa lettera scritta in greco ci è pervenuta in una traduzione latina dovuta senza dubbio a Cipriano e perciò conservata nel suo epistolario (Edizione Lipsia). Cfr. Fliche-Martin, *Storia della Chiesa*, vol. II, p. 266 (purtroppo non è riprodotta dal Migne!).

12

LA «QUESTIONE» DEGLI APPELLI

Il Concilio di Nicea nel 325, sancendo una pratica già impostasi nei secoli precedenti, decise che ogni vescovo punito potesse ricorrere contro tale sentenza al proprio metropolita. I metropoliti furono inizialmente tre: a Roma per l'Occidente, Alessandria per l'Egitto e Antiochia per l'Oriente (Siria, Cilicia, Mesopotamia, Palestina)[1].

1. Basilide e Marziale

In Spagna Basilide, vescovo di Léon e Astorga, e Marziale, vescovo di Mérida, durante la persecuzione apostatarono dalla religione cristiana. Nel processo Basilide confessò di aver bestemmiato Dio e Marziale di aver partecipato per lungo tempo ai banchetti di un collegio pagano e di aver fatto seppellire i suoi figli tra i pagani. Rimossi dalle loro sedi ricorsero a Roma, dove era stato eletto da pochi mesi il vescovo Stefano (254–257) che impose ai vescovi viciniori di reintegrarli nelle loro sedi. Ma Cipriano, vescovo di Cartagine (m. 257), in una lettera sottoscritta da trentasei vescovi riuniti in Concilio gli si oppose con dignità e, senza attaccare diretta-

---

[1] Concilio di Nicea, can. 5: si deve ricorrere al primate della provincia: «i vescovi di una provincia si aduneranno due volte all'anno, prima della quaresima e in autunno, per esaminare questi appelli» (*Conciliorum Oecumenicorum Decreta*, Herder, Roma 1962, p. 7). Il can. 6: «Si osservi l'antica consuetudine secondo la quale il vescovo di Alessandria abbia potere sull'Egitto, la Libia e la Pentapoli, poiché anche il vescovo di Roma ha un diritto simile. Anche Antiochia e le altre province conservino i loro privilegi nelle chiese» (*ivi* c. 8). Sul Metropolita cfr. A. Aprà, *Il Metropolita e la sua potestà giurisdizionale sino al Concilio di Trento compreso*, Roma, Pontificia Università Lateranense 1966. (Secondo l'autore la loro superiorità sarebbe già esistita al II secolo).

mente Stefano, gli ricordò come anche il suo predecessore Cornelio fosse stato d'accordo con gli altri vescovi nel deporli.

«Cornelio, nostro collega, uomo pacifico e giusto, al quale Dio si è perfino degnato di concedere l'onore dei martirio, ha deciso che uomini siffatti, possono senza dubbio essere ammessi alla penitenza, ma che debbono venire esclusi dal clero e deposti dalla dignità episcopale»[2].

L'elogio tributato a Cornelio era una lezione indiretta al successore Stefano. Dato il rapporto di mutuo incoraggiamento e interessamento esistente nelle chiese di allora, Cipriano nel caso di Marciano vescovo di Arles, colpevole d'aver aderito al rigorismo di Novaziano, non si peritò di suggerire lui stesso a Stefano il modo di comportarsi:

«Voi dovete scrivere esplicitamente ai nostri colleghi nell'episcopato che sono in Gallia, affinché non permettano più a lungo a Marciano che è ostinato e orgoglioso... di insultare il nostro collegio... mandate quindi in Provenza ai fedeli di Arles una lettera in virtù della quale, essendo Marciano scomunicato, un altro sia messo al suo posto, affinché il gregge di Cristo, che egli ha disperso e che tuttora ferito e scemato, possa riunirsi»[3].

2. Il Concilio di Sardica

A Sardica (oggi Sofia) nella Mesia, ai confini tra l'impero d'Oriente e quello d'Occidente, si riunì nel 343 un concilio composto d'occidentali ad eccezione di ottanta dissidenti eusebiani orientali. Non fu quindi un concilio ecumenico ed ebbe scarsa risonanza per cui si tentò conferirgli maggior valore facendone passare i decreti come decisioni del Concilio di Nicea. A noi interessano i canoni 3–5 (specialmente 3) che riguardano il diritto di appello a Roma[4]. Il vescovo deposto da un sinodo provinciale

---

[2] *Epistolae Romanorum Pontificum Genuinae* 67, indirizzata al clero e ai fedeli della Chiesa di Léon e Astorga e della Chiesa di Mérida, che non reintegrarono i vescovi.

[3] *Epistolae* 78,2–3. Si noti che il Concilio di Nicea (Can. 6) sancì la consuetudine antica per cui la Chiesa romana godeva di preminenza su tutto l'Occidente, quindi la sua parola vi aveva un valore preponderante. Si noti pure che Cipriano non dice a Stefano di eleggere lui il nuovo vescovo, bensì che «un altro sia messo» secondo le norme in uso. Cfr. Fliche-Martin, *Storia della Chiesa*, vol. II, Torino 1959, (2ª ediz., pp. 258 e seguenti).

[4] Vi sono due recensioni: una greca (preferita dal Caspar) e una latina (preferita dal Turner, Lietzmann).

La «questione» degli appelli 229

può appellarsi al vescovo di Roma che ordinerà una nuova istruttoria da parte dei vescovi limitrofi. Se anche in questo caso vi sarà opposizione la chiesa di Roma (come metropolitana) interverrà mediante un tribunale di vescovi, presieduto dai legati romani, a meno che si voglia ricorrere personalmente a Giulio II.

«A meno che si creda conveniente alla vostra carità per onorare la memoria di Pietro, che si scriva dai giudici a Giulio II, vescovo di Roma»[5].

Si trattò quindi di un semplice consiglio del presidente Osio, lasciato alla discrezione dei singoli vescovi, eppure i primi, compreso Leone, poggiarono su questo canone, da loro abusivamente attribuito al Concilio di Nicea, per sostenere il diritto d'intervento nelle diocesi altrui.

3. Dopo il Concilio di Sardica

Occidente. – Dobbiamo distinguere l'Occidente dall'Oriente; Roma accolse volentieri i ricorsi degli Occidentali e intervenne in loro favore talvolta anche con prepotenza, mentre fu assai più cauta in Oriente, dove la Chiesa romana possedeva minor autorità. L'Occidente era infatti sottoposto alla sua giurisdizione (cfr. Valentiniano III e il Concilio di Nicea), mentre l'Oriente sottostava, prima, parte ad Alessandria e parte ad Antiochia, e poi tutto intero a Costantinopoli.

È assai interessante vedere il comportamento delle chiese africane, che, fiere della propria autonomia, decisero con diversi decreti conciliari che la deposizione di un vescovo fosse attuata da un tribunale di almeno dodici vescovi del luogo[6]. Le chiese africane conservarono a lungo una certa indipendenza: il Concilio di Ippona, tenuto l'8 ottobre 393 sotto la presidenza di Aurelio, decise che la causa riguardante un vescovo fosse deferita al primate della provincia[7] e, in seconda istanza, al concilio generale delle chiese africane e si oppose all'ingerenza romana[8].

---

[5] Can. 3: «Si vobis placet, sancii Petri apostoli memoriam honoremus, ut scribatur ab iis qui causam examinaverunt, Julio Romano episcopo» (Hefele-Leclercq, *Histoire des Conciles*, vol. I, p. 763). Si noti tuttavia che in tal caso il vescovo di Roma poteva accogliere le decisioni del processo effettuato contro l'appellante, oppure indire un nuovo processo, che tuttavia *non sarebbe stato effettuato da lui,* ma da lui affidato ai vescovi viciniori dell'appellante. Roma richiamò spesso la prima parte, ma dimenticò la seconda (processo presso i vescovi viciniori) per arrogarsi essa tale diritto.

[6] *2° Concilio di Cartagine* c. 10 (tenuto sotto Genetliaco il 390) PL 84,187C.

[7] Can. 6 del *Breviario di Ippona* PL 54,422A.

Celestio, sostenitore delle idee pelagiane, giunse nel 411 a Cartagine per ricevervi il sacerdozio senza tuttavia ritrattare la propria dottrina; dopo la sua scomunica l'eretico appellò a Roma e ad Efeso ricevette ugualmente l'ordinazione sacerdotale[9]. Gli Africani riuniti in concilio generale a Cartagine il 1° maggio 418 chiesero a papa Innocenzo I e a Zosimo di condannare la dottrina di Pelagio, mentre per loro sostenevano sufficiente la condanna individuale già effettuata[10]. I vescovi africani sancirono pure che i «presbiteri, i diaconi e in genere gli appartenenti al clero inferiore» potevano ricorrere «ai vescovi limitrofi, ai concili o al primate», ma non potevano appellarsi a Roma: «Non si accolga in Africa alcuno che abbia appellato alla chiesa transmarina», vale a dire alla chiesa romana[11].

Apiario, un presbitero di Sicca Veneria, scomunicato dal vescovo Urbano, per la sua malfamata condotta, anziché appellarsi al sinodo provinciale, ricorse direttamente a Roma, dove il vescovo Zosimo accolse la protesta dell'appellante, e lo rimandò in patria con un apparato straordinario di legati: Faustino, vescovo di Potenza nel Piceno, e due presbiteri di Roma, Filippo e Asello: «Nemmeno se si fosse trattato di presiedere a un concilio ecumenico vi sarebbe stato maggior spiegamento di forze»[12]. Apiario doveva essere reintegrato, Urbano scomunicato se non aderiva, i viaggi a corte dovevano essere meno frequenti e ammessi i ricorsi a Roma, come era stato sancito dal Concilio di Nicea[13].

Aurelio di Cartagine accolse freddamente tali richieste; siccome gli invocati «decreti di Nicea» non esistevano nella raccolta africana dei Canoni niceni, i vescovi inviarono dei messi in Oriente, per esaminare i documenti originali. Nel frattempo venne a morte il vescovo Zosimo di Roma, e la chiesa romana fu dilaniata da lotte per la successione: Eulalio si fece consacrare vescovo in S. Giovanni in Laterano e Bonifacio nel tempio di S. Marcello.

---

[8] *Ivi*, Can. 7 PL 54,423A.
[9] Cfr. Hefele-Leclercq, *Histoire des Conciles*, vol. II, pp. 168–196.
[10] «Non ammettono tuttavia la giurisdizione di Roma sugli individui» scrisse bene Jean Gaudemet, *L'Eglise dans l'Empire romain*, Paris 1958.
[11] Concilio di Cartagine a. 474 can. 17; C. Mirbt, *Quellen zur Geschichte des Papsttum*, n. 606 «Ad transmarina autem qui putaverit appellandum, a nullo intra Africam in comunione suscipiatur» (Hefele 11,119 caus 2 qu c. s. 35). Va notata la trasformazione che gli diede Graziano nella sua collezione: «nisi forte ad Romanam sedem appellaverit» con tale piccola aggiunta il no, diviene sì!
[12] L. Duchesne, *Histoire ancienne de l'Eglise*, vol. III, p. 243.
[13] Di fatto si trattava delle decisioni di Sardica, non di Nicea: ma Roma sempre attribuì a Nicea i decreti di Sardica, che i vescovi africani ritenevano una assemblea di Ariani (cfr. Agostino, *Epistolae* 44,6; *Contra Cresconium* 4,52).

Nel 419 si riunì a Cartagine un sinodo, e, in attesa dei testi ufficiali d'Oriente, si assolse Apiario dalla scomunica, lo si mandò via da Sicca Veneria e si scrisse a Bonifacio, che nel frattempo aveva avuto il sopravvento:

«Noi speriamo che per divina misericordia, fin quando la Santità Vostra presiederà la Chiesa romana, non dovremo più soffrire una simile arroganza, e che verranno usati a nostro riguardo modi tali da non essere più obbligati a protestare»[14].

Apiario rifugiatosi a Tabraca si comportò ancor peggio per cui, scomunicato, ricorse nuovamente a papa Celestino, che lo rimandò di nuovo in Africa con il medesimo legato Faustino. Questi, non ostante le accuse schiaccianti, adducendo con arroganza le pretese romane, esigette la reintegrazione di Apiario. Ma in seguito alla confessione di Apiario, anche Faustino dovette capitolare, e si mandò a Celestino la decisione del sinodo di Cartagine (a. 424) dalla quale risultava che le questioni africane si dovevano risolvere in Africa e non a Roma, e si affermava che raccoglimento degli appelli da parte della Chiesa romana avrebbe costituito una indebita ingerenza nei problemi africani. Gli Atti erano accompagnati da una lettera sinodale assai forte:

«Al molto caro amato signore e venerabile fratello Celestino... Faustino s'oppose violentemente a tutto il sinodo, insultandoci gravemente con il pretesto di affermare il privilegio della Chiesa romana di chiedere la reintegrazione di Apiario nella comunione per il fatto che vostra santità lo ha reintegrato. Tuttavia, con tutto il rispetto, noi seriamente ti esortiamo per il futuro a non essere pronto ad accogliere querelanti che vengono da questa regione e a non ricevere nella comunione quelli che noi abbiamo scomunicato. Vostra riverenza vorrà notare che ciò è stato prescritto dai canoni di Nicea... Poiché dai decreti di Nicea non solo i chierici di rango inferiore ma gli stessi vescovi sono stati sottoposti al giudizio dei loro stessi metropolitani. Poiché essi (decreti) hanno ordinato con molta saggezza e giustizia che tutti i problemi devono essere terminati là dove ebbero inizio: essi non hanno mai pensato che la grazia del Santo Spirito possa venir meno in una provincia ai sacerdoti di Cristo, sì che questi non abbiano a poter discernere e difendere fermamente ciò che è giusto, tanto più che, quando uno si sente leso nei suoi diritti da una condanna, può ricorrere al sinodo provinciale e anche a un concilio generale (dell'Africa);

---

[14] *Codex Canonum Ecclesiae Africanae* n. 134 (ed. G. Voellus e N. Justellus, vol. I, Paris 1661; Hardouin, t. 1., col. 946; Fuchs, *Bibliothek der Kirchenväter*, t. III, p. 404 (cfr. PL 67,126).

altrimenti si dovrebbe supporre che Dio può ispirare un singolo uomo con giustizia e rifiutare ciò a una innumerevole assemblea di sacerdoti riuniti a Concilio».

«Come potremo avere fiducia in una sentenza emanata al di là del mare, dal momento che non e possibile inviare quivi tutti i necessari testimoni o per causa di debolezza di sesso, o per età avanzata o per qualsiasi altro impedimento? Per quanto poi all'invio di un legato da parte di vostra Santità, noi non troviamo che ciò sia stato ordinato da alcun Concilio di Padri; poiché per ciò che ci avete inviato mediante il nostro fratello vescovo Faustino noi non troviamo nulla del genere nelle autentiche copie di quel Concilio (di Nicea)».

«Ad ogni modo chiunque tu voglia delegare del tuo clero per eseguire i tuoi ordini, non farlo, altrimenti parrà chiaro che noi introduciamo il fumoso tifo di questo secolo nella chiesa di Cristo (= il sistema imperiale di inviare rappresentanti)... Ora che il miserabile Apiario è stato rimosso, siamo sicuri che l'Africa non dovrà più a lungo sopportare la presenza del nostro fratello Faustino»[15].

Il Concilio di Cartagine (a. 525). – Le decisioni precedenti furono riprese dal Concilio di Cartagine del 525 che così sentenziò: «Nessuno osi appellare alla Chiesa romana»[16]. Il che denota come le chiese africane non riconoscessero il diritto d'appello a Roma.

Chiese orientali. – Anche alcuni vescovi orientali ricorsero a Roma, non tanto perché ne riconoscessero la autorità giurisdizionale sopra l'Oriente, ma solo per sostenere mediante il peso di una chiesa assai importante la propria posizione. Vi ricorsero specialmente coloro che erano perseguitati come il Crisostomo nel 404, Giuliano di Costantinopoli, Eusebio di Dosilea e Teodoreto di Ciro nel 449. Costoro non potevano ignorare i canoni di Nicea che li mettevano sotto la giurisdizione dei metropoliti orientali,

---

[15] *Sinodo di Cartagine* del 424, in Mansi, *Sacrorum conciliorum, nova et amplissima collectio* III, 839 s. *Lettera a papa Celestino* n. 138 in Mansi, *Sacrorum conciliorum* IV, p. 515; cfr. J. Chapman, *Studies on the Early Papacy*, London 1928, pp. 184–208; Bihlmeyer-Tuechle, *Storia della Chiesa*, vol. I, Brescia 1956, p. 357.

[16] Così nel *Codex Palatinus* lat. 574 della Biblioteca Vaticana, ff. 118–119 «Ut nullus ad romanam ecclesiam audeat appellare»; cfr. C. Munier, *Un canon inédit du XX Concile de Carthage*, in «Revue des Sciences Religieuses» 40 (1966), pp. 113–126. L'edizione di Labbé-Cossart I, c. 1634 invece di «*romanam sedem*» ha «ad Transmarina» come nel Can. Cartaginese del 424; siccome l'edizione fu tratta dal codice palatino, si deve pensare o ad un errore involontario o ad una falsificazione per diminuire l'opposizione a Roma. Il codice proveniva dall'Abbazia benedettina di Lorsch; la stessa lezione si ha pure nel cod. Murbacensis dalla celebre Abbazia di Murbach (ora nella Biblioteca alsaziana di Gotha).

La «questione» degli appelli

come Alessandria e Antiochia e quello di Costantinopoli che li sottoponevano al metropolita costantinopolitano. I vescovi di Roma cercarono di intervenire e appoggiare le loro richieste così come del resto fecero altri vescovi. Tuttavia spesso l'intervento era assai diplomatico, come appare dalla lunga corrispondenza intercorsa tra Girolamo e papa Damaso, a cui il primo, che pur era latino e suo amico, era ricorso per i soprusi da lui subiti da parte del vescovo di Gerusalemme, Giovanni. Nella polemica che si dibatteva allora circa la esistenza di tre «ipostasi» (o «persone») in Dio, Girolamo si rivolse a Roma, scrivendo:

> «Delle volpi devastano la vigna di Cristo... perciò ho deciso di consultare la cattedra di Pietro dove si trova quella fede che la bocca di un Apostolo ha esaltato... Né l'immensità del mare né l'enorme distanza terrestre hanno potuto impedirmi di cercare la perla preziosa; solo presso di voi si conserva intatta l'eredità dei padri... Io non conosco altro primato che quello di Cristo! Per questo mi metto in comunione con la tua Beatitudine, cioè con la cattedra di Pietro. So che su questa pietra è edificata la Chiesa... Chi non si trova nell'arca di Noè perirà durante il diluvio»[17].

Ma il papa tace e il monaco angustiato nuovamente lo sollecita:

> «Ora il nemico non cessa di starmi appresso: qui nel deserto subisco attacchi più violenti che mai. Da un lato rugge la rabbia degli ariani... dall'altro la Chiesa è divisa in tre correnti e ciascuna cerca di attirarmi. La stessa veneranda autorità dei monaci che vivono attorno si alza contro la mia persona. Io intanto continuo a gridare: chi è unito alla cattedra di Pietro è con me»[18].

Anche quando il suo monastero di Gerusalemme fu devastato dai pelagiani con il permesso del vescovo Giovanni di Gerusalemme, Girolamo nuovamente si rivolge a papa Damaso, che assicura Girolamo di aver scritto una lettera al vescovo di Gerusalemme, che ancor oggi possediamo e nella quale si leggono le seguenti esortazioni:

> «Il potere che il diavolo ha preso su di te e sui tuoi non riesce assolutamente a scuotere quella tua risaputa pietà di Vescovo? Su di te dico. Perché il fatto che nella tua Chiesa sia stato commesso un misfatto

---

[17] *Epistolae* 15,1-2. [1ª ediz: *Lett.* NDR]
[18] *Epistolae* 16. [1ª ediz: *Lett.* NDR]

così esecrabile è, senz'altro, un capo di accusa contro la tua carica vescovile. Dove sono le precauzioni che hai preso?» E prosegue raccomandandogli: «Sta attento, fratello mio, alle insidie dell'antico nemico e sii molto vigilante, come dovrebbe esserlo un buon superiore così potrai o porre rimedio o reprimere questi fatti che mi sono stati riferiti più come resoconto personale che come accusa formale. Altrimenti il diritto ecclesiastico sarebbe costretto a prendere le dovute sanzioni contro chi non ha difeso la causa degli oppressi»[19].

Se da questi scritti appare quanto grande sia già divenuta l'autorità papale, si può anche osservare con quanta diplomazia parli al vescovo di Gerusalemme; non è lui bensì «il diritto ecclesiastico che sarebbe costretto ad intervenire», vale a dire il tribunale regionale a cui spettava il giudizio e non al vescovo di Roma[20].

---

[19] *Epistolae* 137. [1ª ediz: *Lett.* NDR]
[20] Si vedano i decreti del Concilio di Nicea. Per l'epistolario tra Damaso e Girolamo e Giovanni, vescovo di Gerusalemme, cfr. G. Brunelli, *Il primato nelle lettere di Girolamo*, in «L'Osservatore Romano», 1 ottobre 1965, p. 7.

13

Il potere temporale dei papi

All'inizio della potenza politica del Pontificato Romano stanno i «patrimonia» che le più illustri casate del Patriziato Romano donarono ai vescovi di Roma, trasmettendo, assieme ai possedimenti anche i diritti che secondo il diritto quiritario e patrizio vi si ricollegavano. I vescovi romani alla fine dell'Evo Antico erano già divenuti i più potenti patrizi romani che esistessero in Italia. Tale sistema fu continuato dall'imperatore Costantino il quale donò vastissimi latifondi alle basiliche da lui fondate. Con il successivo disgregamento dell'impero i papi si sostituirono agli imperatori e i vescovi ai prefetti delle provincie divenendo in tal modo i difensori delle cittadinanze e delle plebi. La zona difesa dal papato contro le invasioni barbariche racchiudeva l'Italia centrale con la zona montagnosa di Napoli, alle foci del Po, a Ravenna ad Ancona e al Piceno, incluse la Romagna e l'Emilia sino a Bologna[1].

Nel IV secolo Roma possedeva dei beni anche in Oriente, che dall'imperatore Teodosio furono cambiati con patrimoni della Sicilia e della Calabria[2]. Nell'Epistola 52 di Gregorio Magno si legge che la Santa Sede possedeva allora ben 23 patrimoni (*patrimonium beati Petri*) in alcuni dei quali esercitava anche il dominio temporale. Si trattava di una proprietà fondiaria davvero colossale la cui amministrazione stava accentrata nel corpo dei diaconi in numero di sette detti *regionarii,* coadiuvati da quattor-

---

[1] Ancor buona nonostante la sua antichità l'opera di Baudi di Vesme e Fossati, *Le vicende della proprietà in Italia dalla caduta dell'Impero Romano fino allo stabilimento dei Feudi,* Torino 1836. Cfr. pure N. Moresco, *Il Patrimonio di s. Pietro. Studio storico-giuridico sulle istituzioni finanziarie della S. Sede,* Torino 1916.

[2] [1bis] Più tardi Nicolò I e Leone IX fecero rimostranze agli imperatori greci per riavere i patrimoni orientali occupati, ma senza alcun risultato.

dici suddiaconi, dei quali sette portavano pur essi il titolo di *regionari*[3]. Gregorio cercò di difendere il suo patrimonio nel 598 mediante trattative con Agilulfo che, movendo da Pavia, occupate Piacenza e Parma, scendeva dall'Appennino e conquistava Perugia. Con il corso dei secoli il patrimonio papale andò sempre più allargandosi, anche mediante opportuni falsi, che accrebbero maggiormente l'autorità papale.

1. La *Donazione di Costantino*

Il *Constitutum* o la *Donatio Constantini* comparve per la prima volta nel suo testo integro verso la metà del IX secolo e per tutto il Medio Evo fu ritenuta genuina fino ai dubbi al tempo degli Ottoni e alla confutazione fattane dall'umanista Lorenzo Valla[4] e dal cardinale Nicolò Cusano[5].

«Luogo e scopo della falsificazione sono ancor oggi discussi. Probabilmente venne composta non molto dopo il 750, ancora sotto Stefano II (a. 753) e allora avrebbe influito negli accordi di Quiers[6] oppure sotto il pontificato di Paolo I (757–767) e in tal caso non in Francia (così Kirsch, Buchner), ma a Roma stessa, per dare un fondamento giuridico contro i Greci e i Longobardi alle pretese curiali dell'esarcato e su altri territori italiani; molto più improbabile è il suo spostamento al secolo IX (Buchner-Eichmann 816; Schnürer-Heuggeler verso 1850).

«La formulazione indefinita e il contenuto altisonante della *Donazione* poterono anche in seguito dar argomento a ulteriori rivendicazioni del papato per l'aumento dei territori, per l'autonomia politica e per un predominio sull'Occidente, quest'ultimo concepito più idealmente che altro. In questo senso, dopo la metà dell'XI secolo, – con decisione e insistenza però solo dalla fine del XII – essa venne

---

[3] [2] Vi era per questo l'ufficio della amministrazione finanziaria con a capo il tesoriere (*arcarius*), il pagatore (*sacellarius*) che aveva alle sue dipendenze dei funzionari (*defensores*), tutti sacerdoti, diaconi e suddiaconi, perché Gregorio non volle affidare a laici l'amministrazione di questi organismi assai delicati. Gli impiegati dell'amministrazione centrale (diaconi e suddiaconi) erano mandati in missioni spesali temporanee se ispettori (*ordinatores*); permanenti erano invece i *defensores*, alle cui dipendenze stavano gli actores (*actionarii*) e i *tonsurati*.

[4] [3] La *Donatio* costituisce una parte delle Decretali su cui vedi sopra. Per il falso cfr. L. Valla, *De falso eredita et mentita Constantini donatione declamatio*, 1440; ediz. di Schwahn 1928.

[5] [4] *Concordatio Catholica* III,2.

[6] [5] Località nei pressi di Leon, dove nel 754 si stipularono accordi tra papa Stefano II e Pipino, che promise di difendere la Chiesa e di restituirle i territori imperiali italiani, occupati dai Longobardi.

usata dai papi nelle lotte con le potenze secolari, d'altro canto venne oppugnata come dannosa per la Chiesa da parte di eretici e di avversari di papi, qualche volta anche in ambienti ecclesiastici (Dante e altri)»[7].

Ecco il contenuto della *Donatio*: nel 314 un prete di nome Silvestro fu consacrato «vescovo di Roma», proprio negli anni in cui la città era terrorizzata da un dragone puzzolente che con il fetore del suo alito ne sterminava gli abitanti. Il mostro abitava in una caverna ai piedi della rupe Tarpea, alla quale si accedeva attraverso una scala di trecentosessantasei gradini. Nessuno osava affrontare il dragone, finché un giorno il papa si calò disarmato nella tana del mostro e lo catturò. Dopo alcuni giorni l'Urbe fu colpita da una calamità ben più grave: l'imperatore Costantino aveva bandito la persecuzione contro i cristiani; lo stesso Silvestro fu costretto a fuggire ed a cercare rifugio in una grotta nei pressi del monte Soratto. Qui lo raggiunse la notizia che l'imperatore era stato colpito dalla

---

[6] K. Bihlmeyer-H. Tuechle, *Storia della Chiesa*, vol. II, Brescia 1956, 58–59. Dante vi accenna con i celebri versi:
«Ahi, Costantin di quanto mal fu matre
non la tua conversione, ma quella dote
che da te prese il primo ricco patre» (Inferno 19,115–117).
Il testo greco accanto a quello latino, fu pubblicato da A. Gaudenzi, *Il Costituto di Costantino*, in «Bollettino dell'Istituto Storico Italiano», 39 (1919), pp. 87–112, e da R. Cessi, *Il Costituto di Costantino*, in «Atti del Reale Istituto Veneto di Scienze, Lettere ed Arti», 68 (1928–29, II), pp. 972–1007; Idem, *Il Costituto di Costantino, fonti ed età di composizione*, in «Annali della R. Università di Trieste», I (1929); Idem, *Il Costituto di Costantino*, in «Rivista Storica Italiana», 48 (1931), pp. 155–176; G. P. Kirsch, *La donatio di Costantino*, in «La Scuola Cattolica» 1913, II, pp. 198–213. Che la *Donatio* (pur riallacciandosi alla leggenda di S. Silvestro, battesimo e guarigione di Costantino del secolo V), sia di origine curiale e romana e in rapporto con Stefano II, appare da alcuni termini come *concinnatio liminarium* (che si rinviene solo in lettere papali di questa epoca, nel *Constitutum Pauli I* e nella *Donatio*); *anatemi* (con formule esistenti nella *Donatio*, *Constitutum*, *Epistula S. Pauli*, altro documento dell'epoca): *satrapae* (che esiste solo nella *Donatio* e in lettere papali dell'epoca). Fu perciò composta verso la seconda metà del sec. VIII e presentata a Pipino. Cfr. Doellinger, *Infallibilità papale*, traduzione italiana pp. 67 s. Un primo accenno ad essa si legge in una lettera di Adriano I a Carlo (a. 777), che gli suggerisce di restituire ancora di più al papa essendo questi il successore di Pietro e di Costantino nell'Occidente; la prima citazione diretta si ha in Leone IX (verso la metà del XI secolo). Cfr. pure Fliche-Martin, *Storia della Chiesa*, Torino 1948, vol. VI, pp. 374–378; W. Ullmann, *The Growth of Papal Government in the Middle Age*, London 1955, pp. 78 e 74 (Stefano II); M. Pacaut, *La Théocratie*, Paris 1957 (la *Donatio* fu composta verso il 750–760); Elie Griffe, *Aux Origines de l'Etat Pontifique. Le couronnement impérial de l'an 800 et la Donatio Constantini*, in «Bulletin de Littérature Ecclésiastique» 1958, pp. 193–211 (la *Donatio* fu scritta verosimilmente nell'Abbazia di St. Denis dove vi è un codice della prima metà del IX secolo).

lebbra. I medici di corte erano disperati perché nulla riusciva a lenire le sofferenze di Costantino, al cui capezzale furono convocati i più grandi maghi dell'impero; costoro gli ordinarono di immergersi in una vasca piena di sangue spremuto dal ventre di bimbi appena nati. Costantino rifiutò di sottomettersi a tale rimedio atroce e la notte stessa gli apparvero in sogno i santi Pietro e Paolo che gli diedero l'indirizzo di Silvestro. L'imperatore credendo che si trattasse di un medico, lo mandò a cercare, ma il pontefice accorso al suo capezzale gli somministrò i primi rudimenti della fede cristiana. Dopo una breve penitenza in cilicio Costantino fu battezzato nel palazzo lateranense : l'imperatore indossata la veste bianca del catecumeno, fu calato in una vasca dalla quale riemerse completamente guarito. Le piaghe che gli dilaniavano il corpo erano scomparse, le ulcere si erano cicatrizzate. La persecuzione fu immediatamente revocata e il Cristianesimo diventò religione ufficiale dell'impero. Nuove chiese cominciarono ad essere costruite a spese dello stato, e di alcune l'imperatore gettò personalmente le fondamenta.

Un giorno Costantino ricevette dalla Bitinia una lettera dalla moglie Elena, nella quale l'imperatrice gli suggeriva di adottare il giudaismo, l'unica vera religione. Costantino convocò il Papa e il Rabbino: i tre disputarono a lungo, ma non riuscendo a mettersi d'accordo, decisero di ricorrere al giudizio di Dio. L'imperatore allora ordinò che fosse condotto un toro: si avvicinò per primo il rabbino, che sussurrò all'orecchio dell'animale un versetto della Bibbia. Il toro, come fulminato, piombò a terra, e tutti gridarono al miracolo. Quando fu il suo turno, Silvestro si accostò alla vittima e pronunciò il nome di Cristo. Immediatamente il toro morto alzò la coda e fuggì. L'imperatore, sconvolto dal prodigio abbandonò l'Urbe e partì per l'Oriente, dove fondò la città che da lui prese il nome. Ma prima d'imbarcarsi donò la giurisdizione civile dell'Occidente a Silvestro e successivamente riconobbe la supremazia del vescovo di Roma sui patriarcati di Alessandria e Antiochia, Gerusalemme e Costantinopoli. Il pontefice ottenne pure le insegne di «basileus» vale a dire il manto purpureo, lo scettro e la scorta a cavallo. Ciò gli conferiva automaticamente la potestà temporale sull'impero d'Occidente e lo rendeva indipendente da quello d'Oriente. Il clero fu equiparato al Senato e autorizzato a bardare le cavalcature con gualdrappe bianche; l'imperatore depose personalmente l'atto di donazione sulla tomba di s. Pietro.

2. Stefano II e lo stato pontificio

Con l'invasione dei Longobardi ad opera di Astolfo e la successiva caduta del territorio dell'esarcato, tenuto in Italia dai Bizantini, Stefano II (752–

757), che aveva molti beni ecclesiastici, per impedire di cadere sotto il dominio longobardo e di essere degradato al ruolo di un semplice vescovo, si recò nel 753 alla corte del re franco Pipino per ottenere, tramite il suo appoggio, la restituzione del territorio occupato.

> «La scena fu drammatizzata dai cronisti: Stefano II si inginocchiò davanti a Pipino e con le lacrime agli occhi lo supplicò di "difendere la causa di Pietro e della repubblica romana". Anzi secondo il cronista di Moissac, la scena avrebbe raggiunto il patetico: vestiti di cilicio, la testa cosparsa di cenere, il papa e i suoi ecclesiastici si sarebbero prostrati davanti a Pipino affermando che non si sarebbero rialzati finché Pipino non si fosse impegnato di restituire, o meglio far ridare da Astolfo ai bizantini l'esarcato»[8].

Pipino s'interessò perché Astolfo «restituisse il territorio ai Romani», forse perché circolava di già presso la corte francese e la curia romana la *Donatio Constantini*. Nella dieta di Quercy-sur-Oise (a. 754) il re si impegnò formalmente ad accontentare il papa. Ma Astolfo anziché mantenere le sue promesse assediò Roma. Stefano II invocò allora con gran veemenza l'aiuto dei Franchi, anzi in una lettera immaginò che lo stesso S. Pietro scrivesse a Pipino e ai suoi:

> «Io Pietro, apostolo di Dio, che vi tengo per miei figli adottivi per difendere dalle mani dei nemici questa città di Roma e il popolo affidatomi da Dio e il tempio in cui riposa il mio corpo, vi scongiuro a strappare dalla contaminazione delle genti e a liberare la Chiesa di Dio a me affidata dalla divina potenza soprattutto per le gravi afflizioni che soffriamo da parte della pessima razza dei Longobardi.»

e continua dicendo di non permettere al popolo romano di cadere in mano dei Longobardi affinché i Franchi non siano separati dal regno di Dio e dalla vita eterna[9].

---

[8] [7] F. Marcora, *Storia dei Papi*, vol. I, Milano s. d., p. 391.

[9] [8] È la famosa lettera X del *Codice Carolinus* in MGH, *Epistolarum III*, ed. Gundlach, Berlino 1891, pp. 501–503. Al riguardo di questa lettera così si esprime il Gregorovius: «Non l'eresia di Ario, non quella di Nestorio, né altre che avevano minacciato la fede cattolica nel suo fondamento più vitale, avevano mai indotto s. Pietro a scrivere lettere; e persino allora che Leone imperatore aveva minacciato di distruggere il suo simulacro che era a Roma, l'apostolo non aveva pur dato segno di sua collera. Ma ora che grave pericolo si addensava sulla sua città, e piuttosto sui suoi patrimoni, il santo si scuoteva e indirizzava una lettera di fuoco al re dei Franchi suoi figli adottivi». (Gregorovius, *Storia della città di Roma nel Medioevo*, vers. italiana di R. Manzato, Roma 1900, p. 541). Il Muratori afferma:

Pipino accorse immediatamente, liberò Roma, fece occupare l'esarcato e l'abate di S. Dionigi fu incaricato di curare la trasmissione della sovranità di quel territorio a favore del papa. All'ambasciata di Bisanzio che lo reclamava per sé, rispose:

«Non avere lui, per amore d'uomo del mondo, condotto quella guerra, ma per amore di Pietro, per conseguire in tal modo la remissione dei suoi peccati, né che mai per tutto l'oro del mondo sarebbe venuto meno alla fede data alla Chiesa di Roma»[10].

Così si costituiva uno stato pontificio, che era insieme spirituale e temporale, che da quel momento avrebbe assunto un ruolo importante nella storia italiana e mondiale. Penso che oggi quasi tutti – anche i cattolici – riconoscano la giustezza del giudizio dato dal Gregorovius:

«Con la fondazione di tale stato, cessò il periodo della storia puramente vescovile e sacerdotale e si chiuse l'epoca più bella e gloriosa della Chiesa romana. Essa diventò cosa mondana e i pontefici che, contro la legge del Vangelo e delle dottrine di Cristo, associarono il sacerdozio al principato, non poterono dappoi serbarsi alla pura missione di vescovi apostolici. La loro duplice natura, contraddizione in se medesima, li trascinò ognor più al basso, in mezzo all'agitazione delle ambiziose arti politiche, laonde eglino, per necessità, furono tratti a lotte depravatrici, affine di mantenersi nel possesso dei loro titoli temporali; furono costretti a discendere a guerre civili interne contro la città di Roma e a lotte continue contro le potestà politiche»[11].

È appunto ciò che vedremo nelle pagine seguenti, dove si mostrerà la gara verso la supremazia non più solo nel campo religioso, bensì anche nel campo civile.

«Certamente nulla è più capace di travolgere le nostre idee e di farci nascere in mente delle dolci e strane immaginazioni, che la sete e l'amore di beni temporali innata in noi tutti» (*Annali d'Italia*, p. IV, Milano 1844, p. 313).

[10] [9] Cfr. C. Marcora, *Storia dei Papi*, vol. II, Milano 1962, p. 396. Si cfr. pure lo studio di Th. Zwolfer, *S. Peter Apostelfürst und Himmelspförtner, seine Verehrung bei den Angelsachsen und Franken*, Stuttgart 1929.

[11] [10] Gregorovius, *Storia della città di Roma nel Medioevo*, vers. italiana di R. Manzato, Roma 1900, vol. I, p. 546.

3. Superiorità papale sui governi civili

Il papato andò imponendosi sui principi terreni assai lentamente;[12] dapprima gli stessi papi stavano sottoposti all'imperatore al quale sino al tempo di papa Agatone (681 d.C.) pagavano un tributo al momento della loro elezione e dal quale chiesero sino a papa Benedetto II (a. 685) la approvazione. Ancora Leone III eletto nel 795 si affrettò a rendere nota la sua elezione al re franco Carlo promettendogli fedeltà e ubbidienza e offrendogli, tramite i suoi legati, le chiavi della Confessione di S. Pietro e il Vexillum di Roma, segno rispettivamente del suo dovere di custode del sepolcro dell'apostolo e della sua autorità sulle milizie romane. I primi imperatori presiedevano i concili ecumenici e ne imponevano le decisioni come leggi imperiali. Fu Ambrogio, vescovo di Milano, che cominciò ad affermare in una sua lettera a Valentiniano come anche l'imperatore fosse dentro e non sopra la chiesa[13]. All'imperatore Graziano oppose la precedenza delle leggi ecclesiastiche su quelle statali[14]. Dopo la strage di ottomila persone nel circo di Tessalonica nel 390, esigette una penitenza pubblica da Teodosio, non ostante ch'egli fosse imperatore. Il trasferimento della capitale a Bisanzio e l'inizio del potere temporale pontificio assicurarono maggior libertà alla chiesa romana e facilitarono l'imporsi dell'autorità papale anche sopra i re dell'Occidente[15]. I rapporti del vescovo di Roma con gli imperatori e le varie corti si coltivarono mediante gli «apocrisari»; così Leone I (+461) accreditò stabilmente Giuliano di Coos presso la corte imperiale di Costantinopoli. Essi erano simili ai moderni ambasciatori, ma in più erano giudici degli affari ecclesiastici e con una delega speciale potevano persino presiedere i concili a nome del papa.

In un primo tempo si ammise una distinzione tra i due poteri religiosi e civili, pur asserendo una certa superiorità del potere sacro su quello civile. Già il vescovo romano Gelasio I (492–496) così scriveva all'imperatore Anastasio:

---

[12] [11] Oltre alla Bibliografia posta in calce confronta: F. Salvoni, *The Catholic Church and the Civil Government*, in «Restoration Quarterly» 3 (1959), pp. 38–42; S. Pilati, *Chiesa e Stato nei primi quindici secoli. Profilo dello sviluppo della teoria attraverso le fonti e la bibliografia*, Roma, Desclée 1964, p. 145; R. A. Markus, *Two Conceptions of Political Authority*, in «Journal of Theological Studies», 16 (1965), pp. 68–100. R. W. e A. J. Carlyle, *A History of Medieval Political Theory in the West*, Edinburg-London 1927–1928 (opera fondamentale; traduzione italiana presso Laterza, Bari).

[13] [12] Ambrogio, *Epistola 2 ad Valentinianum*.

[14] [13] Idem, *Epistola ad Gratianum*.

[15] [14] Cfr. Duchesne, *I primi tempi dello Stato pontificio*, traduzione di Salvatorelli, Torino 1947; cfr. L. Pareti, *Storia di Roma*, vol. VI, Torino, UTET, 1962.

«Vi sono, Augusto Imperatore, due poteri che principalmente si dividono l'impero del mondo la sacra autorità dei pontefici e la potenza regale; l'ufficio dei sacerdoti è tanto più grave in quanto essi devono rendere conto, al giudizio divino, anche per gli stessi re preposti agli uomini... La pietà vostra comprende certamente che nessuno può, per qualsiasi motivo umano, ergersi contro il privilegio della confessione (ossia del primato) di colui (= Pietro) che il Cristo ha preposto ad ogni cosa e la venerabile Chiesa ha sempre riconosciuto e devotamente considerato come suo capo»[16]. Tuttavia nell'ordine civile egli asseriva che «anche gli ecclesiastici devono sottostare alle leggi imperiali».

La stessa posizione fu presa da Niccolò I (858–867) che così ammoniva l'imperatore Michele:

«Il re non è pontefice e il pontefice non è re... perciò il re ha bisogno dei sacerdoti per la sua vita eterna e il pontefice deve adottare le leggi imperiali per le questioni secolari»[17].

Carlo Magno, re di forte personalità, non ebbe ritegno a mandare i suoi ammonimenti a papa Leone III quando nel 795 fu eletto papa. Al suo rappresentante romano così scrive:

«Avvertirai diligentemente il papa di praticare un'assoluta onestà nella sua vita, d'osservare particolarmente i sacri canoni, di governare con pietà la santa Chiesa di Dio, secondo l'opportunità e la convenienza. Gli ricorderai spesso che gli onori di cui gode presentemente non dureranno che un tempo»[18].

Dinanzi alle accuse formulate contro il novello papa, Carlo Magno si recò di persona a Roma per giudicare nell'800 Leone III.

«Per esaminare questa causa il clementissimo e serenissimo Signore, il re Carlo, qui presente, è venuto in questa città con il suo clero e i suoi notabili»[19].

---

[16] [15] Gelasio, *Epistola* 8,2–3 PL 59,42A-B.
[17] [16] *Epistola* 8, *Proposueramus, ad Michelem Imperatorem,* scritta nell'a. 865; Denzinger-Bannwart, n. 333.
[18] [17] Alcuino, *Epistolae* 92.
[19] [18] Testi di Ivo Chartres, *Decretalia,* pars V, c. 213 PL 161,421.

Il giudizio terminò con l'assoluzione dell'accusato, il quale con giuramento si protestò innocente dalle accuse formulate contro di lui.

In questi secoli accaddero due fatti importanti destinati a creare dei precedenti a favore della supremazia papale sui re e sugli imperatori. Il primo fu l'incontro di Stefano II con il re Pipino nel 754, durante il quale il re, per fare atto di omaggio al papa, tenne le briglie del cavallo papale in segno di stima. Questo atto divenne più tardi un diritto papale e fu inteso come sottomissione dei re al papa[20].

Il secondo fu l'incoronazione di Carlo Magno ad imperatore da parte di Leone III nel natale dell'800. Siccome fu il papa a donare al re franco un'autorità che prima non aveva e che da solo non avrebbe potuto conquistarsi, se ne dedusse che il papa è superiore allo stesso imperatore. Per cui dimenticando «l'adorazione» del neo eletto da parte di Leone «inginocchiato dinanzi a lui», si amò presentare il papa nell'atto di porre la corona sul capo di Carlo Magno[21].

Nicolò II (1058–1061) per meglio attuare la sua indipendenza dall'imperatore e dalle famiglie patrizie romane emise una legge per cui il papa avrebbe dovuto essere eletto solo dai cardinali, che costituirono così il senato della Chiesa (Sinodo Lateranense del 1059).

4. Gregorio VII

Nel secolo X il papato con i suoi molti scandali perse ogni potere e rimase praticamente in balia ai patrizi di Roma[22]. Ma nel secolo XI il papato si riprese con Gregorio VII[23] austero monaco che, eletto nel 1073, fu ordinato prete, poi consacrato vescovo e infine coronato papa (1073–1085). La sua

---

[20] [19] È l'ufficio dello *stratore* (*officium stratoris*) descritto qui in modo assai simile a quello della *Donatio Constantini*.

[21] [20] E. Griffe, *Aux origines de l'état Pontifical. Le couronnement impérial de l'a. 800 et la Donatio Constantini*, in «Bulletin de la Littérature Ecclésiastique», 59 (1958), pp. 193–211.

[22] [21] Così ad esempio la nobile Marozia, che fece eleggere papa suo figlio con il nome di Giovanni XI. Probabilmente a tale situazione, in cui una donna dominava Roma, tramite il papa, allude la leggenda della papessa Giovanna.

[23] [22] Per Gregorio VII v'è una immensa bibliografia importantissima; la collezione Studi Gregoriani iniziati a Roma nel 1947 è indispensabile ed ora ha già raggiunto i sette volumi. Cfr. pure H. X. Arquilliere, *La signification théologique du pontificat de Grégoire VII*, in «Revue de l'Université d'Ottawa» 1950, pp. 140–161; *Idem*, *S. Grégoire VII*, Paris 1934; C. Marcora, *Storia dei Papi*, vol. II, Milano 1962, pp. 286–322; W. Martens, *Gregor VII, sein Leben und Wirken*, 2 voll., Leipzig 1894; P. E. Santangelo, *Gregorio VII e il suo secolo*, Milano 1945: G. Soranzo, *Aspetti del pensiero e dell'opera di Gregorio VII e lo spirito dei suoi tempi*, in «Aevum» 22 (1948), pp. 309–332.

concezione del papato si trova nel famoso *Dictatus papae,* vale a dire in ventisette proposizioni sintetizzanti il suo pensiero, mentre i rapporti con l'impero furono risolti nella lotta per le investiture culminate nel suo scontro con Enrico IV.

a) *Il Dictatus papae,* nel sinodo romano del 1075, definì i diritti e le prerogative del papa con termini fino ad allora mai usati:

1. La Chiesa romana è stata fondata unicamente da nostro Signore.
2. Solo il pontefice romano ha il diritto di essere chiamato universale[24].
3. Lui soltanto può deporre o assolvere i vescovi.
4. Nei Concili il suo legato presiede a tutti i vescovi, anche se è di grado inferiore e lui soltanto può pronunciare contro di loro sentenza di deposizione.
5. Solo il papa può deporre gli assenti.
6. Non è permesso avere rapporti con gli scomunicati dal papa, non si deve nemmeno abitare nella loro stessa casa.
7. Solo il papa può emanare, quando occorra, nuove leggi, stabilire nuove diocesi, trasformare un capitolo in abbazia e viceversa, dividere un vescovado ricco e unire quelli che sono poveri.
8. Solo il papa può usare le insegne imperiali.
9. Il papa è l'unica persona a cui i principi devono baciare il piede.
10. Egli è il solo cui nome dev'essere pronunciato in tutte le chiese (durante il canone della messa).
11. Il suo nome è unico al mondo.
12. A lui solo è lecito deporre gli imperatori.
13. Per ragione di necessità, gli è consentito trasferire un vescovo da una sede all'altra.
14. Può, se crede, ordinare un ecclesiastico per qualsiasi chiesa.
15. Chi è stato ordinato da lui può governare un'altra chiesa ma non servire, né ricevere da un altro vescovo un ordine sacro superiore.
16. Nessun sinodo può essere chiamato generale senza un suo ordine.
17. Un testo può essere dichiarato canonico solamente sotto la sua autorità[*].
18. La sua sentenza non può essere annullata da alcuno, ma egli può annullare quelle di tutti gli altri.
19. Egli non può essere giudicato da alcuno.
20. Nessuno può condannare una decisione della sede apostolica.

---

[24] [23] Sul titolo si cfr. quanto fu scritto a proposito di Gregorio Magno.
[*] Mancava la proposizione 17 nella prima edizione. [NDR]

21. Le cause maggiori di qualsiasi chiesa devono essere deferita al suo tribunale.
22. La chiesa romana non ha mai errato e, come attesta la S. Scrittura, non potrà mai errare.
23. Il pontefice romano, se è stato ordinato canonicamente, diventa indubbiamente santo per i meriti di Pietro, secondo la testimonianza di S. Ennodio, vescovo do Pavia, d'accordo in ciò con numerosi padri, come si può vedere nel decreto del beato papa Simmaco.
24. Con il suo consenso e autorizzazione, è lecito ai sudditi accusare i loro superiori.
25. Egli solo può deporre e assolvere i vescovi, anche senza un concilio.
26. Chi non concorda con la Chiesa romana non può considerarsi cattolico.
27. Il papa può sciogliere i sudditi dal giuramento di fedeltà fatto ai sovrani indegni[25].

b) *Rapporto tra Chiesa e Stato*. – La Chiesa che guida le anime è superiore al governo civile, che cura i corpi.

> «Come l'anima domina il corpo e gli comanda, così la dignità sacerdotale è superiore a quella regia come il cielo e la terra. Perché tutto ciò sia in ordine, il sacerdote deve, come l'anima, stabilire ciò che bisogna fare; il regno poi, come la testa comanderà a tutte le membra e le dirigerà dove occorre. Perciò i re devono seguire gli ecclesiastici e adoperarsi a vantaggio della Chiesa e della patria. Un potere ammaestrerà il popolo e l'altro lo dirigerà»[26].

La lotta tra Chiesa e Stato si scatenò a motivo delle investiture, vale a dire il conferimento dei benefici ecclesiastici. Gli alti dignitari, vescovi e abati, erano allora anche dignitari dell'impero e venivano perciò investiti dal sovrano mediante la consegna (*traditio*) del bastone e dell'anello, simbolo di autorità civile e religiosa. I sovrani finirono con l'avocare a sé anche l'elezione dei prelati, che spesso se la comperavano con denaro mediante simonia e, per il fatto di essere sposati (concubinato), rendevano ereditario il

---

[25] [24] Sono del papa e non del cardinale Deusdedit. Cfr. E. M. Peltz, *Das Originalregister Gregorius VII*, Vienna 1911, pp. 265–286. La migliore edizione è quella di E. Caspar, in «Monumenta Germaniae Historica», *Epistolae selectae* II, 1920–1923. Gregorio VII aveva un alto concetto della Chiesa Romana che per lui era «madre e maestra» di tutte le chiese (mater nostra et totius christianitatis magistra).

[26] [25] *Adversus Simoniacos* III, 21, di Gregorio VII.

feudo o il vescovado così comperato. Di qui la condanna di questi due fatti da parte di Gregorio VII che nel sinodo del 1074 ordinò ai preti concubini di dimettere le loro mogli e ai fedeli di disertare le chiese dove ufficiassero dei preti incontinenti (sposati) o simoniaci. Nel sinodo romano del 1075, per eliminare il male alla radice, il papa vietò ai laici di conferire investiture ecclesiastiche e ai chierici di riceverle, pena la nullità, l'interdetto e la scomunica.

Enrico IV si ribellò e nel sinodo di Piacenza fece deporre il papa; Gregorio rispose con la scomunica contro il re e sciolse i sudditi dal giuramento di fedeltà[27]. Il re non era allora tanto forte e molti principi ambivano ad ottenere il suo posto, per cui il sovrano pensò bene di sottomettersi a Roma e chiedere al papa la penitenza e l'assoluzione della sua colpa, il che avvenne nel 1077 presso Canossa, dove il papa si trovava ospite della contessa Matilde. Ecco come il papa stesso descrive la penitenza del re:

«Prima di penetrare in Italia mandò avanti dei messaggeri supplici: offrì di dare piena soddisfazione a Dio, a S. Pietro e a noi; ha promesso di conservare una ubbidienza assoluta per migliorare la sua vita, purché potesse ottenere da nostra parte la grazia della assoluzione e della benedizione apostolica. E siccome noi gli rimproveravamo aspramente tutti i suoi eccessi per mezzo dei messaggeri che arrivavano, egli infine, senza manifestare alcunché di inutile o di temerario, venne con poca gente alla città di Canossa, dove noi eravamo fermi, e vi restò tre giorni dinanzi alla porta, privo dei suoi ornamenti regali, miserabilmente scalzo e con abiti di lana. Non cessò d'implorare con molte lacrime l'aiuto e la consolazione della pietà apostolica. Tutti quelli che vi si trovavano furono commossi a tanta pietà e compassione misericordiosa, che intercedevano per lui con lacrime e preghiere molte. Si meravigliavano anzi della durezza insolita del nostro spirito e qualcuno diceva che non davamo prova di gravità e di severità apostolica, bensì di crudeltà e ferocia tirannica. Alfine, vinti dalla sua compunzione e dalle supliche di tutti gli assistenti, finimmo per sciogliere i lacci dell'anatema che pesava su di lui e con il riceverlo

---

[27] [26] Nel Sinodo di Roma del 14–20 febbraio 1076 così decretò: «Per l'onore e la difesa della tua Chiesa, in nome di Dio onnipotente, Padre, Figlio e Spirito Santo con la tua potestà e autorità, io tolgo al re Enrico, figlio dell'imperatore Enrico, che si è levato contro la tua Chiesa con un orgoglio inaudito, il governo dei Teutoni e d'Italia; sciolgo tutti i cristiani dal giuramento di fedeltà che gli hanno fatto, ordino che nessuno sia tenuto verso di lui al servizio che si deve a un re» (*Epist. ad Gullielmum regnum*, Regest VII, 25).

nella grazia della comunione e nel grembo della s. Madre, la Chiesa»[28].

Affermatasi frattanto la potenza di Enrico con l'eliminazione dei suoi avversari, la lotta riprese più violenta che mai. Enrico, entrato in Roma, mentre Gregorio si rifugiava in Castel Sant'Angelo, si fece incoronare imperatore dall'antipapa Guiberto (1084), ma dovette poi ritirarsi per l'intervento di Roberto il Guiscardo che, liberato il papa, lo condusse seco prima a Montecassino e poi a Salerno dove Gregorio moriva affermando dolorosamente: «Ho amato la giustizia e odiato l'iniquità, per questo muoio in esilio»[29].

La lotta fu acquietata con il concordato del 1122 tra Callisto II ed Enrico V.

5. ALESSANDRO III

Alessandro III (1159–1181) umiliò il re inglese Enrico II, colpevole di aver ucciso l'arcivescovo di Canterbury e suo cancelliere, con la canonizzazione del martire. Il re fu obbligato a farsi flagellare sulla tomba dell'arcivescovo e restituire la immunità agli ecclesiastici. Lo stesso papa lottò contro Federico Barbarossa, lo vinse e dopo la pace di Venezia nel 1177 l'imperatore prostratosi, percorse a piedi la città tenendo la mano sulla staffa del papa.

---

[28] [27] Gregorio VII, *Lett.* 4,s2 ai tedeschi.
Al vescovo di Metz, che biasimava la scomunica scagliata sul re, così rispondeva: «Nell'affidare a Pietro il gregge, il Signore non aveva inteso di far eccezione per i re; d'altra parte chi afferma di non poter essere condannato dalla Chiesa, deve dichiarare di non poter neppure essere assolto da essa e ciò significa essere separato da Cristo. E se la Sede Apostolica deve giudicare le realtà spirituali, perché non giudicherà anche le materiali? I re che preferiscono la loro gloria a quella di Dio devono essere trattati come membri dell'Anticristo e come tali separati dal corpo della Chiesa». E paragonando la dignità regale a quella episcopale, conclude: «La dignità regale deriva dall'orgoglio umano, la dignità episcopale dalla divina potestà. La prima tende verso una gloria vana, la seconda aspira alla vita celeste». Ciò facendo il papa s'immaginava d'agire come vicario di Pietro, che in lui si esprimeva. Spesso egli afferma di «pregare, ammonire e invitare da parte del beato Pietro. *Das Register Gregorius VII* a cura di E. Caspar, in «Monumenta Germaniae Historica» *Epistolae selectae* t. II, 2, vol. II, 173, Berlino 1920–1923.

[29] [28] Per la storicità di queste parole cfr. G. B. Borino, *Storicità delle ultime parole di Gregorio VII,* in «Studi Gregoriani», V, Roma 1956, pp. 403–411.

6. Innocenzo III

Quanto teoricamente era stato asserito da Gregorio VII fu attuato con risultati insperati da Innocenzo III (1198–1216), che condusse all'apogeo le idee teocratiche del suo predecessore[30]. Lotario di Segni eletto papa a soli 37 anni, aspirò al potere assoluto del papato sul mondo intero. Molti sovrani si dichiararono vassalli della sede papale (Castiglia, Aragona, Portogallo, Polonia; anche l'Inghilterra gli si sottopose nel 1213 con Giovanni Senzaterra). Innocenzo rinsaldò l'autorità papale sul comune di Roma e sulle città dell'Umbria e delle Marche; Costanza d'Altavilla, vedova di Enrico VI, gli prestò giuramento feudale per la Sicilia. Il papa fu tutore del piccolo Federico alla morte della madre Costanza, ed ebbe come obiettivo continuo quello di tenere separate le corone di Sicilia e dell'impero e di imporre il suo arbitrato in Germania a favore del candidato guelfo.

Riprendendo l'immagine delle «due celesti fiamme» presentate da Gregorio VII, Innocenzo III la sviluppò dicendo che il papa è il sole, il re la luna, ma come la luna riceve la luce dal sole, così il re riceve la luce e il potere dal papa:

> «Il Creatore dell'universo pose due grandi luminari nel firmamento: il maggiore per rifulgere di giorno, il minore per rifulgere di notte. Alla stessa maniera per il firmamento della Chiesa universale Dio fece due grandi dignità: la maggiore per dirigere le anime (come se fossero giorno) e la minore per dirigere i corpi (come se fossero notte). Queste dignità sono l'autorità pontificia e il potere regale. Perciò la luna riceve la sua luce dal sole, ed è quindi inferiore al sole sia nella grandezza che nel calore, sia nella sua posizione che nei suoi effetti. Allo stesso modo il potere regio deriva la sua dignità dalla autorità pontificia e quanto meno si sottopone ad essa, tanta minor luce ne riceve. Ma quanto più le si sottomette, tanto più aumenta il suo fulgore»[31].

In un sermone tenuto la festa dei ss. Pietro e Paolo, applica al papa la profezia di Geremia (1,10), già utilizzata da Niccolò I:

---

[30] [29] Cfr. M. Pacaut, *Alexandre III, Étude sur la conception du pouvoir pontificat dans sa pensée et dans son oeuvre*, Paris 1956; M. Maccarone, *Chiesa e Stato nella dottrina di papa Innocenzo III*, in «Lateranum», 6, 1940; P. Kempt, *Regestum Innocentii III, super negotio Romani Imperii*, Roma 1947.

[31] [30] Innocenzo III, *Sicut universitatis conditor*, Epistolarium I.401, ottobre 1198 in PL 214,377; cfr. pure «Il Signore affidò a Pietro non solo tutta la Chiesa, ma anche il governo di tutto il mondo» (*Ad Patriarche Constantinopolitani* PL 214,760).

«Ecco ti ho costituito sulle nazioni affinché tu sradichi, dissipi, edifichi e pianti. L'episodio di Abramo che offre le decime al sacerdote Melchisedec, è presentato sottilmente come prova che il papa è superiore al sovrano. I re ricevono l'unzione e l'incoronazione dai sacerdoti: chi dona è dunque superiore a chi riceve!

Rispondendo all'imperatore d'Oriente Alessio, che gli citava la frase con cui Pietro raccomandava la sottomissione ai re, egli scrive :

«Non neghiamo che l'imperatore sia superiore al papa per le cose temporali... ma il pontefice è superiore per le cose spirituali».

Di fatto egli causò molte turbolenze in vari stati: suscitò guerre prolungate, abusò della censura ecclesiastica a scopi politici; odiò i pisani e il marchese di Anweiler, promosse la crociata contro gli Albigesi, fece delle leggi contro i Giudei, protestò altamente contro la conquista di Costantinopoli da parte dei crociati; Giovanni Capocci, politico romane, uscì a suo riguardo in queste parole: «Le vostre parole son parole di Dio, ma le vostre opere son opere del demonio»[32].

7. BONIFACIO VIII

L'idea precedente trovò la sua espressione più completa con Bonifacio VIII (1294–1303), che sancì la supremazia del papa non solo sopra la Chiesa ma anche sopra i re, in quanto nel papa è lo stesso Cristo che opera. Ciò fu espresso nella famosa bolla papale *Unam Sanctam* del 18 novembre 1302.

«La Chiesa non è un mostro a due teste, ma ha un solo capo, cioè Gesù Cristo e il suo vicario Pietro con il suo successore, poiché il Signore disse a Pietro: Pasci le mie pecore».
«Dalle parole dei Vangeli siamo istruiti che a questa potestà appartengono due spade. Infatti agli apostoli che dicevano: ecco qui vi sono due spade, il Signore non rispose che erano troppe, ma che bastavano. Certamente chi nega che la spada temporale sia nella potestà di Pietro, mal interpreta le parole del Signore che dice: Riponi la tua spada nel fodero. Tutte e due sono in potere della Chiesa, cioè la spada spirituale e quella temporale, ma la seconda dev'essere esercitata in difesa della Chiesa, la prima invece dev'essere esercitata dalla Chiesa: quella

---

[32] [31] Cfr. Helene Tillmann, *Papst Innocenz III*, Bonner Historische Forschungen, vol. 3, Bonn 1954.

spirituale è in mano del sacerdote, l'altra è in mano dei re e dei soldati, ma deve essere esercitata a discrezione del sacerdote».

«È necessario che una spada sia sotto l'altra spada e l'autorità temporale sia soggetta all'autorità spirituale... Occorre poi che la potestà spirituale abbia la precedenza e per dignità e per nobiltà su qualsiasi potere terreno, così come le realtà spirituali sono al di sopra di ogni realtà materiale. Come dice la Verità, è il potere spirituale che ha autorità di stabilire la potestà terrena e di giudicarla. Se non è buona... se il potere terreno devia, sarà giudicato dal potere spirituale[33].

8. I canonisti

La dottrina di papa Bonifacio VIII non costituiva una novità in quanto si inseriva nella linea dei giuristi del suo tempo,[34] presentando notevoli affinità con l'omonimo trattato *De regimine principiati* falsamente attribuito a Tommaso d'Aquino[35] e specialmente con l'insegnamento dell'agostiniano Egidio Colonna (+1316) detto anche Egidio Romano – divenuto poi arcivescovo di Bourges – nel suo trattato *De Ecclesiastica sive de Summi Pontificis Potestate*. Secondo costui il papa ha il pieno diritto spirituale e non può essere giudicato da un concilio. Al pontefice appartiene pure la giurisdizione temporale poiché la spirituale, essendo superiore, deve stabilire i poteri inferiori. Non è bene tuttavia che il papa, dopo aver fondato la potestà temporale, la eserciti da sé.

Anche il dominicano Giovanni Quidort (= l'addormentato, perché sordo, m. 306), pur affermando che i due poteri civile e spirituale vengono immediatamente da Dio, ammetteva la preminenza del potere spirituale su

---

[33] [32] Su Bonifacio VIII cfr. P. Tosti, *Storia di Bonifacio VIII ed i suoi tempi*, Milano, 1848. Per i passi qui citati della Bolla *Unam Sanctum* cfr. Denzinger-Bannwart, pp. 468–469.

[34] [33] Basti ricordare Giordano da Onasbrück, canonico di questa città, che tra il 1256 e il 1273 stese un trattato dal titolo *De prerogativa imperii* (l'impero civile spetta ai Germani, quello spirituale ai Romani; i due imperi derivano da Dio, ma quello temporale per mezzo dello spirituale). Lo stesso dicasi di Alessandro von Roes, canonico di Colonia, nel suo scritto dal medesimo titolo: «Come l'aquila romana non può volare con un'ala sola, così anche la navicella di Pietro non può essere governata con un sol remo fra le procelle e i turbini di questo secolo. La colomba che avesse solo un'ala cadrebbe preda non solo degli uccelli del cielo, ma anche delle belve della terra, poiché nessun animale mostruoso può avere vita ordinata che duri a lungo».

[35] [34] *De Regimine principum* c. X. Anche il potere temporale è voluto da Dio ed è stato conferito da Cristo a s. Pietro, che lo esercita tramite i re. La superiorità del potere spirituale si deduce dal fatto che l'anima è superiore al corpo, il quale dipende dall'anima nell'esercizio delle sue funzioni.

quello temporale[36]. Bonifacio VIII non fu, anzi, così esagerato come Enrico da Cremona che condannò gli «empi ghibellini» i quali osavano negare al papa «la giurisdizione sulle proprietà materiali del mondo intero»;[37] o del domenicano Agostino Trionfo di Ancona, il quale osava dire che nemmeno il papa conosce la vastità della sua supremazia[38].

9. IL VICARIO DI CRISTO

In corrispondenza con il nuovo potere si accrebbero pure i titoli del papa, tra i quali primeggia quello di *Vicario di Cristo* che andò sostituendo il precedente *Vicario di Pietro*[39].

Il titolo di «Vicario di Cristo» si trova per la prima volta nella Bolla del 10 aprile 1153 scritta da Eugenio III (1145–1153). Innocenzo III (1198–1216) ne fece uso e Innocenzo IV (1243–1254) ne dedusse che il papa come Gesù Cristo, è re anche dei regni terrestri. Tuttavia Tommaso d'Aquino insegnò che i poteri concessi da Cristo al papa devono essere dedotti dalla S. Scrittura e non dall'analisi del titolo di «Vicario».

Bonifacio VIII (1294–1303) lo usò nella Bolla *Unam Sanctam*, ma il canonista Giovanni di Parigi, suo contemporaneo, suggerì che il potere del papa «si doveva limitare ai beni spirituali». Il Concilio di Firenze (Ecumenico XVII, 1438–1445) decretò:

> «Noi decidiamo che il papa di Roma è successore di Pietro, il capo degli apostoli, vero vicario di Cristo e capo di tutta la Chiesa»[40].

---

[36] [35] Citato da Rivière, *Le problème de l'Eglise et l'Etat au temps de Philippe le Bel*, Paris 1926, pp. 138–141; 165–170; 180 ss.

[37] [36] *Summa de potestate ecclesiastica*, scritta verso il 1322 (citazioni in Rivière, op. cit. pp. 155–157. 350–397. 375 ss.); U. Mariani, *Scrittori politici agostiniani del sec. XIV*, Firenze 1927. Sulle dottrine politiche dei teologi del 500 cfr. S. Quadri, *Dottrine politiche dei teologi del 500*, Roma, Editrice Studium.

[38] [37] *De regia potestate et papali* 1.1 c. 15. Sul Quidort cfr. J. Leclercq, *Jean de Paris et l'ecclésiastique du XIII siècle*. Identica l'opinione di Dante Alighieri nel suo *De Monarchia* (scritta verso il 1300); il libro incluso nei libri proibiti del sec. XVI, vi fu rimosso nel sec. XIX da Leone XIII. Cfr. E. G. Parodi, *L'ideale politico di Dante*, in «Dante e l'Italia», Roma 1921, pp. 95–131; F. Ercole, *Il pensiero politico di Dante*, Milano 1927–1928, 2 voll.; F. Battaglia, *Impero, Chiesa e Stati particolari nel pensiero di Dante*, Bologna 1944; A. Passerin d'Entrèves, *Dante politico e altri saggi*, Torino 1955; U. Mariani, *La posizione di Dante fra i teorici dell'imperialismo ghibellino*, in «Giornale Dantesco» 30 (1927), pp. 111–117; C. T. Davis, *Dante and the Idea of Rome*, Oxford 1957.

[39] [38] Cfr. M. Maccarone, *Vicarius Christi, Storia del titolo papale* (Lateranum N. S. XVIII), Roma 1952.

[40] Denzinger-Bannwart 694.

Tale epiteto, omesso dal Concilio di Trento, fu riaffermato al Concilio Vaticano I (1870).

Siccome la concezione cattolica ammette che Gesù Cristo sia vero Dio, alcuni teologi e canonisti del XIII secolo, con esagerazione retorica, diedero al papa addirittura l'epiteto di «quodammodo Deus» o di «Dominus Deus noster papa»; ancora nel Concilio Lateranense V del 1512 Giulio II fu apostrofato come «alter Deus in terris». In seguito tale titolo fu eliminato, restandovi solo quello di Vicario di Cristo[41].

10. La coronazione

Nel Medio Evo cominciò ad essere celebrata la festa della «Coronazione» nella quale il pontefice riceve la «tiara» o il «triregno». È difficile tracciare la storia di tale rito e dei significati ad esso concatenati.

Una leggenda – riportata nel *Constitutum Constantini* o *Donazione* – narra che lo stesso imperatore Costantino avrebbe imposto al papa Silvestro una speciale mitra di forma conica – un *frigium* – come simbolo della ottenuta sovranità. Il papa coprendosi il capo di questa insegna, avrebbe assunto il potere temporale di cui l'imperatore lo aveva investito.

Si può invece supporre che lo speciale copricapo «frigio» pure detto «cameleuco» sia stato importato dai sette papi orientali che dalla metà del VII secolo alla metà dell'VIII salirono al soglio pontificio. Di esso si parla per la prima volta in una relazione dell'ingresso di papa Costantino (708–715) a Costantinopoli, che lo portò «come era solito fare quando andava per Roma». La *Donazione* lo descrive «di un bel colore bianco» (candido nitore) e aggiunge che il papa ha diritto di arricchirlo con la corona imperiale «d'oro purissimo e di gemme preziose».

Si vede, quindi, che ben presto al cameleuco di papa Costantino si aggiunse un «regnum» o tiara simile a quella dei re terrestri di cui parla un documento da attribuirsi forse a Leone IV (847–855) o a Leone V (903). Di papa Sergio III (904–911) abbiamo alcune monete recanti l'immagine di s. Pietro coronata con il «regnum». Innocenzo II (1198–1216) in un sermone su s. Silvestro spiega che il «Romano Pontefice per insegna dell'impero usa il *regnum* e per insegna del pontificato la *mitra*».

---

[41] [39] Per questa espressione cfr. F. Gillmann, «*Archiv für Katholischen Kirchenrecht*», 95 (1915), pp. 266 ss.; J. Rivière, in «Revue des Sciences Religieuses» 2 (1922), pp. 447–451; *Idem* in *Miscellanea* F. Ehrle II, Roma 1924, pp. 276–289. In qualche caso l'appellativo «*Deus*» fu usato anche verso l'imperatore; voleva solo raffigurare che il papa e l'imperatore, rappresentando Dio su questa terra, in un certo senso si potevano identificare con lui.

Il potere temporale dei papi

Si giunge così al sec. XIV quando ad opera di alcuni pontefici – specialmente Bonifacio VIII – il «regnum» venne prima duplicato e poi triplicato. In tal modo la tiara pontificia fu arricchita di tre corone come segno della più alta potestà del mondo, come ne fanno fede le parole che accompagnano il rito della Coronazione:

> «Eccoti la tiara ornata delle tre corone: sappi di essere il Padre dei Principi e dei Re: il Rettore di tutta la terra; il Vicario di Nostro Signore Gesù Cristo Salvatore, a cui solo è dovuto onore e gloria nei secoli dei secoli. Amen».

Sembra che con Giulio II (1303–1313) la festa della «Coronazione» distinta dalla presa di possesso del vescovado di Roma nel Laterano, si attuasse in Vaticano, preceduta nella vigilia e al mattino della festa da elargizioni di oboli[42].

11. Il governo civile alla rivincita

L'autorità del papa nel campo civile suscitò una violenta reazione da parte delle società civili, che andavano acquistando sempre più la coscienza del proprio potere e della propria autonomia. Naturalmente nelle fazioni del tempo la lotta giunse a conclusioni esagerate, che pretesero in un primo tempo esaltare i re e l'imperatore al di sopra dello stesso papa[43].

Tale idea apparve timidamente in due scritti anonimi di cui uno è intitolato *Conversazione tra un chierico minore e un prete* e l'altro *Rex pacificus* (pur esso anonimo): la Chiesa è paragonata al capo e il governo civile al cuore, affermando contemporaneamente la superiorità del secondo sul primo, delle leggi dei sovrani e dell'autorità creata dal popolo sull'autorità papale[44].

Anche Guglielmo d'Occam (ca. 1342) attaccò la deviazione del papato che volle acquistarsi un potere coercitivo e temporale. Il filosofo non giunse a negare l'istituzione divina del papato, ma ne negò la presunta pienezza d'autorità. Occam era un costituzionalista e voleva che ogni potere avesse a mantenersi entro giusti limiti. I decreti papali e le leggi umane

---

[42] [40] Duchesne, *Origine du culte chrétien*, Paris 1920, ed. 5, cap. XII; E. Eichmann, *Weihe und Krönung des Papstes in Mittelalter*, München 1951; F. Wasner, *De consacratione, inthronisatione, coronatione Summi Pontifici*, Roma 1936.

[43] [41] G. Lagarde, *La naissance de l'esprit laïque au déclin du moyen âge*, vol. IV; cfr. *Ockham et son temps*, Paris 1942.

[44] [42] Cfr. J. Rivière, *Le problème de l'Eglise et de l'Etat aux temps de Philippe le Bel*, Louvain-Paris 1926, pp. 135–138; 262–271 (con un riassunto dei due scritti).

sono valide, ma solo se si possono armonizzare con la verità cattolica, altrimenti si devono rifiutare[45]. Né il papa né l'imperatore hanno il diritto di agire come supremi giudici verso i fedeli.

Cristo non ebbe né servi né giurisdizione temporale; godette solo di un potere spirituale dedicato al bene dei credenti. Con le parole «Tu sei Pietro», egli intese conferire all'apostolo un incarico puramente spirituale, vale a dire l'autorità sacramentale[46]. Egli è ministro, non guida di questo mondo[47].

Nel suo *De imperatorum et pontificum potestate* indica tre norme direttive: le realtà spirituali sono superiori alle materiali; bisogna rispettare la legge della libertà che è inviolabile; è necessario compiere tutto il possibile per beneficare i fedeli[48]. Occam fu invitato ad Avignone per dare spiegazione di 51 proposizioni tratte dalle sue opere e che furono censurate nel 1326[49].

Ma fu specialmente ad opera del filosofo Marsilio di Padova, che tale idea andò diffondendosi. Nella sua opera principale dal titolo *Defensor Pacis*[50] egli sostiene che:

---

[45] [43] *Octo quaestiones de potestate papae*, in «Opera politica» I (Manchester 1940), pp. 26 s. Cfr. *Breviloquium,* ed R. Scholz, *Wilhelm von Ockham als Politischer Denker,* Leipzig 1944; secondo la tradizione medievale il potere è concesso da Dio direttamente al popolo e da esso poi al sovrano: cfr. Fr. Suarez, *Defensio fidei III. Principatus politicus e la soberania popular,* ediz. E. Elorduy y L. Perena (Madrid) 1965.

[46] [44] Cfr. A. Pelzer, *Les 51 articles de Guillaume d'Ockham censurés en Avignon en 1325,* in «Revue d'Histoire Ecclésiastique» 18 (.1922), pp. 240–270.

[47] [45] *De imperatorum,* pp. 473–478.

[48] [46] *Octo quaestiones,* in «Opera politica» I (Manchester 1940), p. 104; *An Princeps* in *Opera politica* I, pp. 223–248; *De imperatorum et pontificum potestate,* ed R. Scholz, *Unbekannte kirchenpolitische Streitschriften* II (Roma 1914), pp. 460–466.

[49] [47] *Opera politica* I, pp. 243–251. Questa posizione è simile a quella di Giovanni di Parigi; *De potestate regia et papale,* pp. 188 s. Cfr. J. Leclercq, *Jean de Paris et l'Ecclésiologie du XII siècle,* Paris 1942.

[50] [48] Su Marsilio cfr. G. De Lagarde, *La naissance de l'esprit laïque,* p. 11; *Marsile de Padoue ou le premier théoricien de l'esprit laïque* (ed. 2ª) Paris 1948; *Marsilio da Padova, Studi raccolti nel VI centenario della morte,* a cura di A. Cecchini e N. Bobbio, Padova 1942; G. da Simone, *Le dottrine politiche di Marsilio da Padova,* Roma 1942; N. Rubinstein, *Marsilius of Padua and the Italian Political Thought of his Time,* in J. R. Hale, J. R. L. Highfield, B. Smalley, *Europe in the Latter Middle Ages* (London 1965), pp. 44–75; J. K. Hyde, *Padua in the Age of Dante,* Manchester 1966; Gordon Left, *The Apostolic Ideal in Later Medieval Ecclesiology,* in «The Journal of Theological Studies» 18 (1967), pp. 58–82. Contro W. Ullmann *(A History of Political Thought. The Middle Ages,* Penguin 1965, pp. 184–185) e M. H. Wilks (*The Problem of Sovereignty in the Later Middle Ages,* Cambridge 1963) che vorrebbero sostenere l'influsso di Aristotele su Marsilio Ficino e Occam. L'autore sostiene, a ragione, che vi influì assai più l'ideale apostolico del cristianesimo presente del Nuovo Testamento.

Il potere temporale dei papi 255

«Cristo e gli apostoli vissero poveri, i loro poteri sono spirituali non materiali. Dinanzi a Pilato Gesù Cristo disse che il suo regno non era di questo mondo[51]. La chiesa primitiva non esercitava alcun potere coercitivo ed aveva solo i due ordini dei sacerdoti e dei diaconi[52]. Tutti gli apostoli erano tra loro uguali sotto Cristo, la posizione di Pietro tra gli apostoli era solo legata alla sua persona[53]. Il suo primato non passò ad alcun altro vescovo, ogni vescovo è indifferentemente successore degli apostoli e riceve il suo potere direttamente da Cristo[54]. La roccia non è Pietro ma Cristo, poiché lui solo è impeccabile e infallibile[55]. La Chiesa – moltitudine di fedeli – è sotto Cristo e non abbisogna di un suo vicario[56]. Il papato è un'istituzione puramente umana, e acquistò valore con il decreto di Costantino al Concilio di Nicea che voleva così esaltare la grandezza di Roma[57]. Ne deriva quindi che la gerarchia ecclesiastica creata da uomini e da concessioni imperiali, deve stare sottoposta ai governi civili[58].

12. LE TESI ODIERNE

Tra i cattolici prevalse una tesi più moderata che risale allo spagnolo Vincenzo (m. 1248) il quale commentando la sentenza di Innocenzo III «Noi non vogliamo giudicare le realtà terrestri» vi aggiunse la clausola «direttamente, ma solo indirettamente a motivo dei peccati»[59].

Tra i governi civili si andò invece diffondendo sempre più l'idea che i due regni, spirituale e civile, devono essere tra loro indipendenti e liberi. Motto espressivo di questa idea fu quello di Cavour: «Libero stato in libera

---

[51] [49] *Defensor Pacis*, c. 5 pp. 160–161 (ediz. R. Scholz, Hannover, 1932).
[52] [50] *Ivi*, c. 15, pp. 329–336.
[53] [51] *Ivi*, c. 15 e 16, pp. 336 ss.
[54] [52] *Ivi*, c. 15 e 16, pp. 347.349.
[55] [53] *Ivi*, c. 28, pp. 532–534.
[56] [54] *Ivi*, c. 28 pp. 547–549.
[57] [55] *Ivi*, c. 16, pp. 544.553.558.
[58] [56] Queste proposizioni del rettore della Università di Parigi furono condannate da papa Giovanni XXII nel 1327 (Denzinger-Bannwart 495–500).
[59] [57] La dottrina del potere indiretto ebbe notevole fortuna e fu accolta anche dal Codex Iuris Canonici: «La Chiesa ha il diritto di giudicare... la violazione delle leggi ecclesiastiche e tutte le cose in cui vi sia una qualche ragione di peccato» (Can. 1553, 1 e 2). Cfr. Ch. Journet, *La pensée sur le «pouvoir indirecte»*, in «Vie intellectuelle» 1929, pp. 630–682 (specialmente pp. 645–655); sull'opera di Vincenzo Ispano (m. 1248) cfr. F. Gillmann, *Der Kommentar des Vincentius Hispanus zur den Kanons der vierten Lateranconcils (1215)*, in «Archiv für Katholisches Kirchenrecht» 1929, pp. 223–274. Sull'idea della «regalità di Cristo» nel sec. XIII cfr. F. Leclercq, *L'Idée de la Seigneurie da Christ au moyen âge*, in «Revue d'Histoire Ecclésiastique» 53 (1958) pp. 57–68.

chiesa», così come di fatto si attua in America. Biasimato dai cattolici, ora viene riconosciuto ed auspicato anche dai cattolici più avanzati. Con l'indipendenza del governo civile da quello religioso va messa in rapporto la caduta benefica del potere temporale.

13. Caduta del potere temporale

Sotto Pio IX il desiderio di un'Italia unita e indipendente, le brame degli ideali portati dalla Rivoluzione francese sollevarono il cuore degli italiani che nel 1848, in seguito a una rivolta, occuparono Roma mentre il papa si rifugiava a Gaeta. L'Assemblea Costituente (tra cui il Mazzini) nel 1849 tra il tripudio generale proclamò a Roma la «Repubblica Democratica» e dichiarò decaduta la sovranità temporale del papa (143 voti contro solo 11). Ma un corpo di spedizione francese, chiamato dal cardinale Antonelli, sbarcò frattanto a Civitavecchia: sotto la direzione del generale Oudinot bombardò Roma e malgrado la difesa di Garibaldi, la fece capitolare (5 luglio). La repressione, ad opera del cardinale fu dura e diede luogo a rappresaglie e vendette crudeli.

È bene leggere un documento contemporaneo ora dimenticato, scritto dal generale dei teatini, p. Gioacchino Ventura di Raulica, che per tale sua lettera fu costretto a stare in esilio a Montpellier e poi a Parigi e a perdere il cappello cardinalizio che gli era stato promesso[60].

Civitavecchia, 12 giugno 1849

> Vi scrivo con le lacrime agli occhi, ed il cuore spezzato per il dolore. Mentre scrivo queste linee, i soldati francesi bombardano Roma, distruggono i suoi monumenti, uccidono con la mitraglia i suoi cittadini, ed il sangue scorre a torrenti. Ruine si accumulano sopra ruine, e Dio sa quale sarà la fine di questa terribile lotta. Si teme che se i francesi entrano in Roma per assalto, il popolo nella sua rabbia non si lasci trascinare a massacrare tutti i preti e frati e monache; ed in questo caso che bella vittoria avrebbe ottenuto la Francia! che bella restaurazione avrebbe fatto dell'autorità papale! La storia c'insegna che generalmente parlando le restaurazioni operate dalla forza non sono durevoli, e i troni rialzati sopra i cadaveri e nel sangue, finiscono per essere ben presto rovesciati di nuovo per scosse più violenti. Fra tutte le

---

[60] [58] P. G. Ventura nato a Palermo l'8 dicembre 1792, discepolo dei gesuiti, entrato nell'ordine dei teatini nel 1818, pubblicista, oratore e filosofo, morì a Versailles il 2 agosto 1861.

Il potere temporale dei papi

combinazioni discusse a Gaeta per rimettere il papa sul trono si è scelta la più deplorabile e funesta.

Ma quello che maggiormente affligge ogni anima cattolica è che se questa restaurazione ha luogo, essa senza ristabilire il potere del principe percuoterà e forse distruggerà l'autorità del pontefice. Ogni colpo di cannone lanciato contro Roma distrugge a poco a poco la fede cattolica nel cuore dei romani. Io vi ho già detto l'orribile impressione che han fatta sul popolo di Roma i «confetti di Pio IX!» – in carnevale si gettano i confetti sugli amici; qui si gettano le bombe...! – mandati ai suoi figli e l'odio che questi avevano eccitato contro i preti. Ma tutto ciò è nulla in paragone della rabbia che le bombe francesi hanno eccitata sul popolo contro la Chiesa e contro il Cattolicesimo. Siccome la maggior parte di quelle bombe sono cadute in Trastevere ed hanno rovinate le case dei poveri e ucciso le loro famiglie, cosi i Trasteverini in particolare, quella porzione della popolazione romana che era la più cattolica, ora maledice e bestemmia il papa e i preti a nome dei quali vede commettere così orribili stragi.

Io sono lungi dal credere che Pio IX voglia tutte queste cose, anzi credo che neppur le conosca. Io so che egli è in tale stato di isolamento che la verità dei fatti non può giungere fino a lui, o se vi giunge vi perviene assai alterata. Io so che il povero papa, circondato da gente cattiva ed imbecille, relegato nel fondo di una cittadella e poco padrone di se stesso, è quasi prigioniero. Io so che si abusa della sua debolezza di carattere, della delicatezza di sua coscienza e della sua malattia nervosa che lo sottomette all'influsso di quanti lo circondano.

Ma questo io credo e so, che cioè il popolo romano non lo sa e non lo crede. Il popolo sa e crede quel che vede e soffre. Egli vede gli Austriaci che, guidati da un prelato del papa (mons. Bedini) portano la desolazione e le stragi nelle legazioni, bombardano le città, impongono contribuzioni enormi ai più pacifici cittadini, fucilano ed esiliano i migliori patrioti e ristabiliscono ovunque il despotismo clericale. Il popolo vede che i Francesi a nome del papa fanno scorrere il sangue romano e distruggono la loro bella città. Il popolo vede che è il papa, il quale ha sguinzagliato quattro potenze armate di tutti i mezzi di distruzione contro il popolo romano come si sguinzagliano i mastini contro una bestia feroce: e vedendo tali cose, egli non sente più nulla e si leva contro il papa e contro la Chiesa in nome della quale il papa proclama essere suo dovere riacquistare con la forza il dominio temporale.

Il sig. D'Harcourt scriveva da Gaeta «La ragione e la carità sono bandite da Roma e da Gaeta». In queste parole vi è tutta la storia dei sette ultimi mesi. Gli eccessi di Roma, che nessuno intende approvare, sebbene inevitabili in tempo di rivoluzione, sono stati superati dagli eccessi di Gaeta. Non una parola di pace, di riconciliazione, di perdono; non una promessa di mantenere le pubbliche libertà che si aveva diritto di attendere dalla bocca del papa e di un papa come Pio IX. Nessuna di queste cose è venuta fuori da quel rifugio dell'assolutismo, da quella accozzaglia di sciocchezze e malignità congiurate insieme, per soffocare nella bell'anima di Pio IX ogni sentimento di carità e di amore.

Si è letta l'ultima allocuzione del papa ai cardinali. Quale imprudenza quale sciocchezza mettere sulla bocca del papa i più pomposi elogi dell'Austria e del re di Napoli, che sono i più grandi nemici dell'indipendenza italiana e i cui nomi fanno orrore ad ogni italiano!

Quale imprudenza aver fatto dire al papa che lui stesso ha fatto appello alle potenze per essere ristabilito su quel trono che egli stesso aveva abbandonato! È come se egli avesse detto: «Io voglio fare al mio popolo quella guerra che l'anno scorso dichiarai non voler fare ai Croati ed agli Austriaci oppressori dell'Italia»; le donne stesse fanno questo ragionamento e vedendo gli effetti di questa guerra brutale e selvaggia di quattro potenze contro un piccolo stato, vedendo i loro mariti, i loro figli uccisi o feriti, non potete farvi un'idea della rabbia di queste donne, dei sentimenti energici che esse manifestano, delle grida di furore, e delle maledizioni che mandano contro il papa, i cardinali e i preti. Comprendete quindi bene perché le chiese sono state devastate; non si vuol più né confessione né comunione, né messa, né prediche. In Roma non si predica più perché mancano gli uditori. Non si vuole più nulla di quello che è presentato dal prete o che in qualche modo di prete.

Per me Pio IX è sempre il Vicario di Gesù Cristo, il capo della Chiesa, il maestro, il dottore, l'interprete infallibile della regola della fede e dei costumi. Le debolezze ed anche gli errori dell'uomo, non mi fanno dimenticare in lui le sublimi prerogative del pontefice. Ma il popolo può comprendere tali cose? può sollevarsi e fermarsi a queste distinzioni teologiche? disgraziatamente nello spirito del popolo i delitti e le crudeltà dell'uomo sono i delitti e le crudeltà del prete; gli errori del re sono gli errori del papa, le infamie della politica sono gli effetti della dottrina della religione.

I miei amici di qui mi nascondono tutto quel che si fa e si dice a Roma in questo senso: essi vogliono risparmiarmi l'immenso dolore che mi cagionerebbero tali notizie. Malgrado queste cure delicate io ho saputo che in Roma tutta la gioventù, e tutti gli uomini istruiti sono venuti a questo ragionamento: «Il papa vuole regnare per forza su di noi, vuole per la Chiesa e per i preti la sovranità che non appartiene se non al popolo; egli crede e dice che è suo dovere agire in tal guisa perché noi siamo cattolici, perché Roma è il centro del cattolicesimo. Ebbene chi ci impedisce di finirla con il Cattolicesimo, di farci Protestanti se occorre. Ed allora qual diritto politico potrà vantare su noi? non è cosa orribile il pensare che dal momento che siamo cattolici e figli della Chiesa dobbiamo essere spadroneggiati da essa, abdicare tutti i nostri diritti, aspettare dalla liberalità dei preti, come una concessione, ciò che ci è invece dovuto per giustizia, ed essere condannati alla sorte più miserabile dei popoli?»

Ho saputo ancora che tali sentimenti sono divenuti assai più comuni di quanto io pensassi, e che sono penetrati persino nel cuore delle donne. Così vent'anni di fatiche apostoliche che ho sopportate per unire sempre più il popolo romano alla Chiesa sono state perdute in pochi giorni. Ecco verificato disgraziatamente anche al di là delle mie previsioni tutto quanto avevo predetto nelle mie lettere. Il Protestantesimo si trova piantato di fatto in gran parte di questo popolo romano così buono e così religioso; e, cosa orribile a dirsi, tutto ciò è avvenuto a cagione dei preti e per la cattiva politica nella quale hanno trascinato il papa.

Ah, mio caro amico, l'idea di un vescovo che fa mitragliare i suoi diocesani, di un pastore che fa scannare le sue pecore, di un padre che manda sicari ai suoi figli, di un papa che vuol regnare ed imporsi a tre milioni di cristiani per mezzo della forza, che vuol ristabilire il suo trono sulle ruine, sui cadaveri e sul sangue; quest'idea, dico, è così strana, così assurda, così scandalosa, così orribile, così contraria allo spirito ed alla lettera dell'Evangelo, che non vi è coscienza che non ne sia stomacata, non vi è fede che possa resistere ad essa, non vi è cuore che non ne frema, non vi è lingua che non si senta spinta a maledire a bestemmiare! era mille volte meglio perdere tutto il temporale e il mondo intero se fosse bisognato, piuttosto che dare un tale scandalo al popolo.

Oh! se Pio IX fosse stato lasciato a se stesso! se avesse potuto agire non consultando altro che il suo cuore. In primo luogo egli non avrebbe mai abbandonato Roma; e se fosse stato obbligato a lasciarla, non avrebbe abbandonato lo stato romano; egli sarebbe andato a Bologna, o ad Ancona, o a Civitavecchia, e vi sarebbe stato accolto come un inviato dal cielo. I Romani si sarebbero affrettati ad indirizzargli tutte le possibili onorevoli soddisfazioni. Egli non sarebbe andato a Gaeta: di là non avrebbe respinta la deputazione che gli mandava la città di Roma; non avrebbe fulminata quella scomunica che allontanò dalla costituente tutti gli uomini di coscienza timorata, tutti i suoi amici. Consigliato di provocare l'intervento armato delle potenze, avrebbe risposto che quello che è indifferente per un re, è scandaloso per un padre; e che non si sarebbe mai detto che Pio IX avrebbe fatto la guerra al suo popolo. Avrebbe detto che egli non voleva riconquistare con la forza quel che più non poteva possedere con l'amore. Avrebbe detto: «L'esilio, mille volte l'esilio, piuttosto che versare una sola goccia del sangue dei miei figli, piuttosto che appellarmi alle baionette e ai cannoni, che sottomettendo per forza il mio popolo mi farebbero perdere il suo amore e lo allontanerebbero dalla Chiesa e dalla religione». Se Pio IX avesse tenuto un tale linguaggio, se avesse fatto delle allocuzioni in questo senso, il popolo romano si sarebbe levato in massa, sarebbe andato a cercare il suo pontefice, lo avrebbe ricondotto in trionfo e sarebbe stato felice di vivere sotto l'ubbidienza di un tal principe. Quello sarebbe stato il mezzo più sicuro, il più efficace di risvegliare la reazione e renderla potente. Ma l'appello alla forza e alla guerra, la presenza ed il terrore del combattimento, invece di determinare la reazione, l'hanno indebolita, disarmata, annientata. Anche coloro che una volta erano per il papa, han trovato giusto ed onorevole che si rispondesse alla guerra con la guerra; hanno ripudiato Pio IX come re, e cominciano già a respingerlo anche come pontefice.

È probabile che Roma soccomba sotto l'attacco delle armi francesi: come infatti poter resistere alla Francia? È possibile che il papa rientri in Roma portando in mano la spada anziché la croce, preceduto dai soldati e seguito dal carnefice, come se Roma fosse la Mecca e il Vangelo il Corano. Ma egli non regnerà più sul cuore dei Romani; sotto questo aspetto il suo regno è finito, finito per sempre egli non sarà più papa che sopra un piccolo numero di fedeli.

L'immensa maggioranza resterà protestante di fatto, perché essa non praticherà più la religione, tanto sarà grande il suo odio contro i preti. Le nostre predicazioni non potranno più far nulla, ci sarà impossibile di far amare, o almeno tollerare la Chiesa cattolica da un popolo che avrà imparato ad odiarla e disprezzarla, in un papa imposto dalla forza, e in un clero dipendente da quel papa. Ci sarà impossibile di persuadere che la religione cattolica è loro felicità. I più belli argomenti, i più sensibili ai nostri giorni, i soli che siano gustati dai popo-

Il potere temporale dei papi

li, i più efficaci, quegli argomenti di fatto, in forza dei quali due anni or sono facevano trionfare la religione negli spiriti più ribelli, nei cuori più duri, quegli argomenti ci sono ora strappati di mano, il nostro ministero è divenuto sterile, e noi saremo fischiati, disprezzati e forse ancora perseguitati e massacrati.

Ringraziate dunque a nome della Chiesa di Roma i vostri sedicenti cattolici, i vostri pretesi giornali religiosi. Essi possono andar fieri d'aver incoraggiato e sostenuto l'attuale governo francese in questa lotta fratricida… che non lascerà nella storia, se non una di quelle pagine sanguinolente che l'umanità e la religione debbono espiare per lunghi secoli. Sono riusciti ad estinguere la fede cattolica nel suo centro, ad uccidere il papa ostinandosi a restaurarne il trono. L'immenso male che han fatto lo comprenderanno un giorno, ma sarà troppo tardi.

Fate di questa lettera quell'uso che vorrete: se la pubblicate, essa avrà il vantaggio di predicare a un clero stordito, e con questo terribile esempio insegnargli che non dobbiamo lasciarci dominare dagli interessi temporali altrimenti, a somiglianza dei Giudei, non solamente non potremo salvare il temporale, ma perderemo anche i beni eterni. Il clero deve prendere seriamente a difendere la causa del popolo, non quella del potere; deve farsi il tutore delle libertà pubbliche, non deve mai invocare la forza del potere per sottomettersi i popoli, ma deve unirsi ai popoli per ricondurre il potere sulle vie della giustizia e della carità del Vangelo. È tempo altresì che il clero di Francia smetta di combattere imprudentemente e sistematicamente tutto quello che si indica con il nome di socialismo. In ogni sistema vi è del buono, perciò S. Paolo ci dice : «Omnia probate, quod justum est tenete», altrimenti la questione socialista, lasciata a se stessa o perseguitata dal clero, ucciderà il Cattolicesimo in Francia, come la questione della libertà e indipendenza italiana, combattuta dal clero romano e dal suo capo, ha ucciso il Cattolicesimo in Italia e nella stessa Roma.

P. Ventura

Di fatto la legittima aspirazione italiana all'unità non potè essere soffocata e Vittorio Emanuele II nel 1859 riuscì ad annettersi la Romagna, iniziando così la conquista del regno pontificio finché il 20 settembre 1870 l'esercito italiano entrò definitivamente in Roma ad opera del generale Cadorna, attraverso la breccia di Porta Pia. Le Guarentigie del 13 maggio 1871, n. 214 in 19 articoli riguardanti le «Prerogative del Sommo Pontefice e della S.

Sede» (Titolo I) e le «Relazioni dello Stato con la Chiesa» (Titolo II) cercarono di garantire al papa quella libertà di lavoro indispensabile come Capo della Chiesa Cattolica Universale, ma furono respinte dal papa, come legge unilaterale e inadeguata. Finalmente dopo laboriose trattative durate qualche anno si addivenne ai Patti del Laterano e al Concordato tra l'Italia e la S. Sede (Pio XI rappresentato da card. Gasparri) e Mussolini l'11 febbraio 1929, accogliendo in gran parte le aspirazioni del vescovo Bonomelli e del P. Semeria[61].

Sorse così la *Città del Vaticano,* una piccola oasi indipendente nel Centro di Roma, con varie diramazioni in edifici esentati dal controllo italiano, usati per dicasteri papali e per istituti culturali. Il governo si impegnò a risarcire i danni economici del papa con una forte liquidazione in denaro (750 milioni anteguerra depositati in banche svizzere e americane!). Così il papa si assicurò una completa indipendenza nell'esercizio della sua attività religiosa[62].

---

[61] [59] G. E. Curatolo, *La questione romana da Cavour a Mussolini*, 1928. E. Devoghel, *La Question Romaine sous Pie XI et Mussolini*, Paris, 1929.

[62] [60] Sul valore economico dello Stato Pontificio cfr. *Time* del 26 febbraio 1965. p. 61 (diretto da Henry Luce); dalle stime bancarie più attendibili le ricchezze del Vaticano (secondo tale rivista) ammontano a 10–15 miliardi di dollari, cioè fra 6200 e 9300 miliardi di lire. Eppure il corsivista vaticano scriveva il 9 luglio 1965 in «L'Osservatore Romano»: «È chiaro che se la chiesa chiede è per donare. Se il papa raccoglie non lo fa per sé».

14

SVILUPPO DEL POTERE SPIRITUALE DEL PAPATO

La centralizzazione delle chiese, specialmente occidentali, sotto il primato romano, iniziata come vedemmo con Leone Magno, ebbe un forte impulso con Gregorio il Grande.

1. GREGORIO MAGNO

Nato verso il 540 da nobile famiglia senatoriale, Gregorio, a soli 31 anni, saliva alla carica di pretore, la più alta magistratura di Roma[1]. Tuttavia un giorno, deposte le insegne del suo grado, rivestì un umile saio monastico e trasformò il suo fastoso palazzo del Celio in un cenobio di monaci penitenti. Pelagio II lo inviò come «apocrisario», vale a dire suo nunzio, a Costantinopoli dove rimase sei anni. Tornato a Roma ed eletto pontefice, iniziò la sua missione con una grande processione penitenziale alla Basilica Liberiana dell'Esquilino (S. Maria Maggiore) per propiziare la divinità e far così cessare la pestilenza per la quale era morto anche il suo predecessore.

Si oppose energicamente all'invasione dei Longobardi e con il denaro – di cui teneva la più minuta contabilità – aiutò nobili decaduti, poveri, vergini cristiane profughe e prigionieri di guerra. Il vescovo di Roma seppe

---

[1] Cfr. P. Godet, *Grégoire* in «Dictionnaire de théologie catholique», col. 1776–1781; H. Leclercq, *S. Grégoire le Grand* in «Dictionnaire d'archéologie chrétienne et de liturgie», col. 1753–1776; P. Pingaud, *La politique de Grégoire le Grand*, Paris, 1872; P. Richard, *La monarchie pontifical jusqu'au Concile de Trente*, in «Revue d'histoire ecclésiastique» 1924, pp. 419 ss.; P. Batiffol, *S. Grégoire le Grand*, Paris 1928; E. Spearing, *The patrimony of the Roman Church in the Time of Gregory the Great*, Cambridge 1918; Gregorii Magni, *Opera* in PL 75–79; Gregorii I, *Registrum epistolarum*, ed. P. Ewald et L. M. Hartmann, 2 voll., 1891–99.

così trasformarsi in agricoltore, stabilire pesi e misure, proteggere i coloni da imposte illecite, vigilare i conduttori di fondi: tutto ciò fu l'origine lontana del potere temporale dei Papi e del patrimonio di S. Pietro. Non ostante le sue continue infermità, che lo costrinsero a letto gran parte del suo pontificato (590–604), rivolse il suo pensiero costante ai popoli dell'Occidente che gli diedero grande conforto con la conversione di Agilulfo, re dei Longobardi, sposo della regina Teodolinda, e con la evangelizzazione dell'Inghilterra che divenne quasi una colonia romana.

Il programma di governo, che il Pontefice attuò in pieno, fu quello di legare al papato tutte le chiese d'Italia e d'Europa e quello di perfezionare, accentrandolo a Roma, la direzione dell'immensa proprietà fondiaria che costituiva il patrimonio di S. Pietro[2].

In Oriente Gregorio Magno ebbe invece crescenti amarezze, tra le quali la contesa con Giovanni il Digiunatone, vescovo di Costantinopoli (m. 595), il quale pur vestendo poveramente e dormendo sulla nuda terra e digiunando di continuo (di qui il suo nome) volle assumersi il titolo di «*Patriarca ecumenico*», vale a dire di tutta la ecumene o terra abitata[3]. L'epiteto, già prima attribuito sporadicamente al vescovo di Roma o al patriarca alessandrino dal tempo dello scisma di Acario (484–519), era divenuto usuale per il patriarca costantinopolitano. Con tale titolo, che etimologicamente significa «mondiale» ma dall'uso assai vago, Giovanni non intendeva certamente elevarsi sopra Roma e l'Occidente, ma sull'impero bizantino. Gregorio leggendo l'incartamento di due sacerdoti dell'Asia Minore s'accorse che, quasi ad ogni pagina, vi si trovava tale epiteto per cui protestò energicamente (ad imitazione di Pelagio II, morto nel 590) in quanto vi vedeva un'espressione assai pericolosa e una orgogliosa manifestazione di grandezza e superiorità. Egli se ne lagnò, pare, con l'imperatore Maurizio, che lo invitò a riconciliarsi con Giovanni; ma il vescovo romano rispose, per mezzo del suo apocrisario, che sarebbe proceduto per la retta via «senza temere altri che Dio» (*Reg.* V, 45). Egli scrisse poi lettere all'imperatore Maurizio *(Reg.* V, 37; *Reg.* V, 39) e allo stesso patriarca Giovanni il Digiunatore *(Reg.* V. 18).

Nella lettera a Maurizio ricorda che lo stesso Pietro non fu mai chiamato apostolo universale, afferma che se il patriarca universale dovesse errare trascinerebbe con sé tutta la Chiesa, e così apostrofa l'orgoglioso patriarca:

---

[2] Cfr. sotto il capitolo 13 riguardante il *Potere temporale dei Papi*.
[3] Cfr. S. Vailhé, *St. Grégoire le Grand et le titre de patriarche œcuménique* in «Echos d'Orient» 11 (1908), pp. 65–69.161–171.

«Le nostre ossa sono disseccate dal digiuno, e tuttavia l'animo nostro è gonfio d'orgoglio; il corpo è vestito di vili panni e intanto con superbia ci innalziamo nel nostro cuore al disopra della stessa porpora; stiamo nella Chiesa, eppure non miriamo che alla grandezza; siamo i dottori degli umili ma i duci della superbia; sotto l'aspetto d'agnelli nascondano denti di lupo» *(Reg. V, 37)*.

Al patriarca Giovanni così scrive:

«A motivo di questa temeraria presunzione la pace di tutta la Chiesa è turbata e la grazia diffusa su tutti in comune è negata... L'apostolo Paolo intendendo taluni dire: Io sono di Paolo, io di Apollo, io di Cefa (1 Cor 1,12) acceso di grande sdegno a tale lacerazione del corpo del Signore, per cui le sue membra si raccoglievano sotto altri *capi,* esclamò: È forse Paolo che fu crocifisso per voi? o foste voi battezzati nel nome di Paolo? Se dunque lui rigettò il fatto che dei membri del corpo di Cristo dovessero attaccarsi ad altri capi, pur essendo apostoli, al di fuori di quello di Cristo, che dirai tu Giovanni a Cristo che è *capo* della Chiesa universale nel rendimento dei conti il giorno del giudizio finale? Tu che ti sforzi di preporti a tutti i tuoi fratelli vescovi della Chiesa universale e che con un titolo superbo vuoi porti sotto i piedi il loro nome in paragone del tuo? Che vai tu facendo con ciò, se non ripetere con Satana: Ascenderò al cielo ed esalterò il mio trono al di sopra degli astri del cielo di Dio? Vostra fraternità mentre disprezza (gli altri vescovi) e fa ogni possibile sforzo per assoggettarseli, non fa che ripetere quanto già disse il vecchio nemico: Mi innalzerò al di sopra delle nubi più eccelse. Alla penosa vista di tutti questi fatti e nel timore dei segreti giudizi divini aumentano le mie lacrime e il mio cuore più non riesce a contenere i gemiti considerando che il piissimo signor Giovanni, uomo di tanta astinenza ed umiltà, spinto dall'istigazione dei suoi consiglieri, sia montato in tanto orgoglio che, anelando a un titolo, fa di tutto per assomigliare a colui che nella sua alterigia volle assimilarsi a Dio ma che finì, poi, con il perdere la grazia e la somiglianza già posseduta».

«Certamente» continua Gregorio «Pietro è un membro della Chiesa universale; Paolo, Andrea, Giovanni che altro sono se non capi di particolari comunità? Ma tutti sono membri dipendenti da un unico capo, cioè Gesù Cristo. Per sintetizzare tutto in una espressione: i santi avanti la legge, i santi sotto la legge, i santi sotto la grazia formano tutti insieme il corpo del Signore, e son tutti membri della Chiesa.

Ebbene nessuno di loro si è mai attribuito la qualifica di ecumenico. Possa dunque tua Santità riconoscere quanto sia grande il tuo orgoglio pretendendo un titolo che nessun altro uomo veramente pio si è giammai arrogato»[4].

Ma poco dopo la politica dell'Oriente cambiò. Foca, ufficiale subalterno e senza istruzione, marciò su Costantinopoli, si fece proclamare imperatore, suppliziò il predecessore Maurizio e i suoi figli. Il suo impero fu caratterizzato da continui complotti repressi con la massima ferocia, per cui si comprende la diffidenza verso il clero costantinopolitano, che non poteva vedere di buon occhio il comportamento dell'usurpatore[5]. Al contrario Roma usò con lui rapporti assai cordiali, specialmente ad opera di Bonifacio III, successore di Gregorio; ne derivò il «privilegio» del 19 gennaio 607 con cui l'imperatore riconobbe la supremazia della «Sede Apostolica di Pietro su tutte le chiese (*caput omnium ecclesiarum*)» e vietò al patriarca di Costantinopoli di usare il titolo di «ecumenico» che da quel momento doveva essere riservato solo al vescovo di Roma[6]. Più tardi papa Adriano I (772–795), scrivendo all'imperatrice Irene, lamentò che Tarasio, vescovo di Costantinopoli, si fosse assunto il titolo di patriarca ecumenico, che di diritto spettava solo al vescovo romano, affermando che con tale comportamento egli

«pretendeva il primato sopra la stessa nostra chiesa, il che appare ridicolo a tutti i cristiani fedeli, poiché per tutto l'orbe terrestre fu dato dallo stesso Redentore il principato e la potestà al beato Pietro; per lo

---

[4] *Registrum Epistolarum* V, *Epistola* 18, PL 77, pp. 739–740. Dunque nemmeno il vescovo di Roma si era mai arrogato, secondo la testimonianza di Gregorio, il titolo di «vescovo ecumenico». Ma pochi anni dopo, dimentico di questa opposizione, il vescovo di Roma Bonifacio III si attribuì tale titolo, divenuto poi di uso generale. Ma con ciò egli non faceva che deviare sempre più da quel principio di fraternità, di amorevolezza e di ubbidienza al Cristo, che deve stare alla base della religione cristiana.

[5] Era chiamato «semi barbaro», bestia selvatica, paragonabile a un centauro o a un cinghiale di Calidone (così Teofilatto di Samosata, VIII,10). Il patriarca Ciriaco aveva rifiutato di consegnare all'imperatore la vedova e le figlie di Maurizio rifugiate in Santa Sofia. Cfr. C. Patrono, *Dei conflitti tra l'imperatore Maurizio Tiberio e il papa Gregorio Magno*, Padova 1909 (è molto ostile a Gregorio), p. 72.

[6] *Liber Pontificali*, ed. Duchesne, vol. I, p. 316; nel 608 i romani elevarono nel foro una colonna sormontata da una statua di Foca in bronzo dorato in onore del «clementissimo e piissimo imperatore, trionfatore perpetuo, incoronato da Dio (!!), sempre augusto» *(Corpus inscriptiorum latinorum,* vol. VI, n. 1200); nel 609 Foca inviava a Bonifacio III un'ambasciata carica di doni e autorizzava la trasformazione del Pantheon in una chiesa dedicata a Maria e ai santi martiri.

stesso apostolo, del quale immeritatamente facciamo le veci, la Chiesa romana, santa, cattolica e apostolica fino ad ora e per sempre detiene il principato e la autorità del potere»[7].

In tal modo fu applicato al papa quel titolo che Gregorio Magno aveva rifiutato di usare, come segno di superiorità indebita[8].

2. Progressiva diminuzione delle autonomie locali in Occidente

In Occidente a poco a poco scomparve l'indipendenza prima goduta da molte chiese locali, assorbita dal dominio romano, spesso anche con la complicità di governi civili.

Le chiese africane, che avevano difeso a lungo la propria indipendenza dal vescovo di Roma, come già abbiamo visto, fecero tacere la loro voce con la conquista del loro territorio ad opera dei Musulmani.

Le chiese irlandesi, dirette da monaci e senza la organizzazione episcopale (da questo derivò la esenzione attuale dell'abate dalla giurisdizione episcopale) conservarono a lungo i propri riti anche in contrasto con gli usi romani. Per secoli tali chiese rimasero autonome per cui in certi momenti parve che «la vecchia razza celtica, già da tempo sterminata dai Romani e dai Germani, ricomparisse per conquistare i suoi conquistatori e che il cristianesimo celtico fosse sulla via di dettar legge alle chiese d'Occidente»[9]. Sarà solo verso il XII secolo che le chiese celtiche, accostatesi a Roma, ne riconobbero il primato e divennero anzi dei forti sostenitori dell'autorità papale.

La chiesa di Spagna godette sempre di completa indipendenza da Roma, non ostante che nessuna sede metropolitana spagnola fosse d'origine apostolica[10]. Isidoro di Siviglia in una sua lettera al vescovo di Roma Claudio[11]

---

[7] *Adriani papae I epistolae* 56, in PL 96,1217D–1220A, testo greco ivi coll. 1218D–1219A. La lettera fu letta al Concilio Ecumenico VII di Nicea (a. 787). Tuttavia ne furono saltati i passi riguardanti l'abuso del titolo di patriarca ecumenico da parte del vescovo di Tarasio. Di più la libera versione greca ha cercato di attutire la volontà di primato da parte di Adriano I, facendolo vicario non solo di Pietro, bensì dei due apostoli Pietro e Paolo, detti i «corifei» (non i capi) del collegio apostolico.

[8] È interessante notare come papa Paolo VI parlando del suo prossimo incontro ad Istanbul con Atenagora di Costantinopoli, lo abbia chiamato lui stesso «patriarca ecumenico» (L'Osservatore Romano, 15 luglio 1967).

[9] Green, *Histoire du peuple anglais*, vol. I, p. 22 della 24ª edizione.

[10] Solo Santiago di Compostella nel settentrione spagnolo pretese di essere stata fondata da un apostolo e di possedere la sua sepoltura. Sono note le lotte del suo vescovo con quello di Toledo per la supremazia spagnola, che terminò nel 1088, quando Urbano II eres-

riconobbe che «al Romano pontefice si deve mostrare una speciale doverosa ubbidienza come al vicario di Cristo», ma di fatto i sinodi spagnoli conservarono la loro giurisdizione sui vescovi e sui metropoliti, opponendosi a Roma anche in materia di fede. Nel sinodo di Toledo (a. 686) una lettera di papa Benedetto II fu sottoposta a severa critica e gli fu rimproverato di «contraddire i Padri con grande impudenza»[12]. In seguito a una lettera di Adriano I che nel 790 biasimava alcuni abusi, per circa 200 anni i rapporti epistolari con Roma furono bruscamente interrotti[13]. Secondo Diego Almirez, nessun vescovo spagnolo del sec. XI seguiva Roma o lo era tributario, bensì si conformava alla legge toledana[14]. Fu Gregorio VII che nel 1085 ad opera dei monaci di Cluny, soppresse il rito mozarabico.

La chiesa franca, pur riconoscendo il primato di Roma, conservava una sua propria indipendenza, tant'è vero che al tempo della iconoclastia, nonostante gli sforzi di papa Adriano I (772–795), si oppose al culto delle immagini, le quali potevano essere usate solo per abbellire il locale di culto, senza però che si accendessero candele o si bruciasse incenso o si elevassero preghiere dinanzi a loro. Così decise il Concilio di Francoforte, che nel 794 rifiutò le decisioni del Concilio II di Nicea e disse che in questioni riguardanti la fede è utile consultare Roma, senza per altro affermarne la necessità. Adriano li confutò con ragioni bibliche senza affatto accampare la sua

---

se la sede primaziale a Toledo. Pare che la decisione fosse motivata dal timore che Santiago volesse ergersi come uguale a Roma. La *Historia compostellana*, scritta nel sec. XII sotto gli auspici di Selmirez, che ottenne il pallio dal papa e ambiva al primato, così scrive: «Ciò che gli impedì di conseguirlo fu che i romani resistettero alla petizione pensando: la chiesa di Compostella si erge orgogliosamente e arrogantemente, e guarda alla chiesa di Roma non come a sua signora, ma come a sua pari. La chiesa romana temeva infatti che la chiesa di Compostella, fondata sopra un sì grande apostolo, guadagnando più autorità episcopale, potesse assumere il primato di onore tra le chiese d'Occidente; e per il fatto che la chiesa di Roma governava sopra la maggioranza delle chiese a motivo di un apostolo, così anche la chiesa di Compostella potrebbe porsi a prima e governare molte chiese a motivo del suo apostolo. Ciò spiega i timori di Roma che sino ad oggi prese le sue precauzioni per il futuro» *(Historia compostellana* III, 3).

[11] JPL 83,903; il vescovo Claudio pontificò dal 606 al 636.
[12] Mansi, *Sacrorum conciliorum, nova et amplissima collectio* XII, 16.
[13] *Historia critica de España*, XIII, pp. 258 s.
[14] *Historia Compostellana, España sagrada*, XX, 252. Pelayo de Oviedo falsificò la storia di Isidoro per mostrare che già al tempo di Gregorio M., del quale Isidoro fu reso vicario, era già sottoposta a Roma.

autorità;[15] ma i teologi franchi dichiararono apertamente che i passi patristici da lui addotti erano assurdi e fuori luogo per la questione trattata[16].

Le chiese delle Gallie, dipendenti da Arles, godevano di una vasta autonomia ed Ilario, suo vescovo canonizzato poi dalla Chiesa, agì con indipendenza presiedendo vari concili, deponendo o sostituendo vescovi con persone di sua scelta. Ciò non piacque a molti che se ne lagnarono presso Leone IV; questi colse l'occasione per intervenire, forte dell'appoggio di Valentiniano III il quale con un editto, forse dettato dallo stesso papa, sottomise a Roma le Gallie. In tale decreto si sosteneva che la pace ecclesiastica è possibile solo quando tutte le chiese riconosceranno un solo capo. Il documento che espressamente parla soltanto di «chiese Occidentali» e di «ambedue le Gallie» servì di base per le future espansioni papali. L'editto, dopo aver accennato alla resistenza di Ilario e delle chiese transalpine, così continua:

«Non solo condanniamo un delitto sì grave affinché il più piccolo disturbo non sorga tra le chiese e la disciplina della Chiesa non ne venga indebolita, ma decretiamo altresì con questo editto perpetuo che non sia consentito ai vescovi delle Gallie e delle altre province, contrariamente all'antico costume (!!), di fare alcunché senza l'autorità del venerabile papa della città eterna; che anzi tutto ciò che l'autorità della sede apostolica abbia approvato o abbia ad approvare si consideri da esse come legge, di modo che se qualche vescovo si opponesse, in caso che venga chiamato a comparire dinanzi al tribunale del vescovo romano, sia obbligato ad andarvi per mezzo del governatore della provincia, affinché in tutto si presti attenzione a ciò che i *nostri divini padri* concessero alla chiesa romana»[17].

L'editto, al dire del cattolico Tillemont, mostra come «gli imperatori aiutarono a stabilire la grandezza e l'autorità dei papi»[18]. Naturalmente tale

---

[15] *Libri carolini*, editi da Heumann, *Concilii Niceni II, censura R. C. Caroli M. de impio imaginum cultu libri IV,* Hannover 1731. «Quod Romana Catholica et Apostolica Ecclesia, caeteri ecclesiis praelata, prò causis fi dei, cum questio surgit, omnino sit consulenda *dignum duximus*». La lettera di Adriano I (722–795) si legge in Mansi, *Sacrorum conciliorum*, XIII, pp. 759–810. [1ª ediz: «*Act. Conc.*», da cui si suppone che l'autore abbia sbagliato la citazione, *Acta conciliorum oecumenicorum*, pubblicato da E. Schwartz, oppure che abbia sbagliato l'autore citato. NDR]

[16] Valde absona et ad rem de qua agebatur minime pertinentia. Mansi, *Sacrorum conciliorum*, XIV, pp. 421 ss.

[17] Leone Magno, *Epistola* 11 PL 54, pp. 636–640. Si noti l'inciso «i nostri divini padri», non Cristo.

[18] L.-S. Tillemont, *Mémoires,* vol. XV, p. 83.

supremazia fu da costoro legittimata con il fatto che in loro era Pietro ad agire, per cui essi operavano come suoi «vicari».

Ilario fu chiamato a Roma e il papa gli proibì di adunare concili fuori della sua provincia, di ammettere ai concili provinciali i vescovi stranieri; sottrasse poi alla sua giurisdizione i vescovi suffraganei della provincia di Vienne, gli proibì di prender parte ad alcuna elezione episcopale e dichiarò che doveva stimarsi fortunato di non ricevere castighi assai più gravi per quelle che furono chiamate le sue «usurpazioni», mentre di fatto erano dei puri diritti tradizionali.

3. Le decretali pseudo-isidoriane

Costituiscono la più importante falsificazione medievale (sec. IX), nella quale un certo Isidoro Mercatore, confuso erroneamente con Isidoro di Siviglia (di qui il titolo di Pseudo-isidoriane), compilò probabilmente a Reims, falsificandole, una sessantina di decretali pontificie (ossia leggi papali) che vanno da Clemente I a Gregorio II (a. 90–731)[19].

I forgiatori avevano il lodevole intento di difendere i vescovi locali contro i soprusi dei principi secolari e dei metropoliti sottoponendoli al potere del vescovo romano; ma di fatto tali falsi inescusabili, ottennero il risultato di accrescere a dismisura il primato romano e di porre le basi della sua straordinaria esaltazione. Il loro pensiero si può riassumere in queste poche righe: i vescovi posti sotto accusa hanno il diritto di appellare al papa; tutte le cause principali («majores») riguardanti i vescovi vanno riservate in suprema istanza al foro romano, le leggi statali che fossero in contrasto con canoni o decreti papali diventano nulle ipso facto.

Tali falsi furono ritenuti autentici e applicati per tutto il Medio Evo; seri dubbi circa la loro autenticità sorsero solo nel XV secolo ad opera specialmente di Nicolò Cusano e Giovanni di Torquemada tra i cattolici. La difesa tentata inutilmente dal gesuita Francesco Torres (m. 1572) fu frantumata dal calvinista David Blendel (m. 1628).

Da esse risulta che il papa ha la «piena potestà» (*piena potestas*) sulla Chiesa secondo un'espressione forse coniata già da Leone il Grande. Essa divenne strumento efficace contro l'egemonia civile e i soprusi che alcuni volevano attuare contro il clero inferiore. Servirono pure per sviluppare la riforma della Chiesa tramite sinodi e concili generali. L'apice di questa ri-

---

[19] K. Bihlmeyer – H. Teuchle, *Storia della Chiesa*, vol. II, Brescia 1956, pp. 72 s. *Decretales Pseudo Isidorianae,* ed. P. Hinschius, Lipsia 1863; cfr. P. Fournier e G. Le Baas, *Histoire des Collections Canoniques en Occident,* vol. I, Parigi 1931, pp. 126–233; J. Haller in «*Studi Gregoriani*» II, Roma 1947, pp. 91–101.

Sviluppo del potere spirituale del papato 271

forma si attuò nel 1215 con il Concilio Lateranense IV. Il papa in quei secoli divenne il vero capo che dirigeva e moveva tutta la Chiesa. Mediante le Decretali e le leggi posteriori i vescovi si videro ridurre gradatamente la loro autonomia e la loro libertà. Dal sec. IX gli *arcivescovi* furono obbligati a chiedere a Roma, entro tre mesi dalla loro nomina, uno speciale ornamento chiamato «pallio», che dovevano poi pagare[20]. Dal secolo XI dovettero anzi recarsi personalmente a Roma per riceverlo dalle mani stesse del papa.

Leone IX (1049-1054) si mise a conferire il titolo di cardinale, che fino a quel tempo era riservato a vescovi, preti e diaconi romani, ad ecclesiastici di altri paesi, creandosi in tal modo dei suoi rappresentanti in ogni centro principale sui quali poter contare. I cardinali, eletti dal papa, vennero sempre più considerati l'espressione della Chiesa universale.

Verso il sec. XII (1100) papa Pasquale II obbligò i metropoliti a visitare periodicamente il papa per dargli un resoconto delle loro attività *(visita ad limino)*. Questo obbligo fu poi esteso nel sec. XV a tutti i vescovi, che dovettero venire confermati dal papa. Dal XII secolo era pure divenuto comune uno speciale giuramento di obbedienza al sommo pontefice, che poi fu reso obbligatorio nel 1234 da Gregorio IX.

Anche i metropoliti che godevano prima di una certa indipendenza, dal XIV secolo, spesso per loro desiderio, presero a chiedere conferma a Roma della loro elezione. Questa fu resa obbligatoria nel XV secolo pena la nullità della elezione[21].

Tutti questi comportamenti documentano come da un periodo originario nel quale non si riconosceva l'autorità giurisdizionale del vescovo romano, in Occidente si andò gradatamente imponendo in modo sempre più assoluto la sua giurisdizione.

4. Superiorità sui Concili : convocazione e approvazione.

I Concili ricevettero autorità e valore solo se indetti dal papa e da lui approvati. Ciò in realtà non era affatto in armonia con l'insegnamento precedente.

---

[20] Il *pallio* è una striscia di lana bianca che gira sulle spalle, con due corti pendenti neri sul petto e sul dorso. Nel VI secolo divenne una insegna papale; portato dal vescovo di Ostia perché consacrato dal papa (PL 67,1016) era spedito a coloro che ricevevano una speciale giurisdizione papale *(Liber Pontificalis* I, 202; Simmaco lo accordò a Cesario di Arles). Cfr. J. Braun, *I Paramenti sacri,* trad. ital. 1914, pp. 129-135; L. Duchesne, *Origine du culte chrétien,* Paris 1925, ediz. 5ª, pp. 404-410.

[21] Concordato di Costanza del 1418, can. 2.

Stando alle decretali Pseudo-isidoriane, già papa Pelagio II avrebbe avocato alla sede romana il diritto di convocazione di ogni concilio sia generale che particolare[22]. Benché in realtà i concili generali siano stati convocati dal papa solo dal XII secolo in avanti, l'ignoranza storica dei fatti precedenti e l'autorità delle Decretali indusse i teologi a pensare che fosse sempre stato così. Lo affermò Tommaso d'Aquino,[23] e lo ripetè il Concilio Lateranense V,[24] e attraverso vari teologi ciò fu asserito fino all'Ottocento con il teologo Carlo Passaglia nelle sue tesi *De Conciliis*,[25] e con lo Scheeben[26] i quali, riesumando una ipotesi del cardinale Bellarmino, resero l'imperatore presente ai concili un semplice delegato papale.

Fu merito di F. X. Funk, successore dello Hefele nella cattedra di Storia della Chiesa a Tubinga, l'aver eliminato questa tesi impostasi tradizionalmente nella teologia in contrasto con la realtà storica pur attirandosi in tal modo aspre critiche. Dalle numerose lettere di convocazione giunte fino a noi,[27] dalle quattro dichiarazioni imperiali che ci sono pervenute[28] e dalle dichiarazioni di Costantino il Grande nel Concilio di Nicea[29] risulta che gli imperatori consideravano la convocazione dei concili come una faccenda di loro competenza, in quanto «vescovi» al di fuori della Chiesa[30].

---

[22] *Decretales Pseudoisidorianae,* ed. Hinschius, Leipzig 1863.

[23] *Summa Theol.*, II, II, q. 1, a 10; cfr. anche ad 2; *De potentia* q. 10, 94, ad 13.

[24] Mansi, *Sacrorum conciliorum*, 32,967.

[25] H. Schauf, *De Conciliis oecumenicis. Theses Caroli Passaglia de conciliis deque habitu quo ad Romanos pontifices referuntur*, Roma-Friburgo di B. Barcellona 1961. È la prima edizione corredata di note.

[26] M. J. Scheeben, *Handbuch der Katholischen Dogmatik, I Theologische Erkenntnislehre,* diretto da Grabmann, pp. 242–261 (opere complete a cura di J. Hoefer, III, Friburgo B. 1952, ediz. 3ª.

[27] F. X. Fünk, *Die Berufung der Oekumenisch.cn Synoden des Altertums,* in «Kirchengeschichtliche Abhandlungen und Untersuchungen», I, pp. 44–52.

[28] *Ivi,* pp. 52–55.

[29] *Ivi,* p. 55. Cfr. V. Grumel, *Le siège de Rome et le Concile de Nicée. Convocation et présidence* in «Echos d'Orient», 28 (1925), pp. 411–415; G. Bardy, *De la paix constantinienne à la mort de Theodore,* in Fliche-Martin, *Histoire de l'Église* sec. III, Paris 1950, p. 80; per lui la distinzione tra convocazione formale da parte del papa e quella materiale dell'imperatore è «una sottigliezza inutile». La convocazione imperiale è sostenuta da E. Schwartz, *Über die Reichskonzilien von Theodosius bis Justinianus,* in «Zeitschrift der Savigny Institut für Rechtsgeschichte», Kanonist Abteil II (1921), pp. 201 s.; da Goemans, *Het algemeen concilie in de vierde eeuw* (Il Concilio ecumenico nel IV secolo), Nimega-Utrecht 1945; F. Dvornik, *De autoritate civili in Conciliis oecumenicis,* in «Acta VI Conventus Velehradensis», Olomucii 1933, pp. 156–167.

[30] Costantino fu chiamato «Vescovo di quelli di fuori» (*episcopos tón ektòs),* Eusebio, *De vita Constantini.* La terminologia che si rifà al giudaismo – che chiamava «quelli di fuori» i non Giudei (cfr. 1 *Cron* 26,29; *Nem* 11, 16) – indica per Eusebio i non cristiani, quei che non sono «santi». (Cfr. Eusebio, *Historia Ecclesiastica* 8,7,2 e 5b; cfr. pure Ermia, *Derisione*

Sviluppo del potere spirituale del papato 273

«È mia volontà» dice Costantino nella sua lettera di convocazione del Concilio di Nicea «che voi tutti premurosamente vi raduniate nella suddetta città». I dibattiti per essere legittimi dovevano iniziare con la lettura del messaggio imperiale, che aveva ordinato al sinodo di riunirsi e indicandone, anzi, le questioni controverse da risolvere. Solo dopo la chiusura del concilio da parte dell'imperatore e la sua licenza i vescovi potevano tornare alle proprie sedi.

Il Concilio di Costantinopoli (a. 381) fu convocato da Teodosio I senza che la Chiesa romana ne fosse nemmeno avvertita e vi presenziasse. Il Concilio di Efeso (a. 431) fu indetto dall'imperatore Teodosio II che ne era stato sollecitato da Nestorio. Perfino uomini come Atanasio e Leone il Grande supplicarono la corte di convocare il Concilio di Sardica e un sinodo italico. Quando poi Leone cambiò idea, l'imperatore Marciano convocò ugualmente il Concilio di Calcedonia (a. 451). I vescovi del concilio nel loro messaggio di ringraziamento a Giustiniano II sottolinearono che l'imperatore aveva «convocato questo santo sinodo ecumenico eletto da Dio».[31] Nel 754 l'imperatrice Irene comunicò a papa Adriano: «Abbiamo deciso un concilio» (a. 787, Conc. Nicea II).

5. Presidenza e direzione

In origine la presidenza e la direzione dei concili ecumenici ossia generali spettavano di diritto all'imperatore, che spesso affidava a vescovi illustri o a commissari laici. Nel Concilio di Nicea durante la seduta inaugurale (21 maggio 325) l'imperatore Costantino, assiso su di un trono d'oro, tenne in latino (com'era di prammatica negli atti ufficiali) un discorso mostrandosi preoccupato per la pace pubblica[32]. La presidenza nelle altre sessioni fu tenuta da Osio vescovo di Cordova, dopo del quale figurarono i due presbiteri romani delegati dal vescovo romano Silvestro che non vi potè presenziare a motivo della sua tarda età. Osio firmò sempre per primo senza indicare di rappresentare qualcuno, mentre i due legati romani dichiararono di sottoscrivere a nome di Silvestro[33].

---

dei filosofi di fuori (*tôn ectofilosòfôn*). Costantino è vescovo dei pagani, non in quanto pontefice massimo degli idolatri, ma in quanto amico del cristianesimo e in quanto deve cercare di condurli con la sua sorveglianza nella vera Chiesa. Si noti quindi il carattere non sacerdotale insito nel termine «episcopo»; cfr. G. Ricciotti, *La «era dei martiri». Il Cristianesimo da Diocleziano a Costantino,* Coletti Editore, Roma 1953, pp. 256-257.

[31] *Quinisesto* a. 692, così detto perché ritenuto un complemento dei concili 5° e 6°.
[32] Eusebio, *De vita Constantini* 2,12.
[33] «Dalla Spagna, quello sommamente famoso, s'assise insieme con gli altri (= Osio); l'antistite poi della città imperiale (= Roma, così Teodoreto 1,7; Sozomeno 1,17 lo chiama

Nel Concilio di Costantinopoli la presidenza fu tenuta da Melezio, vescovo di Antiochia, che fra l'altro non era nemmeno in comunione con la Chiesa romana. Quando durante il concilio il presidente morì, Gregorio Nazianzeno, vescovo di Costantinopoli, suggerì di sostituirvi il vescovo Paolino che godeva il favore anche di Roma, ma tutti gli orientali vi si opposero dicendo che ciò poteva sembrare una resa di fronte ad una piccola minoranza antiochena. «Il sole va da oriente a occidente» dissero i vescovi «non da occidente a oriente».

Il Concilio di Efeso (a. 431), indetto dall'imperatore Teodosio II che ne era stato sollecitato da Nestorio, fu presieduto da Cirillo, il quale lo diresse senza nemmeno attendere i tre legati pontifici e i vescovi della Siria[34].

All'imponente sinodo del «rinnovamento» tenuto in Antiochia nel 341 la presidenza fu tenuta di persona dallo stesso imperatore Costanzo. Teodosio II cercò di rinunziare a tale suo diritto, ma i successori Pulcheria e Marciano fecero dirigere il Concilio di Calcedonia (a. 451) dai loro legati imperiali. Leone Magno cercò, è vero, di affidare la presidenza ai suoi legati dopo che l'incaricato imperiale Dioscoro aveva sospinto in acque eretiche il cosiddetto «sinodo dei briganti» (a. 449). Ma anche se i vicari del papa «sedettero al posto d'onore» (*praesidebant*), in realtà la presidenza vera ed effettiva fu tenuta dal commissario Candidiano e le acclamazioni salutarono l'imperatore Marciano come maestro della fede.

Quasi tutte le sedute del VI Concilio Ecumenico di Costantinopoli (a. 680–681) furono presiedute dall'imperatore Costantino IV Pogonato;[35] al

---

erroneamente Giulio, mentre era Silvestro e ricorda anche i nomi dei due legati Vito e Vincenzo. Meno bene Gelasio di Cizico 11,5 pensa che la città imperiale sia stata Costantinopoli che ancora non esisteva) mancava a causa della vecchiaia, ma erano presenti i suoi presbiteri, che ne tenevano il posto». Eusebio, *De Vita Constantini* 3,7. Questi in 3,13 dice: «...che vi presiedettero i *presidenti* (plurale) che secondo Gelasio, un compilatore del sec. V, sarebbero stati Osio e i due presbiteri romani. Ma il Ricciotti pensa che il plurale sia un plurale di categoria (cfr. Mt 27,44 e Mc 15,32 dove si dice che i ladroni bestemmiavano sulla croce il Cristo, mentre in realtà si trattava di uno solo; cfr. Lc 23,39), il che meglio si accorderebbe con il fatto che Osio firmò sempre il primo per conto suo e senza alcuna delega. Cfr. G. Ricciotti, *La «era dei martiri». Il Cristianesimo da Diocleziano a Costantino*, Coletti Editore, Roma 1953, pp. 336–337.

[34] I legati papali arrivarono più tardi assieme ai vescovi siriani, ma mentre i romani si unirono al concilio di Cirillo, i siriani ne indissero contemporaneamente uno proprio. L'imperatore dapprima approvò le decisioni di entrambi i concili, poi cercò di accostare le due fazioni, infine si decise a favore di Cirillo contro Nestorio. Per conseguire tale scopo Cirillo aveva messo in moto a corte tutte le leve (inviando tra l'altro ricchi doni); egli era sostenuto specialmente da Pulcheria, la pia e influente sorella maggiore dell'imperatore (K. Bihlmeyer-H. Tuechle, *Storia della Chiesa*, Brescia 1956, vol. I, p. 310).

[35] Sexta Synodus, quam notu Dei vostra clementia sedule convocavit, et cui prò Dei ministerio praefuit (Mansi, *Sacrorum conciliorum*, 11,730). L'imperatore Costantino IV co-

VII Concilio Ecumenico di Nicea (a. 787) la presidenza fu tenuta dal patriarca Tarasio, appena nominato dall'imperatrice Irene, della quale era stato consigliere segreto, pur essendovi presenti i commissari imperiali. Al termine l'imperatrice fece di persona la decisiva richiesta di consenso e sottoscrisse la risoluzione finale. Anche nell'VIII Concilio Ecumenico Costantinopolitano IV (a. 869–870) l'imperatore Basilio diresse i lavori, fece riesaminare, con stizza degli interessati, le lettere credenziali dei legati romani, riesumò la questione di Fozio non ostante la sentenza di deposizione emessa dal sinodo romano e cedette poi la presidenza ai suoi commissari. Nel Concilio Ecumenico Costantinopolitano II del 431 papa Vigilio non presenziò affatto. Tutti questi fatti contrastano il pensiero di quei cattolici che esigono la convocazione e la presidenza di un concilio da parte del papa perché sia ecumenico[36].

6. Convalida dei concili

Le decisioni conciliari divenivano *ipso facto* una legge statale promulgata dall'imperatore.

> «Quella procedura dimostra in modo chiaro e inconfutabile che la validità delle decisioni non si riteneva dipendente da una successiva ratifica della sede romana. In caso contrario le decisioni non avrebbero potuto essere pubblicate e l'imperatore non avrebbe potuto dar loro forza di legge, prima che ne fosse pervenuta la convalida»[37].

La presunta conferma del Concilio di Nicea da parte di Silvestro (314–335) è una pura leggenda. Secondo Graziano, papa Gregorio il Grande avrebbe proibito a qualsiasi persona di convocare un sinodo particolare, e obbligato, in caso di discussione su qualsiasi punto riguardante i concili ecumenici, a ricorrere per spiegazione «alla sede apostolica» (romana). Ma

---

municò l'editto di convocazione al patriarca Giorgio, presiedette alle prime undici sessioni, alla sua sinistra (allora posto d'onore) stavano i tre apocrisari del papa e il vescovo di Gerusalemme, ed alla sua destra il patriarca di Antiochia, Giorgio.

[36] Sulle metamorfosi di papa Vigilio si veda il capitolo su l'infallibilità papale.

[37] F. X. Fünk, *Die päpstliche Bestätigung der acht ersten allgemeinen Synoden* in «Kirchengeschichtliche Abhandlungen und Untersuchungen» I, p. 121. Su tutti questi problemi cfr. A. Michel, *Die Kaisermacht in der Ostkirchen (843–1204)*, in «Ostkirchliche Studien» 2 (1953), pp. 89–109; 3 (1954), pp. 1–28.133–163, 4 (1955), pp. 1–42.221–260; 5 (1956), pp. 1–32.

si tratta di un falso poiché l'originale ha «alle sedi apostoliche», plurale anziché singolare[38].

Nelle decretali il papa era ritenuto capo della chiesa, per cui gli si potevano rivolgere le parole di Bernardo di Chiaravalle.

«Voi siete il vescovo dei vescovi; gli Apostoli, vostri antenati, hanno ricevuto la missione di porre l'universo sotto i piedi di Gesù Cristo: ciascuno ha il suo gregge di cui ha la carica, per voi, tutti i greggi non fanno che uno, e vi è stato confidato. Pastore di tutte le pecore, e pastore di tutti i pastori».

7. Separazione dell'Oriente

La tattica assorbitrice del vescovo di Roma non riuscì invece in Oriente, che volle a tutti i costi difendere la propria indipendenza. Molte chiese orientali, staccatesi ben presto dalle altre, rappresentano lo stadio iniziale della Chiesa quando non riconosceva ancora l'autorità di Roma. Così la Chiesa Armena si stabilì una sua gerarchia indipendente, rimasta a lungo ereditaria nella famiglia del loro apostolo nazionale: Gregorio l'Illuminatore. Anche l'antichissima chiesa Siro-Persiana e la chiesa Etiopico-abissina non conobbero per lungo tempo alcun primato, neppure onorifico, della chiesa romana[39]. Le chiese orientali, pur concedendo un certo primato di onore a Roma, di fatto non ne ammisero mai la superiorità gerarchica e nel 1054 preferirono staccarsene anziché sottoporsi ad essa.

Varie ragioni collaborarono per la opposizione tra Roma e l'Oriente: gli orientali rimproveravano ai latini il taglio della barba, l'uso del pane azzimo, la creazione di statue, l'uso di anelli al dito, l'asserzione che lo Spirito Santo procede solo dal Padre e non anche dal Figlio. Rimproveravano specialmente che il pontefice e i vescovi cattolici si ponessero a capo dei soldati per attuare delle vere imprese militari. Ma la vera ragione, non asserita, era l'ingerenza sempre più prominente di Roma negli affari costantinopolitani.

Un primo tentativo avvenne al tempo di Nicolò I (858–867) quando il patriarca Ignazio di Costantinopoli fu deposto dall'imperatore Michele III

---

[38] «Nec licuit aliquando, nec licebit particularem synodum congregare, sed quoties aliqua de universali synodo aliquibus dubitatio nascitur, ad recipiendam de eo, quod non intelligunt, rationem... *ad apostolicam sederti* pro recipienda ratione conveniant» (Graziano, *Dist*. 17 c. 4). L'originale tratto da Pelagio ha invece *ad apostolicas sedes* (plur.). Probabilmente la frase fu pronunciata da Pelagio contro il sinodo scismatico di Aquileia diretto contro il V concilio Ecumenico (Doellinger, *Infallibilità papale*, p. 103, nota 59).

[39] K. Bihlmeyer-H. Tuechle, *Storia della Chiesa*, Brescia 1956, vol. I, pp. 224–226.

Sviluppo del potere spirituale del papato

cui egli censurava la vita licenziosa e sostituito con Fozio sapiente linguista e commentatore. Nicolò I lanciò l'anatema contro Fozio, il che causò uno scisma durato solo pochi anni, poiché Fozio fu alfine deposto e Ignazio rimesso al suo posto. Fozio fu anzi condannato da un Concilio di Costantinopoli, che la Chiesa cattolica ritiene uno degli ecumenici. Ma dopo la morte di Ignazio fu ristabilito nel suo incarico di vescovo costantinopolitano e ritenuto un santo dalla Chiesa bizantina[40].

Il secondo scisma, definitivo, si attuò con Michele il Cerulario. Leone IX aveva cercato di annettersi i Normanni dell'Italia meridionale, dipendenti dal patriarcato greco (1053); Michele Cerulario insorse per affermarne la indipendenza da Roma. Il papa si adirò e, mentre Michele faceva chiudere le chiese latine di Costantinopoli per imporvi l'uso greco, mandò una legazione a Costantinopoli con la scomunica. Naufragate le trattative il 16 luglio del 1054 i legati greci deposero sull'altare di S. Sofia la bolla di scomunica; Cerulario radunato un sinodo, scomunicò a sua volta i legati che, scossa la polvere dai calzari, se ne tornarono a Roma[41]. Ecco i testi delle reciproche scomuniche:

a) da parte di Roma

«Che Michele, patriarca abusivo, neofita il quale ricevette l'abito di monaco per timore umano ed è stato screditato da delitti efferati, che con lui, Leone, il preteso vescovo di Acrida, che il tesoriere di Michele il Cerulario Costantino, il quale con i suoi piedi profani ha calpestato l'ostia dei latini e che tutti coloro i quali li seguono tali errori e proposizioni temerarie siano scomunicati. Maranatha... con i simoniaci, i Valeriana, gli Ariani ecc... con il diavolo e... i suoi angeli, a meno che tornino a sentimenti più saggi. Amen... Amen... Amen. Umberto»[42].

b) la risposta di Michele: editto sinodale.

«È stato deciso che il primo giorno della settimana prossima 20 luglio, quando si deve leggere secondo l'uso l'*ectesi* del V sinodo, si scomunicherà questo scritto (di Umberto) empio e coloro che l'hanno esposto,

---

[40] Sulla figura enigmatica e discussa di Fozio cfr. F. Dvornik, *Lo scisma di Fozio*, edizioni Paoline 1953 (è una rivalutazione di Fozio).
[41] A. Michel, *Humbert und Kerullarios*, 2 voll., 1924–1930; M. Jugie, *Le schisme byzantin* 1961; F. Dvornik, *Lo scisma di Fozio*, Edizioni Paoline, 1953.
[42] PL 120, pp. 741–746.

scritto o data la loro approvazione o il loro consiglio per la sua stesura. L'originale di questo scritto non è stato bruciato ma deposto nel santo ripostiglio del bibliotecario a prova perpetua contro coloro che hanno pronunciato delle bestemmie contro Dio, e per la loro condanna certa»[43].

Un tentativo di riconciliazione avvenne nel Concilio di Lione del 1274, dove i delegati accolsero tutte le pretese dei latini; ma il popolo insorse e i delegati vennero condannati. Nel 1439 il Concilio di Firenze non ottenne alcun risultato di valore. Solo gli italo-greci restarono riuniti alla chiesa di Roma.

Le scomuniche sono state rimosse con un atto congiunto da parte di Paolo VI e Atenagora, il 7 dicembre 1965.

8. Declino dell'autorità papale

Da Innocenzo IV (1243–1254) la *piena potestas* papale fu invocata non per beneficio della Chiesa, ma per vantaggio esclusivo del papa[44] con lo scopo di trovare fondi da usarsi per la Curia romana e dei benefici per i suoi protetti, molto spesso con l'accordo tacito od espresso di Roma con i capi del luogo a scapito delle chiese locali. Quando fu perso il vero interesse per il bene della Chiesa, il papa usò il potere raggiunto non per edificare il corpo di Cristo, ma per impedire ad altri di farlo. Dopo il triste periodo avignonese del XIV secolo, il papato, che avrebbe dovuto in linea di principio garantire l'unione delle Chiese, fu occasione della sua divisione mediante lo scisma d'Occidente (1378–1417), nel quale due o tre papi si contendevano il potere o regnavano indipendentemente gli uni dagli altri a Roma, in Francia e in Spagna[45]. Si trovò la soluzione del problema nella dottrina

---

[43] Michele Cerulario, PL 120,748.

[44] Prendo qui lo spunto di una conferenza tenuta dal domenicano Edmondo Hill, *Papauté et Collégialité*, in «Istina» (1967), pp. 137–147 (specialmente pp. 138 s.).

[45] Ecco i papi tra loro in contesa alla morte di Gregorio XI (1376):
– i vescovi vogliono eleggere un papa francese, ma al grido dei romani tumultuanti «Romano lo volemo o almeno italiano» elessero Urbano VI (vescovo di Bari, m. 1399), cui successe Bonifacio IX (m. 1404), Innocenzo VII (m. 1406), Gregorio XII;
– per la prepotenza di Urbano, i vescovi francesi riuniti a Fondi deposero costui con la scusa che l'elezione non era stata libera e si scelsero Clemente VII, che vinto in guerra da Urbano con i soldati di Alberico, si ritirò ad Avignone; gli successe Benedetto XIII;
– a Pisa un concilio (1409), deposto Gregorio XII e Benedetto XIII, elessero il vescovo di Milano Alessandro V (m. 1410) cui successe Giovanni

conciliare, che ora si vede, anche da molti cattolici, in un modo non partigiano come lo era in passato, quando si riteneva una dottrina eretica creata da Occam e da Marsilio Ficino; molti cattolici l'ammettono ora come un-'idea perfettamente ortodossa, almeno nella sua formazione meno rigida[46].

9. Dottrina conciliare

Essa è già sostanzialmente presente nell'ecclesiologia assolutamente ortodossa e tradizionale del XII e XIII secolo[47]. Il Tierney nelle opere già citate presenta il seguente sviluppo della idea conciliare:

Teorie decretiste sulla direzione della Chiesa (1140–1270). – Secondo i commentatori del *Decretum* (di qui il nome decretisti) di Graziano, la Chiesa romana locale (papa e cardinali) può sbagliare, ma non la Chiesa universale che è la comunione di tutti i fedeli. Il concilio ecumenico rappresenta tutte le chiese che si uniscono a quella romana e al papa. Mentre Graziano respinge una limitazione del potere papale da parte del Concilio, i suoi commentatori gli riconoscono invece due limiti : il papa deve accettare le decisioni del Concilio che gli è superiore; le questioni riguardanti tutta la Chiesa devono infatti essere giudicate da tutti secondo una norma di Bonifacio VIII[48]. Perciò nei problemi di fede – dice Giovanni Teutonico – il Concilio è maggiore del papa[49]. Di più secondo la sentenza di Girolamo, l'orbe è maggiore dell'urbe (*Orbis major est urbe*); perciò il collegio dei vescovi è superiore al vescovo di Roma, come l'intero corpo è superiore al capo. Di conseguenza la Chiesa, a cui Cristo ha affidato l'ultima istanza:

XXIII (ma senza che gli altri cedessero). Tre papi vissero così contemporaneamente, la Chiesa ubbidiva all'uno o all'altro, tutti crearono cardinali, vescovi, santi, ecc.

Il Concilio di Costanza, ottenuta l'abdicazione di Gregorio XII, depose gli altri (Benedetto XIII e Giovanni XXIII) eleggendo nel 1414 il nuovo papa Martino V. Cfr. N. Valois, *La France et le grand schisme d'Occident*, 4 voll., Paris 1896–1902.

[46] Cfr. B. Tierney, *Foundations of the Conciliar Theory,* Cambridge 1955; *A Conciliar Theory of the Thirteenth Century*, in «Catholic Historical Review», 36 (1951), pp. 415–440; *Ockham, The Conciliar Theory, and the Canonists*, in «Journal of the History of Ideas», 15 (1954), pp. 40–70; *Pope and Council: Some New Decretists Texts*, in «Medieval Studies», 19 (1957), pp. 197–218; H. Küng, *Strutture della Chiesa,* Boria, Torino 1965, pp. 272–297; K. Hirsch, *Die Ausbildung der Konziliaren Theorie*, Vienna 1903.

[47] Accanto a Brian Tierney della Catholic University of America di Washington, va ricordato pure W. Ullmann, *The Origins of the Great Schism,* London, 1948.

[48] Quos omnes tangit ab omnibus iudicetur.

[49] *Synodus maior est papae*. Per i testi di Giovanni Teutonico cfr. Tierney, *Foundations of the Conciliar Theory,* Cambridge 1955, pp. 250–254.

«Dillo alla Chiesa» (Mt 18,18), può anche deporre un papa che divenga eretico, scismatico o si irretisca di gravissime colpe morali.

Papalismo e dottrina ecumenica corporativa nel secolo XIII. – I decretalisti – o commentatori delle famose decretali o leggi papali – misero invece in risalto l'autorità del papa, pur asserendo che ciò si avvera per esplicita «delega» da parte della comunità (concezione corporativa). Secondo il cardinale Enrico di Segusia, vescovo di Ostia (m. 1271), detto «fons et monarcha iuris» per la sua reputazione, l'autorità sta non solo nel capo ma anche nei membri, per cui, nelle questioni che interessano la collettività il capo deve avere il consenso dei membri. Se ciò inizialmente si applicava soprattutto alla chiesa particolare (vescovo), più tardi si estese pure al papato.

Le idee conciliari nel XIV secolo. – In questo periodo apparve la vera teoria conciliare, che fu resa possibile «quando l'ecclesiologia decretistica fu fecondata da concetti corporativi decretalistici»[50]. La prima formulazione completa fu data dal grande teorico politico Jean de Paris[51] il quale in una ardita sintesi affermò che ogni autorità ecclesiastica – compresa quella papale – poggia sull'istituzione divina e sulla «cooperazione umana», vale a dire sulla trasmissione del potere tramite l'elezione. La vera padrona d'ogni bene è la Chiesa, mentre il papa ne è solo il dispensatore. Nelle questioni di fede il papa ha bisogno della collaborazione del concilio, che secondo il card. Guglielmo Durantis si dovrebbe radunare ogni dieci anni.

L'idea conciliare fu pure insegnata da due docenti germanici all'Università di Parigi: Enrico di Langenstein e Corrado di Gelnhausen[52]. Anche Pietro d'Ailly (m. 1420) cancelliere dell'Università di Parigi sostenne la dottrina conciliare. «La fermezza della Chiesa non può poggiare sulla debolezza di Pietro, ma solo su Gesù Cristo». Il papa è capo solo in quanto ebbe un'autorità delegata in parte dalla Chiesa *(ministerialiter exercens)* ma non può essere superiore a questa, essendo impossibile che una parte sia superiore al tutto. Se anche tutti i sacerdoti errassero, vi saranno sempre nella Chiesa delle umili persone che salvaguardano il deposito della rivelazione: «È chiaro che il tutto è superiore alla parte e il papa è solo una parte del concilio, come il capo è una parte del corpo»[53]. In un sermone predi-

---

[50] Tierney, *Foundation of the Conciliar Theory*, Cambridge 1955, p. 245.
[51] Cfr. *ivi*, pp. 157–158.
[52] Enrico di Langenstein, nella sua *Epistula Pacis* (1379) e *Epistula Concilii Pacis* (1381) affermò che la suprema autorità sta nella congregazione dei fedeli; Corrado di Gelnhausen nella sua *Epistula brevis* (1379) e *Epistula Concordiae* (1380) pose la suprema autorità nel Concilio dei vescovi.
[53] *De ecclesiae auctoritate,* stampata nella *Gersonis opera,* vol. I (Paris 1606), p. 931.

cato al Concilio di Costanza disse: «Solo la Chiesa universale ha il privilegio di non errare»[54].

Il dotto e pio Jean le Charlier de Gerson (m. 1429) servì a diffondere tale idea; secondo lui Gesù Cristo concesse la supremazia non direttamente al papa, ma alla Chiesa (Mt 18, 18): «Dillo alla Chiesa». Il papa perciò è fallibile, inferiore al concilio ecumenico e può essere giudicato, condannato e deposto dalla Chiesa. Il papa, come sposo (?!) della Chiesa, può abbandonarla, vale a dire dimettersi come fece Celestino nel 1294; ma può anche essere abbandonato dalla Chiesa come nel caso di un governo dispotico. Come è possibile uccidere un aggressore, così la Chiesa può difendersi deponendo un papa indegno. Nei concili i sacerdoti e i cristiani hanno il diritto di esprimere il loro voto, perché furono i primi cristiani a delegare la loro autorità al clero[55].

Occam (m. 1349 o 1350) e Marsilio di Padova (m. 1348) quando abbracciarono la teoria conciliare si inserivano quindi nella grande corrente canonista medievale[56].

10. IL CONCILIO DI COSTANZA

La teoria conciliare ebbe la sua accettazione canonica nel Concilio di Costanza[57] e precisamente con i canoni 4 e 6 del 6 aprile 1415, destinati in

[54] Cfr. J. P. McGowan, *Pierre d'Ailly and the Council of Constance,* Dissertation, Washington Catholic University, 1936.

[55] Cinque scritti principali contengono le sue idee: *Quatuor considerationes de pace et imitate ecclesiae* in Gersonis opera I, Paris 1606, pp. 250 ss.; *Trialogus* (T. I., pp. 291 ss.); *De infallibilitate papae* (I, pp. 154 ss.); *De imitate ecclesiastica* (I, pp. 178 ss.); *De potestate ecclesiastica* (I, pp. 110 ss.). Cfr. L. Salembier, *Gerson* in «Dictionnaire de théologie catholique», 6, pp. 1313–1330; V. Martin, *Comment s'est formée la doctrine de la supériorité du Concile sur le Pape,* in «Revue des Sciences Religieuse», 17 (1937), pp. 121–143, 261–289, 405–426.

[56] Essi vi innestarono tuttavia delle idee personali: come per Occam l'idea della libertà evangelica, della fallibilità del concilio generale, della posizione privilegiata dell'imperatore. Marsilio, uomo politico, rettore dell'Università di Parigi, insignito di due benefici ecclesiastici da Giovanni XXII, nel suo *Defensor pacis,* sostiene che il papa è una creazione dell'imperatore; nella Chiesa la suprema autorità risiede nel Concilio ecumenico, al quale gli stessi laici devono partecipare. La Chiesa che delega il suo potere al papa, lo può anche revocare. La sua dottrina fu condannata il 23 ottobre 1327 (Denzinger-Bannwart 495–500).

[57] Sul Concilio di Costanza cfr. A. Franzen e W. Mueller, *Dos Konzil von Konstanz. Beitrage zu seiner Geschichte und Theologie* (Festschrift H. Schäufele), Freiburg, Herder 1964; P. De Voogt, *Les pouvoirs du Concile et l'autorité du pape au concile de Constance* (Unam Sanctam 56), Paris, Du Cerf 1965; Jean Gerson, *Oeuvre complètes,* t. VI, *L'oeuvre ecclésiologique,* Tournai-Paris, Desclée 1965; K. W. Noerr, *Kirche und Konzil bei Nicolaus de Tudeschis (Panormitanus),* Köln, Böhlau, 1964; Olivier De La Brosse, *Le pape et le Concile, La comparaison de leur pouvoirs à la veille de la Réforme* (Unam Sanctam, 58), Paris, Du Cerf, 1965.

modo particolare contro l'enigmatica figura di Giovanni XXIII. Ecco come suonano:

> «Il Concilio di Costanza, regolarmente convocato come rappresentante della Chiesa, riceve direttamente il suo potere da Dio. Ciascun membro della Chiesa, incluso il papa, è perciò obbligato ad ubbidire a tutti i decreti che esso abbia a stabilire per la fede, la distruzione dello scisma e la riforma della Chiesa» (Decreto 4).

> «Chiunque, papa incluso, rifiutasse obbedienza agli ordini, alle leggi e ai decreti di questo santo Concilio o di ciascun futuro concilio ecumenico regolarmente radunato, sarà sottoposto a penitenza e punito secondo le sue colpe qualora egli non voglia pentirsi anche ricorrendo ad altri aiuti (Decreto 6)»[58].

Infatti il Concilio di Costanza (Ecumenico XVI) tenuto negli anni 1414–1418, dopo la rinuncia di Gregorio XII, depose Giovanni XXIII e Benedetto XIII (Pietro di Luna), che non volevano dimettersi, eleggendo il nuovo papa Martino V[59].

11. Il Concilo di Basilea

La medesima dottrina fu ripetuta al Concilio di Basilea, che, dopo il suo scioglimento attuato da papa Eugenio IV (m. 1447), continuò i suoi lavori e cercò di deporre il papa; in esso si distinse Nicolò da Cusa che fu un fervido assertore dell'idea conciliarista[60].

Usualmente i decreti di Costanza sono dai teologi ritenuti privi di valore perché non approvati dal papa; ma i cattolici Küng, Dom Paul de Vooght, e Olivier de la Brosse li ritengono validi e vincolanti[61]. Il Concilio di Basi-

---

[58] I due decreti si leggono in Hefele-Leclercq, *Histoire des Conciles,* vol. 7, pp. 210 s. (Paris 1916); *Conciliorum Oecumenicorum Decreta,* Bologna, Herder 1962, p. 385. «Gli altri aiuti» sono probabilmente i bracci secolari.

[59] Cfr. L. Salembier, *Le Grand schisme d'Occident,* Paris 1902.

[60] Cfr. Nicolaus De Cusa, *De concordantia libri tres,* edidit Gerhardus Kallen, Liber primus, Hamburg, Felix Meiner 1964. Il libro primo accoglie le teorie conciliariste, sia pure senza le demagogie di alcuni autori. «Et dum hanc partem defendimus, quod papa non est universalis episcopus, sed super alios primus..., quia veritatem defendimus... recte papam honoramus» (I p. 161). «An universale concilium proprie captum, scilicet, quod universam catholicam ecclesiam repraesentat, sit supra patriarchas et Romanum pontificem, credo dubium esse non debere» (I, p. 180).

[61] H. Küng, *Strutture della Chiesa,* Torino, Boria 1965, pp. 264–265, 269–277. B. Huebler, *Die Constanzer Reformation und die Concordate von 1418,* Leipzig 1867, pp.

lea, appena si riunì, riconfermò i decreti generali della quarta e quinta sessione di Costanza. Il presidente card. Giuliano Cesarini in una lettera del 5 giugno 1432 dichiarava al papa Eugenio IV che la legittimità del suo pontificato dipendeva dalla legittimità di quei canoni:

> «Se questo Concilio (di Basilea) sia legittimo o meno, dipende dal Concilio di Costanza; se quello fu vero, anche questo è vero. Non pare del resto che nessuno abbia mai dubitato della sua legittimità: *e lo stesso si dica di tutto ciò che ivi fu decretato*. Se infatti qualcuno dicesse che i decreti di quel Concilio non sono validi, allora bisognerebbe dire che non fu valida nemmeno la destituzione di Giovanni XXIII, fatta in forza di quei decreti. E se essa non era valida, non lo fu nemmeno l'elezione di papa Martino, avvenuta quando quello era ancora in vita. E se papa Martino non fu papa, non lo è nemmeno Vostra Santità, che è stata eletta dai cardinali da lui nominati. Nessuno, più di Vostra Santità, ha quindi interesse a difendere i decreti di quel Concilio. Se un qualunque decreto di quel Concilio sarà messo in dubbio, allo stesso titolo si potrà contestare la validità degli altri; e per ciò stesso non saranno nemmeno validi neppure i decreti degli altri Concili, perché se vacilla l'attendibilità di un Concilio, vacillerà tutto il resto»[62].

Infatti Eugenio IV, come già aveva fatto Celestino V, approvò tali decreti:

> «Accettiamo, abbracciamo e veneriamo, come i nostri stessi predecessori dalle cui orme non ci vogliamo scostare, il Concilio generale di Costanza, il decreto Frequens, e parimenti tutti gli altri decreti e concili, che rappresentano la Chiesa militante cattolica con tutto il loro potere, la loro autorità ed onore eminente»[63].

Tuttavia in seguito con raffermarsi del papato si cercò di soffocare la teoria conciliarista allora dominante esaltando la dottrina canonista dell'autorità papale, perciò Pio VI nella Bolla *Execrabilis* del 1460 osò formalmente proibire, sotto pena di scomunica, chiunque appellasse dal papa al Concilio. Tuttavia tale decreto incontrò una fiera opposizione – al pari di simili decreti dei suoi successori Sisto IV e Giulio II – e fu anzi ritenuto invalido dai giuristi di quel tempo, persino dal curialista Giovanni Gozzadini,

---

269–277.

[62] Citato da B. Huebler, *Die Constanzer Reformation, op. cit.*, pp. 269 s.

[63] Dal già citato B. Huebler, *Die Constanzer Reformation, op. cit.* p. 270.

perché in contrasto con i decreti di Costanza. Il Concilio Lateranense V affermò nel 1516 che il «Pontefice sta al di sopra dei concili»[64] ma fu ritenuto un concilio non libero, indebitamente controllato dal papa e composto in prevalenza di italiani. Perfino Bellarmino riteneva che tale opinione fosse disputabile tra i cattolici:

> «Del Concilio Lateranense, che definì espressamente la questione, alcuni dubitano che sia stato davvero generale; sino ad oggi vi è quindi tale disputa tra i cattolici»[65].

L'idea conciliarista perdurò nel *Gallicismo* che prese la sua forma concreta nella *Dichiarazione del clero gallicano,* composto da Bossuet, sancita e promulgata dal re Luigi XIV (1682). Ecco quanto più ci interessa:

> «Noi arcivescovi e vescovi riuniti a Parigi per ordine del re, abbiamo giudicato conveniente stabilire e dichiarare:
> 1. Che San Pietro e i suoi successori vicari di Gesù Cristo e che tutta la Chiesa, non hanno ricevuto potenza da Dio che per cose spirituali riguardanti la salute e non per le cose materiali e visibili...
> 2. Che la pienezza della potenza della S. Sede apostolica e dei successori di Pietro sulle cose spirituali è tale che i decreti del S. Concilio Ecumenico di Costanza (sess. 4 e 5) approvati dalla S. Sede apostolica, confermati dalla pratica di tutta la Chiesa e dei pontefici romani, osservati religiosamente dalla Chiesa anglicana, dimorano in tutta la loro forza e valore, e la Chiesa di Francia non approva l'opinione di coloro che attentano a quei decreti o li indeboliscono dicendo che la loro autorità non è stabilita, che essi non sono approvati o che riguardano solo il tempo dello scisma...
> 4. Che benché il papa abbia la parte principale nelle questioni di fede e i suoi decreti riguardino tutte le Chiese, e ogni Chiesa in particolare, il suo giudizio non è pertanto irreformabile, a meno che non vi intervenga il consenso della Chiesa.»

---

[64] Concilium Lateranum V, Sessio XI, 19 dic. 1516, in «Conciliorum Oecomenicorum Decreta», Bologna 1962, p. 618, 20–23. Nel Concilio di Basilea il cardinale Nicolò da Susa affermò: «Noi rettamente diciamo che tutti gli apostoli ebbero il medesimo potere di Pietro» (cfr. Van der Hardt, *Concilium Constantiense*, I, p. 5, c. 17 e 13); ma nel 1437 passò alla idea opposta negando ogni potere ai vescovi. Cfr. R. Sabbadini, *Nicolò da Cusa ed i Conciliari di Basilea alla scoperta dei codici*, «Rendiconti della Reale Accademia dei Lincei» a. 1910

[65] R. Bellarmino, *De Conciliis,* e II c. 13 (*Opera omnia,* Parigi 1870, II, p. 265).

Siccome, a causa di tali decreti, papa Innocenzo XI (1676–1689) si oppose alla nomina regia dei vescovi. Luigi XIV per ottenere un accordo diplomatico, finì per ritirare i quattro articoli incriminati.

Tuttavia l'idea conciliare, sia pure in forma mitigata, non è ancora scomparsa del tutto, come risulta dalle seguenti affermazioni del Küng:

> «Quante sventure si sarebbero potute evitare alla Chiesa, dopo il Concilio di Costanza, se ci si fosse attenuti a quella che fu la posizione fondamentale di quel concilio – primato papale e *insieme* un certo «controllo conciliare!»… Se non si vogliono lasciare completamente cadere le decisioni del Concilio di Costanza (cosa che, come risulta da quanto abbiamo esposto, non è consentito a un cattolico) non si può rinunciare ad affermare una superiorità (conciliare) rettamente intesa… (Si deve concepire) come un reciproco condizionamento… come un rapporto reciproco di lavoro al servizio della Chiesa, sotto un unico e solo Signore»[66].

12. Il distacco protestante : la Riforma

Contro la progressiva sostituzione del papato a Cristo, il quale agisce, parla e governa tramite il papa, si erse la riforma protestante che volle riportare l'autorità papale al di sotto della «Parola». Secondo molti teologi della riforma il papato fu presentato come l'Anticristo, come il «mistero dell'iniquità» già all'opera (2 Tes 2,7) come la «bestia» dell'Apocalisse che si eleva su tutto ciò che p divino (Apoc. 17).

La reazione principiò il 10 dicembre 1520 alla Porta-della-Gazza (Elstertor) di Wittenberg, quando Martin Lutero gettando la bolla papale di scomunica nelle fiamme in cui già ardevano il *Corpus Juris Canonici* e i volumi di teologia scolastica pronunciò queste parole: «Poiché tu hai conturbato la verità di Dio, conturbi te oggi il Signore in questo fuoco. Amen»[67].

Per i protestanti la Chiesa «è figlia nata dalla Parola, non è madre della Parola»; essa è sempre la *Ecclesia discens,* che impara dal suo Capo e dallo Spirito della verità. È tutta intera sotto l'autorità ultima della Verità divina rivelata[68].

---

[66] Küng, *Strutture, ivi*, p. 271.
[67] Cfr. G. Miegge, *Lutero,* Torre Pellice 1946, p. 487.
[68] *Vorlesungen über I Mose, Weimarer Ausgabe* XLII, pp. 334, 12.

Così gran parte dei paesi anglosassoni si staccò dalla supremazia papale, creando uno dei più grandi scismi del cattolicesimo, invano combattuto dalla cosiddetta controriforma ad opera del Concilio di Trento[69].

13. LA CURIA PAPALE

L'organismo curiale ha subito variazioni e ampliamenti nel corso dei secoli; in esso elementi di primario valore sono i cardinali.

Il nome deriva dai *presbyteri et diaconi cardinales,* vale a dire *incardinati* (da *cardine*) al servizio di una chiesa o di una diaconia di Roma[70]. Tale titolo fu poi riservato a coloro che erano preposti alle chiese titolari (*tituli cardinales*) di Roma o delle più importanti d'Italia (come Milano, Napoli, Ravenna) e fuori (come Colonia, Costantinopoli ecc.). Passò poi a indicare gli ecclesiastici addetti al governo della Chiesa come aiutanti del papa che si distinsero in cardinali vescovi, sacerdoti e diaconi secondo il grado da essi goduto nella Chiesa.

Il titolo cardinalizio da Nicolò II (1059) a Eugenio IV (1438) assunse un notevole prestigio; il Concilio di Costanza li limitò a ventiquattro, sotto Paolo IV (1559) il loro numero salì a quaranta, elevandosi poi a ottantasei al tempo di Gregorio XIII. Sisto V li fissò a settanta in accordo con i seniori di Israele[71]. Giovanni XXIII varcò tale limite, portato da Paolo VI ad oltre il centinaio in seguito alla maggior diffusione del cattolicesimo[72].

Dal sec. XI alcuni cardinali furono scelti come *legati* papali e inviati per missioni particolari in differenti stati della terra. Dal sec. XII perché vicari

---

[69] XIX Concilio Ecumenico, 1545–1563.
[70] Questa istituzione, secondo una testimonianza di papa Zaccaria (m. 752) risalirebbe a papa Silvestro I (m. 337).
[71] Costituzione *Postquam verum ille* del 1586. Cfr. Es. 24,1.
[72] Cfr. S. Kuttner, *Cardinalis: The History of a Canonical Concept*, in «Traditio. Studies in Ancient and Medieval History», 3 (1945), pp. 120–124; V. Martin, *Les cardinaux et la curie,* Paris 1930; M. Andrieu, *L'origine du titre de Cardinal dans l'Eglise Romaine,* in «Miscellanea Mercati». Ed. Studi e Testi, Città del Vaticano 1940, pp. 113–144. «È stato papa Giovanni a varcare questo limite (70) ed allora non è parso a noi sconveniente profittarne e portare il numero dei cardinali viventi oltre il centinaio; e ciò per ragioni plausibili. Le proporzioni della Chiesa odierna non sono più quelle del cinquecento, ma sono assai cresciute e si sono dilatate, per grazia di Dio, sulla faccia della terra, inoltre la funzione rappresentativa del Sacro Collegio si è fatta più ampia e più esigente, e ciò proprio per il deciso impulso dato dallo stesso Pio XII al carattere sopranazionale della Chiesa, il quale si riflette nella struttura del corpo cardinalizio e per la diffusione dell'idea ecumenica, alla quale il Concilio in corso di celebrazione conferisce tanto splendore e tante speranze» (Paolo VI, *Discorso all'udienza del 28 Gennaio 1965,* in «L'Osservatore Romano» del 28 gennaio 1965, pag. 1).

del papa, furono chiamati *legati a latere;* tale istituzione raggiunse sotto Innocenzo III il suo fastigio.

Dotati delle più ampie facoltà suscitarono dei contrasti con la giurisdizione episcopale che si andò sempre più riducendo. Dal sec. XII i cardinali ebbero precedenza d'onore e di rango su tutti i più alti dignitari ecclesiastici, compresi gli arcivescovi. In certi momenti tentarono, ma inutilmente, di raggiungere una posizione più autonoma a fianco del papa e una specie di diritto di partecipazione ai suoi atti di governo.

Innocenzo IV li insignì del cappello rosso (1245) e Bonifacio VIII del manto purpureo; dal sec. XIII il decano del collegio cardinalizio è il cardinale-vescovo di Ostia.

Anziché seguire lo sviluppo curiale nel corso dei secoli ho pensato di presentare la organizzazione datale il 15 agosto 1967 da Paolo VI con la «Regimini Ecclesiae Universae», aggiungendovi alcune note esplicative[73].

«La Curia Romana risulta composta dalla Segreteria di Stato e Sacro Consiglio per gli affari pubblici della Chiesa, dalle Sacre congregazioni, Segretariati, Tribunali, Uffici, cui si aggiungono le commissioni permanenti».

I primi due dicasteri (Segreteria di Stato e Sacro Consiglio per gli affari pubblici) sono quelli che più collaborano con il papa sia per gli affari ecclesiastici sia per quelli diplomatici. Gli Stati chiamerebbero quest'ultimo con il nome di Affari Esteri; ma nulla è straniero per la Chiesa.
Le Sacre Congregazioni sono:

1. *Per la dottrina per la fede,* già Santo Ufficio: eretta nel 1542 da Paolo III per la difesa della fede, da cui dipendeva anche la Sacra Inquisizione. Il nuovo nome le fu dato da Paolo VI col motu proprio *Integrae servandae* del 7 dicembre 1965.
2. *Per le Chiese orientali*: risale al 1862, ma fu ristrutturata da Benedetto XV, ad essa Pio XI sottopose anche gli occidentali che vivono nelle regioni orientali (25 marzo 1938).
3. *Per i vescovi*: è la Congregazione prima chiamata Concistoriale.
4. *Per la disciplina dei sacramenti.*
5. *Per i riti*: ristrutturata e suddivisa in due sezioni: sezione del culto e sezione delle canonizzazioni dei santi. La prima ordina sia il culto liturgico che quello non liturgico, anche nelle sue forme popolari.

---

[73] Cfr. «L'Osservatore Romano» del 19 agosto 1967, pp. 14. Da essa sono tratte le citazioni qui riprodotte.

6. *Per il clero*: deve fomentare la santità del clero, perfezionare la dottrina, incrementare le cognizioni pastorali e lo scambio delle esperienze, dare impulso alle opere di apostolato e curare le necessità materiali dei sacerdoti, la conservazione e la retta amministrazione dei beni ecclesiastici.
7. *Per i religiosi ed istituti secolari*: all'ordinaria sezione riguardante frati, monaci e suore si è aggiunta una speciale sezione per gli istituti secolari, vale a dire per coloro che pur non essendo religiosi si ispirano agli ideali religiosi e all'osservanza dei consigli evangelici pur restando nel secolo.
8. *Per l'insegnamento cattolico*: è l'antica Congregazione del Concilio,[74] che estende la sua competenza alle scuole dalle parrocchiali e diocesane agli istituti di istruzione d'ogni ordine e grado dipendenti dalla Chiesa, in tutto il mondo cattolico fino alle Università o Facoltà o Atenei, Istituti di Studio a livello universitario. «L'attività della S. Congregazione mirerà a far penetrare il pensiero cattolico nel mondo intellettuale odierno». Curerà che vi sia assistenza morale, spirituale e anche materiale mediante convitti per coloro che frequentano tali università.
9. *Per l'evangelizzazione dei popoli o Propaganda Fide*: deve curare la cristianizzazione del mondo in accordo con il decreto *Ad gentes divinitus* del Concilio Vaticano II.

Alle congregazioni si aggiungono poi *tre segretariati* per l'unità dei cristiani, per i non cristiani, per i non credenti. Ad esperimentum esiste pure il «Consiglio dei laici» e la Commissione «Giustizia e pace».

10. *I Tribunali* sono tre: la Segnatura apostolica, la S. Rota e la Penitenzieria apostolica.

11. *La Segnatura apostolica*: è il tribunale supremo per tutta la Chiesa che deve sciogliere le controversie giudiziarie nel campo dell'ordinamento ecclesiastico, vigilare sulla retta amministrazione della giustizia, decidere i diritti di competenza tra i vari dicasteri.
12. *La S. Rota*: che tratta tutte le questioni riguardanti le nullità dei matrimoni, compresi quelli degli orientali (motu proprio del 7 dicembre 1965 *Integrae servandae*).

---

[74] Su questa congregazione cfr. la miscellanea curata da Pietro Palazzina *La Sacra Congregazione del Concilio. Quarto centenario della fondazione* (1564–1964). Studi e ricerche. Città del Vaticano 1964, pp. 684.

13. Penitenzieria apostolica: che ha competenza esclusiva nella concessione delle indulgenze[75].

14. GLI UFFICI

14. Cancelleria apostolica: dedita alla preparazione delle bolle e dei brevi di maggior rilievo. Quelli di minor importanza, come ad esempio le onorificenze e il conferimento di benefici nei capitoli urbani, sono redatti da un ufficio esistente presso la segreteria di stato.

15. Prefettura dell'economia: composta di un collegio di tre cardinali, con a capo un cardinale presidente, vigila nelle varie amministrazioni che fanno capo al Vaticano; rivede i bilanci, esamina i progetti, ispeziona i libri contabili, prepara il bilancio generale. È una specie di Corte dei Conti e un ministero del bilancio.

16. Contenzioso amministrativo: a cui si ricorre quando si presume che un atto del potere amministrativo ecclesiastico abbia violato una legge.

17. Istituto di statistica: raccoglie dati e notizie utili per conoscere meglio lo stato della Chiesa e apportare validi aiuti ai vescovi.

18. Prefettura dei Palazzi apostolici: che deve assistere il papa, seguirlo nei suoi viaggi, disporre le udienze e le cerimonie pontificie, esaminare le precedenze, preparare le udienze dei capi di stato e di alte personalità.

19. Amministrazione del patrimonio della Sede apostolica: le entrate per tale amministrazione furono procurate in vario modo nei diversi secoli e si ricollegano a questi tre cespiti:[76]

a. *Censo* : reddito dello stato pontificio e degli altri patrimoni in possesso della Chiesa romana, dai tributi delle Chiese e Abbazie che godevano l'esenzione dal vescovo e la protezione del papa, dai canoni che molti sovrani – ritenuti feudatari – versavano a Roma, dall'obolo di S. Pietro che pagato prima in Inghilterra, Polonia, Ungheria e Scandinavia fu poi esteso a tutto il mondo.

b. *Contributi per il palio* e per la nomina dei vescovi : essi consistono in un terzo delle rendite dell'anno di elezione alla loro sede. Canuto, re d'Inghil-

---

[75] Cfr. E. Goeller, *Die päpstliche Pönitentiarie bis Pius V*, 2 voll., Roma 1907–1911.
[76] Cfr. L. Nina, *Le finanze pontificie nel Medioevo*, 3 voll., Milano 1920–32; W. E. Lunt, *Papal Revenues in the Middle Age*, 2 voll., New York 1934; Idem, *Financial Relation of the Papacy with England to 1327*, Cambridge Mass. 1939; *Liber Censum Romanae Ecclesiae, by the treasurer Cencio Savelli*, divenuto poi papa Onorio III (1216–1227), edito da P. Fabre e L. Duchesne, 2 voll., Paris 1880–1952.

terra (XI secolo) scrivendo da Roma, diceva d'essersi lamentato con il papa per le enormi parcelle di denaro che erano richieste ai suoi arcivescovi per ottenere il palio.

c. Le tasse pagate dai vescovi e arcivescovi in occasione della visita *ad limino*[77].

d. Ora, si computano anche gli introiti dei santuari più importanti che sono di amministrazione apostolica (Lourdes, Loreto, ecc.).

---

[77] J. B. Saegmueller, *Die Visitatio liminum bis Bonifaz VIII*, in «Theologische Quartalschrift» 1900, pp. 68–117; Th. Gottlob, *Die Kirchliche Amtseid der Bischöfe*, 1936.

15

IL PROBLEMA DELL'INFALLIBILITÀ PAPALE

Dalle origini all'odierno dissenso teologico

In questo ultimo secolo il papato cercò di passare alla riscossa facendo approvare nel Concilio Vaticano I l'infallibilità papale e cercando, nel Vaticano II, di riconquistare le masse che vanno sempre più staccandosi dal cattolicesimo e dalla religione in genere.

1. INFALLIBILITÀ PAPALE

Traccerò l'evolversi di questa idea dalle origini del cristianesimo ad oggi[1].

2. PRIMI DIECI SECOLI

La Chiesa viene presentata quale depositaria della verità, in quanto essa, nel suo insieme, trasmette la verità ricevuta dagli apostoli. È suggestiva al riguardo la seguente pagina di Ireneo:

---

[1] *Acta Concilii Vaticani,* ed. Lacensis t. VII, Denzinger-Bannwart Ind. syst. II, c.f. (Chiesa), III f (papa). Per i Padri cfr. PL 219,665 ss. C. Kirch, *Enchiridium fontium historiae ecclesiasticae antiquae,* indice sotto: «Infallibilità». Per i testi: oltre a quelli di dogmatica si vedano: E. Dublanchy, *Infallibilité* in «Dictionnaire de théologie catholique», 7 coll. 1638–1717; F. Spedalieri, *De infallibilitate Ecclesiae in Sanctorum canonisatione,* in «Antonianum» 22 (1947), pp. 3–22; P. Santini, *Il primato e l'infallibilità del R. Pontefice in S. Leone M. e negli scrittori greco-russi,* Grottaferrata 1935; A. Landgraf, *Scattered Remarks on the Development of Dogma and on Papal Infallibility in Early Scholastic Writings,* in «Theological Studies» 7 (1946), pp. 577–582; Ignazio von Doellinger, *Il papato dalle origini fino al 1870.* Versione italiana ad opera di Elena Corsi Ferri, Mendrisio, Casa Editrice di Cultura Moderna, 1914; George Salmon, *L'infallibilità della Chiesa,* Roma 1960 (traduzione S. Corazza). Titolo originale, *The Infallibility of the Church,* Dublin 1888.

«La Chiesa tutta, avendo ricevuto questa predicazione e questa fede, le preserva come se occupasse una casa sola pur essendo diffusa per tutto il mondo. Essa perciò vi crede e come se avesse un'anima sola e un unico cuore le proclama, le insegna e le trasmette con perfetta armonia, quasi avesse una sola forza. Benché le lingue del mondo siano diverse, unico è il contenuto della tradizione. Infatti le chiese piantate in Germania non credono né trasmettono qualcosa di diverso da ciò che hanno le chiese di Spagna, della Gallia, d'Oriente, d'Egitto, della Libia o della regione centrale del mondo (vale a dire d'Italia e di Roma). Come il sole, creatura di Dio, è unico e identico in tutto mondo, così anche la predicazione della verità brilla dovunque e illumina tutti gli uomini che vogliono pervenire alla conoscenza della verità»[2].

Non vi è ancora il concetto di una chiesa superiore alle altre, perché in caso di contestazioni Ireneo suggerisce di ricorrere «alle chiese più antiche»[3]. La successione episcopale garantisce l'origine apostolica della fede, ma la dottrina è preservata da tutta la Chiesa e non solo dai vescovi[4].

Se Ireneo parla della «preminenza» della chiesa romana, lo fa solo perché data la sua cosmopoliticità, a motivo dei fratelli che vi si radunano dalle più disparate parti del mondo, il conoscere la fede romana equivale a conoscere rapidamente, senza doversi spostare, la fede di tutte le chiese che vi sono rappresentate dai loro membri. La chiesa di Roma vale più delle altre solo perché è una chiesa universale in miniatura, fondata per di più dai due massimi apostoli Pietro e Paolo[5].

Gioviniano, condannato come «maestro di lussuria» da un sinodo romano diretto da papa Siricio, per il suo rifiuto di riconoscere la verginità di Maria durante il parto, ricorse ad Ambrogio. Nella lettera, che il vescovo milanese inviò a Siricio, afferma chiaramente:

«Sappi che pure noi abbiamo condannato in accordo con il tuo giudizio coloro che tu hai condannato»[6].

---

[2] Ireneo, *Adversus Haereses*, 1,10,2 PG 7,551–554.
[3] *Ivi*, 3,4,1 PG 7,855B.
[4] Anche il cattolico J. Lebourlier (*Le problème de l'Adversus Haereses 3, 3, 2 de S. Irénée*, in «Revue des Sciences Philosophiques et Théologiques» 43 (1959), pp. 261–272) a p. 269 dice che i vescovi «non sono un'autorità unica ed esclusiva nella preservazione della fede».
[5] Ireneo, *Adversus Haereses* 3,3,2; cfr. F. Salvoni, *Il primato della Chiesa di Roma secondo Ireneo* in «Ricerche Bibliche e Religiose» 1 (1966), pp. 266–291.
[6] «Quos Sanctitas tua damnavit, scias apud nos quoque secundum judicium tuum esse damnatos» Ambrogio, *Epistolae* 42,14 PL 16,1128.

Il problema dell'infallibilità papale 293

Ciò non significa che Ambrogio abbia condannato Gioviniano perché era già stato riprovato dal vescovo di Roma, ma solo che il suo giudizio si era trovato in armonia con quello di Siricio. Che tale sia il giusto valore del passo appare dal fatto che la sede di Milano brillava allora di un duplice splendore: quello che le conferiva Ambrogio stesso con la santità, la scienza e le doti personali da lui possedute e la presenza abituale della corte. Perciò, tutte le grandi questioni ecclesiastiche dell'Oriente come dell'Occidente, venivano sottoposte ad Ambrogio, il quale radunava concili, esprimeva opinioni e prendeva decisioni. Siricio non protestava, anzi permetteva che le sette province dell'Italia settentrionale fossero direttamente sottoposte all'autorità del vescovo di Milano[7].

La famosa frase di Agostino «*Roma locata causa finita*» ha ben altro valore di quell'infallibilità che si vorrebbe attribuirle, poiché occorre citarla completamente e nella sua forma genuina, che così suona:

> «Su questo argomento sono già state inviate le decisioni in due concili alla sede apostolica, di là sono pure arrivati i rescritti. La causa è finita, possa ora finire anche l'errore»[8].

L'eresia pelagiana, già condannata da due concili generali dell'Africa, veniva ora condannata anche da Roma l'unica chiesa d'origine apostolica; tutto l'Oriente era quindi d'accordo; ogni discussione doveva perciò finire e l'errore cessare. Ma nonostante tale desiderio, l'errore fu assai duro a morire[9].

---

[7] Fliche-Martin, *Storia della Chiesa,* vol. IV, p. 305. Si ricordi che, quando nel 404 l'imperatore Onorio trasferì la sua residenza a Ravenna, era in Ravenna che si trattavano le grandi questioni ecclesiastiche «in attesa che Aquileia divenisse a sua volta centro d'influenza» (*ivi*). Tutto ciò dimostra che quando una città diveniva imperiale anche la *chiesa locale* assumeva una speciale preminenza nelle questioni ecclesiastiche.

[8] *Sermo* 131,10 PL 38,734. «Jam enim de hoc causa duo concilia missa sunt ed sedem apostolicam, inde etiam rescripta venerunt. Causa finita est, utinam aliquando finiatur error». Cfr. P. Batiffol, *Le Catholicisme de St. Augustin,* Paris 1920, t. II, pp. 404–405.

[9] Interessante e giusto il commento che ne fa il cattolico G. de Plinval (*Le lotte del Pelagianismo* in Fliche-Martin, *Storia della Chiesa,* vol. IV, Torino 1961, p. 130 nota 163). «Da questo testo oratorio si son tratte conclusioni eccessive» (P. Batiffol, *Le Catholicisme de St. Augustin,* p. 403). Qui si tratta soprattutto di un argomento speciale, destinato ai pelagiani che inclinavano a dolersi di Roma (cfr. l'appello di Celestio nel 411; la risoluzione della conferenza di Gerusalemme del 415; S. Agostino, *Epistolae* 177,15). Nella lettera a Paolino (*Epistolae* 186,2), in cui riprende quasi letteralmente le parole della perorazione del *Sermo* 131,10, S. Agostino – che temeva una decisione precipitata di Zosimo – non dice più: *Causa finita est* ma soltanto: Il papa Innocenzo, di beata memoria... ci ha risposto... *come è giusto* da parte di un vescovo della sede apostolica» (quo fas erat atque oportebat)... (Agostino). Egli credeva soprattutto alla inerranza della Chiesa considerata nel suo insieme

Quando Agostino dice: «Non crederei al Vangelo se a ciò non mi movesse l'autorità della Chiesa» (non del papa), non pensa ad una decisione infallibile della Chiesa, bensì al fatto che la Chiesa aveva con cura trasmesso a lui i vangeli che di fatto provenivano dagli apostoli contro il pullulare di tutti gli apocrifi che, falsamente, erano stati attribuiti a loro[10].

3. Esaltazione del vescovo romano

Nel Concilio di Calcedonia (a. 451) nonostante che i vescovi, dopo aver letto la lettera di Leone I a Flaviano, avessero detto: «È Pietro che ha parlato per bocca di Leone», di fatto però non la ritennero un documento infallibile, ma la confrontarono con gli scritti di Cirillo e di Ambrogio, approvandola solo dopo averne constatato la identità di veduta con tali vescovi e la considerarono valida solo dopo la loro approvazione[11].

Occorre ben distinguere la rettorica dalla dottrina: quando Agatone inviò una lettera al Concilio di Costantinopoli III (Ecumenico VI, 681) per condannare il monotelismo che ammetteva un'unica volontà in Cristo anziché due, i padri dichiararono all'imperatore che lo presiedeva:

«Una confessione scritta dal dito di Dio, ci fu data dall'antica Roma; la splendida luce della fede sfolgorò a noi dall'Occidente. Qui noi vediamo un foglio scritto: ma è Pietro che ha parlato per bocca di Agatone»[12].

Che si trattasse di pura rettorica, suscitata dal fatto che Agatone appoggiava la tesi della duplice volontà in Cristo, una umana e l'altra divina, appare dal fatto che si fecero poi degli studi per studiare i passi addotti dai monoteliti (unica volontà in Cristo), tratti dal IV e V Concilio Ecumenico, dal tomo di Leone e da molti altri padri della Chiesa allo scopo di conoscere se fossero genuini e se favorissero o condannassero il monote-

---

(*Contra Crescionum* III, 77). Roma, *come ogni altra gloriosa metropoli* gli sembrava l'interprete della tradizione apostolica. Ma il *De gestis Pelagli*, ch'egli voleva porre sotto una protezione autorizzata, è dedicato ad Aurelio (vescovo di Cartagine); nella sua lettera a Paolino invoca la Chiesa di Gerusalemme (*Epistolae* 217,2,3 e passim). Invece, rivolgendosi a Giuliano, vescovo italiano, giustifica la condotta e la dottrina di Roma *(Contra duas epistulas Pelagianorum* 11,5 e 6)». Cfr. Caspar, *Geschichte des Papsttums*, vol. I, pp. 332–338, 606.

[10] Cfr. Agostino, *Contra Epistulam Fundamenti* 5, in Corpus Vindobonense XXV, 1, Wien 1887 PL 42,176.

[11] Cfr. sopra le pagine riguardanti Leone Magno.

[12] Cfr. A. Saba, *Storia dei papi*, Milano 1936, pp. 271, 276; *Liber Portificalis*, Ediz. Cantagalli, vol. V, Siena 1934, pp. 89–110.

lismo. Fu così documentato che le ragioni dei contraddittori poggiavano su testi falsificati o male intesi, con l'esclusione di altri, i quali non s'accordavano con le loro idee. Nessuno dei vescovi quivi riuniti ha mai pensato che la lettera di Agatone fosse norma infallibile di fede per conto suo.

4. LA CHIESA ROMANA NON HA MAI ERRATO

Questa idea fu affermata per la prima volta da Ormisda nel 519 quando inviò a tutti i vescovi orientali, perché la sottoscrivessero, una professione di fede contro lo scismatico Acacio, che sosteneva la somiglianza (*òmoios*) del Figlio con il Padre Divino, anziché la sua perfetta uguaglianza (*omoúsios*). Egli pretendeva sostenere tale richiesta con la pretesa che nella chiesa romana: «la vera fede fu sempre mantenuta senza macchia»[13].

Tuttavia ciò non fu condiviso dagli Orientali che, tramite l'imperatore Anastasio, avversarono la formula romana, la quale fu imposta forzatamente, e non senza opposizione anche cruenta, dall'imperatore Giustino. A Tessalonica un legato papale recatosi per ottenere l'adesione del vescovo, fu malmenato e due suoi servi uccisi; il vescovo dopo un breve esilio fu riammesso nella sua sede senza essere obbligato a firmare la formula romana[14].

Più tardi la pretesa di Ormisda, destinata ad avere successo, fu ripetuta da Agatone, vescovo di Roma tra il 678 e il 681, con la aggiunta che la chiesa romana non solo non aveva mai errato ma non avrebbe mai errato nemmeno in futuro[15]. Tale dottrina, riconfermata da Leone IX[16] e da Gregorio VII,[17] fu poi accolta anche dai due concili ecumenici[18]. Naturalmente le affermazioni precedenti non furono condivise dagli Orientali, ed erano state già in anticipo biasimate da Basilio che così lamentava la boria prepotente degli ignoranti vescovi romani:

---

[13] Cfr. Denzinger-Bannwart, *Enchiridion Symbolorum*, n. 171; PL 63,460.

[14] Cfr. Ormisda, *Epistolae Romanorum Pontificum Genuinae* 134, ediz. Thiel; Dictionnaire de théologie catholique VII, 169.

[15] «Questa chiesa, essendo fondata sulla ferma rocca di Pietro, il principe degli apostoli, con il suo aiuto e grazia rimane perpetuamente senza errore» *(Apò pàses plànes àkrantos diamènei,* PL 87,1207A).

[16] Leone IX (papa 1049–1054) nella sua lettera *In terra pax hominibus,* inviata a Michele Cerulario imperatore di Costantinopoli (2 sett. 1053), ripetè che «la chiesa (di Roma) non sarà mai sconfitta dell'opposizione degli eretici» (Denzinger-Bannwart 8,350, PL 143,748).

[17] Cfr. il suo *Dictatus Papae,* n. 22, PL 148,408. Si adduce usualmente la prova di Lc 22,32.

[18] Concilio Ecumenico VIII, Costantinopoli IV, Denzinger-Bannwart 336 e Concilio Vaticano I, Sess. IV, c. 4, *ivi* 1832 ss.

«Che aiuto possiamo avere dall'orgoglio e dal fasto degli Occidentali, che ignorano la verità e non vogliono imparare, impediti a riconoscere il vero per le loro false opinioni?»[19].

Le affermazioni di Roma erano poi in contrasto con il precedente pensiero di molti vescovi, sia orientali che occidentali, i quali – si ricordi Cipriano – non ebbero timore a difendere idee in aperto contrasto con l'insegnamento di Roma.

La storia poi smentisce apoditticamente la pretesa precedente in quanto ci presenta un Liberio tentennante, un Onorio scomunicato, come la smentisce pure l'insegnamento comune della teologia medioevale secondo cui il papa può cadere in errore ed essere deposto, in tal caso, dalla Chiesa.

5. Le metamorfosi di papa Liberio

Per essersi opposto alla deposizione di Atanasio, vescovo di Alessandria e campione dell'ortodossia – asseriva infatti l'identica natura tra il Padre e il Figlio – papa Liberio (352–366) per ordine imperiale fu catturato nel 355 dal prefetto della città ed esiliato nella Tracia. Ne fu poi liberato l'estate del 357 dopo aver sottoscritto una delle varie formule siriache, in cui si asseriva una certa subordinazione del Figlio al Padre.

Quella del 357 così sonava: «Nessun dubbio al riguardo: in onore, dignità, maestà, nel nome stesso, il Padre è più grande del Figlio... Nessuno ignora che la fede cattolica insegna esservi due persone: quella del Padre e quella del Figlio, e che il Padre è più grande, mentre il Figlio è minore e sottomesso»[20].

Quattro lettere scritte in esilio documentano la sottomissione di Liberio alle imposizioni imperiali. La prima *Studens pacis,* diretta agli Orientali, ricorda che già nel 352 lui aveva convocato Atanasio a un concilio, ma quegli non vi si era recato; per cui, ora, meglio informato sugli eventi, condannava Atanasio. Nella seconda *Pro deifico timore*, pure destinata agli Orientali, Liberio informa i suoi corrispondenti d'aver aderito alla condanna di Atanasio, di averne avvertito l'imperatore, e d'aver sottoscritto la professione di fede da poco formulata a Sirmio da parecchi vescovi e domanda loro di intervenire presso Costanzo onde ottenere il suo ritorno a

---

[19] *Epistola* 239 PG 32,894B (con questa lettera Basilio dissuadeva Eusebio di Samosata dal recarsi a Roma); Marcello fu vescovo di Ancira (m. ca. il 375), che fu condannato dagli Orientali come infetto di Sabellianismo, mentre i latini (papa Giulio nel 340; Concili di Sardica e Milano nel 343 e nel 345) lo dichiararono ortodosso.

[20] L'originale latino è citato da Ilario (*De Synodis* 11 PL 10,489).

Roma[21]. Nella terza *Quia scio vobis,* inviata a Ursacio, Valente e Germinio, Liberio esprime gli stessi voti e presenta le medesime dichiarazioni già attuate nella precedente lettera agli Orientali. Nella quarta *Non doceo,* indirizzata a Vincenzo di Capua, lo prega di provocare un passo collettivo dei prelati della Campania presso Costanzo in suo favore. Queste lettere del 357 gli ottennero dapprima l'autorizzazione di cambiare l'esilio di Berea con la città di Sirmio e poi di tornare a Roma. P. Batiffol[22] ha tentato di dimostrare la falsità di tali lettere senza addurre però delle ragioni plausibili. Alla stessa conclusione è giunto pure Francesco di Capua, che pretende documentarne la falsità studiando il loro *cursus* prosaico differente dallo stile di Liberio; esse sarebbero quindi dei probabili falsi ariani[23]. Tuttavia questi sforzi non sono sufficienti; per stabilire il ritmo di Liberio occorrerebbe prima dimostrare che lui in persona (e non un addetto alla cancelleria) abbia scritto le precedenti lettere genuine di Liberio, e, in caso affermativo, che una persona debilitata dopo un periodo d'esilio tanto doloroso possa possedere la stessa facoltà di scrivere con l'arte precedente.

Di più la defezione di Liberio è chiaramente attestata da altri documenti. S. Atanasio sa che Liberio sottoscrisse tale formula solo perché spaventato da minacce di morte. S. Ilario scrive: «Tu (o Costanzo) hai portato la guerra sino a Roma, ne hai strappato il vescovo, e, disgraziato, non so se sei stato più empio rinviandolo che esiliandolo». S. Girolamo scrive: «Liberio, vinto dal tedio dell'esilio, sottoscrivendo alla pravità eretica, entrò vittorioso a Roma»[24]. È un complesso di testimonianze che ben difficilmente si può eliminare.

Tuttavia anche in questo caso non sarebbe stata in discussione l'infallibilità pontificia, in quanto non si trattava di un insegnamento ufficiale per tutta la Chiesa, bensì solo di un errore personale compatibile con l'infalli-

---

[21] La formula accolta da Liberio fu forse quella Sirmiana del 351, poiché quella del 357 fu presentata solo dagli occidentali. Liberio sottoscrisse pure la formula del 358 dichiarando che «il Figlio è *simile* al Padre secondo la sostanza e in tutto».

[22] P. Batiffol, *La paix constantinienne,* pp. 509–518.

[23] F. Di Capua, *Il ritmo prosaico e le lettere attribuite a papa Liberio,* Castellammare di Stabia 1927; *Il ritmo prosaico nelle lettere dei Papi e nei documenti della Cancelleria romana dal IV al XIV secolo,* vol. I, p. I *Leone Magno;* p. II *Da Cornelio a Damaso* in «Lateranum» 3 (1937), 7–8, 213–223. Cfr. pure P. Glorieux, *Hilaire et Libère* in «Mélanges de Science Religieuse» (Lilla), 1 (1924), pp. 1–34.

[24] Atanasio, *Historia Arianorum*, 41; *Apologia contra Arianos* 89; Ilario, *Contra Constantium Imperatorem* [1ª ediz: *Ad. Costant.* NDR] III ; Girolamo, *Chronicon* a. 349: Liberius, taedio victus exilii, in haeretica pravitate subscribens, Romam quasi victor intraverat. Cfr. *De viris illustribus* [1ª ediz: *inlustr.* NDR] 97: Quae gesta sunt inter Liberium et Felicem, in «Collectio Avellana» I.

bilità papale, per cui non insisterò su questo argomento, come purtroppo fanno tanti protestanti.

6. Il caso di Onorio

Al tempo di Onorio (vescovo di Roma dal 625 al 638) si discuteva se Gesù Cristo, persona unica ma con due nature umana e divina, avesse corrispondentemente anche due volontà o una sola. Corifei delle tesi opposte erano Sergio, patriarca di Costantinopoli e difensore del monotelismo, vale a dire dell'unica volontà in Cristo, e Sofronio, patriarca di Gerusalemme, sostenitore invece della duplice volontà. Entrambi gli oppositori ricorsero a Roma, ma Onorio diede ragione a Sergio, biasimando Sofronio.

Nella sua lettera a Sergio, il papa così afferma:

«Noi riconosciamo una sola volontà *(én thélema)* di Nostro Signore Gesù Cristo, perché non è la nostra colpa, ma la nostra natura, che è stata assunta dalla divinità, e una natura sana e pura com'era prima del peccato... Il Cristo non aveva dunque nei suoi membri altra legge, o altra volontà o una volontà opposta alla sua *(Rom. 7,23)* poiché era nato in modo soprannaturale[25]. E se la Scrittura dice: "Io non sono venuto per fare la mia volontà, ma la volontà del Padre che mi ha mandato" (Gv 6,38) e "Non come io voglio, ma come tu vuoi, o Padre" (Mt 26, 39), ciò non indica una volontà umana opposta, ma solo l'abbassamento volontario mediante l'assunzione della natura umana. Ciò è detto per noi, affinché abbiamo a camminare sulle sue tracce, in quanto egli voleva mostrare a noi, suoi discepoli, come ciascuno debba preferire non la sua propria volontà, bensì quella del Signore. E se qualcuno, per così dire, balbetta e pretende spiegare meglio la cosa e si dà come maestro per determinare il senso di ciò che si ode, non ha il diritto di erigere a dogma della Chiesa la sua opinione sull'unico o doppio principio d'operazione nel Cristo, poiché né il Vangelo, né le lettere degli apostoli hanno fissato alcunché di tale»[26].

L'imperatore Eraclio, allo scopo di mantenere salda l'unità politica dell'impero, promulgò allora l'*Ectesi* con la quale imponeva il documento di Onorio, che però morì prima di conoscere l'editto imperiale. Il documento papale – sconfessato anche dall'imperatore Severino, successo ad Eraclio –

---

[25] Ma cfr. Ebr. 4,15.
[26] Hefele, *Histoire des Conciles* III ed. 2, p. 149; *Epistolae* 4 e 5 al patriarca Sergio PL 80,470–476.

suscitò la derisione e la condanna sia da parte dei monofisiti, fautori di un'unica natura in Cristo, sia da parte di Sofronio che ammetteva due volontà in Cristo. Frattanto la dottrina della duplice volontà andò sempre più imponendosi e fu sancita dal Concilio di Costantinopoli (VI Ecumenico del 28 marzo 681) che, con il consenso dei legati di papa Agatone, anatematizzò gli aderenti alla tesi opposta tra cui lo stesso papa Onorio.

«Dopo aver letto le lettere di Sergio di Costantinopoli a Ciro di Fasis e al papa Onorio e quelle di quest'ultimo a Sergio, abbiamo trovato che questi documenti contraddicono i dogmi apostolici, le dichiarazioni dei santi concili e di tutti i padri celebri e che seguono le dottrine erronee degli eretici. Noi li condanniamo dunque del tutto e li respingiamo come dannosi per le anime. I nomi stessi di questi uomini devono essere banditi dalla Chiesa, vale a dire quello di Sergio, che scrisse su tale empia dottrina, quello di Ciro d'Alessandria, quelli di Pirro, di Paolo, di Pietro di Costantinopoli e di Teodoro di Faran che sono stati scomunicati tutti da papa Agatone nella sua lettera. Noi li colpiamo tutti di anatema, e a loro fianco deve essere escluso dalla Chiesa e anatemizzato – *tale è il nostro sentimento comune* – il già papa Onorio della vecchia Roma, poiché abbiamo trovato che nelle sue lettere a Sergio ne *condivise in pieno le idee e ne approvò le dottrine empie*»[27].

Papa Leone II confermò l'anatema nel 682 in una lettera all'imperatore Costantino dicendo

«di scomunicare tutti gli eretici, tra cui Onorio che non fece risplendere la dottrina apostolica in questa chiesa di Roma, ma che per un tradimento profano tentò di sovvertire la fede immacolata, e tutti coloro che morirono nel suo errore»[28].

Più o meno lo stesso biasimo fu ripetuto dallo stesso Leone in due lettere inviate rispettivamente al re di Spagna Ervig e ai vescovi spagnoli, dove

---

[27] Mansi, *Sacrorum conciliorum, nova et amplissima collectio* [1ª ediz: *Cono. Coll. Ampl.* NDR] XI, 554; *katà pànta tê ekeìnou gnôme exakolouthésante kai tà autoù asebe kurôsanta dògmata*.

[28] Mansi, *Sacrorum conciliorum*, XI,726 ss. PL 96,408 (greco 410A) «qui hanc apostolicam sedem non apostolicae traditionis doctrina lustravit sed profana proditione immaculatam fidem subvertere conatus est (greco: subverti permisit) et omnes qui in suo errore defuncti sunt».

rimprovera Onorio di aver macchiato la regola immacolata della tradizione apostolica[29] e d'aver favorito per negligenza la fiamma dell'eresia[30].

Secondo il *Liber Diurnus*, formulario ad uso della cancelleria papale composto verso quest'epoca nella chiesa di Roma, ogni papa doveva ripetere all'inizio del suo pontificato, una professione di fede con cui anatemizzava Onorio che aveva dato il suo consenso e il suo incoraggiamento agli errori monoteliti[31]. Fino al secolo XVIII i sacerdoti nella recita del breviario ricordavano tale condanna, che, con il nuovo clima favorevole all'infallibilità pontificia, fu poi rimossa. In Occidente tale grave fatto venne presto dimenticato, mentre i canonisti e gli annalisti bizantini lo ricordano spesso.

Per eliminare l'ostacolo che ne deriva contro l'infallibilità papale, il card. Baronio dichiarò che le lettere di Onorio e gli atti conciliari furono falsificati; ma come dichiarare spuri tanti documenti?[32] Altri (Bellarmino, Assemani) dissero che la condanna del Concilio era stata dovuta ad un errore d'interpretazione degli scritti papali; altri (Garnier, Pagi) vi videro la condanna non della sua eresia, bensì della attitudine fiacca con cui il papa si comportò verso l'errore.

Al Concilio Vaticano – dove questo problema fu studiato – il vescovo Hefele si dichiarò favorevole a condannare Onorio di eresia, benché poi, dopo la definizione dell'infallibilità papale nella sua *Conciliengeschichte,* abbia modificato il suo precedente pensiero nel senso che Onorio usò delle espressioni ambigue, senza aderire totalmente alla eresia. È tuttavia ben difficile accogliere tutte queste ipotesi: i contemporanei, che ben conoscevano il problema e lessero le lettere di Onorio, erano meglio al corrente di noi del pensiero di Onorio e lo condannarono. È un fatto che egli – forse senza individuarne bene le conseguenze – aderì alla dottrina di Sergio e condannò Sofronio, il campione dell'ortodossia. Di più è ben difficile affermare che qui Onorio parlasse solo da privato e che quindi il suo fosse un errore individuale, simile a quello precedente di Liberio. Infatti l'asserzione di Onorio assume un valore più ampio, se si meditano le espressioni: «*Noi dobbiamo ammettere... noi confessiamo*», che sembra includere l'esercizio della sua autorità come vescovo universale. Anche gli studiosi più leali dev-

---

[29] Anatematizzò pure Onorio «qui immaculatam apostolicae traditionis regulam quam a praedecessoribus suis accepit maculari consensit». *Mansi, Sacrorum conciliorum,* XI,1050 ss.

[30] Negligentia confovit, Mansi, *Sacrorum conciliorum*, XI,1057.

[31] *Liber Diurnus*, PL 105, 52 qui pravis eorum assertionibus fomentum impendit. Ciò si attuò sino al IX secolo.

[32] Si ricordi che la condanna di Onorio fu ripetuta anche nel Concilio Ecumenico VII, Nicea II del 787 al tempo di Adriano II.

Il problema dell'infallibilità papale 301

ono riconoscere che il caso di Onorio crea delle difficoltà non ancora ben chiarite,[33] il che non milita certo a favore dell'infallibilità pontificia.

Si può quindi concludere che nel primo millennio della Chiesa, nessuno affermò l'infallibilità del papa. Anche dove si sostiene che: «Roma non ha mai errato» non si intende riferirsi all'infallibilità individuale del suo vescovo, dal momento che in quel primo periodo le decisioni venivano prese collettivamente mediante un sinodo, senza un intervento diretto e personale del vescovo di Roma.

7. L'INFALLIBILITÀ DAL XII SECOLO AL CONCILIO VATICANO

La prima espressione esplicita dell'infallibilità papale si ebbe con Tommaso di Aquino, il quale, trattando il problema della canonizzazione dei santi, afferma che costoro devono essere in cielo, perché «la Chiesa universale non può errare in quel che concerne la fede». Poi, identificando l'autorità dottrinale della Chiesa con quella del papa, sostiene che occorre attenersi alle decisioni papali per determinare quanto appartiene alla fede[34].

Ne trova la conferma biblica nelle parole di Cristo a Pietro: «Ho pregato per te, affinché la tua fede non venga meno, e tu, dopo essere convertito, conferma i tuoi fratelli» (Lc 22, 32). L'autorità del papa deve quindi stabilire gli articoli di fede, affinché tutti li possano ritenere con fede incrollabile,[35] anche lo stesso simbolo atanasiano «fu accettato per autorità dal sommo pontefice»[36]. L'infallibilità papale è richiesta per garantire l'unità di tutti i cristiani:

> «È necessario per l'unità che tutti i cristiani siano in pieno accordo nella fede, ma è possibile che su qualche soggetto sorgano delle questioni. La Chiesa sarebbe allora divisa per la divergenza delle opinioni, qualora tale unità non fosse sostenuta dalla decisione di una persona. È quindi necessario che, per l'unità della Chiesa, una persona sola abbia a presiedere l'intera Chiesa»[37].

---

[33] Così E. Amann, *Honorius* in «Dictionnaire de théologie catholique» VII, 130–132; cfr. Hefele-Leclercq, *Histoire des Conciles* III, 347–397; C. J. von Hefele, *De causa Honorii Papae*, Napoli 1870; Chapman, *Condemnation of Pope Honorius*, London 1907.

[34] *Quodlibeta* IX, q. VII, a. 16.

[35] *Summa Theologiae* IIa, IIae q. 1, a. 10; cfr. *Commentum in quattuor libros Sententiarum Magistri Petri Lombardi* [1ª ediz: *In Sent*. NDR] 4, Distinctio 20 q. 1 a 3.

[36] *Summa Theologiae* IIa, IIae q. 11, a. 2, ad 3um «*auctoritate summi pontificis est recepta*».

[37] *Contro gentes* IV, 76. Cfr. *Summa Theologiae* IIa, IIae, q. 1, a. 10. a 4, d 13.

Però «nei fatti particolari, come la possessione di demoni, delitti ed altre simili cose, la Chiesa può errare a causa della finzione dei testi»[38].

Va tuttavia ricordato che la facoltà di Parigi nel 1388 condannò le opere di Tommaso, perché contenevano vari errori, tra cui l'infallibilità pontificia. Se ciò fosse vero non si potrebbe più appellare dal papa al concilio, come si è sempre ammesso; di più ogni vescovo fu sempre autorizzato dal diritto divino e umano a giudicare ciò che riguarda la fede[39].

Giovanni de Torquemada (creato cardinale nel 1468) affermò che secondo la tradizione «il giudizio della sede apostolica (= Roma), per quel che riguarda la fede ed è necessario alla salvezza umana, è immune da errore»[40]. Sisto IV il 9 agosto 1479 condannò la preposizione di Pietro da Osma secondo cui la «Chiesa di Roma può errare»[41].

Tutti costoro, oltre che su testimonianze patristiche, adducono a favore dell'infallibilità pontificia, i soliti tre passi biblici, già studiati, che riportano i detti di Gesù a Pietro[42].

8. IL CASO DI UN PAPA ERETICO

Il problema di un papa che insegni un'eresia e che quindi possa venire deposto dalla Chiesa è stato discusso dai canonisti medioevali, più che dai teologi. Il card. Deusdedit (Deodato, 1087) attribuisce a s. Bonifacio, apostolo dei Germani, la seguente espressione:

«Quand'anche un papa fosse odioso al punto di trascinare con sé innumerevoli popoli all'inferno, pure, nessuno avrebbe il diritto di biasimarlo, poiché colui che ha il diritto di giudicare tutti gli uomini non può essere giudicato da questi, a meno che egli si scosti dalla fede»[43].

---

[38] *Quodlibeta* 9, c. 16.
[39] «Hoc continet manifestarli haeresim... Prima haeresis: primo quod per illam conclusionem excluditur universalis ecclesia et generale concilium eam repraesentans, quod est haereticum, quia in causa fidei a summo pontifice appellali potest ad concilium generale». Cfr. Du Plessis D'Argentre, *Collectio judiciorum* 1,2,84 (Doellinger, p. 218).
[40] Giovanni de Torquemada, *Summa Theologica de Ecclesia* c. II, c. XIX, Roma 1489, senza impaginazione. Quod sedis apostolicae judicium in his quae fidei sunt et ad humanam salutem necessaria, errare non possit. Ma si vedano poi le limitazioni; se un papa diviene eretico egli cessa *ipso facto* d'essere papa.
[41] Denzinger-Bannwart, n. 730; ecclesia urbis Romae errare potest.
[42] Mt 16, Gv 21 e specialmente Lc 22,32.
[43] *Collectio Canonum*, c. 1, c. 231 (Doellinger, pp. 160 s.).

Il problema dell'infallibilità papale 303

Tale asserzione, certamente posteriore, poiché al tempo di Bonifacio (m. 754) il papato ancora non esisteva e non poteva quindi trascinare seco molti popoli, passò poi nel decreto di Graziano:

«Nessuno può giudicare i peccati del papa, perché lui può giudicare gli uomini, ma non essere giudicato da alcuno, a meno che sia trovato colpevole d'eresia»[44].

Innocenzo III (1198–1216), prima di divenire papa, pur essendo restio ad accettare facilmente un simile caso, ammette che la Chiesa possa deporre il papa qualora erri nella fede:

«Per motivi di fornicazione la Chiesa può deporre il romano pontefice. Parlo qui di fornicazione spirituale, non carnale. Non crederò tuttavia facilmente che Dio abbia a permettere che il romano pontefice abbia ad errare contro la fede»[45].

Eletto pontefice disse: «La fede mi è così necessaria, poiché pur avendo solo Dio a giudice dei miei peccati, per una colpa riguardante la fede, posso essere giudicato dalla Chiesa»[46].

I teologi non hanno espressamente trattato il problema, tuttavia dall'analogia con quel che Tommaso d'Aquino afferma per un vescovo divenuto eretico, sembra logico dedurre che un papa eretico cessa d'essere vero papa[47]. I canonisti, accettando come scontato che il papa può diventare eretico, discussero il modo con cui poteva e doveva essere giudicato dalla Chiesa. Alcuni, anzi, giunsero persino ad ammettere che la Chiesa possa giudicare il papa anche per altri peccati, qualora questi riguardassero la collettività cristiana[48]. Usualmente però i canonisti limitano tale condanna all'eresia pertinace, nonostante previe ammonizioni[49]. Uguccio (1210)

---

[44] *Decretum Gratiani*, Divis. 1 Dist. XI c. 6 PL 187,215; «cujus culpas istic redarguere praesumit mortalium nullus quia cunctos ipse judicaturus a nomine judicandus, nisi forte deprehendatur a fide devius».

[45] Doellinger p. 664. «Ego tamen facile non crediderim ut Deus permittet Romanum Pontificem contra fidem errare».

[46] *Sermo II* in *Consacratione Pontificis Maximi* PL 217, 656 «in tantum enim fides mihi necessaria est, ut cum de caeteris peccatis solum Deum judicem habeam, propter solum peccatum, quod in fide committitur, possem ab Ecclesia Dei judicari. Nam qui non credit jam judicatus est» (cfr. pure Sermo IV, 1 PL 217, 670).

[47] *Summa Theologiae* IIa, IIae, q. 39, a. 3.

[48] «Il papa può essere giudicato per i peccati commessi contro l'intera Chiesa, ma non per quelli che riguardino una o più persone sole». Rufino, *Summa Decretorum,* edita da K. Singer, Paderborn, 1902.

disse chiaramente che in caso di eresia pertinace il papa diviene inferiore a qualsiasi altro cristiano cattolico *(minor quolibet catholico)*[50].

Lo stesso Giovanni Torquemada, che fu un valido testimone dell'infallibilità papale, afferma tuttavia che il papa può errare non solo come persona privata, ma *persino nel definire il credo*. Tuttavia tale suo errore non può servire a dimostrare che il papa è fallibile, poiché in quel momento egli non è più papa (!!). Il Concilio Ecumenico non farà altro che deporre colui che è già decaduto per conto suo a motivo di tale eresia[51].

Pietro d'Ailly (m. 1420) afferma esplicitamente che il papa può errare in materia di fede, come fece Pietro quando Paolo gli resistette in faccia (Gal 2,11) perché «non camminava rettamente secondo la verità del Vangelo»[52]. L'infallibilità promessa in Mt 16,18 riguarda la Chiesa universale quando si esprime in un concilio ecumenico purché poggi su passi biblici[53].

Secondo Gersone (m. 1429), gran cancelliere dell'Università parigina dal 1395, la infallibilità è stata conferita direttamente alla Chiesa; il papa può errare, come Pietro, e perciò da lui si può appellare al Concilio, ciò non contrasta con la Bolla di Martino V del 10 marzo 1418 che proibisce di appellarsi dal papa al concilio, poiché quivi si suppone che il papa abbia agito bene, dopo matura riflessione, cercando di seguire, nei limiti del possibile la verità del Vangelo[54]. Diversa è invece la situazione di un papa che sbagli: in tal caso egli è inferiore al concilio ecumenico e perciò può essere giudicato, condannato e deposto dalla Chiesa[55].

---

[49] L'eresia «è il solo peccato su cui il papa può essere giudicato», così Enrico de Segusio (m. 1271), *Summa Lipsiensi*, scritta prima del 1190.

[50] Citato da Aman, *Infallibilité du pape*, in «Dictionnaire de théologie catholique», VII (Paris 1922), coll. 1714–15. Cfr. F. Schulte, *Die Stellung der Concilien, Päpste und Bischöfe*, Praga 1871, pp. 118–205, 253–268.

[51] *Summa de Ecclesia* II, 112 (ed. Ven., p. 259). Cfr. J. Schwane, *Histoire des Dogmes*, Traduction par A. Degert, vol. V, Paris 1903, pp. 376 s.

[52] Non recte ambulans ad veritatem evangeli, in *Tractatus de Ecclesia. Concilii Generalis, romani pontificis et cardinalium auctaritate*, p. III, c. IV in *Gersonis Opera*, Anversa 1706, p. II, col. 958.

[53] *loc. cit.* Questo lo dà tuttavia non come una conclusione definitiva (non definitive determinando sed doctrinaliter suadendo).

[54] Quomodo et an liceat in causis fidei a summo pontifice appellare seu eius judicium declinare (fu scritto nel 1418) in *Gersonis Opera*, Anversa 1706, t. II, coll. 303 ss. e 308. Si veda il modo con cui, mediante il ragionamento, si annullano le leggi e le decisioni precedenti.

[55] Si veda il suo libro *De auferibilitate papae*. Egli svolse un'attività di primo piano al Concilio di Costanza (1414) rappresentandovi il re e l'Università di Parigi, egli preparò la rinunzia dei tre papi coesistenti. Cfr. N. Valois, *La France et le grand schisme d'Occident*, Paris, 4 voll., 1896–1902.

Nicola Tudeschi (m. 1445), pure detto Nicola di Sicilia o Palermitano, sostenne che il papa non può agire contro la decisione del concilio, a meno che presenti delle ragioni migliori. Anzi in materia di fede «l'asserzione di un privato dovrebbe preferirsi a quella del papa, qualora poggiasse meglio di questi su ragioni e passi del Nuovo e del Vecchio Testamento»[56].
Il Concilio di Costanza (sess. V, 6 aprile 1615) sancì l'obbligo, anche per il papa, di accettare le decisioni del concilio in materia di fede e di morale: «Chiunque, papa incluso, rifiutasse ubbidienza agli ordini, alle leggi e ai decreti di questo santo concilio ecumenico regolarmente adunato, sarà sottoposto a penitenza e punito secondo le sue colpe se non si pente» (Can. 6).
Dalle asserzioni precedenti si vede come alcuni teologi abbiano positivamente esclusa l'infallibilità pontificia (Torquemada, Gersone, Tudeschi), e tutti abbiano ammesso la possibilità di una eresia da parte del papa, che in tal caso può essere deposto o corretto dal concilio.

9. BONIFACIO VIII ERETICO?

Vogliamo qui ricordare la bolla *Unam Sanctam* (18 novembre 1302) di Bonifacio VIII dove il papa tra l'altro afferma:

> «Dichiariamo, diciamo, definiamo e pronunciamo essere assolutamente necessario per la salvezza d'ogni creatura umana il sottostare al pontefice di Roma». Di più si afferma che i due poteri "spirituale e civile" sono in mano della Chiesa»[57].

Ora, secondo la dottrina posteriore della Chiesa cattolica, il potere civile non è sottoposto alla Chiesa, ma direttamente deriva la sua autorità da Dio; e le persone possono salvarsi anche se non stanno sottoposte all'autorità papale. Non si vede quindi come la definizione di Bonifacio – che fu certo una proclamazione ex cathedra e fu tanto combattuta dal potere civile – non sia errata e quindi in contrasto con l'infallibilità pontificia. La bolla è contraddetta da Cristo stesso che dice di dare a Dio ciò che è di Dio e a Cesare ciò che è di Cesare, insegnando la netta distinzione tra i due

---

[56] Dictum unius privati esset praeferendum dicto papae; si ille moveretur melioribus rationibus et auctoritatibus Novi et Veteris Testamenti quam papa, *Commentaria in Decretalia*, l. 1, dist. VI, c. IV, n. 3, Venezia 1617, t. I, p. 108.

[57] Denzinger-Bannwart 469. Uterque ergo est in potestate Ecclesiae, spiritualis scilicet et materialis. Porro subesse Romano Pontifici omni humanae creaturae declaramus, dicimus, definimus et pronuntiamus omnino esse de necessitate salutis.

poteri (Mt 22,21) e dal fatto che per la salvezza occorre solo avere fede nel Cristo, senza sottostare ad alcun altro uomo (Gv 20,30–31; 1 Cor 3,21–23). Confesso che per me tale bolla ostacola l'ammissione dell'infallibilità pontificia.

10. Tendenze antinfallibiliste

Gli Orientali pur riconoscendo l'infallibilità dei concili ecumenici antichi, negano che tale privilegio sia continuato nella Chiesa o nel papa dopo la separazione delle due Chiese d'Oriente e di Occidente. Anche secondo l'anglicanesimo, specialmente nel movimento di Oxford, l'infallibilità tornerà a regnare dopo che torneranno a riunirsi in un concilio generale le tre Chiese: anglicana, greca e romana. I Protestanti invece, con Lutero e Calvino, ammettono che la Chiesa è infallibile solo quando trasmette la parola di Dio, non quando afferma degli insegnamenti propri[58].

La lotta antinfallibilista in seno al cattolicesimo acquistò particolare asprezza con il Giansenismo – giunto sino allo scisma di Utrecht, – e politicamente con il dispotismo religioso del parlamento regalista francese e poi con la Rivoluzione francese. L'errore che ebbe ripercussioni politiche nel Giuseppinismo, fu teorizzato dal Febronianismo[59] e si diffuse abbondantemente, oltre che in Francia, in Olanda, Austria, Germania e perfino in Italia, specialmente nel Granducato di Toscana sotto Leopoldo I, dove avvenne il famoso Sinodo di Pistoia[60].

La controversia continuò anche nel Concilio Vaticano I ad opera di Ketteler e Strossmayer, ma finì con la decisione conciliare dell'infallibilità pontificia, che provocò la secessione dei Vecchi Cattolici guidati dal grande teologo Doellinger.

Nonostante il continuo progresso dell'idea infallibilista, prima del 1870 tale dottrina era un dato discutibile, spesso negato dagli stessi cattolici. In Scozia fu pubblicato un catechismo chiamato *Keenan's Catechism,* edito con l'*imprimatur* scozzese e raccomandato in Irlanda.

---

[58] Cfr. J. Kolde, *Luther's Stellung zu Concil und Kirche bis zum Wormser Reichstag 1521*, Guterloh 1876; Küng, *Strutture della Chiesa*, Boria, Torino 1965, pp. 320–327.

[59] Giustino Febronio, pseudonimo corrispondente ai nomi delle sorelle Giustina al secolo e Febronia da Uligosa, del convento Giovanni Nicola von Wontheim, autore del libro posto all'indice nel 1764: *De stata Ecclesiaque legitima potestate Romani Pontificis liber singularis ad reuniendos dissidentes in religione Christiana compositus* (1763). Il papa è solo *primus inter pares*: egli deve essere spogliato anche con la forza dal potere temporale di tutti i diritti che si è acquisito nel corso dei secoli.

[60] Il Sinodo, avvenuto nel 1786 sotto la presidenza del vescovo Scipione dei Ricci, sostenne solo una supremazia onorifica e non giurisdizionale del papa.

Alla domanda:

D. – Sono i cattolici tenuti a credere che il papa è infallibile?

esso così rispondeva:

R. – *Questa è un'invenzione protestante*: non è articolo della chiesa cattolica. Nessuna decisione del papa è vincolante sotto pena di scomunica, a meno che non sia *accettata e convalidata* dall'Istituto docente, vale a dire dai vescovi della Chiesa[61].

11. L'INFALLIBILITÀ AL CONCILIO VATICANO

Nel 1870 Pio IX cercò di far ratificare l'infallibilità papale nel Concilio Vaticano I, inaugurato l'8 dicembre 1869 alla presenza di oltre 700 vescovi, usando dei procedimenti che indussero i dissidenti a chiamare tale concilio il «Ludibrium Vaticanum»[62].

Essi addussero le ragioni seguenti:

a) *Non vi sussisteva una adeguata rappresentanza dei fedeli*: trecento vescovi erano solo titolari (e quindi non rappresentavano alcuna parte della Chiesa), altri erano missionari in luoghi dove vivevano ben pochi fedeli; dodici milioni di cattolici tedeschi erano rappresentati solo da quattordici vescovi, mentre i settecentomila abitanti degli Stati Pontifici da settantadue. Tre vescovi della minoranza contraria – Colonia, Parigi, Cambray, – rappresentavano cinque milioni di fedeli. I vescovi napoletani e siciliani erano al contrario ben più di settanta.

b) *Diversità di cultura*: mentre i contrari (in maggioranza tedeschi) avevano una cultura adeguata in quanto essi per divenire dottori dovevano saper consultare il Nuovo Testamento in greco e gli scritti dei padri greci e dei primi concili nel loro testo originale, in Italia non si esigeva nulla di tutto ciò. Tra i tedeschi circolava con disprezzo il motto «Doctor romanus asinus germanus». In Inghilterra, Germania e America del Nord si stampavano più libri teologici in un anno, che non in Italia durante un mezzo secolo.

---

[61] Naturalmente dopo il 1870 tale risposta fu eliminata e modificata secondo le decisioni ecclesiastiche. Come si vede, tale catechismo ammetteva la tesi conciliare della supremazia della Chiesa sul papa.

[62] Cfr. G. Salmon, *L'infallibilità della Chiesa*, traduzione ad opera di Sandro Corazza, Roma 1960, pp. 321-326.

Ora la maggioranza dei vescovi al Vaticano era costituita appunto da gente che conosceva molto bene il diritto ecclesiastico, ma assai poco il Vangelo, la storia e la teologia.

c) *Interessi materiali*: circa trecento vescovi avevano accettato il vitto e l'alloggio offerto dal papa, che ne pagava quindi tutte le spese di permanenza. Si disse che il papa, scherzando sul numero di quelli che avevano accettato la sua ospitalità, dicesse: «Costoro per farmi *infallibile*, finiranno per farmi *fallire*», al che si rispose con una adeguata offerta in occasione del giubileo della sua ordinazione sacerdotale da parte di altri vescovi più benestanti. Ma è un fatto che essi, anche senza volerlo, erano portati a favorire il papa sotto ogni aspetto. Oltre a ciò erano già pronte quindici nomine cardinalizie per premiare gli ubbidienti, e, come sempre accade, coloro che si lasciarono influenzare dalla speranza di acquistare i favori papali, furono certamente più numerosi di quelli che in realtà li ottennero. Inoltre il papa stesso cercò di mostrare, senza alcun ritegno, che gli stava a cuore tale proclamazione; a qualche vescovo renitente si accostava dicendo «Petre amas me? Pietro mi ami tu?». Molti erano quindi indotti ad acconsentire per non dare dispiacere al papa.

d) Scarsa libertà di parola: è un fatto che furono favoriti gli infallibilisti a scapito dei fallibilisti. L'acustica era infelice, i riassunti scritti non furono permessi se non a favore degli infallibilisti. Alcuni discorsi contrari furono aboliti, così avvenne per il cardinale americano Kendrick che non parlò, per cui si scrisse: «concio habenda at non habita». A lui e al cardinale italiano Guidi, contrari all'infallibilità, non fu possibile farsi udire perché i vescovi gridavano: «Via i protestanti! Via i protestanti!». Inoltre il principio del cardinale Manning era questo: «Non preoccupatevi dei ragionamenti, ma fate di tutto per assicurarvi un voto in più».

La vigilia della votazione centocinquantacinque vescovi dell'opposizione lasciarono Roma in segno di protesta, dopo aver sottoscritto una dichiarazione in cui affermavano che, in segno di rispetto per il papa, preferivano astenersi dalla votazione pubblica anziché pronunziare dinanzi al papa il «non placet». Il 18 luglio si ebbe la solenne proclamazione del dogma, in cui tutti i 535 Padri presenti (eccetto due, che per un malinteso dissero *non placet*) furono concordi nell'approvare la costituzione dogmatica, a cui Pio IX appose la sua infallibile sanzione[63].

---

[63] *Vaticano Concilio* di A. Piolanti, in «Enciclopedia Cattolica», XII, c. 1144. Strano questo «per un malinteso»; si trattava del Kendrick e del Guidi, già noti per la loro opposizione!

e) *La costituzione dogmatica* così suona:

> «Definiamo essere dogma divinamente rivelato che il pontefice romano, quando parla ex cathedra, cioè quando, nell'esercizio del suo ufficio di Pastore e Maestro di tutti i cristiani, definisce, con la suprema autorità apostolica, che una dottrina intorno alla fede o ai costumi dev'essere ritenuta da tutta la Chiesa, gode, in virtù dell'assistenza divina, promessagli nella persona del beato Pietro, di quell'infallibilità, di cui il divin Redentore volle fosse dotata la sua Chiesa nel definire la dottrina circa la fede e i costumi; e che perciò tali definizioni del romano Pontefice sono irreformabili per se stesse, non già per il sommo consenso della Chiesa»[64].

Occorre aggiungere due semplici parole per chiarire a chi lo ignora l'esatta portata dell'infallibilità: essa va distinta dall'impeccabilità (il papa può peccare), dalla inerranza (il papa può errare nei suoi insegnamenti), dall'ispirazione (il papa non è ispirato da Dio nello scrivere, come lo furono invece gli autori degli scritti sacri). Il papa è infallibile solo quando vuol imporre a tutta la Chiesa (e non a una persona sola) una dottrina che riguardi la morale e la fede[65]. In altri campi può errare come nel caso di Urbano VIII che condannò Galileo[66]. Si vede quindi che i casi in cui il papa esercita l'infallibilità sono ben rari anche per i cattolici e spesso, specialmente per i papi più antichi, è ben difficile determinare quando l'infallibilità si sia di fatto esercitata. Di più è infallibile *solo la decisione,* vale a dire la conclusione e non le prove addotte per cui anche se queste fossero del tutto errate il dogma sancito sarebbe ugualmente vero, in quanto lo Spirito Santo se ne rende garante impedendo l'errore in varie maniere (magari facendo anche morire il papa prima di sancirlo!). Oggi vi è la tendenza presso molti teologi a ridurre sempre più l'esercizio dell'infallibilità sia papale che della Chiesa; nemmeno quando il papa o il concilio proibiscono sotto pena di scomunica una dottrina, parlano sempre ex cathedra e infallibilmente dichiarano ciò che è eresia e ciò che è verità[67].

---

[64] *Sess.* 4, c. 4, Denzinger-Bannwart 1839.

[65] E ciò che vuol dire la parola tecnica «ex cathedra». Gli antichi magistrati nell'emettere una sentenza con autorità si sedevano sulla loro cattedra, segno del loro alto ufficio (cfr. Gv 19,13): così con l'espressione *ex cathedra* si vuol affermare che la decisione presa dal papa si attuò con tutta l'autorità propria della sua posizione di capo della Chiesa universale.

[66] Va tuttavia notato che quivi di fatto era in questione l'interpretazione della Bibbia, poiché Urbano III condannò Galileo poggiando su passi biblici malamente intesi. Galileo, laico, comprese la Bibbia meglio dei teologi del suo tempo. Oggi i papi hanno accettato in pieno la tesi di Galileo.

12. Chiesa e vescovi sono sottoposti alla Bibbia

L'infallibilità papale non è che l'ultima conseguenza dell'infallibilità attribuita da parte cattolica alla Chiesa, la quale nella sua parte direttiva – vescovo o papa – è divenuta «*Chiesa docente*». I rappresentanti della parte cattolica alla disputa di Losanna del 1536 asserirono:

> «La Chiesa è anteriore e superiore alla Scrittura. Questo significa che la Chiesa è anteriore alla Scrittura e ha maggiore autorità, perché la Chiesa è il corpo di Gesù Cristo»[68].

Perciò la S. Scrittura va esposta:

> «Secondo la mente della Chiesa, che da Nostro Signore è stata costituita custode e interprete di tutto il deposito della verità rivelata»[69].

Gesù Cristo si identifica in tal modo con la Chiesa e specialmente con il papa, per cui ogni appello «al di sopra del magistero cattolico è impossibile perché significherebbe in ultima analisi porre qualcosa al di sopra di Cristo»[70].

> «Viene così ad essere perduto il senso dei riferimenti alla Parola dell'Evangelo che testimonia della Parola stessa di Cristo in quanto la Chiesa considera se stessa il riferimento di se stessa»...
> «Questo dimostra la sterilità, non relativa ma fondamentale, di ogni biblicismo cattolico e la miopia dogmatica dei teologi protestanti che lo interpretano come cattolicamente non può essere interpretato in quanto nel cattolicesimo l'Evangelo non è ascoltato come parola del Signore detta *alla* Chiesa, che ammaestra la Chiesa a salvezza e mette i suoi eventuali errori a confronto con la verità di Dio, ma come parola detta dal Signore *nella* Chiesa, e *per mezzo* della Chiesa, affidata in deposito alla Chiesa di cui la Chiesa (e si intenda

---

[67] Così Küng, *Strutture della Chiesa*, Torino, Boria 1965, pp. 319–364; Yves M. J. Congar, *Sainte Eglise*, Editions du Cerf, Paris 1963, pp. 360–367; R. Favre, *La condamnation avec anathème* in «Bulletin de littérature ecclesiastique» 47 (1946), pp. 226–241; P. Fransen, *Réflexions sur l'anathème au Concile de Trente* (Boulogne, 10–24 sept. 1547), in «Ephemerides Theologicae Lovanienses» 29 (1953), pp. 657–672.

[68] *Les Actes de la Dispute de Lausanne 1536,* publiés par A. Piaget, Neuchâtel 1928, p. 43.

[69] Denzinger-Bannwart 3014–3015, Enciclica *Humani Generis* di Pio XII.

[70] P. E. Person, *Evangelisch und Römisch-Katholisch*, Göttingen 1961, p. 48.

bene: la Chiesa di Roma ed essa soltanto) ha in esclusiva la chiave interpretativa»[71].

Per restare fedeli all'Evangelo occorre far sentire che non vi è una *Chiesa docente,* ma solo una *Chiesa discente* che sempre impara da Cristo che è l'unico Maestro e il cui insegnamento sta racchiuso, una volta per sempre, nella Parola della Bibbia. «Uno solo è il vostro Maestro e voi siete tutti discepoli» (Mt 23,8). Occorre dimostrare che la Chiesa è «figlia nata dalla Parola, non madre della Parola» e che sta perennemente «tutta intera sotto l'autorità ultima della verità rivelata»[72].

Mai nel Nuovo Testamento si trova che i vescovi sono fondamento della Chiesa dotati di dottrina infallibile. Pur essi sono sottoposti all'insegnamento apostolico, che non è affidato a loro come un deposito da migliorare, bensì come un deposito da conservare integro; non come una gemma da far crescere, bensì come un tesoro da non sperperare cambiandolo con tesori falsi. Tutti i cristiani, vescovi compresi, devono sforzarsi di «combattere per la fede che è stata tramandata una volta per sempre ai santi» (Giuda 3). Non si deve modificare in alcun modo l'insegnamento di Paolo, accostando al sangue purificatore di Cristo altri elementi di salvezza siano la circoncisione dei «fratelli giudaizzanti introdottisi di soppiatto nella chiesa dei Galati» (Gal 1,2) siano i santi o la Madre di Cristo dei giorni nostri. È attraverso l'Evangelo e non attraverso la Chiesa che si può raggiungere la fede in Cristo Gesù e, mediante tale fede ubbidiente, ottenere la salvezza ed entrare nella vera «Chiesa di Cristo».

«Queste cose sono state scritte, affinché crediate che Gesù è il Cristo, il Figliuol di Dio, e affinché credendo abbiate vita nel suo nome» (Gv 20,31). La Chiesa è la famiglia di coloro che sono «discepoli», «scolari» di Cristo. Essa non è la «verità» ma la «colonna della verità», in quanto, come le colonne dell'antichità su cui si appendevano i decreti imperiali, presenta a tutto il mondo l'invariabile messaggio salvifico dell'Evangelo, che è l'amore di Dio incarnatosi in Cristo.

È qui che si tocca la divergenza fondamentale e inconciliabile – non ostante ogni ostentato ecumenismo – tra Chiesa cattolica e Cristianesimo[73]. Per questo Lutero aveva collocato la Chiesa di Roma sul medesimo piano

---

[71] V. Subilia, *Il problema del Cattolicesimo*, Libr. Ediz. Claudiana, Torino 1962, pp. 160 ss.

[72] Articoli di Smakalda del 1538; W. A. 50,245.

[73] Questa obbiezione è invano confutata da W. Casper, *La Chiesa sotto la parola di Dio* in «Concilium» n. 2 (1965), pp. 64–71; egli sforzandosi di ricordare che anche la chiesa cattolica è sotto la Parola di Dio (Bibbia), dimentica di far vedere come questa Parola di Dio sia vista dalla Chiesa Cattolica secondo il suo metro e giudizio.

degli «Spirituali» perché si gloria di possedere lo Spirito Santo deducendone la sua indipendenza nei riguardi della Parola. Karl Barth pone il cattolicesimo nello stesso piano del modernismo neo-protestante, perché entrambi concordano nell'idea fondamentale di voler derivare la fede dalla coscienza personale o ecclesiale[74].

13. Reazioni moderne

La definizione dell'infallibilità papale nel 1870 fu intesa nel senso che tutto il potere *(potendo)* effettivo e l'iniziativa fu concentrata nel papa, nel quale risiede la pienezza dell'autorità divina *(potestas)*. Furono quindi riferite a lui le parole che, secondo la Bibbia, il Faraone disse di Giuseppe: «Senza il tuo comando nessuno alzerà mano o piede in tutto il paese d'Egitto». Di qui l'affermarsi sempre più rigido della Curia con il suo sistema assolutista. Siccome il papa non può essere dovunque, e siccome nessuno può agire senza di lui, ne derivò «un popolo di Dio congelato» per usare l'espressione di un protestante.

Se le osservazioni precedenti possono essere accusate di opportunismo, in quanto sono spesso dovute alla penna di protestanti che intendono sostenere il loro movimento, lo stesso non si può dire di un recente studio dal titolo *L'infallibilità e la sua prova*. Esso proviene da un cattolico, che per di più funge da vescovo nella diocesi di Indore in India. In esso Monsignor Francis Simons – tale è il suo nome – d'origine olandese, dichiara chiaramente:

> «Sono giunto alla conclusione che la Chiesa è in errore quanto all'infallibilità del papa e non potevo far altro che pubblicare le mie tesi non ostante che molti amici, pur ammettendo che forse avevo ragione, mi suggerissero di tacere e di non entrare in problemi teologici»[75].

Gli apostoli – egli continua – non avevano bisogno di tale carisma soprannaturale in quanto ben conoscevano quel che avrebbero dovuto predicare: «Essi avevano un ricordo indelebile dell'insegnamento e dei fatti salienti

---

[74] Si confronti Lutero, *Verlesungen über Mose*, W. A. XLII,334,12 e da G. Florovsky (ortodosso), *Le corps du Christ vivant* in *La Sainte Eglise Universelle*, Neuchâtel-Paris 1948, p. 53. Peccato che né Lutero né i suoi successori continuarono in questa opera sino a restaurare solo il cristianesimo primitivo, nell'ubbidienza assoluta e totale all'insegnamento rivelato.

[75] [74bis] Francis Simons, *Infallibility and Evidence*, Templegate, Springfield (Illinois) 1968, (tradotto in italiano da A. Mondadori col titolo *Discorso sull'infallibilità*, Milano 1969). Il testo di cui sopra appartiene appunto a questo libro.

della vita di Cristo, che non sarebbero certo caduti in errore» (pag. 71). Ad ogni modo ad essi è stata garantita una speciale assistenza dello Spirito Santo perché si ricordassero di tutti i particolari e fossero guidati in tutta la verità: tale aiuto dello Spirito Santo fu dato loro perché potessero ricordare *tutto quanto* Gesù aveva insegnato (Gv 14,26). È quindi evidente che solo essi e non i loro successori godevano di tale dono.

Il «Tu sei Pietro», pur dimostrando che Pietro era il principe degli apostoli[76] non prova affatto che egli godesse di carismi speciali. Il preteso dono dell'infallibilità non ha impedito che «pontefici, vescovi e altri membri della Chiesa cattolica cadessero in errori e dimenticanze». A causa del concetto di infallibilità «anche i buoni argomenti della dottrina cattolica cessano di esercitare il loro peso. Dietro di loro, infatti, la grande massa degli uomini vede solo degli strani contorcimenti teologici e non un tentativo di dire la verità» (pp. 89–91). Perciò «il dogma dell'infallibilità è un ostacolo al progressivo affermarsi dell'evangelo» (pag. 119).

Non è forse di buon auspicio che anche un vescovo cattolico ammetta quanto è stato asserito nel presente studio? Non è forse un segno che chiunque studia la Bibbia senza preconcetti, presto o tardi, giunge alla medesime conclusioni?

14. IL PAPATO AI NOSTRI GIORNI

Dinanzi al progressivo allontanamento delle masse popolari, che sfuggono sempre più al potere ecclesiastico, la Chiesa cattolica si raccolse per studiare nuovi mezzi di penetrazione nelle civiltà e nella cultura odierna per riconquistare il mondo a sé. A tale scopo fu indetto da Giovanni XXIII il Concilio Vaticano II svoltosi in quattro sezioni[77].

Per meglio conquistare il mondo, il Cattolicesimo si diede ad evangelizzare l'America (Stati Uniti) tramite l'opera infaticabile dei Cavalieri di Colombo (Knights of Columbus); quivi il fatto d'essere cattolico più non suscita le diffidenze di un tempo, per cui Kennedy potè persino divenire presidente. Si cercò di facilitare la penetrazione in terra di missione eleg-

---

[76] [74ter] Spero di aver dimostrato nel capitolo riguardante il «Tu sei Pietro» che con tali parole Pietro non è stato affatto preposto agli altri apostoli come capo.

[77] [75] Sul Concilio Vaticano II rimando a studi specifici come: P, Ricca, *Il cattolicesimo del Concilio,* Torino 1956; V. Subilia, *Il problema del Cattolicesimo* e *La nuova cattolicità del cattolicesimo,* Torino 1962 e 1967; G. Caprile, *Le cronache del Concilio,* Roma, Edizioni «La Civiltà Cattolica». Le quattro sezioni si svolsero così: I Sez. 11 ottobre-8 dicembre 1962; II Sez. 29 settembre-4 dicembre 1963; III Sez. 14 settembre-21 novembre 1964; IV Sez. 14 settembre-7 dicembre 1965. Si cfr. pure U. Riva, *La Chiesa per il mondo,* Brescia, Morcelliana 1964; *Idem, La Chiesa in dialogo,* ivi 1965.

gendo dei cardinali e vescovi nativi e accettando non pochi costumi locali. Con la visita del papa in Israele, in Arabia (Amman), in India e in Turchia (Istanbul) si è cercato di accostare anche questi popoli. Gli Ebrei furono sciolti dall'accusa di deicidio loro rivolta nei secoli passati. Gli incontri ripetuti con il Patriarca ortodosso Atenagora, ebbero l'intento di facilitare la riunione dei due rami ecclesiastici dell'Oriente e dell'Occidente[78].

Lo stesso dicasi dei contatti con gli altri «fratelli separati» del ceppo protestante. Finora tuttavia si sono in genere evitati gli argomenti prettamente teologici, che non godono troppa simpatia da parte di Paolo VI[79].

Per la riconquista del mondo la Chiesa cattolica volle riconoscere una maggior importanza ai laici pur mantenendoli sottoposti alla gerarchia, e volle dare alla sua liturgia un colorito più moderno mediante l'uso delle lingue parlate pur conservando la fissità degli antichi schemi, che è ben differente dalla individuale libertà del tempo apostolico. Politicamente, data l'importanza dei recenti movimenti politici, presenta una dottrina che più non condanna come prima il socialismo, ma si accosta ad esso pur evitandone (per ora) gli estremi del comunismo.

15. Spirito critico della nuova generazione cattolica

La generazione cattolica odierna non è più contenta delle prove tradizionali, ammette la libertà di religione, l'indagine personale della Bibbia, si mostra insofferente della sottomissione alle gerarchie ecclesiastiche, è pronta a mettere in dubbio tante e tante cose. Vescovi e preti hanno espresso opinioni personali sul controllo delle nascite, sulla presenza eucaristica di Gesù, sull'indipendenza individuale. Non li soddisfa più l'argomento di autorità, ma cerca una soluzione personale e intellettuale dei propri problemi, tenta una maggior apertura verso le classi operaie (vedi i preti operai!), verso i protestanti, verso idee sociali nuove. Pretende esaminare la Bibbia con maggior spirito d'indipendenza giungendo a conclusioni talvolta sin troppo spinte.

Dove possa condurre tale spirito nei riguardi del papa non si può dire. Si pensi che in Cina dei vescovi si sono costituiti una gerarchia propria,

---

[78] [76] Durante l'incontro tra Paolo VI e Atenagora, ad Atene si svolgevano funzioni pubbliche di preghiere ed espiazione, nelle quali si chiedeva a Dio di far fallire questi incontri e di scomunicare i due vescovi che si stringevano la mano in modo amichevole.

[79] [77] Nella pastorale del 22 febbraio 1962 il cardinale Montini (oggi Paolo VI) scriveva «che il concilio sciolga i vincoli di tanti tristi ricordi del passato *i quali tuttora inceppano, con discussioni di esegesi storica* e di prestigio onorifico, la dinamica che la soluzione del grande problema deve assumere a un dato momento» («Civiltà Cattolica», 1 aprile 1962, p. 81; «L'Osservatore Romano», 14 marzo 1962).

Il problema dell'infallibilità papale 315

senza approvazione del papa e con tendenza scismatica. Ad ogni modo Paolo VI conscio di questo pericolo, più volte ha espresso in modo assai forte il suo richiamo ad una vita più santa, in cui domini l'ubbidienza che è costituzionale nell'andamento della Chiesa:

> «È palese a tutti che oggi si vive in un periodo di profonde trasformazioni di pensiero e di costume; ed è perciò spiegabile come siano spesso messe in questione certe norme tradizionali, che facevano buona, ordinata, santa la condotta di chi le praticava. Spiegabile, ma non lodevole, non approvabile, se non con grande studio e cautela, e sempre secondo la guida di chi ha scienza ed autorità per dettare legge del vivere cristiano.
>
> Oggi, purtroppo, si assiste ad un rilassamento nell'osservanza dei precetti che la Chiesa ha finora proposto per la santificazione e per la dignità morale dei suoi figli. Uno spirito di critica e perfino di indocilità e di ribellione mette in questione norme sacrosante della vita cristiana, del comportamento ecclesiastico, della perfezione religiosa. Si parla di «liberazione», si fa dell'uomo il centro di ogni culto, si indulge a criteri naturalistici, si priva la coscienza della luce dei precetti morali, si altera la nozione di peccato, *si impugna l'obbedienza e le si contesta la sua funzione costituzionale* nell'ordinamento della comunità ecclesiale, si accettano forme e gusti di azione, di pensiero, di divertimento, che fanno del cristiano non più il forte e austero discepolo di Gesù Cristo, ma il gregario della mentalità e della moda corrente, l'amico del mondo, che invece d'essere chiamato alla concezione cristiana della vita è riuscito a piegare il cristiano al fascino e al giogo del suo esigente e volubile pensiero. Non certo così noi dobbiamo concepire l'aggiornamento a cui il Concilio ci invita: non per svigorire la tempra morale del cattolico moderno è da concepirsi questo aggiornamento, ma piuttosto per crescere le sue energie e per rendere più coscienti e più operanti gli impegni, che una concezione genuina della vita cristiana e convalidata dal magistero della Chiesa ripropone al suo spirito»[80].

Vi sono dei passi ancor più significativi: nella *Mater et Magistra* Paolo VI ammette che possano sorgere «anche tra i cattolici retti e sinceri delle divergenze». Quando ciò accade «non ci si logori in discussioni interminabili e, sotto il pretesto del meglio e dell'ottimo, non si trascuri di compiere il bene che è possibile e perciò doveroso». «È altresì indispensabile che nello

---

[80] [78] «L'Osservatore Romano», 8 luglio 1965, p. 1.

svolgimento di dette attività (i cattolici) si muovano nell'ambito dei principi e delle direttive della dottrina sociale cristiana in attitudine di sincera fiducia e *sempre in rapporto di filiale obbedienza, verso l'autorità ecclesiastica*».

Nella *Pacem in terris,* pur parlando di dialogo, si sottolineano i medesimi principi: «È possibile collaborare con i non cattolici sempre tuttavia in accordo con la dottrina sociale della Chiesa e con le direttive dell'autorità ecclesiastica. Non si deve infatti dimenticare che compete alla Chiesa il diritto e il dovere non solo di tutelare i principi dell'ordine etico e religioso, ma anche di intervenire *autoritativamente* presso i suoi figli *nella sfera dell'ordine temporale,* quando si tratta di giudicare dell'applicazione di quei principi ai casi concreti».

La Chiesa è «immersa in una umanità» che «come le onde del mare avvolge e scuote la Chiesa stessa: gli animi degli uomini che in essa si affidano sono fortemente influenzati dal clima del mondo temporale». Occorre, quindi, essere convinti di ciò che la Chiesa è «secondo la mente di Cristo, custodita nella Sacra Scrittura e nella Tradizione e *interpretata, sviluppata nella genuina interpretazione ecclesiastica*» (Enciclica *Ecclesiam suam*).

Nell'udienza generale del 31 marzo 1965, Paolo VI usciva in espressioni assai forti, lamentando l'insofferenza attuale verso l'autorità ecclesiastica:

> Si proclama la necessità «per tutti urgente di alimentare quel senso di solidarietà, di amicizia, di mutua comprensione, di rispetto al patrimonio comune, di dottrine e di costume, di ubbidienza e univocità di fede, che deve distinguere il cattolicesimo». «Che dovremo dire di quelli che invece non altro contributo sembra sappiano dare alla vita cattolica che quello d'una critica amara, dissolvitrice e sistematica? Di coloro che mettono in dubbio o negano la validità dell'insegnamento tradizionale della Chiesa per inventare nuove e insostenibili teologie? Di quelli che sembra abbiano gusto a creare correnti l'una all'altra contraria, a seminare sospetti, a negare all'autorità fiducia e docilità, a rivendicare autonomie prive di fondamento e di saggezza? O di coloro che per essere moderni trovano tutto bello, imitabile e sostenibile ciò che vedono nel campo altrui, e tutto sopportabile, discutibile e sorpassato ciò che si trova nel campo nostro?»[81].

Come si vede si profilano, nella Chiesa cattolica, errori e tendenze che potrebbero ferire e umiliare la Chiesa.

---

[81] [79] «L'Osservatore Romano», 1 aprile 1965.

Il problema dell'infallibilità papale

Con chiarezza ancora maggiore, a coloro che vorrebbero tornare alla semplicità della Bibbia, Paolo VI, giocando su Matteo 13,31 (dove si parla solo della crescita numerica della Chiesa e non della sua crescita dogmatica) oppone che non si può far ritornare la Chiesa «bambina». Come se fosse «bambina» la Chiesa guidata dallo Spirito Santo nella Pentecoste e illuminata dalla parola ispirata degli apostoli, ed adulta quella odierna guidata dai papi!

«Non diremmo che sia altrettanto sintonizzato con la spiritualità del Concilio l'atteggiamento di coloro che prendono occasione dai problemi ch'essa solleva, e dalle discussioni ch'esso genera per eccitare in sé e in altri uno spirito d'inquietudine e di riformismo radicale, tanto nel campo dottrinale, che in quello disciplinare, come se il Concilio fosse l'occasione propizia per mettere in questione dogmi e leggi, che la Chiesa ha inscritto nelle tavole della sua fedeltà a Cristo Signore; e come se esso autorizzasse ogni privato giudizio a demolire il patrimonio della Chiesa di tutte le acquisizioni che la sua lunga storia e la sua convalidata esperienza le hanno procurato nel corso dei secoli. Vorrebbero forse che la Chiesa tornasse bambina, dimenticando che Gesù ha paragonato il regno dei cieli ad un minuscolo seme che deve crescere e diventare pianta frondosa (Mat 13,31) e che ha preannunciato lo sviluppo per opera del Paraclito della dottrina da lui insegnata (14,26 e 16,13)? vorrebbero che per essere autentica, la vera Chiesa si contentasse di ciò ch'essi definiscono essenziale? si riducesse cioè a puro scheletro e rinunciasse ad essere corpo vivo, crescente ed operante, non ipotetico e idealizzato, ma reale ed umano nella vissuta esperienza della storia?

Così pure, per un altro verso, non diremo che siano buoni interpreti dell'ortodossia coloro che diffidano delle deliberazioni conciliari e che si riservano di accettare soltanto quelle che essi giudicano valide quasi che sia lecito dubitare della loro autorità, e che l'ossequio alla parola del Concilio possa fermarsi là dove non esige alcun adattamento della propria mentalità, e dove si limita a confermarne la stabilità.

Non si pensa abbastanza che, quando la Chiesa Maestra tiene cattedra, bisogna tutti diventare discepoli»[82].

---

[82] [80] Discorso del papa agli Assistenti delle AGLI e ai cattolici catechisti il 28 luglio 1965. Cfr. «L'Osservatore Romano» di giovedì 29 luglio 1965, p. 1. Lo Spirito Santo è garantito *agli Apostoli*, perché, compresa tutta la verità, la possano comunicare senza tema di errori ad altri; essi sono infatti il fondamento su cui deve poggiare la Chiesa (Ef 2,20).

16. Il problema del collegio episcopale

Due tesi si opponevano nella più recente teologia cattolica al riguardo dell'episcopato, al quale si attribuisce collegialmente la direzione della Chiesa. Una corrente ha supposto che l'autorità episcopale passasse a loro attraverso il capo che ne è il papa.

Leone XIII nell'enciclica *Satis Cognitum* (1896) cita un passo del suo predecessore Leone Magno in cui si afferma che:

> «Avendo Pietro ricevuto molte cose da solo, nulla passò ad altri senza la sua partecipazione. Anche se Dio si degnò di conferire qualcosa agli altri principi della Chiesa, mai la diede loro se non per mezzo di Pietro».

Altri teologi al contrario suppongono che i vescovi ricevano direttamente la loro autorità da Dio, non solo singolarmente nel governo della loro singola diocesi, ma anche collegialmente nella direzione di tutta la Chiesa. Il papa è uno di loro, anche se con potere superiore.

Il Concilio ha dato il suo appoggio alla seconda opinione, in quanto al collegio degli apostoli (che non furono tali in virtù di Pietro) fa succedere il collegio dei vescovi. I «Dodici» agirono spesso collegialmente: assieme eleggono Mattia (At 1, 15–26), convocano l'assemblea per la elezione dei diaconi (At 6,2), esaminano il caso di Paolo (At 9, 27; Gal 2,1–9), presenziano al Concilio di Gerusalemme (At 15). Paolo afferma con la massima chiarezza che la Chiesa poggia «sugli apostoli-profeti» (Ef 2,19) e Giovanni che «le mura» della Nuova Gerusalemme, ossia della Chiesa, hanno dodici fondamenti sui quali «stan scritti i nomi dei dodici apostoli dell'Agnello» (Apoc 21,14).

Perciò i vescovi ricevono il loro potere da Cristo non tramite il papa, ma attraverso il collegio degli apostoli. Pietro regge la Chiesa non *per mezzo* degli apostoli ma *con* gli apostoli. Per volere divino al *collegio* degli apostoli succede il *collegio* dei vescovi; il collegio apostolico continua la sua esistenza nel collegio episcopale il quale detiene la struttura, i poteri, le prerogative ordinarie del collegio apostolico.

Ma il Vaticano II non ha determinato chiaramente il rapporto tra i vescovi e il papa, per cui proprio su tale punto verte oggi la discussione teologica e si erge una critica serrata contro le strutture ecclesiastiche attuali. Anche se direttamente le opposizioni si rivolgono alla Curia romana e non al papa – noi biasimiamo la locomotiva e non l'ingegnere, disse il cardinale Suenens – di fatto anche il papa ne viene compromesso.

Il primate belga, cardinale Suenens, impersonò la voce di una buona corrente di teologi tedeschi (H. Küng), olandesi (Nimega) e belgi, quando affermò che «al centro prevale la tendenza, anche dopo il Vaticano II, di considerare tutto sotto l'aspetto formale e giuridico. Considerando la Chiesa come una società perfetta, con un potere supremo ben definito, fornito di leggi universalmente valide si tende a dare la priorità alla chiesa universale rispetto alle chiese particolari, per cui si cerca più di reprimere che di comprendere». In armonia con il docente tedesco H. Küng, che auspica un consiglio permanente di vescovi con valore non solo consultivo,[83] il cardinale Suenens afferma che la «Chiesa deve essere una comunione di chiese... per cui le encicliche e i documenti più importanti dovrebbero presentarsi sempre come frutto di un'ampia collaborazione fra Roma e le chiese particolari». Alla luce della collegialità ecclesiastica i vescovi e non i cardinali dovrebbero eleggere il papa; allo stesso modo che i vescovi devono agire in comunione con il papa, così anche il papa deve agire in comunione con i vescovi senza isolarsi nella sua superiorità personale. L'autorità dei nunzi, che agiscono spesso su di un terreno puramente diplomatico e civile controllando non di rado i vescovi locali, dovrebbe essere ridimensionata[84].

Dopo le critiche di altri presuli che pretendevano una sua ritrattazione, il Cardinale tornò di nuovo in campo per insistere di non aver nulla da ritrattare e per asserire la necessità della libera circolazione delle idee anche nella chiesa cattolica. «So che sarò oggetto di attacchi; ma io amo la Chiesa e sono un capo. Sono disposto a pagare il prezzo delle mie convinzioni»[85].

17. RISPOSTA DI PAOLO VI

Pur accogliendo l'idea che anche i vescovi devono avere una certa partecipazione collegiale nella direzione della Chiesa (si pensi ad esempio alla creazione del Sinodo episcopale da lui creata), Paolo VI non ammette che il papa debba agire di comune consenso con i vescovi, e sostiene il diritto, per autorità divina, di decidere per conto proprio con direttiva personale. Di qui la *Nota explicativa praevia* aggiunta per suo volere alla Costituzione della Chiesa, dove si legge: «Il Romano pontefice nell'ordinare, promuovere, approvare l'esercizio collegiale procede secondo la propria discre-

---

[83] [81] Interessante il suo recente volume *La Chiesa* edito nel 1969 dalla editrice Queriniana di Brescia.

[84] [82] Così in una intervista alle *Informations Catholiques internationales* del maggio 1969.

[85] [83] Intervista concessa a Robert Serrou del *Paris Match* nel luglio 1969.

zione, avendo di mira il bene della Chiesa. Il Sommo pontefice, quale pastore supremo della Chiesa, può esercitare la sua priorità in ogni tempo a suo piacimento come richiesto dal suo stesso ufficio». Di qui le sue decisioni personali circa la professione di *fede* (il Credo del Popolo di Dio), la sua enciclica sul *celibato* e l'altra sul controllo delle *nascite* che crearono enormi opposizioni e problemi non indifferenti in seno al cattolicesimo odierno circa il valore dell'autorità papale.

Come rispose Paolo VI alle contestazioni odierne? Pur dichiarandosi disposto a modificare alcune strutture che più non si adeguano alla situazione sociale odierna (di qui la preparazione del nuovo codice di diritto canonico), il Papa ritiene di non essere obbligato ad agire sempre in comunione con i vescovi, ma di poter agire da solo senza il consenso della Chiesa (*ex sese, non ex consensu ecclesiae*)[86]. Inaugurando il Sinodo dei vescovi il 30 settembre 1967 Paolo VI ripeteva che l'ufficio sinodale è «normalmente consultivo» e biasimava le opinioni «di non pochi studiosi e pubblicisti che ardirebbero applicare la loro analisi agli aspetti giuridici di questa istituzione per darvi a loro talento forme e funzioni conformi a certi concetti nuovi del diritto costituzionale della Chiesa»[87].

Una sintesi che ben rispecchia la mentalità dell'attuale papa circa la costituzione della Chiesa si ha nella *Istruzione per la evangelizzazione dei popoli* del 24 febbraio 1969, n. 13:

---

[86] [84] *Vaticano 1,* Denzinger-Bannwart 1839. Cfr. G. D'Ercole, *Communio, collegialità, primato e sollecitudo omnium ecclesiarum dai Vangeli a Constantino,* Roma, Herder 1964; Jean Colson, *L'épiscopat catholique: Collégialité et primauté dans les trois premiers siècles de l'Eglise,* Paris, Edit. du Cerf, 1963; Yves M. J. Congar, *Sainte Eglise. Etudes et approches ecclésiologiques,* Paris, Éditions du Cerf, 1963; G. Dejaifve, *Les Douze Apôtres et leur unité dans la Tradition Catholique,* «Ephemerides Theologicae Lovanienses» 30 (1963), pp. 760–778; *Idem, Episcopat et Collège Apostolique,* in «Nouvelle Revue Théologique» 85 (1963), 807–818 al successore di Pietro compete la funzione unitaria, al collegio apostolico la cattolicità); J. Brinktine, *Quomodo se habeat Collegium Episcoporum ad summum Pontificem,* in Freiburger Zeitschrift für Philologie und Theologie» 10 (1963), pp. 86–94 (la giurisdizione non è conferita loro mediante la consacrazione); E. Griffe, *Le «principatus» romain ecclésiastique,* in «Bulletin de Littérature Ecclésiastique» 64 (1963), pp. 161–171; E. Lanne, *Églises locales et patriarcats à l'époque des grands conciles* in «Irenikon» 24 1961), pp. 292–321; J. Ratzinger, *Le implicazioni pastorali della dottrina della collegialità dei Vescovi,* in «Concilium», 1 (1965), pp. 44–73; K. Rahner, *Note di Teologia pastorale sull'Episcopato nella dottrina del Vaticano II,* «Concilium», 1 (1965), pp. 74–83 (con relativa bibliografia); C. Colombo, *Il Collegio Episcopale ed il primato del Romano Pontefice,* in «La Scuola Cattolica», 93 (1965), pp. 35–56; M. Fagiolo e P. Gino Concetti, *La collegialità episcopale per il futuro della Chiesa,* Firenze, Valecchi 1969 (lo studio più completo).

[87] [85] Insegnamenti di Paolo VI, vol. V, Poliglotta Vaticana 1968, pp. 475–476. Cfr. Motu Proprio *Apostolica sollecitudo,* in «L'Osservatore Romano» 24 dicembre 1966.

Il problema dell'infallibilità papale 321

> «Il sommo Pontefice ha in tutta la Chiesa la potestà piena, universale, immediata. I vescovi reggono le chiese particolari ad essi affidate con potestà propria, ordinaria e immediata. L'esercizio della potestà episcopale, però, è sottoposta in ultima istanza, al Romano Pontefice e può ben essere circoscritta entro limiti in vista del bene della Chiesa e dei fedeli. Per esercitare tale suprema potestà, il Romano Pontefice si serve dei dicasteri della Curia Romana»[88].

Perciò il papa, pur desiderando meditare serenamente le rimostranze rivolte verso la sede apostolica (23 giugno 1969), deplora «chi sostituisce la propria esperienza spirituale, il proprio sentimento di fede oggettiva, la propria interpretazione della parola di Dio» alla tradizione. Chi agisce così, produce certamente una novità, ma «è una rovina» (2 luglio 1969). Per cui deplorando coloro che sono causa di questi «pericoli gravi per la Chiesa di Dio», sottolinea che l'attuale è «un fermento praticamente scismatico» (4 aprile 1969).

Non ostante che Paolo VI abbia ammesso l'utilità del Sinodo episcopale da riunirsi ogni due anni e sia disposto ad esaminare serenamente altre richieste episcopali (ottobre 1969), egli ha spesso esaltato il primato del vescovo di Roma, quasi ne temesse una menomazione da parte dei padri conciliari. È impossibile ricordare tutte le espressioni del papa, tanto sono numerose: eccone le più importanti. Inaugurando il 29 settembre 1963 la seconda sessione del Concilio, così affermava:

> «Salute, Fratelli! Così vi accoglie il più piccolo fra di voi, il Servo dei Servi di Dio, anche se carico delle somme chiavi consegnate a Pietro da Cristo Signore; così Egli vi ringrazia della testimonianza di ubbidienza e di fiducia che la vostra presenza Gli porta; così vi dimostra col fatto voler Egli con voi pregare, con voi parlare, con voi deliberare, con voi operare. Oh il Signore ci è testimonio quando Noi vi diciamo non essere nel nostro animo alcun proposito di umano dominio, alcuna gelosia di esclusivo potere; ma solo desiderio e volontà d'esercitare il divino mandato che tra voi e di voi, Fratelli, ci fa *Sommo Pastore*, e che da voi chiede ciò che forma il suo gaudio e la sua corona, la «comunione dei santi», la vostra fedeltà, la vostra adesione, la vostra collaborazione; ed a voi offre ciò che maggiormente Lo alletta donare, la sua venerazione, la sua stima, la sua fiducia, la sua carità»[89].

---

[88] [86] «L'Osservatore Romano», 23 marzo 1969.
[89] [87] «L'Osservatore Romano», 30 settembre 1963, p. 1. Il sommo pastore è Gesù Cristo e non Pietro, secondo 1 Pietro 5,4.

Tale primato egli lo afferma nella enciclica *Ecclesiam suam* (1964), dove si legge:

«Vi diremo subito Venerabili Fratelli, che tre sono i pensieri che vanno agitando l'animo nostro quando consideriamo l'altissimo ufficio che la Provvidenza, contro i Nostri desideri e i Nostri meriti, Ci ha voluto affidare di reggere la Chiesa di Cristo, nella Nostra funzione di Vescovo di Roma, e perciò successore del beato Apostolo Pietro, gestore delle somme chiavi del regno di Dio e Vicario di quel Cristo che fece di lui il pastore primo del suo gregge universale...»[90].

Pur sapendo d'essere il papato *una pietra d'inciampo* per l'incontro, il papa ribadisce, con forza, tale sua dignità e missione:

«Un pensiero Ci affligge ed è quello di vedere come proprio Noi, fautori di tale riconciliazione, siamo da molti Fratelli separati, considerati l'ostacolo ad essa, *a causa del primato di onore e di giurisdizione*, che Cristo ha conferito all'apostolo Pietro, e che Noi abbiamo da lui ereditato. Non si dice da alcuni che, se fosse rimosso il primato del Papa, l'unificazione delle Chiese separate sarebbe più facile? Vogliamo supplicare i Fratelli separati a considerare la inconsistenza di tale ipotesi; e non già soltanto perché, senza il Papa, la Chiesa cattolica non sarebbe più tale; ma perché, mancando nella Chiesa di Cristo l'ufficio pastorale sommo, efficace e decisivo di Pietro, l'unità si sfascerebbe; e indarno poi si cercherebbe di ricomporla con criteri sostitutivi di quello autentico, stabilito da Cristo stesso: *Vi sarebbero nella Chiesa tanti scismi quanti sono i sacerdoti,* scrive giustamente S. Girolamo (*Dial. contr. Luciferianos,* P. L. 23,173). E vogliamo altresì considerare che questo cardine centrale della santa Chiesa non vuole costituire supremazia di spirituale orgoglio e di umano dominio, ma primato di servizio, di ministero, di amore. Non è vana rettorica, quella che al Vicario di Cristo attribuisce il titolo: *il servo dei servi di Dio*»[88].

Aprendo la terza sessione del Concilio, Paolo VI ribadì il medesimo concetto:

«Siamo infine la Chiesa, perché come Maestri della fede, Pastori delle anime, Dispensatori dei misteri di Dio (1 Cor 4,1), noi qui tutta la

---

[90] [88] Enciclica *Ecclesiam Suam*, in «L'Osservatore Romano», 16 agosto 1964.

rappresentiamo, non già come delegati o deputati dai fedeli, a cui si rivolge il nostro ministero, ma come Padri e Fratelli che personificano le comunità rispettivamente affidate alle nostre cure, e come assemblea plenaria, a buon diritto, da Noi convocata nella Nostra veste, che a voi tutti ci accomuna, di vostro fratello, come Vescovo di questa Roma fatidica, di *Successore umilissimo, ma autentico dell'Apostolo Pietro,* presso la cui tomba siamo piamente convenuti, e perciò come indegno, ma *vero Capo della Chiesa cattolica e Vicario di Cristo, Servo dei servi di Dio*»[91].

Nelle udienze pontificie spessissimo – spesso con ampia rettorica – presenta tale sua dignità di successore di Pietro; tra di esse primeggia quella del 16 luglio 1964:[92]

«Diletti Figli e Figlie! Noi pensiamo che ciascuno di voi, partecipando a questa Udienza, nella basilica di S. Pietro, vada cercando con lo sguardo le parole maiuscole, che costituiscono la fascia decorativa, sopra i pilastri dell'aula monumentale, e una parola sappia scoprire, la quale risuona singolarmente nello spirito d'ogni persona presente TU ES PETRUS, Tu sei Pietro; e immediatamente questa parola sembra farsi voce, la voce di Cristo, che la pronunciò a Cesarea di Filippo trasformando il discepolo Simone in Apostolo, anzi in principe degli Apostoli, e Capo di tutta la Chiesa; poi la parola: *Tu es Petrus*, si fa figura, si fa persona, e si posa sul Papa, vestito di bianco, che è apparso in mezzo a voi. La suggestione spirituale dell'Udienza, noi lo sappiamo, nasce principalmente dalla rievocazione misterica e immortale della parola evangelica, che prende, dopo venti secoli, forma vivente nell'umile aspetto d'uomo, che appare non soltanto quale successore, ma quasi fosse la stessa rediviva persona: Tu es Petrus...».

«Vi è chi incontra qualche fatica nel compiere questa identificazione di Pietro col Papa, così presentato, e si chiede il perché di così vistosa esteriorità, che sa di gloria e di vittoria, mentre nessuno dimentica certamente quante afflizioni pesano sempre sulla Chiesa e sul Papa: e come sia per lui doverosa l'imitazione dell'umile divino Maestro. Un povero mantello di pescatore e di pellegrino non ci darebbe immagine più fedele di Pietro, che non il manto pontificale e regale, che riveste il suo successore?».

---

[91] [89] «L'Osservatore Romano», 14 settembre 1964, p. 3.
[92] [90] «L'Osservatore Romano», 16 luglio 1964, p. 2.

«Può essere. Ma questo manto non esclude quel mantello! Ora bisogna comprendere il significato ed il valore di questa esteriore solennità, che vuole identificare il Papa, così rivestito, con l'apostolo Pietro. Che cosa significa innanzi tutto, questo grandioso rivestimento? Significa un atto di fede, che la Chiesa dopo tanti secoli, ancora pronuncia sicura: sì, questi è lui, è Pietro. È come un canto a gran voce: Tu sei Pietro; è una ripetizione che celebra in un culto magnifico il prodigio compiuto da Cristo; non è sfarzo vanitoso, ma è come uno sforzo devoto per dare evidenza e risonanza ad un fatto evangelico, decisivo per la storia del mondo e per le sorti spirituali dell'umanità».

«Se è così, ognuno comprende che l'onore tributato al Papa come successore di San Pietro non va alla sua persona umana, la quale può essere, come nel caso presente, piccola e povera, ma va alla missione apostolica, che gli è affidata, va alle chiavi, cioè alle potestà, poste nelle sue mani, va all'autorità di Maestro, di Sacerdote, e di Pastore che gli è stata conferita».

«Allora si comprende anche come l'onore tributato al Papa non si ferma a lui, e nemmeno, propriamente parlando, a Simone Pietro, ma sale a Cristo glorioso, al Quale tutto dobbiamo, e al Quale non avremo mai reso onore abbastanza. Noi possiamo ben dire, ed a maggior ragione, ciò che il Papa Leone Magno diceva di sé: Nell'umiltà della mia persona colui si veda e colui si onori (cioè Pietro – e noi possiamo spiegare: cioè Cristo), nel quale si contiene la sollecitudine di tutti i pastori... e la cui dignità non viene meno in un indegno erede (*Serm. 2*).

«Fate vostri questi pensieri e trarrete dall'Udienza pontificia una benefica impressione spirituale, una profonda lezione religiosa, quella che ci fa trovare Pietro nel Papa e Cristo nel suo Vicario».

Anche nell'udienza del 22 luglio 1965 a Castel Gandolfo, il Papa si identificò in un certo senso con il Cristo:

«Chi è il Papa? non è il Vicario di Cristo? sarà forse possibile scorgere, non tanto nelle sue sembianze – che non possono che deludere l'aspettativa d'una visione sensibile – ma nel ministero, che in Lui si personifica, il mistero d'una particolare presenza – quella della continuità storica, quella dell'autenticità rappresentativa, quella delle potestà di Gesù stesso, operanti il suo magistero, il suo sacerdozio, il suo regale pastorale governo – d'una particolare presenza, diciamo di Cristo? vedere il Papa non porta forse a intravedere il Signore?»[93].

---

[93] [91] «L'Osservatore Romano», 22 luglio 1965, p. 1.

Il problema dell'infallibilità papale 325

Significativa è pure la benedizione della prima pietra del *Santuario del Primato* a El Tabga nella Galilea, dove secondo una tradizione, Gesù avrebbe pronunciato le celebri parole «Tu sei Pietro». Pure significativo il modo con cui nel 1969 si è presentato all'assemblea ecumenica di Ginevra con la frase «Il nostro nome è Pietro»[94].

18. Una voce onesta

Il domenicano inglese Edmund Hill ha suggerito la necessità di una riorganizzazione dell'autorità papale in modo che la teoria espressa del Concilio Vaticano abbia a tradursi in una pratica effettiva[95].

Perciò il dotto domenicano fa delle osservazioni ben sensate: oggi praticamente papa, chiesa romana, chiesa latina, chiesa cattolica si identificano tra loro. Bisogna rendere queste distinzioni effettive: il Concilio Vaticano II ha asserito che la Chiesa romana ha un «primato (*principatus*)» su tutte le altre chiese[96]. Se queste parole hanno un senso vuol dire che la chiesa romana dev'essere distinta dalle altre chiese, e che perciò la loro autonomia va rispettata.

«Nell'interesse di questa alleanza tra papalismo e conciliarismo, la chiesa romana deve lasciare sempre più alle altre chiese il potere di governarsi e di farsi leggi per conto loro.

... La chiesa latina deve scindersi, per questo sviluppo strutturale, in una serie di chiese locali, sul sistema degli antichi patriarcati, costituite senza alcun dubbio da sinodi regionali e dalle conferenze episcopali.

D'altro canto è la chiesa romana che riprenderà la sua forma distinta, costituita forse come chiesa dell'Italia, tenendo conto delle circostanze politiche contemporanee. Al suo centro il collegio dei cardinali, e la curia, a titolo di clero della sede romana, avranno la responsabilità particolare di consigliare il vescovo romano nelle sue relazioni con le altre chiese. In una chiesa cattolica così ristrutturata, la mia speranza è che gli atti della chiesa romana a riguardo delle altre

---

[94] [92] Anche l'epiteto di «Madre della Chiesa» attribuito a Maria contro il parere del concilio, mostra la sua autorità di capo della Chiesa. Da ambienti informati mi si disse che tale titolo fu una mossa diplomatica del papa nei riguardi degli Ortodossi i quali lamentarono il fatto che Maria fosse lasciata troppo in sottordine dal Concilio Ecumenico Vaticano II.

[95] [93] Edmund Hill, *La papauté post-conciliaire* in «Istina» 1967, pp. 137–147. Tradotto dall'inglese apparso in New Blackfriars 47 (1966), pp. 582–590.

[96] Denzinger-Bannwart, 827

chiese siano limitati alle decisioni giudiziarie e dottrinali, senza includere decisioni legislative od esecutive»[97].

Deve cambiare – continua lo stesso – il sistema di coprire con il manto di Pietro ogni documento emanato da un qualsiasi dipartimento della santa sede.

Il concilio dei vescovi recentemente istituito deve assistere il papa, ma lo stesso domenicano si augura che non abbia a legiferare troppo, lasci che le leggi in un mondo tanto diversificato siano lasciate alle autorità locali, e divenga solo un mezzo coordinativo.

«Potessimo disfarci del fascino che l'uniformità sia buona in se stessa! L'uniformità non ha nulla a che vedere con il cristianesimo. Essa è una sfortunata eredità dell'era della Ragione, della visuale matematica degli enciclopedisti e del codice napoleonico»[98].

Secondo il codice la nomina dei vescovi deriva dal papa, l'elezione è solo ammessa come via del tutto eccezionale (can 329, par. 2, 3). Il domenicano Hill propone che tale sistema sia rovesciato; il papa non può conoscere tutto, deve accettare i suggerimenti dei suoi consiglieri. È quindi bene che si reintroduca una elezione episcopale nella quale il clero diocesano abbia voce in capitolo, il laicato non ne sia escluso e gli elettori siano loro stessi responsabili. Così avranno i vescovi che si meritano. Il che non esclude il diritto papale di conferma od anche di nomina in via eccezionale per il bene comune e mostrandone le ragioni.

Ancor più interessante sono le considerazioni del domenicano Hill per ciò ch'egli chiama la chiesa della «diaspora», che penetra cioè nel mondo. Egli si richiama qui al concetto biblico della disseminazione di grani, del lievito che invade la massa che è il rovescio dell'immagine del corpo, tracciato da Paolo. L'autore suggerisce perfino l'idea che l'immagine paolina sia più appropriata alla Chiesa celeste che a quella pellegrinante sulla terra. Il grano, il lievito esige una organizzazione minima. Se la chiesa si presenta con una superorganizzazione sarà presto preda dell'opposizione ostile. In Russia le chiese battiste, meno organizzate della cattolica, hanno resistite meglio di questa all'opposizione atea. La chiesa primitiva meno organizzata ha resistito bene alle persecuzioni dell'impero romano. Il minimum di

---

[97] [94] E. Hill, *La papauté post-conciliaire*, op. cit., p. 143.
[98] [95] E. Hill, *La papauté post-conciliaire*, op. cit., p. 144.

Il problema dell'infallibilità papale

questa organizzazione dovrebbe essere costituito, dice lo Hill, dai vescovi, dai sacerdoti e dai diaconi[99].

Se legate a questa gerarchia semplice delle strutture canoniche assai complesse, la chiesa perde la sua adattabilità e le cellule ecclesiali alle quali esse presiedono perdono l'aspetto sorridente che affascina il mondo[100].

Dopo un lungo cammino siamo dunque quasi tornati alle soglie del Nuovo Testamento. I suggerimenti del domenicano – che saranno ben presto dimenticati ma che torneranno in futuro a farsi sempre più sentire, quando tutta la chiesa sarà una diaspora in un mondo scristianizzato – ci riconducono automaticamente alla gerarchia biblica della chiesa. La Chiesa totale, alla quale presiede il Cristo come capo, risulta da un insieme di piccole cellule, o comunità locali dirette da «vescovi» e da «diaconi» mentre ogni membro di queste cellule è un sacerdote di Dio. Sotto l'unica legge dell'amore queste cellule presentano agli uomini peccatori la buona novella della salvezza in Cristo Gesù.

«Una tale vita della chiesa della diaspora potrebbe essere d'una quasi totale semplicità, severa o idillica, secondo il vostro temperamento. Nessuna proprietà per la Chiesa: forse ben poco clero a pieno tempo, non scuole, non seminari, non ordini religiosi altamente organizzati. Ma quanto sarebbe durevole! Lo possiamo dedurre da un colpo d'occhio sui Giudei o sulle chiese protestanti che sono le più semplicemente organizzate»[101].

---

[99] [96] È l'organizzazione biblica, a cui però si aggiunge la distinzione tra vescovi e sacerdoti, che al contrario sono identificati nel Nuovo Testamento.
[100] [97] E. Hill, *La papauté post-conciliaire*, op. cit., pp. 145–147.
[101] [98] E. Hill, *La papauté post-conciliaire*, op. cit., p. 146.

16

Qualche parola di conclusione

Dopo un lungo volo nel corso dei secoli abbiamo visto il papato stagliarsi gradatamente ad di sopra delle altre chiese e dei governi civili. Da una parte il vescovo di Roma è divenuto, specialmente nel Medio Evo, un sovrano di questa terra, mentre il Cristo di cui si proclama vicario, asseriva che il suo regno non era di questo mondo. Dall'altro canto il genio organizzativo di Roma riapparve nella chiesa dopo la distruzione dell'impero romano, creando un'organizzazione sempre più capillare nella quale il papa andò riservandosi un'autorità che inizialmente apparteneva ai vescovi delle singole chiese. Prima la chiesa di Roma e poi direttamente il Papa è andato attribuendosi la funzione di vicario di Pietro, di vicario di Cristo, di capo della chiesa, per la quale missione si è poi richiesta, come sostegno inderogabile, l'infallibilità personale. Riflettendo sui privilegi raggiunti nel corso dei secoli dal papato, i teologi romani sono ritornati ai passi biblici d'indole esclusivamente metaforica, intendendoli secondo la mentalità occidentale, del tutto aliena all'orientale, in modo strettamente giuridico. Ciò che riguardava il solo Pietro nella sua funzione di iniziatore della Chiesa di Cristo, si è arbitrariamente riferito alla serie dei suoi successori identificati con i vescovi romani. Il primato papale prima onorifico si è poi trasformato in un primato giuridico, che tramite la curia romana ha soffocato l'originaria indipendenza delle chiese locali. La reazione moderna all'autocrazia vaticana è pur sempre limitata, in quanto ammette come dato dimostrato la superiorità del papa come capo della Chiesa. Anziché tornare all'Evangelo per ridimensionare la concezione della chiesa, come un insieme di chiese locali indipendenti ricollegate assieme dalla stessa fede nel Cristo e dallo stesso amore che il Cristo ha recato sulla terra, ha attuato solamente riforme esteriori.

Tuttavia dopo un bimillenario sviluppo gerarchico del cattolicesimo, nel quale l'autorità papale si è andata imponendo sempre più ora alcuni propongono il ritorno alla primitiva semplicità del Vangelo, come l'unica via per attuare il vero cristianesimo. Gli uomini nel corso dei secoli hanno cercato di provvedere alla Chiesa una organizzazione sempre più centralizzata, pensando di offrire qualcosa di più solido ed efficace della semplicità evangelica. Ma ancora una volta si è rivelato che la «sapienza» degli uomini è follia dinanzi a Dio, mentre la «stoltezza» di Dio è più saggia di ogni saggezza umana. Se la «Chiesa di Cristo» proclama un ritorno alle origini non lo fa per un amore archeologico verso il passato, ma perché sa che «questo passato», voluto da Dio, è quello che si adegua al tempo presente e ai secoli futuri più di tutte le «innovazioni» umane. Chi ama la Parola di Dio segua solo quella, senza le «tradizioni» umane che nel papato, come in tanti altri campi, hanno tradito il comando di Dio.

APPENDICI

Elenco dei papi secondo la Chiesa Cattolica
(i nomi in corsivo sono gli antipapi)

Pietro di Betsaida (m. 64 o 67 d.C.)
Lino (della Tuscia) 67–76 (?)
Anacleto o Cleto (romano) 76–88 (?)
Clemente (romano) 88–97 (?)

5 Evaristo (greco) 97–105 (?)
Alessandro I (romano) 105–115 (?)
Sisto I (romano) 115–125 (?)
Telesforo (greco) 125–136 (?)
Igino (greco) 136–140 (?)

10 Pio I (Aquileia) 140–155 (?)
Aniceto (siro) 155–166
Sotero (Campania) 166–175
Eleutero (Nicopoli Epiro) 175–189
Vittore I (africano) 189–199

15 Zefirino (romano) 199–217
Callisto I (romano) 217–222
Ippolito (romano) 217–235
Urbano I (romano) 222–230
Ponziano (romano) 230–235
Antero (greco) 235–236

20 Fabiano (romano) 236–250
Cornelio (romano) 251–253
Novaziano (romano) 251
Lucio I (romano) 253–254
Stefano I (romano) 254–257
Sisto II (greco) 257–258

25 Dionisio 259–268
Felice I (romano) 269–274
Eutichiano (Luni) 275–283
Caio (dalmata) 283–296
Marcellino (romano) 296–304

30 Marcello I (romano) 308–309
Eusebio (greco) 309
Milziade o Melchiade (africano) 311–314
Silvestro I (romano) 314–335
Marco (romano) 336

35 Giulio I (romano) 337–352
Liberio (romano) 352–366

Felice II, romano, 355–365
Damaso I (spagnolo) 366–384
Ursino 366–367
Siricio (romano) 384–389
Anastasio I (romano) 399–401

40 Innocenzo I (albano) 401–417
Zosimo (greco) 417–418
Bonifacio I (romano) 418–422
Eulalio 416419
Celestino I (campano) 422–432
Sisto III (romano) 432–440

45 Leone I il Grande (Magno) (Tuscia) 440–461
Ilaro (sardo) 461–468
Simplicio (Tivoli) 468–483
Felice III (II) (romano) 483–492
Gelasio I (africano) 492–496

50 Anastasio II (romano) 496–498
Simmaco (sardo) 498–514
Lorenzo 498–501/505
Ormisda (Frosinone) 514–523
Giovanni I (Tuscia) 523–526
Felice IV (III) (Sannio) 526–530

55 Bonifacio II (romano) 530–532
Dioscuro Alessandria 530
Giovanni II (romano) 533–535
Agapito I (romano) 535–536
Silverio (Campania) 536–537
Vigilio (romano) 537–555

60 Pelagio I (romano) 556
Giovanni III (romano) 561–574
Benedetto I (romano) 575–579
Pelagio II (romano) 579–590
Gregorio I, il Grande (Magno) (romano) 590–604

65 Sabiniano (Tuscia) 604–606
Bonifacio III (romano) 607
Bonifacio IV (Marsi) 608–615
Adeodato I (romano) 615–618
Bonifacio V (Napoli) 619–625

70 Onorio I (Campania) 625–638
Severino (romano) 640

	Giovanni IV (dalmata) 640–642		Formoso (Porto) 891–896
	Teodoro I (greco) 642–649		Bonifacio VI (romano) 896
	Martino I (Todi) 649–655		Stefano VI (romano) 896–897
			Romano (gallese) 897
75	Eugenio I (romano! 654–657		
	Vitaliano (Segni) 657–672	115	Teodoro II (romano) 897
	Adeodato II (romano) 672–676		Giovanni IX (Tivoli) 898–900
	Dono (romano) 676–678		Benedetto IV (romano) 900–903
	Agatone (siciliano) 678–681		Leone V (Ardea) 903
			Cristoforo (romano) 903–904
80	Leone II (siciliano) 682–683		
	Benedetto II (romano) 684–685	120	Anastasio III (romano) 911–913
	Giovanni V (siro) 685–686		Landone (Sabina) 913–914
	Conone (?) 6864)87		Giovanni X (Tossignano) 914–928
	Teodoro, ...687		Leone VI (romano) 928
	Pasquale, ...687		Stefano VII (romano) 928–931
	Sergio I (Siro) 687–701		
		125	Giovanni XI (romano) 931–935
85	Giovanni VI (greco) 701–705		Leone VII (romano) 936–939
	Giovanni VII (greco) 705–707		Stefano Vili (romano) 939–942
	Sisinnio (siro) 708		Marino II (romano) 942–946
	Costantino I (siro) 708–715		Agapito II (romano) 946–955
	Gregorio II (romano) 715–731		
		130	Giovanni XII (Tuscolo) 955–963
90	Gregorio III (siro) 731–741		Leone Vili (romano) 963–965
	Zaccaria (greco) 741–752		Benedetto V (romano) 965–966
	Stefano II (romano) 752–757		Giovanni XIII (romano) 966–972
	Paolo I (romano) 757–767		Benedetto VI (romano) 973–974
	Costantino (Nepi) 767–768		Bonifacio VII (francone) 974 e 984)
	Filippo (?) 768		
	Stefano III (siciliano) 76S–772	135	Benedetto VII (romano) 974–983
			Giovanni XIV (Pavia) 983–984
95	Adriano I (romano) 772–795		Bonifacio VIII 984–985
	Leone III (romano) 795–816		Giovanni XV (romano) 985–996
	Stefano IV (romano) 816–817		Gregorio V (sassone) 996–999
	Pasquale I (romano) 817–824		*Giovanni* XVI,
	Eugenio II (romano) 824–827		*Rossano* 997–998
100	100.Valentino (romano) 827	140	Silvestro II (Alvernia) 999–1003
	Gregorio IV (romano) 827–844		Giovanni XVII (rom.) 1003
	Giovanni (?) 844		Giovanni XVIII (romano) 1004–1009
	Sergio II (romano) 844–847		Sergio IV (romano) 1009–1012
	Leone IV (romano) 847–855		Benedetto VIII (Tuscolo) 1012–1024
	Benedetto III (romano) 855–858		*Gregorio* (?) 1012
	Anastasio (?) 855		
		145	Benedetto IX (Tuscolo) 1032–1044
105	Nicolò I, il Grande (romano) 858–867		Silvestro III (romano) 1045
	Adriano II (romano) 867–872		Benedetto IX (seconda volta)
	Giovanni Vili (romano) 872–882		
	Marino I (gallese) 882–884		
	Adriano III 884–885		
110	Stefano V (romano) 855–891		

1045
Gregorio VI (romano) 1045–1046
Clemente II (sassone 106–1047
Benedetto IX (terza volta) 1047–1048

150 150. Damaso II (Baviera) 1048
Leone IX (alsaziano) 1049–1054
Vittore II (tedesco) 1055–1057
Stefano IX (lorenese) 1057–1058
Benedetto X (romano) 1058–1059

155 Nicolò II (Borgogna) 1059–1061
Alessandro II (Milano) 1061–1073
Onorio II (veronese) 1061–1072)
Gregorio VII (Tuscia) 1073–1085
Clemente III (Parma) 1084–110
Vittore III (Benevento) 1086–1087
Urbano II (francese) 1088–1099

160 Pasquale II (Bieda) 1099–1118
Teodorico (Rufina) 1110
Alberto (Sabina) 1102
Silvestro IV (romano) 1105–1111)
Gelasio II (Gaeta) 1118–1119
Gregorio VIII (francese) 1118–1121)
Callisto II (Borgogna) 1119–1124
Onorio II (Imola) 1124–1130
Celestino II (romano) 1124
Innocenzo II (romano) 1130–1143
Anacleto II (romano) 1130–1138)
Vittore IV 1138

165 Celestino II (Città di Castello) 1143–1144
Lucio II (bolognese) 1144–1145
Eugenio III (Pisa) 1145–1153
Anastasio IV (romano) 1153–1154
Adriano IV (inglese) 1154–1159

170 Alessandro III (Siena) 1159—1181
Vittore IV (Monte Celio) 1164
Pasquale III (Crema) 1164–1168
Callisto III (Strumi) 1168–178
Innocenzo III (Sezze) 1179–1180
Lucio III (lucchese) 1181–1185
Urbano III (milanese) 1185–1187

Gregorio Vili 1187
Clemente III (romano) 1187–1191

175 Celestino III (romano) 1191–1198
Innocenzo III (Gavignano) 1198–1216
Onorio III (romano) 1216–1227
Gregorio IX (Anagni) 1227–1241
Celestino IV (milanese) 1241

180 Innocenzo IV (genovese) 1243–1254
Alessandro IV (Anagni) 1254–1261
Urbano IV (Troyes) 1261–1264
Clemente IV (francese) 1265–1268
Gregorio X (Piacenza) 1271–1272

185 Innocenzo V (Savoia) 1276–
Adriano V (genovese) 1276–
Giovanni XXI (portoghese) 1276–1277
Niccolò III (romano) 1277–1280
Martino IV (francese) 1281–1285

190 Onorio IV (romano) 1285–1287
Niccolò IV (Ascoli) 1288–1292
Celestino V (Isernia) 1294
Bonifacio Vili 1294–1303
Benedetto XI (Treviso) 1303–1304

195 Clemente V (francese) 1305–1314
Giovanni XXII (Cahors) 1316–1334
Niccolò V (Rieti) 1328–1330
Benedetto XII (francese) 1334–1342
Clemente VI (francese) 1342–1352
Innocenzo VI (francese) 1352–1362

200 Urbano V (francese) 1362–1370
Gregorio XI (francese) 1371–1378
Urbano VI (Napoli) 1378–1389
Bonifacio IX (Napoli) 1389–1404
Innocenzo VII (Sulmona) 1404–1406

205 Gregorio XII (veneziano) 1406–1415
Clemente VII (Genevois) 1378–

1394
Benedetto XIII (aragonese) 1394–1423
Alessandro V (Creta) 1400–1410
Giovanni XXIII (Napoli) 1410–1415
Martino V (romano) 1417–1431 (?)
Eugenio IV (veneziano) 1431–1447
Felice V (Savoia) 1439–1449
Niccolò V (Sarzana) 1447–1455
Callisto III (Valencia) 1455–1458

210 Pio II (Siena) 1458–1464
Paolo II (veneziano) 1464–1471
Sisto IV (Savona) 1471–1484
Innocenzo Vili (genovese) 1484–1492
Alessandro VI (Valencia) 1492–1503

215 Pio III (Siena) 1503
Giulio II (Savona) 1503–1513
Leone X (fiorentino) 1513–1521
Adriano VI (Utrech) 1522–1523
Clemente VII (fiorentino) 1523–1534

220 Paolo III (romano) 1534–1549
Giulio III (romano) 1550–1555
Marcello II (Montepulciano) 1555
Paolo IV (Napoli) 1555–1559
Pio IV (milanese) 1559–1565

225 Pio V (Alessandria) 1566–1572
Gregorio XIII (bolognese) 1572–1585
Sisto V (Grottammare) 1585–1590
Urbano VII (romano) 1590
Gregorio XIV (Cremona) 1590–1591

230 Innocenzo IX (bolognese) 1591
Clemente VIII (fiorentino) 1592–1605
Leone XI (fiorentino) 1605
Paolo V (romano) 1605–1621
Gregorio XV (bolognese) 1621–1623

235 Urbano VIII (fiorentino) 1623–1644

Innocenzo X (romano) 1644–1655
Alessandro VII (Siena) 1655–1667
Clemente IX (Pistoia) 1667–1669
Clemente X (romano) 1670–1676

240 Innocenzo XI (Como) 1676–1689
Alessandro Vili (veneziano) 1689–1691
Innocenzo XII (Venosa) 1691 1700
Clemente XI (Urbino) 1700–1721
Innocenzo XIII (romano) 1721–1724

245 Benedetto XIII (Bari) 1724–1730
Clemente XII (fiorentino) 1730–1740
Benedetto XIV (bolognese) 1740–1758
Clemente XIII (veneziano) 1758–1769
Clemente XIV (Rimini) 1769–1774

250 Pio VI (Cesena) 1775–1799
Pio VII (Cesena) 1800–1823
Leone XII (Fabriano) 1823–1829
Pio Vili (Cingoli) 1829–1830
Gregorio XVI (Belluno) 1831–1846

255 Pio IX (Senigallia) 1846–1878
Leone XIII (Carpineto) 1878–1903
Pio X (Riese) 1903–1914
Benedetto XV (genovese) 1914–1922
Pio XI (Desio) 1922–1939

260 Pio XII (romano) 1939–1958
Giovanni XXIII (bergamasco) 1958–1963
Paolo VI (Concesio) 21 giugno 1963–1978
Giovanni Paolo I (Forno di Canale)1978–1978
Giovanni Paolo II (Wadowice) 1978–2005

265 Benedetto XVI (Marktl am Inn) 2005–2013
Francesco I (Buenos Aires) 2013–oggi

INDICE ANALITICO

L'indice analytico comprende indistintemente i nomi propri di persone, di città, di documenti storici, certi temi importanti, ecc. Per motivi pratici non sono inclusi i nomi più comuni, come Pietro, Paolo, e Gesù.

Ades 47, 56, 61-63, 80
Adriano I, papa 237n7, 266, 267n7, 268, 269n15
Agatone, papa 241, 294-295, 299
Agostino 82, 127n39, 148n46, 155, 157n75, 230n13, 251, 293-294, 293n9, 294n10
Alcuino 242n18
Alessandro III 247
Alessandro V 278n45
Ambrogio 81-82, 81n18, 153n63, 195n10, 207, 241, 241n13, 292-294, 292n6
Ambrosiastro 190n34
Anatolio 208, 212, 212n3-4
Andrea 11, 11n2, 13, 15, 16n16, 17, 38, 85, 106, 141, 265
Andronico 29-30, 29n34, 30n39
Aniceto 145, 148, 187, 187n24, 189, 189n30, 212
Annali 145, 159n83, 237n7, 240
Apiario 230-232
Apocalisse di Elia 112n27
Apollo 29n33, 70, 100, 158, 191, 265
Appiano 170n6
Aqivà, rabbino 63n20
Aquila 29n33
Aristofane 11, 170, 170n4
Arriano 170n5
Ascensione di Isaia 129
Asterio 81n14
Atanasio 155, 273, 296, 296n357, 297n24,357
Atti di Nereo e Achilleo 127
Atti di Pietro 105n1, 125n28, 127, 131, 148n45-46, 153, 158, 163n98
Atti di Tommaso 111

Atti di Vercelli 128, 131
Aurelio 160n200, 189n30, 220, 229-230, 294

Babilonia 138-142, 138n5, 139n7, 140n8, 146
barjona 12-13, 40n67, 46, 49, 56
Barnaba 21n2, 28-31, 30n39, 37, 72n44, 102, 131, 163, 171-172, 179
Basilio 80, 80n13, 275, 295, 296n19
Beda, il Venerabile 88
Benedetto II, papa 241, 268
Benedetto XIII, papa 278n45, 279, 282
Bernardo di Chiaravalle 276
Betsaida 11, 13, 43n66
Bonifacio III, papa 266, 266n4,6
Bonifacio IX, papa 278n45
Bonifacio VIII, papa 249-251, 250n33, 251n10, 253, 279, 287, 305

Cafarnao 13-15, 13n10-11, 17, 52, 55n1
Callisto, papa 78, 83, 147, 159, 162, 197, 214-215, 215n13-14,17, 247
Calvino 84n30, 306
Canone Muratoriano 155
Canto della Perla 121n15
Carisio 170n7
Carlo il Calvo 154, 165
Carlo Magno 154, 165, 242-243
Cartagine 79, 190, 198, 216, 219-223, 227, 229n6, 230-232, 230n11, 232n15, 294
Celestino, papa 203n33, 231, 232n15, 281

Celestino V, papa 283n5
Cesarea 41, 41n13,27, 43, 43n3-4,66, 46n15, 53n47, 61, 67, 71, 81, 131-132, 148, 201n28, 224, 323n16
Cipriano, vescovo di Cartagine 79, 83n23, 155, 155n71, 190, 198, 216-217, 219-224, 220n37, 221n40, 222n41,43, 223n47, 224n48, 225n52, 227-228, 228n3, 296
Cirillo d'Alessandria 96n34
Cirillo di Gerusalemme 96, 96n34, 202, 206-207, 206n49, 274, 274n34, 294
Clemente Alessandrino 14, 100n6, 108, 108n12, 111, 120n5, 146n35, 149
Clemente Romano 29n33
Clemente VII, papa 278n45
Codex Palatinus 232n16
Codice A 13n9
Codice arabo giudeo-cristiano 121n13, 145
Codice B 13n9
Codice Beza 125-126, 126n30-31,35
Codice Carolinus 239n9
Codice chigiano 154n66
Codice D 125, 126n34
Codice Mediceo Laurenziano 182n10
Commentarium in Matthaeum 121n13
Concilio di Calcedonia 134n58, 201-202, 206, 206n48, 218, 273-274, 294
Concilio di Cartagine 229n6, 230n11, 232
Concilio di Costantinopoli 201, 207, 273-274, 277, 294, 299
Concilio di Costanza 279, 281-282, 281n57, 283n5, 285-286, 304n55, 305
Concilio di Efeso 273-274
Concilio di Firenze 251n10, 278
Concilio di Francoforte 268
Concilio di Ippona 229
Concilio di Lione 278
Concilio di Nicea 196, 201, 201n31, 208-209, 214n11, 223, 227-230, 227n1, 228n3, 234n20, 255, 272-273, 275
Concilio di Sardica 228, 273
Concilio di Trento 227n1, 252, 286
Concilio Ecumenico Costantinopolitano II 275
Concilio Ecumenico VI di Costantinopoli 274
Concilio Ecumenico VII di Nicea 275
Concilio Ecumenico VIII Costantinopolitano IV 275
Concilio II di Nicea 268
Concilio Lateranense IV 271
Concilio Lateranense V 252, 272, 284
Concilio Vaticano I 69n38, 86, 91n18, 252, 291, 295n18, 306-307
Concilio Vaticano II 91n18, 288, 291, 313, 313n77, 318-319, 320n86, 325, 325n94
Corinto 12, 35, 36n60, 68-69, 98, 99n3, 100, 113n28, 144n29, 146, 147n37, 184, 194
Cornelio, il centurione 32, 66, 98, 126, 163
Cornelio, papa 219-220, 222, 228
Corrado di Gelnhausen 280, 280n52
Costantino, imperatore 80, 151, 158-161, 160n200, 195, 214n11, 235, 237-238, 237n7, 255, 272-273, 272n30, 277, 299
Costantino IV Pogonato 274, 274n35
Costantino, papa 252
Crisostomo 31, 81, 81n15, 87, 88n9, 98n2, 232

d'Ailly, Pietro 280, 281n54, 304
Damasco 24n9, 28, 31, 43n66,

170n11
Damaso, papa 154, 157, 233, 234n20, 297n23
Danaidi, le 145, 145n32
Daniele 24, 24n11
Dante Alighieri 237, 237n7, 251n38, 254n50
Davide 63-64, 63n22, 120-122, 122n18
De Cusa, Nicolaus 282n60
Demostene 27n22
Depositio Martyrum 151
Dictatus papae 244
Didaché 30n36, 31, 31n40
Didimo 80, 80n12, 116, 116n33
Diogene Laerzio 27n22
Dionigi 99n3, 146, 147n37, 195, 224n48, 240
Dirci, le 145
Dodici, i 16, 17n18, 18, 21-23, 21n2, 23n7, 25, 25n16, 26n21, 29-31, 30n36,38, 31n40,43, 32n47, 36-38, 37n62, 44n6, 97, 102, 119n1, 120, 155, 318
  e gli Apostoli 26-28
Donatio Constantini 236, 236n4, 237n7, 239, 243n20-21

Ebioniti, discepoli di Pietro 125, 133
Egesippo 22, 22n3, 120n2-3, 121n10,12, 122n17, 143, 181n7, 188, 188n27, 199-200
Egitto 48, 51n38, 105, 108n10, 110n14, 111, 139-140, 140n8, 142-143, 145n32, 146, 159n83, 201, 227, 227n1, 292, 312
Elia 41n14,19,28, 44, 45n9, 112n27, 143
Enrico di Langenstein 280, 280n52
Epifanio, vescovo di Salamina 28n29, 80, 80n10-11, 120n4-6, 121n14, 122n18, 125n28, 132n51, 186n20
Epistola Clementis ad Jacobum 120n8
Epistola Petri ad Jacobum 121n11

Eracleone 108
Esdra 46n14, 139n7, 140
Esseni 24n9, 68, 98, 140
Eugenio III, papa 251n10
Eugenio IV, papa 282, 283n5, 286
Eusebio 27, 27n28, 80, 80n9, 98n2, 100n6, 105n2, 108, 111, 116, 116n32, 143, 146, 146n35-36, 148, 150, 150n50, 181, 188, 188n29, 194n3, 213, 224n48, 232, 273n32, 274, 296n19
Eutichii 190n35
Evangelo di Tommaso 120n7

Faustino, vescovo di Potenza 230-232
Filippo 13, 38, 41n13,27, 43, 43n3,66, 95n33, 125n26, 147n41, 148, 213n5, 230, 323n16
Filone 95n31, 140, 140n9
Firmiliano, vescovo di Cesarea 83n23, 222, 222n43, 224
Flaviano 202, 206, 294
Flavio, Giuseppe 12n7, 27n24, 43n3, 99n4, 120n2, 140-141, 140n8-9, 143, 143n22,25, 170n10, 172

Galazia 12, 113, 141, 146, 163
Galeno, Claudio 58n9
Gelasio I, papa 209, 209n60,62, 241, 242n16, 274
Geroboamo 27
Gerson, Jean le Charlier de 281, 304-305
Gerusalemme 17, 26-28, 43n66, 66n30, 69, 97-99, 98n2, 101, 107, 110, 120-124, 120n5, 122n18-19, 126, 126n36, 131, 138, 138n2, 139n6, 140, 142, 142n19, 144, 163, 170, 172, 200, 202, 233, 238, 293n9, 294
  Nuova 37, 318
Giacomo, il fratello di Giovanni 120n2, 131, 134n58, 143
Giacomo il Giusto 120, 125, 143,

181
Giacomo il Zebedeo 102
Giacomo, partito di 119-123. *Si veda anche:* Giovanni, partito di; Pietro, partito di; Paulo, partito di
Giacomo, preminenza del fratello del Signore 101-103
Giovanni di Torquemada 270
Giovanni, partito di 123-125. *Si veda anche:* Giacomo, partito di; Pietro, partito di; Paulo, partito di
Giovanni Teutonico 279, 279n49
Giovanni VIII, papa 165
Giovanni XXIII, papa 159n83, 279, 282, 283n5, 286, 313
Giovanni XXII, papa 255n58, 281n56
Girolamo 27n26, 29n35, 83-84, 93n25, 98n2, 105n1, 111, 120n5, 121n13, 127n39, 133, 150, 158, 158n78, 163, 190n34, 191, 192n38, 194, 214, 233, 234n20, 279, 297n24, 357, 322
Giuda, fratello di Gesù 122
Giuda il Galileo 39
Giuda Iscariota 37-40, 87, 89, 97, 119n1, 126, 224
Giuda, lettera di 22, 30, 36-37, 40, 116-117, 121-122, 126, 173, 176, 311
Giuda Taddeo 39
Giuliano Cesarini 283
Giulio II, papa 229, 252-253, 283n5
Giunio 29-30, 29n34, 30n39
Giuseppe 105n2, 120-121, 133
Giustiniano II, imperatore 273
Giustino, imperatore 295
Giustino, martire 21n2, 27, 27n26,28, 78, 106, 128n42, 145, 156
Gregorio di Nissa 80, 80n13, 202
Gregorio IX, papa 271
Gregorio l'Illuminatore 276
Gregorio Magno, papa 159, 235, 244n24, 263-264, 266n5, 267, 275
Gregorio Nazianzeno 80, 80n13, 132n50, 202, 274
Gregorio VII, papa 243, 243n23, 245n25-26, 246, 247n28-29, 248, 248n37, 268, 295
Gregorio XIII, papa 286
Gregorio XII, papa 278n45, 279, 282
Gregorio XI, papa 278n45
Guglielmo d'Occam 253-254, 254n50, 279, 281, 281n56

Hillel, rabbino 140
Hiyyia, rabbino 140

Ignazio 21, 142, 146, 146n34, 171n14, 181-183, 181n8, 182n9,11, 185, 187, 194, 196-197, 276-277, 291n22
Innocenzo III, papa 248, 248n30-31,37, 251n10, 255, 287, 303
Innocenzo II, papa 252
Innocenzo I, papa 203, 230
Innocenzo IV, papa 251n10, 278, 287
Innocenzo VII, papa 278n45
Innocenzo XI, papa 285
Ippolito 156, 214-215, 215n13-14,16
Ireneo 77n2, 125n26, 147, 155, 179n1, 186n20, 187-188, 187n24, 188n27,29, 189n30, 197-200, 197n15, 198n21, 200n24, 212, 214, 291-292, 292n2,5
Isaia 24n11, 27n28, 63, 84n26, 129
Iscariota, significato 39
Isidoro di Siviglia 267, 270
Isidoro Mercatore 270

Jean de Paris 251n38, 254n49, 280

L'Apocalisse di Pietro 105n1, 111, 112n25, 140
Leone III, papa 241-243

Leone IV, papa 252, 269
Leone IX, papa 235n2, 237n7, 271, 277, 295, 295n16
Leone Magno, papa 202-204, 204n38, 205n43, 206, 206n47, 208, 263, 269n17, 274, 294n11, 297n23, 318, 324
Leone V, papa 252
Leone XIII, papa 251n38, 318
Lettera a Serapione 105n2
Liberio, papa 188, 296-297, 296n357, 297n21,23,357, 300
Liber Pontificalis 148n43, 157-158, 157n76, 158n80-81, 271n20
Listra 29n33
Luigi XIV, re 284-285
Lutero 84n30, 285, 285n67, 306, 311, 312n74

Macario Magete 165n103
Macedonia 28
Marciano, imperatore 208, 217, 228, 273-274
Marcione 135, 135n62, 187, 195
Maria 30n38, 39n65, 70n40, 121, 121n15, 130n45, 132-133, 132n49, 133n54, 135, 182n10, 263, 266n6, 292, 325n94
Maria Maddalena 107
Marsilio di Padova 137, 137n1, 254, 254n50, 279, 281, 281n56
Martino V, papa 279, 282, 304
Martirio di Pietro 147-148
Martirologio di S. Girolamo 150
Mattia 23, 37, 88n9, 89, 119n1, 122, 318
Ma'yan gannin di Ibn Mas'ud 26n20
Michele il Cerulario 26n20, 277, 278n43, 295n16

Nag Hammadi 48, 51n38
Nathan, rabbino 26n20
Nazaret 13, 114, 121
Nerone 130n45, 145, 145n32, 149-150, 150n56, 158-159, 158n80, 163-164, 163n98
Nestorio 239n9, 273-274, 274n34
Nicolò III, papa 165
Nicolò II, papa 243, 286
Nicolò I, papa 235n2, 276-277
Novaziano, antipapa 157, 217, 219, 228

Odi di Salomone 121n15
Omelie (Pseudo-Clementine) 49, 87n7
Onorio III, papa 289n76
Onorio, papa 28n29, 293n7, 296, 298-301, 300n29,32
Oracoli della Sibilla 139n7
Origene 29n34, 77, 94n28, 98n2, 105n2, 108, 108n9, 112n27, 116, 116n31, 124, 125n25, 133, 146, 146n36, 153, 153n63, 194n3
Ormisda, papa 295, 295n14

pallio, il 268, 271, 271n20
Paolo I, papa 130n45, 236
Paolo IV, papa 286
Paolo, partito di 135-136. *Si veda anche:* Giacomo, partito di; Giovanni, partito di; Pietro, partito di
Paolo VI, papa 91, 154, 154n68, 165, 267n8, 278, 286-287, 286n72, 314-317, 314n78-79, 319-322, 320n87
Papia 121n13, 125n26, 146, 146n35
Pasqua, la 145, 187, 211-214, 211n1-2, 212n3, 224
Pasquale II, papa 271
Passione di S. Perpetua 111
Pastore di Erma 31, 155, 185
Pelagio II, papa 263-264, 272
Petronilla, figlia di Pietro 127, 127n39
Pietro, partito di 125-130. *Si veda anche:* Giacomo, partito di;

Giovanni, partito di; Paulo, partito di
Pietro, primato d'onore 97-98, 100-101
Pilato 27, 58, 102, 106-107, 106n7, 164, 255
Pio IX, papa 256-260, 307-308
Pio VI, papa 283n5
Pio XII, papa 159, 159n83, 166, 286n72, 310n69
Pipino 236n6, 237n7, 239-240, 243
Platone 14n13, 27n22
Plinio il Vecchio 156
Policarpo 125n26, 145, 162, 182, 186n20, 187-189, 187n24, 189n30, 212, 213n5
Policrate 212-214
Porfirio 164
Predicazione di Pietro 105n1, 132, 134
Priscilla 29n33
Prospero di Aquitania 204n39
Protovangelo di Giacomo 120n6, 121n15, 133n54
Pseudo Matteo 121n15
Pseudo Tommaso 121n15

Quidort, Giovanni 250, 251n38
Qumrân 24, 26n19, 49-51, 49n27, 50n36-37, 61n14, 119n1, 177

Ramot di Galaad 62
Recognitiones (Pseudo-Clementine) 120n8, 131, 131n48
Regno di Dio 16, 23-25, 27, 48n25, 51n39, 62-64, 63n21, 66-67, 70, 75, 89, 123n16, 172, 206, 239, 245, 255, 260-261, 317, 322, 329
escatologico 47-48
messianico 26, 39
regno d'Israele 89
Rivelazione di Baruc 139n7

Sapienza di Salomone 58n9

Scorpiace 142n17, 147n38
Serapione 105n2
Sergio III, papa 252
sicario 39
Silva 201n29, 203n33
Simeone ben Lakish 65, 68
Simon Mago 49n29, 108, 128-129, 131, 156n74, 163, 163n100
Siricio, papa 292-293
Sisto IV, papa 283n5, 302
Sisto V, papa 286
Socrate, lo storico 214, 214n9
Sodoma 99n4, 142
Sofronio, patriarcha di Gerusalemme 298-300
Stefano, il diacono 50, 50n37, 66n30
Stefano, papa 79, 83, 83n23, 221-224, 222n43, 223n44, 227-228, 228n3

Tacito 138, 159n83, 164
Taziano 47, 47n20
Teodoreto, vescovo di Ciro 105n2, 193, 194n1, 202n32, 232, 273n33
Teodosio II, imperatore 202, 273-274
Teodosio, imperatore 28n29, 194, 235, 241
Tertulliano 78-79, 83n22, 124, 124n24, 125n26, 139n7, 141, 147, 155, 186n20, 195n7, 197n16, 215-216, 220, 220n38
Tiberiade, lago di 13, 28n29, 43n66, 90, 95, 124, 137, 141
Timoteo 28, 29n1, 89, 171, 175-176, 175n1, 202, 221
Timoteo di Alessandria 202
Tommaso d'Aquino 250, 251n10, 272, 302-303
Transiti di Maria 121n15
Tubinga, scuola di 119

Urbano III, papa 309n66
Urbano II, papa 267n10
Urbano VI, papa 278n45

Vangelo degli Egiziani 121n15
Vangelo della Verità 121n15
Vangelo di Pietro 105-106, 105n2, 111, 140
Ventura di Raulica, p. Gioacchino 256
Vespasiano, imperatore 143
vicario di Cristo 19, 69-70, 100, 204, 251-252, 251n10, 268, 322-324, 329
vicario di Pietro 204, 205n43, 208, 247n28, 251, 329
visir, maggiordomo 63, 63n22
Vittore I, papa 189n30, 198, 203, 212-214
Vittorio Emanuele II 261

zeloti 13, 39, 56, 56n2
Zosimo, papa 230, 293n9
Zwingli 84n30

Indice di autori contemporanei

Abel, A. 195n9
Ackroyd, P . R. 93n25
Adinolfi, Marco 114
Agnew, F. 19
Alfaric, P. 33n51
Almirez, Diego 268
Altaner, B. 22n3, 139n7, 144n442, 182n12, 191n36, 200, 200n26, 222n42
Amann, E. 301n33
Ambroggi, P. de 185n17
Amelli, A. 206n47
Andrieu, M. 286n72
Argyle, A. 74n47
Arquilliere, H. X. 243n23

Bagatti, S. 145n30
Balboni, D. 154n66, 166
Bales, James 70n42
Bannwart. Si veda: Denziger-Bannwart
Bardy, G. 215, 215n17, 272n29
Batiffol, P. 215n17, 263n1, 293n8-9, 297n22, 357
Battaglia, F. 251n38
Baumann, R. 74n46
Beaupère, R. 54
Bellarmino, R. 284n65
Belser, J. 138n5
Belvederi, G. 151n60, 154n66
Benoit, P. 54, 60, 63n22
Benson, E. W. 218n30
Betz, J. 57n5
Betz, O. 60
Bévenot, M. 216n20, 219, 219n33, 222-223, 223n46-47
Biggs, Ch. 113n29
Bihlmeyer, K. 199n22, 232n15, 237n7, 270n19, 274n34, 276n39
Blackman, E. C. 135n62
Bohemen, N. von 23n8
Boismard, E. 14n14, 23n7, 90n16, 113, 116n115, 142n20
Bomkamm, G. 21n1
Bonaccorsi, A. 106n3-4,6,8, 121n15, 132n49
Bonnard, P. 17n18, 68, 68n36
Borino, G. B. 247n29
Bouriant, U. 105, 106n3, 111
Brändle, M. 53n47
Braun, F. M. 48n6, 91n19
Braun, J. 271n20
Braun, P. 91n19
Brezzi, P. 204n38
Brinktine, J. 320n86
Brunelli, G. 234n20
Bultmann, R. 24n9, 48, 48n22, 49n26, 57n5, 86, 90n16, 141, 141n16
Burkill, T. A. 52n46

Cadetti, S. 157n75
Cadoux, C. J. 14n14, 48n22
Camelot, Th. 202n32
Campenhausen, H. von 63n22, 171n14, 177
Campos, J. 224n48
Cancellieri, F. 153n62
Caprile, G. 313n77
Carcopino, J. 157n76, 161n87,89, 166
Carlyle, R. W. e A. J. 241n12
Carrol, K. L. 53n47
Casali, G. 69n38
Casamassa, A. 211n1
Casciaro, José M. 51
Caspar, E. 245n25, 247n28
Cassian, B. 94n26
Cassien 54
Cauwelaert, R. van 194n4
Cecchelli, C. 139n6
Cerfaux, L. 38n63, 40
Cessi, R. 237n7
Chapman, J. 50n32, 101n7, 219,

219n32, 232n15, 301n33
Chase, F. H. 19, 113n29, 126, 126n30
Cipriani, S. 46n15, 53n47, 176
Clavier, N. 49n26, 57n5, 131
Colombo, C. 313, 320n86
Colson, Jean 320n86
Concetti, P. Gino 320n86
Congar, Yves M. J. 310n67, 320n86
Coppens, J. 24n11
Corgi, G. 205n43
Couchoud, P-L. 33n51
Crehan, J. 126, 126n33
Cross, F. L. 113, 116n115
Cullmann, O. 19, 25n13, 33, 33n48, 40, 44n7, 49n26, 50n32, 51-52, 52n45, 54, 59n12, 63n22, 74, 74n46, 102n12, 103, 103n13, 121n9, 130n46, 144n27, 174
Curatolo, G. E. 262n61
Cusano, Nicolò 236, 270
C. Vona 110n14

Dacquino, Pietro 114
D'Ales, A. 216, 216n20
Dalla Costa, G. B. 203n36
Dalman, G. 45n10, 56n2, 65n29
Dalman, S. 11n2
Daniel, H. A. 150n54
Danielou, Jean 119n1, 136, 177
da Simone, G. 254n50
Dejaifve, G. 320n86
De La Brosse, Olivier 281n57
Delcor, M. 61n14
Delehaye, H. 151n59, 156n74, 195n10
Dell, A. 57n4, 155n73
Denis, Albert M. 49n31, 101n7
Denzinger-Bannwart 69n38, 86n2, 91n18, 209n61, 242n17, 250n33, 251n40, 255n58, 281n56, 291n1, 295n13,16,18, 302n41, 305n57, 309n64, 310n69, 320n86, 325n96
D'Ercole, G. 320n86

De Rossi, G. B. 153, 155n73, 195n8
De Vaux, R. 64
Devoghel, E. 262n61
De Vooght, P. 281n57
Dibelius, M. 103n396, 144n442
Di Capua, F. 297n23
Diehl, E. 157n75
Dobschütz, E. 108n10-11
Doelger, F. J. 195n9
Doellinger, I. von 237n7, 276n38, 291n22, 302n39,43, 303n45, 306
Dressel, A. R. M. 131n48
Dreyfuss, P. 53n23, 54
Dubarle, A. M. 63n22
Dublanchy, E. 291n1
Duchesne, H. 148n43, 151n58, 157n76, 158n80-82, 211n1, 230n12, 241n15, 253n42, 266n6, 271n20, 289n76
Dulière, W. L. 77n2
Dupont, J. 23n8, 25n16, 26n21, 100, 101n7, 103n396, 138n4
Dutlin, J. 62n16
Dvornik, F. 272n29, 277n40-41

Efrem, S. 13n11, 47n20
Eichmann, E. 253n42
Eisler, Robert 56n2
Emerton, J. A. 65n25, 93n25
Epp, E. J. 126, 126n35
Eppel, R. 62n17
Ercole, F. 251n38
Euringer, S. 47n20

Fagiolo, M. 320n86
Ferma, A. 157n75, 166, 195n9
Feuillet, A. 44n7
Flew, R. 25n13
Fliche-Martin 211n1, 218n28, 225n52, 228n3, 237n7, 272n29, 293n7,9
Foerster, W. 86n5, 114
Fonk, L. 47n20
Fournier, P. 270n19

Franchi de' Cavalieri, P. 153n62
Fransen, P. 310n67
Franzen, A. 281n57
Franzmann, M. F. 20
Frey, C. B. 28n29
Frey, J. B. 157n76
Friedrichsen, A. 25n14, 144n27
Fuchs, H. 139n7
Funk, F. X. 182n10, 199n23, 272

Gaechter, P. 19, 37n62, 94, 94n29
Gaertner, Bertil 72n44
Galbiati, Enrico 114
Galli, R. 204n38
Galtier, P. 215, 215n17
Gardiner, A. H. 140n8
Garofalo, S. 19, 114, 163n97
Gaudemet, Jean 230n10
Gaudenzi, A. 237n7
Gauthier, H. 140n8
G. De Lagarde 254n50
Gerhardson, B. 22, 23n5
Ghiberti, G. 91n16,19, 92n21
Ghiberti, S. 90n16
Gibson, M. D. 131n48
Giet, S. 103n396
Gillmann, F. 252n41, 255n59
Glombitza, O. 94n26
Glorieux, P. 297n23
Godet, P. 263n1
Goeller, E. 289n75
Goemans, A. J. 272n29
Goets, K. G. 12n4
Goguel, M. 62n17, 97n1, 99n3, 146n33, 155n70, 171n14, 215n17
Gonzaga, J. 201n31
Gottlob, Th. 290n77
Graber, R. 138n3
Granata, A. 205n43
Grant, F. G. 113n29
Grant, R. G. 114
Grebau, S. 112n25
Green, J. 267n9
Gregoire, H. 162n93, 195n9

Gregorovius, F. 239n9, 240, 240n11
Griffe, E. 150n55, 243n21, 320n86
Grisar, H. 155, 155n73
Grumel, V. 272n29
Guarducci, M. 158, 159n83, 160n84,86,200, 161-162, 161n88-90, 166
Guendet. P. 89n14
Guignebert, C. 54
Gundry, H. H. 53n47

Haenchen, E. 101n11, 102, 102n12
Haller, J. 270n19
Harnack, A. 24n11, 47, 47n20, 48n21, 113, 116n30, 136, 165n103, 182n10, 188n29, 199, 219n32
Hefele, K. J. von 198n19, 201n27, 207n54, 229n5, 230n9,11, 272, 282n58, 298n26, 300, 301n33
Hennecke, E. 29n35
Hering, J. 40, 45n9, 122n17
Heussi, K. 137n1, 142n19, 158n81
Hilgenfeld, A. 108n10
Hill, Edmund 325, 325n95, 326n97-98, 327n100-101
Hirsch, E. 48n22
Hirsch, J. P. 155n73
Hirsch, K. 279n46
Hofmann, F. 83n116
Holzmann, H. J. 47n19
Holzmeister, H. 139n6
Holzmeister, U. 146n36
Horst, J. 59n12
Howard, George 12
Huebler, B. 282n61, 283n62-63
Hyde, J. K. 254n50

Iersel, B. M. F. van 45n10

Jalland, T. 204n38
James, M. R. 70n42, 108n9, 111n23, 112n25-27, 123n21, 127n39, 128n40, 148n45

Jaubert, A. 140n14
Jehuda, Eliezer ben 56n2
Jeremias, A. 48n6
Jeremias, J. 25n13, 48, 50n32,35, 57n5, 60, 68, 72n44
J. N. Reagan 110n14
Josi, E. 156n74, 161n89, 166
Journet, Ch. 255n59
Juan de Mariana 142, 142n20
Jugie, M. 277n41
Jugle, M. 204n38
Juster, J. 138n2

Kattenbusch, F. 24, 24n11, 48, 48n21
Katzenmager, H. 142n19
Kelly, J. N. 199n23
Kelly, W. 114
Kempt, P. 248n30
Kirsch, G. P. 236, 237n7
Klein, G. 21-22, 22n4
Kljin, J. L. 73n45
Knox, J. 135n62, 177
Knox, W. I. 199n23
Koch, H. 218n30
Koehler, W. 147n39
Kolde, J. 306n58
Krauss, S. 28n29
Kruijf, Th. de 45n10
Kruse, H. 93n25
Kummel, W. 24n9, 48
Küng, H. 279n46, 282, 282n61, 285, 285n66, 306n58, 310n67, 319
Kurfess, A. 145n32
Kuttner, S. 286n72

La Bonnardière, A. M. 83n21
Laconi, Mauro 114
Lagarde, G. 253n43
Lagarde, P. de 131n48
Lagrange, P. M. J. 57n5, 138n209
Landgraf, A. 291n22
Lanne, E. 320n86
La Piana, G. 151n59, 157n76

Lapocci, V. 146n36
Lauras, A. 204n38
Le Baas, G. 270n19
Lebourlier, J. 292n4
Lebreton, J. 103n396, 219n32, 223n46
Leclercq, F. 255n59
Leenhardt, J. 59n12
Left, Gordan 254n50
Legault, A. 51, 51n41
Le Moyne, J. 218n30
Lequercq, H. 151n59, 157n75
Lequercq, J. 251n38, 254n49
Lietzmann, H. 99n3, 116n115, 137n1, 148n44, 151, 151n58, 228n4
Lightfoot, J. B. 182n10
Lightfoot, O. 40
Lods, M. A. 106n3
Loisy, A. 24, 47, 47n18
Loofs, F. 218n30
L'Osservatore Romano 92n20, 153n65, 154n66,68, 156n74, 157n75, 166, 234n20, 262n62, 267n8, 286n72, 287n73, 314n79, 315n80, 316n81, 317n82, 320n87, 321n88-89, 322n90, 323n91-92, 324n93
Ludwig, J. 77n1
Lunt, W. E. 289n76

Macario di Magnesia 111, 111n19
Maccarrone, M. 19, 166
Mancini, G. 157n75
Mánek, J. 20
Manning, Edward 204n37, 308
Mansi, G. D. 201n29-31, 207n53,55, 232n15, 268n12, 269n15-16, 272n24, 274n35, 299n27-28, 300n29-30
Manson, W. 52n45, 87n6, 99n4
Marcora, F. 239n8, 240n10, 243n23
Margot, J. C. 114
Mariani, B. 153n65

Mariani, U. 251n37-38
Markus, R. A. 241n12
Marlow, R. 44n7
Marrou, H. J. 110n14
Marrucchi, O. 137n1
Marrucchi, P. 157n75
Martens, W. 243n23
Martinetti, P. 47n19
Martini, Carlo M. 126, 126n34, 127n38
Martin, V. 281n55, 286n72
McGowan, J. P. 281n54
Menoud, P. H. 97n1, 126, 126n32, 171n14, 177
Mertens, H. 50
Merx, A. 12n6
Metodio 111, 111n18
Michel, A. 275n37, 277n41
Miegge, G. 285n67
Minestroni, I. 73n45
Mirbt, C. 230n11
Mohlberg, L. K. 158n77
Mohrmann, C. 147n42
Molland, E. 144n27
Mollard, E. 198n21
Mommsen, T. 188n29
Monachino, V. 207n55
Moore, G. F. 140n13
Moraldi-Lyonnet 90n16
Morant, P. 40
Moresco, N. 235n1
Moule, C. F. 113, 116n115
Mueller, W. 281n57
Mülhaupt, E. 84n30
Munier, C. 232n16
Munk, J. 142n20

Nina, L. 289n76
Noerr, K. W. 281n57

Obrist, E. 70n42
Obrist, Franz 53
Oepke, A. 24, 25n13, 48, 48n24, 50n35

Omodeo, A. 142n18, 182n11, 184n13, 187n23, 188n26, 194n2, 199-200, 200n25
Overnay, M. 53n47

Pacaut, M. 237n7, 248n30
Parodi, E. G. 251n38
Passerin d'Entrèves, A. 251n38
Patrono, C. 266n5
Peltz, E. M. 245n25
Pelzer, A. 254n46
Penna, A. 19, 114
Perdelwitz, E. R. 113, 116n30
Perler, O. 144n27
Person, P. E. 310n70
Pesce, S. 207n55
Petrignani, A. 156n74
Pilati, S. 241n12
Pines, S. 121n13, 145, 145n31
Pingaud, P. 263n1
Piolanti, A. 308n63
Plinval, G. de 293n9
Potterie, Ignace de la 52n46
Prandi, A. 157n75, 167
Preisker, H. 113, 116n115
Prete, B. 86n3

Quadri, S. 251n37
Quasten, J. 197, 197n14, 221n40
Queker, J. De 24n11

Rahner, K. 320n86
Raucourt, G. De 20
Ravarotto, P. Efrem 13n11
Refoulè, F. 49n31, 53n47, 89n14, 94n26, 96n36, 101n7
Rengstorf, K. H. 40
Ricciotti, G. 273-274
Richard, P. 263n1
Rigaux, B. 21n1, 23n8
Rimoldi, A. 19, 134n58, 143n26
Rinaldi, Giovanni 114
Ringger, J. 49n26, 57n4-5
Ritschl, O. 219n31

Riva, U. 313n77
Rivière, J. 251n36-37, 252n95, 253n44
Robinson, D. F. 139n6
Romanelli, P. 166
Ropes, J. H. 126
Rouet de Joumel 155n71
Rowley, H. H. 113n29
Rubenstein, N. 254n50
Ruysschaert, J. 19, 150n55, 166

Saba, A. 294n12
Saegmueller, J. B. 290n77
Sahlin, H. 143n24
Salembier, L. 281n55, 282n59
Salmon, G. 73n45, 88n9, 291n22, 307n62
Salvoni, F. 39n65, 42n2, 43n5, 48n25, 49n28, 55n1, 63n21, 70n40, 136n63, 143n25, 241n12, 292n5
Sanders, L. 144n27
Santangelo, P. E. 243n23
Santini, P. 204n38, 291n22
Schaefer, K. Th. 72n44, 162n94
Schaepfer, E. 151n59
Schauf, H. 272n25
Scheeben. M. J. 272, 272n26
Schelkle, K. H. 113n29
Schembri, P. Guido 116n115
Schindler, P. 19
Schlatter, A. 57n5, 90n16
Schlier, H. 103n396
Schmidt, C. 144n29, 211n1
Schmidt, H 60
Schmidt, K. L. 25n12, 48n21, 177
Schmithals, W. 21
Schmutz, St. 144n442
Schnackenburg, R. 21n1, 25n14
Schneider, A. M. 151n60, 157n75, 167
Schniewind, J. 95n32
Schoeps, H. J. 133n56
Scholz, R. 254n26,48, 255n51

Schuermann, H. 26n21
Schuler, M. 144n27
Schulte, F. 304n50
Schultess, F. 40n67
Schuster, Card. I. 138n3
Schwane, J. 304n51
Schweitzer, E. 23, 57n5
Semeria, G. B. 106n3, 262
Silva-Tarrouca, C. 201n29, 203n33
Simons, Francis 312, 312n75
Smalz, C. 142n19
Smith, W. F. 24n9
Soranzo, G. 243n23
Sortino, Placido da 14n14
Sozomeno 111, 111n20, 273n33
Spagnolo, Fr. 209n62
Spearing, E. 263n1
Spedalieri, F. 291n1
Spicq, C. 94n26, 175n1
Spinetoli, Ortensio da 47n17, 53n47-48, 54
Stendhal, K. 68n36
Stirnmann, J. K. 216n19
Stockmeyer, P. 205n43
Strack, H. e Billerbeck, P. 12n7, 73n45
Strand, K. A. 211n1
Strathmann, N. 144n28
Streeter, B. H. 113, 116n30
Styger, P. 151n59-60, 157n75
Suarez, Fr. 254n26
Subilia, V. 199, 200n24, 311n71, 313n77
Sutcliffe, E. F. 53n47

Taylor, Charles 14n13, 60n13
Testa, Emanuele 136
Testini, P. 19
Thornton, T. C. C. 113, 116n115
Tierney, B. 279n46
Tillemont, L.-S. 269, 269n18
Tillmann, H. 249n32
Tixeront, J. 218n30
Toedt, H. 21n1

Tolotti, F. 151n60, 157n75
Tosti, P. 250n33
Tuechle, E. 199n22, 232n15, 237n7, 274n34, 276n39

Ullmann, W. 204n38, 237n7, 254n50, 279n47
Unrick, W. C. 113, 116n115

Vailé, S. 264n3
Valla, L. 236n4
Valois, N. 279, 304n55
Van Den Eynde, D. 219, 219n33
Vattioni, F. 63n20
Voegtle, A. 25n14, 51n40, 53
Vogelstein, H. 40
Vuyts, A. 207n55

Waitz, H. 130, 130n46
Walls, F. 113, 113n29, 116n115
Wasner, F. 253n42
Wehrung, G. 59n12
Weiss, B. 51, 52n44, 122n16, 126, 126n31
Wilks, M. H. 254n50
Wilson, R. S. 135n62
Wischer, W. 65

Zahn, Th. 59n12, 182n10
Zedda, S. 114
Zolli, E. 42n2,21, 94, 94n30
Zwolfer, Th. 240n10

Nota Biografica

Il professor Fausto Salvoni è nato a Rudiano (Brescia) il 12 ottobre 1907. Attuò i suoi studi prima a Milano, dove ottenne la laurea in teologia e poi a Roma dove conseguì la licenza in Sacra Scrittura. Collaborò a varie riviste tra cui *Medicina e Morale*, *La Scuola Cattolica*, e ai primi tre volumi della *Enciclopedia Cattolica*. Fu l'autore del volume *La Pedagogia del Vangelo* (1946) e del *Dizionario Biblico* (edito sotto lo pseudonimo di Salvadori da Ceschina nel 1953). A lui di deve pure la preparazione del commento al libro di Re che in seguito a varie peripezie fu edito da Marietti a cura del Garofalo (1950).

Uscito dal cattolicesimo, è divenuto membro della Chiesa di Cristo, si dedicò alla stesura di diversi opuscoli e alla predicazione. Dal 1952 ha visitato le principali città italiane e europee portandovi la parola del Vangelo nella purezza primitiva. Nel 1959 ha visitato gli Stati Uniti e nel 1969 è divenuto «Associate Professor of Bible» all'Abilene Christian College (ora Abilene Christian University) dove ha tenuto corsi monografici sul Cattolicesimo Moderno e sulla Storie dei Dogmi. Insegna a Firenze presso la Scuola Biblica della Chiesa di Cristo e dirige a Milano il Centro Universitario di Studi Biblici e la rivista *Ricerche Bibliche e Religiose*. È stato invitato a collaborare alla preparazione della *Bibbia Concordata* (1968) della quale ha tradotto il libro delle Cronache, dei dodici Profeti Minori e il libro di Daniele, ha poi rivisto e corretto tutte le note e le introduzioni generali e particolari. *Da Pietro al Papato* è maturato nei corsi da lui tenuti a Milano e rappresenta la sua opera di maggiore dimensione finora pubblicata.

Continuerà a scrivere fino in punto di morte, sta infatti portando a termine diversi libri su Maria e la mariologia quando muore l'11 settembre 1982.

www.ingramcontent.com/pod-product-compliance
Lightning Source LLC
Chambersburg PA
CBHW071651160426
43195CB00012B/1422